新一代
信息基础设施建设实践

冯 杰 朱晨鸣 王 强 张海峰 梁雪梅 徐 梁 乔爱锋◎编著

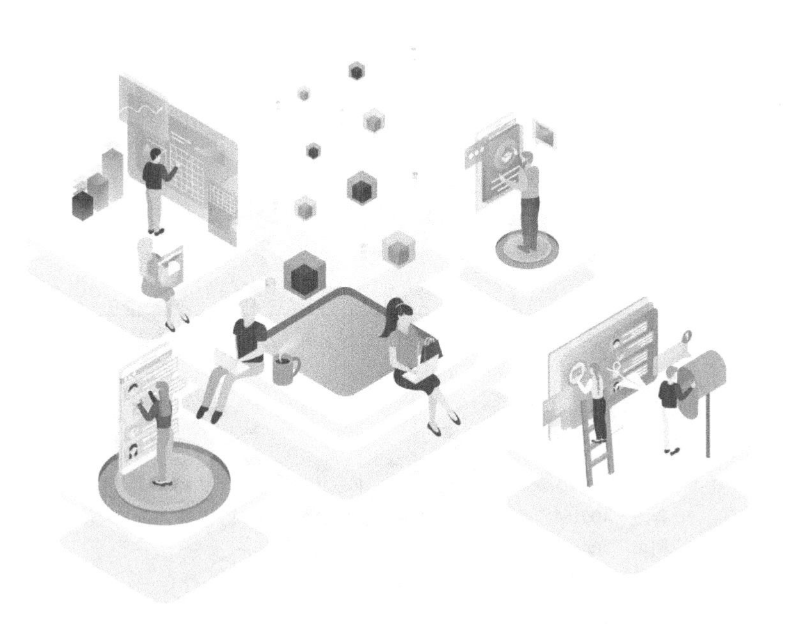

人 民 邮 电 出 版 社
北 京

图书在版编目（CIP）数据

新一代信息基础设施建设实践 / 冯杰等编著. -- 北京 : 人民邮电出版社, 2024.4(2024.4重印)
ISBN 978-7-115-63403-0

Ⅰ. ①新… Ⅱ. ①冯… Ⅲ. ①信息系统－基础设施－建设－研究 Ⅳ. ①G202

中国国家版本馆CIP数据核字(2023)第254083号

内 容 提 要

本书是电信运营商在应对数字经济和数字化转型情况下的思考与探索，分享了数字经济时代电信运营商数字化转型、建设智能化综合性数字信息基础设施的中国方案和中国电信在推进“云网融合”进程中的实践经验。面向未来10年的数字信息基础设施建设，本书围绕“云网融合”的数字信息基础设施的云、网、数、智、安、DC、算力、绿色、区块链等多要素，分别对其建设思路展开阐述，可以为电信运营领域相关工程建设人员提供参考与指导。

◆ 编　　著　冯　杰　朱晨鸣　王　强　张海峰　梁雪梅
　　　　　　徐　梁　乔爱锋
　责任编辑　张　迪
　责任印制　马振武
◆ 人民邮电出版社出版发行　　北京市丰台区成寿寺路11号
　邮编　100164　　电子邮件　315@ptpress.com.cn
　网址　https://www.ptpress.com.cn
　固安县铭成印刷有限公司印刷
◆ 开本：800×1000　1/16
　印张：21.5　　　　2024年4月第1版
　字数：419千字　　　2024年4月河北第2次印刷

定价：139.80元

读者服务热线：(010)53913866　印装质量热线：(010)81055316
反盗版热线：(010)81055315
广告经营许可证：京东市监广登字20170147号

前言

数字经济是继农业经济、工业经济之后的主要经济形态，是以数据资源为关键要素，以现代信息网络为主要载体，以信息通信技术融合应用、全要素数字化转型为重要推动力，促进公平与效率更加统一的新经济形态。数字经济发展速度之快、辐射范围之广、影响程度之深前所未有，正在成为重组全球要素资源、重塑全球经济结构、改变全球竞争格局的关键力量。世界主要国家数字经济发展持续提速，2022年，美国、中国、德国、日本、韩国数字经济总量为31万亿美元，数字经济占GDP比重达到58%。全球各国纷纷加快推动数字经济重点领域发展，在数字产业化、产业数字化、数据价值化等领域积极抢抓发展机遇。

在数字经济中，数字产业化是内核，起到先导作用，人工智能、云计算等技术要素构筑起数字化底座，进而支撑软件和信息技术服务业等数字经济先导产业，推动数字产业化总体规模稳步增长。产业数字化是外延，为数字产业化提供继发动力，数字产业化为产业数字化提供了内在驱动力。两者关系紧密，共同促进经济的持续健康发展。

赋能数字经济高质量发展，离不开数字信息基础设施的支撑。加快建设新一代智能化综合性数字信息基础设施，本质就是多要素融合创新。作为数字产业化的代表企业，中国电信充分发挥网的基础优势、把握云的发展方向，率先提出"云网融合"思路，并不断迭代升级，推动"云网融合"进入新阶段。主要表现为6个新特征：一是云网一体，打造基础设施的新形态；二是要素聚合，构建集成服务的新平台；三是能力开放，建立融合发展的新生态；四是智能敏捷，提升能力应用的新效果；五是安全可信，构筑自主可控的新格局；六是绿色低碳，引领可持续发展的新模式。

本书基于电信运营商在数字经济时代推动数字化转型的思考与探索，分享了中国电信在推进"云网融合"进程中的实践经验。传统企业的数字化转型主要封闭在企业内部，仍依赖于云、网、数、智、安等多要素，而随着公有云等基础设施的突破，原本在各行各业内部集成的数字化转型解决方案开始转由更高效的公共基础设施承接。“云网融合”新时代，要跳出以往封闭系统各自建设的束缚，全面推进云、网、数、智、安、DC、算力、绿色、区块链等多数字要素升级与融合创新，构筑数字化底座，致力于打通经济社会发展的信息大动脉。中国电信在融合边缘、视联网、数链网等领域的创新实践，突破了简单的数字要素堆砌，通过融合创新对多数字要素进行智能编排调度，形成丰富多样的行业解决方案，能够满足千行百业数字化转型需求。

通过本书，希望向全球分享数字经济时代电信运营商数字化转型、建设新一代信息基础设施的中国方案。

本书编写期间，张云帆、郭聪、叶增炜、王小鹏、张骏、周祥、唐怀坤、唐亚平、王天雨、谭亚丹、李新、彭雄根、贝斐峰、张国新等同人也参与了部分内容的撰写，在此谨向他们表示由衷的感谢。

书中如有不当之处，恳请读者批评指正。

编著者

2023 年 11 月

目录

上篇：数字信息基础设施演进之路

上篇：

数字信息基础设施演进之路

当前，世界正经历百年未有之大变局，在全球经济复苏乏力的背景下，数字经济作为世界科技革命和产业变革的先导力量，伴随信息革命浪潮快速发展、逆势上扬，引领着全球经济发展方向，并日益融入经济社会发展各领域全过程，深刻改变生产方式、生活方式和社会治理方式，其发展速度之快、辐射范围之广、影响程度之深前所未有，正在成为重组全球要素资源、重塑全球经济结构、改变全球竞争格局的关键力量。

数字经济是以数字技术驱动的新经济形态，具有高创新性、强渗透性、广覆盖性的特征，这是农业经济形态和工业经济形态所不能比拟的。面对全球新一轮的数字经济浪潮，千行百业都在推进数字化转型。发展数字经济可以提高劳动效率、资本效率、资源效率、环境效率，实质是不断提高全要素生产率，加快推进质量变革、效率变革、动力变革，最终促成新旧动能加快转换，实现依靠创新驱动的内涵型增长，在经济发展方式转变的基础上进一步推动高质量发展。

数字信息基础设施是数字经济发展的重要基石，能够面向社会生产生活的广泛需要，提供感知、传输、存储、计算、处理等数字能力，是经济社会数字化转型、高质量发展赖以支撑的必要物质基础。随着全球数字经济的高速发展，整个社会的数字化进程不断加快，给数字信息基础设施的发展带来巨大机遇，也对数字信息基础设施的演进升级和支撑能力提出了更高要求。一是融合发展成为必然要求，随着以公有云、混合云为典型特征的新一代数字信息基础设施的集成应用，行业数字化转型也逐渐由单元级向生态开放阶段发展，云网融合和融合创新将成为未来数字经济最核心的驱动力量；二是流量变化推动网络重构，从“南北向”向“南北向+东西向”转变成为未来的网络流量发展趋势；三是绿色发展要求越来越高，解决数字信息基础设施的绿色化运作问题是未来发展的重要环节；四是安全发展挑战日益艰巨，随着数字化应用场景增多，以及越来越多的数字信息基础设施互联互通，数字信息基础设施安全风险将显著提高。

加强数字信息基础设施建设一直是全球各国的普遍共识，当前及今后一个时期是全球数字信息基础设施大建设大发展的关键期。在新的时期，对数字信息基础设施发展情况进行深刻的剖析和解读，并在此过程中探讨其演进升级之路，提升其对数字经济发展的支撑能力，从理论和现实层面都非常有价值。

第1章 CHAPTER 1

数字经济发展历程及政策综述

1.1 全球跨入数字经济时代

“数字经济”这个术语最早出现于20世纪90年代，由美国学者唐·塔普斯科特（Don Tapscott）在其1996年所著的《数字经济：网络智能时代的前景与风险》（*The Digital Economy: Promise and Peril in the Age of Networked Inteligence*）一书中提出，他研究了美国由于信息快速传播而形成的全新社会体制，并率先提出“数字经济”概念，指出该术语的出现是必然的，未来的发展很大程度上都要依靠这个概念，因此，他被誉为“数字经济之父”。数字经济的内涵目前在学术界并没有统一规范的定义，很多国家都从自己的角度定义了数字经济，纵观各国政府对数字经济的理解与认识可以发现，随着数字技术和产业的不断复杂化，数字经济的作用和范围也在不断发展。《“十四五”数字经济发展规划》中对数字经济的定义是：数字经济是继农业经济、工业经济之后的主要经济形态，是以数据资源为关键要素，以现代信息网络为主要载体，以信息通信技术融合应用、全要素数字化转型为重要推动力，促进公平与效率更加统一的新经济形态。

从数字经济依托信息通信技术推动经济社会全要素数字化转型的角度来看，应存在宏观和微观两种角度的内涵：从宏观角度看，数字经济包含数据价值化与数字化治理两个层面；从微观角度看，数字经济包含数字化产业及各种数字化相关经济产品。数字经济是以数字形式的信息和知识以及各种新的数字信息技术为基础的一种新型经济，数字经济发展的主要途径是现代数字信息网络，它为传统的实体经济提供了数字信息技术，使各种经济主体不断数字化和智能化，促进社会经济发展，改变社会治理模式。

1.1.1 数字经济的发展背景

科技革命是人类社会进步的重要驱动力之一，每一次科技革命都对世界经济产生了深远的影响。国际欧亚科学院院士、美国纽约科学院院士、现代化研究专家何传启在其所著的《第六次科技革命的战略机遇》中提出，严格意义上，迄今仅有三次技术革命，依次为蒸汽机机械革命、电气运输革命和电子信息科技革命。

进入 21 世纪，随着计算机、人工智能、通信网络等信息技术交叉融合，第三次技术革命加速推动了产业变革和国际竞争形势的动态演变，信息技术作为率先渗透到社会生活各行各业的先导技术，引发经济模式从以物质的生产和服务为核心过渡到以信息的生产和服务为核心，人类正式进入信息产业时代。这一时期，信息技术席卷各个领域，带来巨大的科技进步和产业革新。由于大数据、云计算、移动互联网等信息技术与机器人技术相互融合的步伐加快，3D 打印、人工智能迅猛发展，制造机器人的软硬件技术日趋成熟，成本不断降低，性能不断提升，军用无人机、自动驾驶汽车、家政服务机器人已经成为现实，有的智能机器人已具有相当程度的学习能力。

第三次技术革命是以信息技术为核心的新一轮技术革命，数字经济是新一轮技术革命催生的第三种主要经济形态，也是本阶段最显著的特征之一，能够从技术、要素、创新、融合等多个层面促进经济高质量发展。相较于以往以数量、规模、要素投入为主要特征的经济发展模式，数字经济通过数字技术进步、人力资本累积与资源配置优化实现经济发展的质量变革、效率变革、动力变革，是一种更注重社会公平与发展成果共享的新经济模式。近年来，主要发达国家需求侧对经济的刺激大幅缩减，经济增长趋于平缓，根本原因在于供给侧缺乏类似蒸汽机、电力和电子信息技术等通用技术的实质性创新驱动。随着新一代信息技术的融合发展，世界经济的供给侧约束将得到有效缓解，进入工业革命以来新的快速上升阶段。

1.1.2　数字经济的发展阶段

关于数字经济的发展阶段研究，国外学者弗里曼、佩雷兹等最先提出“技术—经济范式”的概念，指的是被广泛传播的技术通过经济活动对企业行为和产业产生影响的情况。基于此理论，我国学者张路娜、胡贝贝等构建了技术经济范式变革的动态演进分析框架，将技术经济范式的结构分为“技术系统、产业系统、制度系统”这 3 个子系统，将数字经济阶段演进过程分为“导入期、拓展期、成熟期”这 3 个阶段，在不同的阶段，3 个子系统相互渗透、梯次演化，实现整体演进和发展。“技术—经济范式”演进动态分析框架如图 1-1 所示。基于“技术—经济范式”的数字经济演进路径和阶段特征如图 1-2 所示。

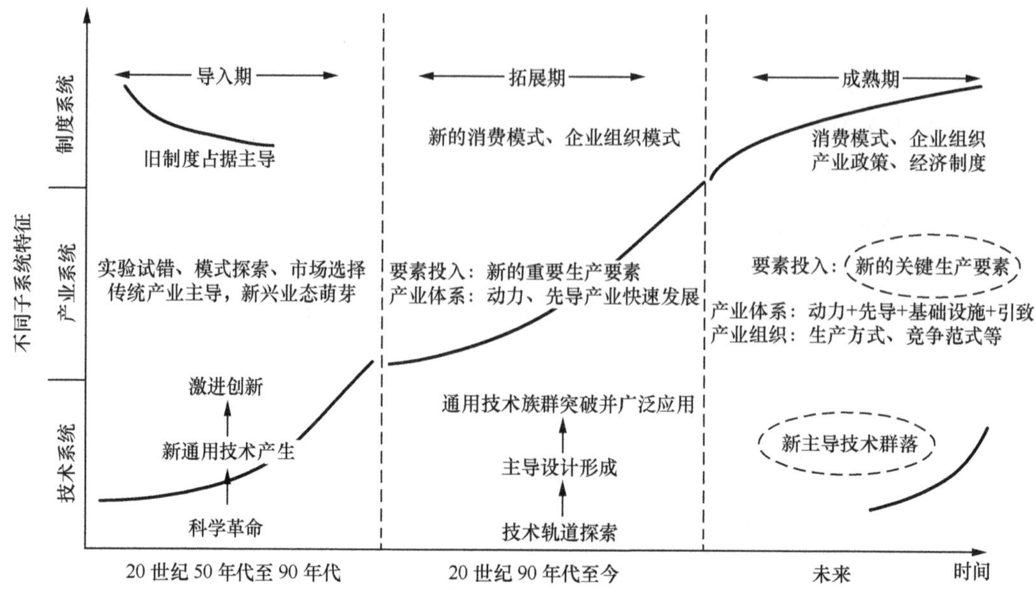

图 1-1 “技术—经济范式”演进动态分析框架

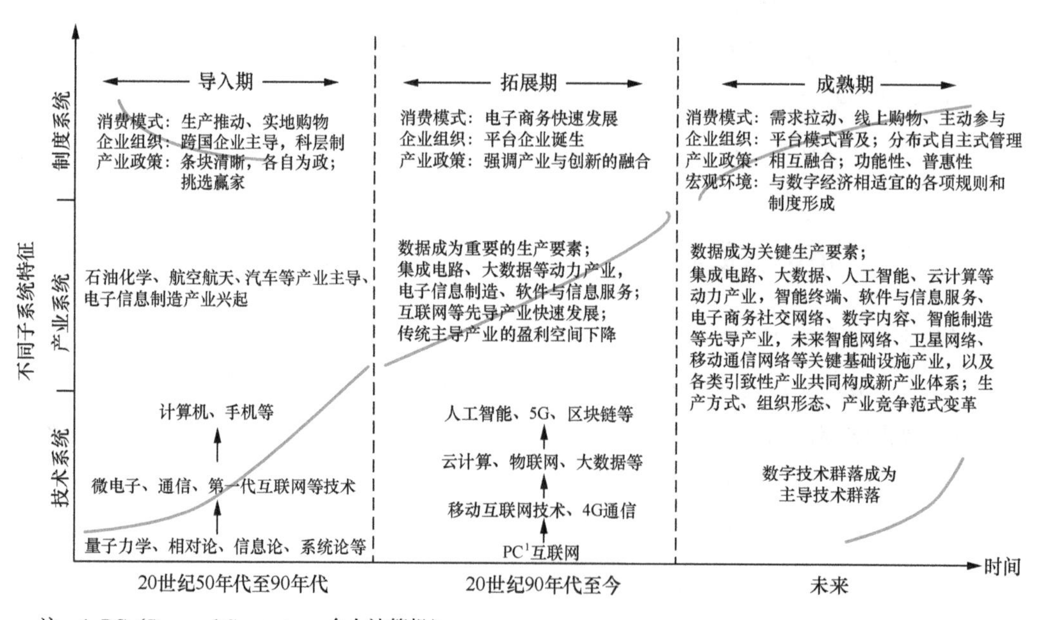

注：1. PC（Personal Computer，个人计算机）。

图 1-2　基于“技术—经济范式”的数字经济演进路径和阶段特征

（1）导入期：理论突破，技术突破，产业萌芽

20 世纪 50 年代，数字技术应运而生，而后历经 40 余年，数字技术进入导入期。范式导入期的主要特征是科学理论推动、数字技术突破、数字产业萌芽。伴随着通信技术的发展，计算机、手机及配套设备生产厂商规模壮大，并在产品的技术路线上进行了不同的探索和尝试，例如 IBM、康柏、惠普、摩托罗拉等，其中 IBM 的商用科学计算机、高速计算机等大型计算机应用广泛，苹果、英特尔等公司处于快速成长阶段。该阶段数字技术的主要应用领域从军事、科学计算，拓展至事务管理、工业控制，再到文字处理、图形图像处理等，相关产业主要为电子信息制造产业、基础软件产业、集成电路产业等。整体来看，数字产业处于萌芽期，1978 年全球数字产业增加值占 GDP 的 1.5%，而我国的数字产业刚处于起步阶段。该时期，经济系统的关键生产要素是以石油为主的廉价能源和大工业机器设备，产业体系呈现出农业占比快速下降、工业内部结构加快调整、服务业逐渐兴起的趋势，主导产业为石油化学工业，以及航空航天、汽车等装备制造产业。电子信息制造作为新兴产业，在自身快速发展的同时，开始小范围嵌入其他产业，尤其是制造业的工业控制技术迅速发展，柔性制造系统（Flexible Manufacturing System，FMS）开始出现，自动化大规模生产成为主要的生产方式，以丰田为代表的精益制造和自动化技术成为企业的核心竞争力。

计算机作为一种工具，实现了部分信息的数字化，以及信息基于比特形态的存储和计算，在局部范围内改变了部分劳动者的生产活动方式，但影响相对有限，总体上旧范式的制度系统还占据主导地位。

从消费模式看，主要是生产推动式和实地购物式，消费者处于被引导地位，消费的时间、范围、区域受到较大限制。从企业组织管理看，大型企业和跨国公司是经济系统的核心组织，金字塔式的科层制企业管理模式仍占据主导地位，公司内部上下级之间更强调集中控制权。产业竞争的重点也聚焦在对基于工业经济形成的供应链体系的管理。从产业政策看，政策的制定主要围绕工业系统的发展展开，条块和门类划分清晰，通过制定产业规划、减免税收以及政府购买等政策工具促进重点产业的发展，政策制定一方面缺乏系统性和关联性，另一方面不同部门各自为政，部门间信息壁垒严重。此外，由于产业技术的可预测性强，政府更多地采用“选择赢家”的方式支持单体企业做大做强，带动产业链上下游发展。该阶段除少数领先国家，大部分国家对数字技术和产业的发展关注较少。

（2）拓展期：技术群体性突破，数字产业发展，新制度萌芽

20 世纪 90 年代至今是新范式的拓展期，包括两个阶段，1990—2012 年为 PC 互联网阶段，

2013 年至今为移动互联网阶段。拓展期的主要特征是数字技术群体性突破及大规模商业化，数字产业快速发展，数字经济作为经济系统的局部而存在，新制度开始萌芽，单体企业的变革较快。

数字技术的广泛应用催生了众多的新兴业态，并且通过纵向和横向的产业分化，形成庞大的业态群落。PC 互联网阶段，微软、思科、英特尔等企业引领发展，亚马逊、雅虎、网景等互联网新星出现，我国则诞生了搜狐、新浪和网易等门户网站。这一时期，计算机软硬件产业、解决信息需求的综合信息服务业进入了高速发展时期。移动互联网阶段，移动应用场景得到极大丰富，新兴业态不断涌现，尤其集中在智能终端、电子商务、社交网络、共享经济、数字内容等领域。智能终端领域，苹果、华为、小米等成为行业头部企业；电子商务领域，阿里巴巴、京东等爆发式发展；社交网络领域，Facebook、Twitter、腾讯等将世界连接；共享经济领域，Airbnb、Uber、滴滴等快速崛起；数字内容领域，网络视频、网络直播、虚拟现实 / 增强现实（Virtual Reality / Augmented Reality，VR / AR）等新业态频现。数字产业从解决信息需求向解决娱乐、商务和社交需求延伸。此外，数字技术不断向物流、金融、汽车、装备制造、生物等其他行业渗透。数字产业不是作为单一产业形态推进，在革新大众信息渠道和内容载体的同时，从研发设计、加工制造、运输、销售等各方面加快重构传统产业的服务链条。

数据开始成为重要的生产要素作用于经济系统，降低交易成本，提高生产效率，扩大经济活动范围，提升边际收益，数字经济成为经济系统的重要部分。从产业规模看，2000 年全球数字产业增加值占 GDP 的 3.4%，2023 年达到 30% 以上，实现接近 10 倍的增长。2002 年我国数字经济规模为 1.22 万亿元，占 GDP 的 10.3%，2015 年达到 18.6 万亿元，占 GDP 的 27.5%，2023 年超过 50 万亿，占 GDP 比重达到 41.5%。从产业体系看，集成电路、大数据等动力产业，智能终端、软件与信息服务、电子商务、社交网络、数字内容等先导产业快速发展；第 6 版互联网协议（Internet Protocol Version 6，IPv6）、互联网数据中心（Internet Data Center，IDC）、物联网、卫星通信、5G 网络、工业互联网等基础设施产业蓬勃兴起。

然而，整体来看，由于通信技术、存储技术、计算技术及相关规定等的限制，该阶段数字技术的主要应用是信息服务、内容消费、消费零售、生活服务等，核心是数字技术的产业化，而对其他行业的改造还在探索中，尤其在实体产业层面，更多是通过办公自动化（Office Automation，OA）与企业资源计划（Enterprise Resource Planning，ERP）等系统，将企业业务体系化、流程化，而工业互联网的构建还在起步阶段。相较于数字产业的蓬勃发展，传统产业由于要素成本的不断上升，发展规模和盈利空间出现下降。

数字技术及产业的开放性、共享性、交互性，直接影响企业的组织管理。阿里巴巴、腾讯、百度、小米、海尔等企业率先探索新的组织模式，通过内部创业打破原有的科层制体系，由单纯雇佣模式转变为“为员工提供创业服务”，企业从中心控制、流程驱动的传统组织转型为共享平台、高度“去中心化”、扁平化的新型组织。这些平台企业还将大量的服务商和消费者联结在一起，通过不同群体之间的高效互动，创造出巨大的经济及社会价值，在自身规模、价值创造、包容性、平等性等方面超出传统的公司概念范畴。

该阶段的产业政策开始注重不同产业的融合发展及不同主体的合作，同时随着技术在产业发展中的作用更加突出，以创新为核心的产业政策增多，通过支持加大研发投入和“产、学、研”合作，推动技术创新和产业应用。在发展数字产业方面，该阶段的政策集中在信息化建设领域，例如对信息化基础设施、服务和行业的构建和支撑。在完善基础设施的基础上，支持企业对数字技术研发、技术扩散应用、技术转移等各个领域进行探索。

由于导入期数字技术理论刚刚诞生，尚未形成产业化，数字经济特征不明显，不算是真正意义上的数字经济时代。而在拓展期，数字技术得到群体性创新及广泛应用，数字相关产业快速发展，数字经济特征显著。本书重点针对拓展期展开阐述，将拓展期再次细分为萌芽期、成长期和加速期 3 个阶段。

① 萌芽期：互联网时代（1994—2002 年）。

1994 年，中国正式进入互联网时代，与国际互联网接轨。在这一时期，互联网行业迅速崛起，互联网用户数量呈井喷式增长，同时国内数字经济的商业模式发展单一，主要包括新闻门户、搜索引擎、在线邮箱等形式。一大批优秀企业相继成立，出现了互联网三大门户——搜狐、新浪、网易，阿里巴巴、京东等电子商务平台也紧跟其后，百度、腾讯等搜索引擎和社交媒体发展迅速。可以看出，如今的互联网头部企业大多是在互联网萌芽期内成立的。2000 年一场经济寒冬，国际“互联网泡沫”使得国内互联网产业经历了两年的低迷时期。

② 成长期：电子商务自媒体时代（2003—2012 年）。

寒冬过后，随着互联网用户群体的日益壮大，以网购零售为代表的电子商务首先发力，将数字经济由萌芽期带入成长期。2003 年年初，阿里巴巴创立网购零售平台淘宝网，其成功的本土化商业模式逼退了 eBay 等强大的竞争对手，发展壮大成为亚太地区乃至全球最大的用户对用户（Customer to Customer，C2C）电子商务平台。随后，阿里巴巴的支付宝业务成为电子支付领域的领跑者。从 2006 年互联网零售额首次突破 1000 亿元大关，到 2012 年突破 1 万亿元大关，电子商务在迅速发展的同时已经对经济增长和社会生活产生了深刻的影响。2007 年《电子商务发展“十一五”规划》的发布，正式提出了“大力推进企业电子商务应用”，进一步确立了电子商务的战略地位。

同时，QQ 成为网民聊天必不可少的工具，用户遍及国内各个城市。以社交网站为基础的虚拟社区游戏迅速升温，领养“虚拟宠物”等成为流行风潮。“博客”“微博”等自媒体出现在大众视野中，唤醒网民个体对社会经济产生前所未有的深刻影响。社交网络平台的普及，使社会生活和人际互动方式发生重大变化，新的社会联系形态悄然产生。以博客为例，其作为一种新的表达方式，能够打破时间、空间的局限，将个人的情绪、智慧、意见和思想进行无界限的传播，从而提升个体在网络世界的参与感和归属感。

到了 2012 年，国内网民增速结束了长达十年两位数增长率的态势，宣告着仅仅依靠网民数量增长的盈利模式和发展路径将面临新的挑战。同时，中国手机网民数量达 4.2 亿人，首次超过使用台式计算机上网的网民数量，这标志着中国的数字经济迈入新的发展阶段。

③ 加速期：数字智能时代（2013 年至今）。

手机网民用户的规模化使得互联网行业正式进入移动时代，智能手机成为连接大众线上、线下生活的工具，国内数字经济由此迈入加速发展时期。在这一时期，数字经济业态呈现两大特征：第一，传统行业互联网化。在网购零售的基础上，大部分生活服务转移到线上，吃穿用度都可以通过“饿了么”“美团外卖”“顺丰同城”等互联网产品实现。当然，移动互联网化不可能实现所有传统行业的移动在线转型，以互联网医疗为代表的行业逐渐“水土不服”。第二，以互联网模式为基础的创新开始涌现。共享出行业态打破了原有共享单车“有桩”模式的局限性，以创新为驱动力，为国内数字经济的发展注入了新活力。不可忽视的是，网络直播带货经济崛起，尤其在淘宝直播模块上线后，网络直播与海淘互相融合，进一步发展成熟的直播经济。

（3）成熟期：数据成为关键要素，多维度发生系统性变革

随着数字技术和产业的进一步发展，数字经济将进入成熟期。范式成熟期的主要特征是数字技术簇群成为社会主导技术群，数据成为关键生产要素，基于数字技术的新产业体系形成，生产方式、产业组织形态、产业竞争范式等发生系统性变革，以数字产业化和产业数字化为核心的数字经济占据经济系统的主要地位。微观企业管理、中观产业政策及宏观制度环境随之改变，新的制度建设逐步形成。

数据为核心的关键生产要素。土地、劳动力、资源等传统生产要素的有效供给减少，而数字技术可以大幅提高企业的生产和管理效率，减少经济对传统要素的需求。此外，随着信息基础设施的完善，遍及生产生活各领域的感知网络加速数据海量供应，数据生成、存储、传输和

使用的成本显著下降，各领域数据的大规模和持续获取成为现实。在“云、网、端”的信息传输模式下，数据逐步成为生产活动的独立投入产出要素，以及各行业的基础性战略资源。数据的开放、共享和应用有利于优化资源配置，提高全要素生产率。

数字技术全面嵌入的产业体系。数字技术在市场应用的过程中不断迭代创新，加速推进数字产业化，同时，数字技术与传统产业深度融合，进行全方位、全链条赋能，重塑企业内部的业务流程和企业之间的合作关系，促进产业数字化变革的完成。集成电路、大数据、人工智能、云计算等动力产业，智能终端、软件与信息服务、电子商务、社交网络、数字内容、智能制造等先导产业，未来智能网络、卫星网络、移动通信网络等关键基础设施产业，融入数字生产生活中的各类引致性产业，共同构成数字经济的完整产业体系。数字技术从根本上改变了经济系统的技术基础、运行效率、组织模式、生产和交易方式等。

线上线下一体，大规模个性化、社会化的生产方式。新一轮技术经济范式正在蚕食大规模标准化生产的经济合理性，大规模个性化定制成为趋势，范围经济超过规模经济成为企业的优先竞争策略。以数据为核心投入的新型制造系统具有更高的柔性和可重构性，可重构生产系统根据市场需求变化实现生产线快速调试及制造，促进供需之间的动态匹配，使大规模定制具备经济可行性。生产设施上广泛植入智能传感器，虚拟信息世界和现实物理世界由单向输出变为双向互动，可对生产进行全生命周期管理。以“硬件＋软件＋网络互联”为基本构成的智能产品，将消费者和厂商、第三方服务商实时连接，便于厂商捕捉和延伸服务需求。工厂之间、工厂与消费者之间的“智能连接”，使制造业从产品模块化演变为生产线模块化，生产方式从大规模制造转向大规模个性化定制。此外，数字技术促进大量物质流转化为数据流，生产组织中的各环节被无限细分，使生产方式呈现出社会化生产的重要特征，在线社区工厂、虚拟工厂兴起，“社会制造”这一新型生产方式逐渐形成。

平台化、生态化的产业组织。企业顺应发展趋势提供一体化解决方案，不断增强与消费者的互动能力；而且在以知识和数据为基础的经济形态中，与其他组织缔结合作，实现网络化发展。企业组织从一个输出产品的“黑箱”，演变为连接用户、员工和上下游服务商的平台型组织。平台模式从数字产业向农业、制造、交通、能源、生物医药等各行各业渗透。平台成为数字经济时代组织经济活动和配置经济资源的基本单元，是价值汇聚、创造和分配的核心。

基于生态系统的产业竞争范式。社会化制造使企业之间的供需关系变得越来越开放，多重产业链、创新链与价值链相互交织，形成多维的复杂网络结构，决定产业生命力的不是单个大企业或者产业链，而是整个系统的质量，产业竞争范式由企业间竞争和供应链竞争转向产业生态系统间的竞争。企业的价值创造模式不是消灭竞争对手，或者通过议价从上下游合作企业中攫取更多利润，而是通过整合产品或服务供给者、消费者，建立协作共赢的价值创造生态。在生态系统中，大企业可以引领技术进步和商业模式创新方向，中小微企业深耕“利基市场”，个人成为平台的创客，不同主体间交错合作，共同促进生态系统的升级。传统的基于产业链的中心化、层级式、规模化的专业分工与集聚模式转变为基于互联网的分布式、协同化、定制化的资源共享与服务协同模式。工业经济时代，美国的大规模生产使具有技术和市场投资能力的大企业成为产业竞争的主体，日本的柔性制造使紧密合作的供应链成为表现产业竞争力的组织形式。然而，在数字经济时代，产业生态系统的稳健性和迭代性成为获得长期竞争力的关键。

随着突破性技术的大量涌现，产业结构的不断调整，出现了与这些新技术、新产业相适应的生产生活和组织管理方式、产业政策及宏观经济环境。消费者层面，需求拉动式、线上购物式、主动参与式的消费模式逐渐普及，用户的参与度、话语权增强。企业管理层面，由于生产活动的智能化，知识型、脑力型劳动成为主要供给，工作地点和工作方式的弹性增加，在线办公、移动会议等逐渐普及。人力资源可以跨越企业及空间边界自由流动，个人角色和雇佣关系多样化，企业可根据工作内容调整劳动关系，分布式自主管理普及化，基于互联网的“创业式就业”也成为重要的就业方式。工业时代的科层制管理结构瓦解，从传统金字塔式的垂直结构向错综复杂的、水平的网状结构转变。

产业政策方面，政策着眼点发生变化。数字经济为发达国家重塑实体经济优势创造了契机，曾经为寻找更低成本要素而从发达国家转出的生产活动有可能向发达国家回溯，“雁阵理论”预言的后发国家产业赶超路径被封堵，“微笑曲线”变成“沉默曲线”。区域层面，基于特定地理范围的传统产业集群被基于数据流的虚拟网络集群代替，具有更强的开放性与灵活度。微观层面，产业组织更为多元化，大小企业、个人创业者均有竞争优势和市场机会。因此，“腾笼换鸟”“地方保护”等传统方法需适时调整；对特定产业的选择性支持政策向以打造基础能力和创新激励为重点的功能性、普惠性政策转变；产业、创新、人才等不同领域政策的融合度也大幅增加。

宏观制度层面，随着数字经济新业态和新模式的不断衍生，贸易、金融、税收、电子商务、信息安全等多个领域被涉及，需要建立多部门协同参与和配合的数字经济监督管理体系，营造公平公正、开放健康的良好环境。同时，服务数字经济的新的市场建设、交易流通规则、定价规则、反垄断规则、市场监管制度、知识产权保护制度、投融资制度等系统化的制度体系也逐步建立。

1.1.3　数字经济的深远影响

（1）数据成为驱动经济发展的关键生产要素

数据成为生产要素是数字经济的典型特性。在工业时代，企业在信息技术的基础上布局信息化，数据被局限在以自我为中心的局部生态圈中，传递及应用范围有限。而过渡到数字经济时代，数据的传递、共享、融合导致经济模式跨越企业边界，形成新型的价值网络。值得注意的是，在此过程中生产要素这一社会资源的变化：农业经济时代，土地和体力劳动力是生产要素的主体；工业经济时代，除了上述两种生产要素，还增加了资本，主要是机器、工厂和能源，包括煤炭、石油等；而发展到数字经济时代，数据成为关键的生产要素，数据资源代表企业的核心实力。数据将越来越多地渗透到财富创造的过程，且数据参与程度越高，创造财富的能力就越大，这是一种非线性的特征。

（2）信息基础设施成为通用型、使能型设施

以“铁公机”（铁路、公路和机场）为代表的交通布局是工业经济时代的主要基础设施，社会经济活动在此基础上发展。数字技术的出现打破了这一局面，以网络和云计算为基础的信息基础设施体系正在形成，并伴随着数字经济的发展而逐渐扩大。信息基础设施体系既包括宽带、无线网络等信息基础网络设施，也包括对传统物理设施的数字化改造，例如数字化停车系统、数字化安保门禁等。这种“万物感知、广泛连接”的建设浪潮，推动从工业时代以“砖和水泥”为代表的基础设施过渡到数字时代以“光和芯片”为代表的基础设施，促进社会生产技术改造和设备更新，使得应用场景和商业模式快速迭代。

（3）数字化能力代表综合竞争优势

众所周知，技术进步推动社会经济发生变革。互联网、云计算、大数据、物联网、区块链等信息技术的突破和融合代表着数字经济发展的核心竞争优势。具体来说，移动互联网的发展打破了以往固定互联网的局限和束缚，使得互联网的应用场景不断扩大，推动移动应用大范围创新。云计算则从根本上改变了信息技术的建设、组织和运维模式，在缩减基础设备和运维成本的同时提升了信息化设备的承载能力。移动互联网、云计算的发展及传感器成本的降低，推动了物联网的发展，对物联网数据的处理又必然联系到大数据技术。物联网将实体、数字、人类社会三者联系在一起，实现“人机物”三者有机结合，促进数字经济迸发新的市场活力。3D 打印、智能机器人、数字孪生、再生能源等技术也可能成为未来重要的发展方向，这些技术互相碰撞融合，汇聚成一股新的力量，共同组成数字经济核心竞争力。

（4）数字化力量推动人类社会、网络世界和实体世界日趋融合

数字化力量渗入人类社会、网络世界和实体世界的各个区域，赋能万物生长，数字经济的不断发展加速了实体世界和虚拟世界的融合。随着互联网的发展以及数字技术与实体世界不断融合，更多的社会经济生活和人际互动被卷入其中，使得实体世界的发展速度不断提升，成为网络世界经济发展的关键力量。以数字技术多要素融合创新为基础，实现了网络世界和实体世界的紧密结合，数字技术多要素融合创新同时覆盖了环境感知、嵌入式系统、网络控制等多领域的数字化，使社会生活中的各类物体具有计算、控制、远程协作和自组织功能，从而实现计算能力与实体系统的协同，以“人机物”三者的有机融合为典型特征的大融合系统应运而生，改变了人们和网络世界的连接方式，更强调双向互动，从而推动网络世界、实体世界和人类社会之间紧密融合，构造出互联互通的数字新世界。

1.2　全球数字经济战略布局持续推进

数字经济发展速度之快、辐射范围之广、影响程度之深前所未有，正推动生产方式、生活方式和治理方式深刻变革，成为重组全球要素资源、重塑全球经济结构、改变全球竞争格局的关键力量。为顺应数字经济时代发展趋势，在竞争中确立自身优势地位，各国均出台了相关政策助推本国数字化发展。

从全球数字经济发展整体情况上看，美国、中国、欧盟分别在技术、市场、规则领域占据优势，全球数字经济发展的三极格局基本形成。其中，美国数字经济规模稳居全球第一，在数字企业全球竞争力、数字技术研发实力上极具优势。中国数字经济实现跨越式发展，数字经济规模仅次于美国，拥有全球最大的数字市场，数据资源领先全球，数字产业创新活跃，正在积极建设数字中国。欧盟凭借其在数字治理能力上的领先水平，确立了与中美两强优势互补、不可或缺的全球数字经济“第三极”地位。本文以美国、中国、欧盟为样本，具体阐述各国/各区域的数字化策略。

1.2.1　美国：立足领先事实，聚焦前沿技术

2019年，美国正式通过《2018年循证决策基础法案》，把推进政府数据治理、保护数据安全和促进数据开放作为增强国家竞争力、赢取全球资源配置优势的重要战略，并对负责数据治

理的人员、机构进行了安排。其核心思想是“政策制定应由证据（数据）驱动”。依据《2018年循证决策基础法案》，2019 年，美国白宫管理和预算办公室（OMB）发布了《联邦数据战略与 2020 年行动计划》。

（1）《2018 年循证决策基础法案》

《2018 年循证决策基础法案》确立了关于政府数据治理 3 个方面的内容：一是明确美国政府在数据获取方面的行动，包括构建数据清单和数据目录，设立首席数据官、数据咨询委员会，梳理全面的数据清单并定期更新，同时公开数据目录与开发在线存储库等；二是开放政府数据，对数据的公开情况进行日常性审查，除因隐私泄露、安全风险、法律责任、知识产权限制等因素不宜公开外，一般将政府数据开放；三是建立开放政府数据报告及评估制度，确保机密数据得到保护和统计数据的有效性。

《2018 年循证决策基础法案》要求各政府部门建立数据治理机构，由首席数据官领导，机构业务部门、数据职能部门和财务管理部门的高级官员参与。数据治理机构将数据作为战略资产进行管理，支持所在部门完成任务。《2018 年循证决策基础法案》明确了首席数据官的职责，即负责数据治理和全周期数据管理工作，且在数据治理机构中任职。《2018 年循证决策基础法案》还要求成立跨部门的首席数据官委员会、统计政策委员会和评估官委员会。其中，首席数据官委员会成员包括所有政府部门首席数据官、电子政府办公室行政、信息和监管事务办公室行政官，以及一位代表所有首席信息官、首席评估官的成员，目的是协调各政府部门的相关政策并确定最佳做法。

（2）《联邦数据战略与 2020 年行动计划》

《联邦数据战略与2020年行动计划》（以下简称《战略》）是美国数字战略的重要组成部分，是未来 10 年数据治理的总体纲领，提出了政府数据治理的主要视角和核心目标要从“技术治理”转变为“资产治理”，并确保有足够的权限、组织结构、策略与资源支持战略数字资产的管理、维护、使用。《战略》明确了建设数据驱动型政府的路线，提出了 2030 年数据治理的愿景。

① 开展数据治理、规划和基础设施相关活动（2020—2022 年）。

② 开展数据标准建设、预算和协调等部门活动（2023—2025 年）。

③ 优化数据分析功能（2026—2028 年）。

④ 形成基于证据主动决策、数据自动优化的数据驱动活动（2029—2030 年）。

《战略》确立了 3 个层面的管理目标和 40 项实践工作。一是重视数据并促进共享，相应的实践工作包括数据指导决策、评估公众对美国政府数据的价值和信任度、促进各个政府部门间的数据流通等；二是保护数据，相应的实践工作包括保护数据完整性、确保流通数据的真实性、确保数据存储的安全性、提高数据透明度等；三是探索有效使用数据的方案，相应的实践工作包括增强数据管理分析能力、完善数据访问的多样化路径等。

美国政府非常注重数字新兴产业的前沿性、前瞻性研究，通过政策战略、资金投入、组织机构等方式，积极推进芯片、人工智能、5G通信及下一代通信、先进计算机等数字技术研发。资金投入方面，2021财年预算中向人工智能、5G、微电子等关键领域投入70亿美元研究经费，2021年6月参议院投票通过《2021年美国创新和竞争法案》，承诺在5年内向芯片、人工智能、量子计算、半导体等关键科技研究领域投入约2500亿美元。组织机构方面，美国注重根据具体需要灵活设置政府机构，作为技术研究和决策过程中与私营部门、学术界和其他利益相关者进行协调和协作的中心枢纽。例如，2021年9月，美国商务部成立国家人工智能咨询委员会，与美国国家人工智能计划办公室（NAIIO）合作，就一系列与人工智能相关的问题向总统和其他政府机构提供建议。

1.2.2 中国：围绕数实融合，完善顶层设计

2022—2023年，中国陆续发布《“十四五”数字经济发展规划》《数字中国建设整体布局规划》，从顶层设计上不断推进明确数字经济及其重点领域发展的总体思路、发展目标、重点任务和重大举措，为推动数字经济高质量发展提供指导。

（1）《“十四五”数字经济发展规划》

以数据为关键要素，以数字技术与实体经济深度融合为主线，加强数字基础设施建设，完善数字经济治理体系，协同推进数字产业化和产业数字化，赋能传统产业转型升级，培育新产业、新业态、新模式，不断做强做优做大我国数字经济，为构建数字中国提供有力支撑。

到2025年，数字经济将迈向全面扩展期，数字经济核心产业增加值占GDP比重有望达到10%，数字化创新引领发展能力大幅提升，智能化水平明显增强，数字技术与实体经济融合取得显著成效，数字经济治理体系更加完善，我国数字经济竞争力和影响力稳步提升，实现数据要素市场体系初步建立、产业数字化转型迈上新台阶、数字产业化水平显著提升、数字化公共服务更加普惠均等、数字经济治理体系更加完善五大目标。

到2035年，数字经济将迈向繁荣成熟期，力争形成统一公平、竞争有序、成熟完备的数字经济现代市场体系，数字经济发展基础、产业体系发展水平位居世界前列。

（2）《数字中国建设整体布局规划》

数字中国建设按照“2522”的整体框架进行布局，即夯实数字基础设施和数据资源体系“两大基础”，推进数字技术与经济、政治、文化、社会、生态文明建设“五位一体”深度融合，强化数字技术创新体系和数字安全屏障“两大能力”，优化数字化发展国内外“两个环境”。

到 2025 年，基本形成横向打通、纵向贯通、协调有力的一体化推进格局，数字中国建设取得重要进展。数字基础设施高效连通，数据资源规模和质量不断提升，数据要素价值有效释放，数字经济发展质量效益大幅增强，政务数字化智能化水平明显提升，数字文化建设跃上新台阶，数字社会精准化、普惠化、便捷化取得显著成效，数字生态文明建设取得积极进展，数字技术创新实现重大突破，应用创新全球领先，数字安全保障能力全面提升，数字治理体系更加完善，数字领域国际合作打开新局面。

到 2035 年，数字化发展水平将进入世界前列，数字中国建设取得重大成就。数字中国建设体系化布局更加科学完备，经济、政治、文化、社会、生态文明建设各领域数字化发展更加协调充分，有力支撑全面建设社会主义现代化国家。

1.2.3 欧盟：强调数字主权，重视同步立法

2015 年，欧盟委员会提出“单一数字市场战略”，2016 年，欧盟正式推出“欧洲工业数字化战略”，2018 年欧盟又公布了《欧盟人工智能》。2020 年，欧盟更是紧锣密鼓地发布了用于指导欧洲适应数字时代的总体规划《塑造欧洲数字未来》《欧洲新工业战略》《欧洲数据战略》《人工智能白皮书》等，旨在重新定义并扩大其数字主权，建立基于规则和标准的数字空间框架。2021 年 3 月初，欧盟发布了《2030 数字指南针：欧洲数字十年之路》纲要文件，涵盖了欧盟到 2030 年实现数字化转型的愿景、目标和途径。

为助力数字经济发展战略与规划的实施，欧盟高度重视并积极推动有关数字经济的立法工作。《网络与信息系统安全指令》《通用数据保护条例》《非个人数据自由流动条例》《网络安全法案》等文件的出台，为数字经济的健康发展提供了法律依据。

（1）《塑造欧洲数字未来》

该战略文件涵盖了从网络安全到关键基础设施、数字教育到技能、民主到媒体的所有内容，所需的投资将来自“数字欧洲”计划、“连接欧洲设施”计划和“地平线欧洲”计划。在“地平线欧洲”计划内，欧盟委员会提议向“数字、产业和空间”集群计划投资 150 亿欧元（约

1153亿元人民币)，支持将人工智能作为重要活动。同时，作为实现数字战略的重要行动，发布《欧洲数据战略》和《人工智能白皮书》。

该战略文件提出了未来5年将重点关注的三大目标及关键行动，以确保数字技术能够助力欧洲以自己的方式实现数字化转型。三大目标具体如下。

① 开发“以人为本”的技术。

② 发展公平且有竞争力的数字经济。

③ 通过数字化塑造开放、民主和可持续的社会。

（2）《2030数字指南针：欧洲数字十年之路》

《2030数字指南针：欧洲数字十年之路》为欧盟到2030年实现数字主权的数字化转型愿景指出方向，旨在构筑一个以人为本、可持续发展的数字社会。该计划希望增强欧洲的数字竞争力，使欧洲成为世界上最先进的数字经济地区之一。该计划将欧盟到2030年要实现的数字能力目标具象化，涵盖数字化教育与人才建设、数字基础设施、企业数字化和公共服务数字化4个方面。

① 拥有大量能熟练使用数字技术的公民和高度专业的数字人才队伍。

② 构建安全、高性能和可持续的数字基础设施。

③ 致力于企业数字化转型。

④ 大力推进公共服务的数字化。

此外，欧洲各国也分别根据自身的数字经济发展情况进行了战略布局。2022年，英国发布新的《英国数字战略》，聚焦完善数字基础设施、发展创意和知识产权、提升数字技能与培养人才、畅通融资渠道、改善经济与社会服务能力、提升国际地位6个领域，推动英国数字经济发展更具包容性、竞争力和创新性。德国2016年提出“数字战略2025”，2022年更新“数字战略2025”，涵盖数字技能、基础设施及设备、创新和数字化转型、人才培养等内容，进一步提升了德国的数字化发展能力。

数字经济成为经济发展重要引擎

2.1 各行各业正在加速推进数字化转型

全球数字经济发展带来的机遇与变革，体现出4个方面的态势变化。一是要素态势变化，主要强调新型形态；二是技术态势变化，特别是数字技术让数字化、智能化创新深入各行各业；三是融合态势变化，实现了数字技术在各行各业中的应用，并与实体经济融合发展；四是经济态势变化，即从生产力变革到生产关系的变革。数字经济成为继农业经济、工业经济之后更高级的经济形态。

面对全球新一轮的数字经济浪潮，千行百业都在积极推进数字化转型，因为数字化转型不是选择题，而是一个必答题。数字技术驱动使得商业环境瞬息万变，也带来了更大的想象空间，数字创新正在重塑传统产业的商业模式和运营方式，只有主动拥抱数字化，才能让组织文化、管理理念、组织行为等适应数字化发展需要。

数字经济的发展主要体现在“四化”：一是数字产业化，即信息通信产业，主要包括软件和信息技术服务业、电子信息产业、互联网行业等；二是产业数字化，即传统产业应用数字技术所带来的产出增加和效率提升部分，包括农业数字化、制造业数字化和服务业数字化等；三是数字化治理，包括治理模式的创新、利用数字技术完善治理体系、提升综合治理能力等；四是数据价值化，价值化的数据是数字经济发展的关键生产要素。“四化”框架下，各行各业正在经历着主动或被动的转型升级。数字经济的“四化”框架如图2-1所示。

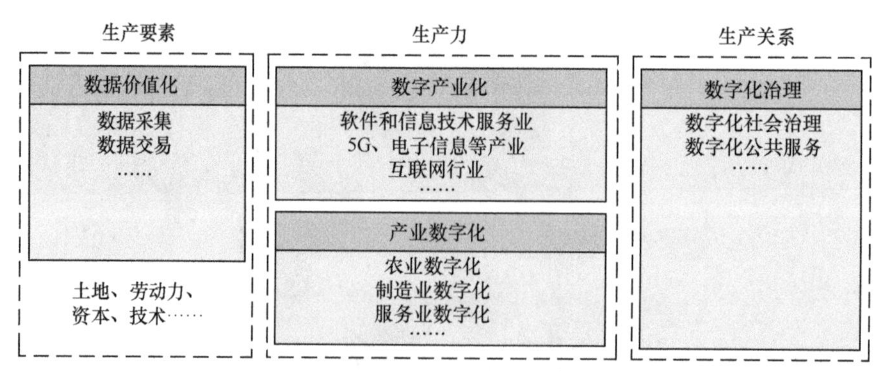

图2-1 数字经济的“四化”框架

《数字中国建设整体布局规划》提出：“以数字化驱动生产生活和治理方式变革，为以中国式现代化全面推进中华民族伟大复兴注入强大动力。”

产业数字化在数字经济中占据主导地位。近年来，产业数字化占数字经济比重为82%左右。2022年，产业数字化规模为41万亿元，同比名义增长10.3%，占GDP比重为33.9%，占数字经济比重为81.7%，产业数字化探索更加丰富多样，产业数字化对数字经济增长的主引擎作用更加凸显。

数字化治理在政府提升国家治理效能和满足人民需求上具有特殊意义，是数字经济发展中极其重要的一环。数字化治理为国家治理创新提供了全方位、多领域、跨层级的解决方案，可以大幅提高国家治理的整体效能，从而进一步提升国家综合竞争力。同时，数字化治理是满足人民日益增长的美好生活需要的重要手段。让数字化发展红利广泛惠及人民群众，是在国家治理中运用数字技术的根本目标。本书以产业数字化和数字化治理为主题阐释数字化转型。

2.1.1　产业数字化

数字经济的发展需要依托数字化技术，同时也离不开产业的支持，如果脱离了产业的支撑，数字经济就会变成空中楼阁，找不到发展着力点，就无法形成数字产业，亦不能构建新的经济发展体系。产业数字化强调数字技术对传统产业的渗透及应用，指应用数字技术和数据资源为传统产业带来的产出增加和效率提升，是数字技术与实体经济的融合发展，为第一、第二、第三产业带来生产数量的增加和生产效率的提高。

当前，数字经济正向ICT产业与传统产业深度融合发展的方向迈进，数字技术与各行业的深度融合，在推动产业数字化的过程中发挥了重要作用。产业数字化是传统行业转型升级的必经之路，也是数字经济蓬勃发展的重要引擎。

产业数字化是指在新一代数字科技的支撑和引领下，以数据为关键要素，以价值释放为核心，以数据赋能为主线，对产业链上下游全要素数字化升级、转型和再造的过程。当前，以5G、工业互联网、人工智能、云计算、大数据等新一代信息技术研发和应用为核心内容的数字经济风起云涌，给全球经济和日常生活带来了全方位的影响。经济社会发展与技术发展变迁同步推动了农业、制造业和服务业向数字化、网络化、智能化迈进。

2.1.1.1 农业数字化

数字经济为农业高质量发展创造了新的窗口和机遇，并为其突破自然资源、环境约束等方面的瓶颈提供了一个新方向。农业数字化已成为世界现代化农业发展趋势，全球各国都在加快农业数字化布局，加深人工智能、大数据、云计算等技术在农业领域的应用。农业数字化有利于提高农业发展资源要素的利用效率和利用质量，有效突破资源环境瓶颈，实现农业发展资源的集约化利用。具体而言，农业数字化通过赋能农业供应链、产业链和价值链，有机衔接农业产业的生产、流通和消费等环节，整体上提升农业产业的生产效率，降低农产品在供给端与需求端之间的交易成本，进而提高农业产业的经济价值，创造额外的经济红利。农业数字化通过推动农业全产业链实现信息流、技术流、人力流、物资流、资金流等要素的融会贯通，可以整合、优化资源配置，从而促进农业产业新业态、新模式、新市场和新组织不断涌现，加大农业产业链接、产业创新、产业结构优化、产业融合的力度，提升农业产业数字化、网络化及智能化水平。农业数字化主要体现在农业生产端的数字化和农业流通端的数字化。

2.1.1.1.1 农业生产数字化

农业生产已历经手工劳作时期、机械化时期和简单自动化时期，正在逐步进入以新一代信息技术为核心、以数据为主要驱动力的数字时期。如今的农业生产需要程度更深、范围更广的信息化变革，并在此基础上进一步向更高级别的数字化、网络化、智能化迈进。

农业生产数字化主要体现在利用新一代信息技术，以农业物联网管理平台为基础，配套传感器、水肥一体机、采摘机、风机等农业设施，通过农业生产环境特征信息实时自动采集调控、控制灌溉和施肥作业等，实现全流程智能化生产，这已经成为农业生产数字化发展的一条典型路径。农业生产数字化可广泛应用于种植业、渔业等细分领域。本书给出一些农业生产数字化的典型案例，以便读者更好地理解农业生产数字化的实践应用。

案例一：某大田农业 5G 智慧种植项目

1. 项目背景

传统大田种植主要依赖天时和季节，一旦遭遇不利的季节或气象条件，农业生产可能就会受到严重的影响，导致减产，进而降低农民的收入。在老龄化社会严重的稻麦两熟地区，还将面临“无人种田”的问题。

针对上述痛点问题，可开展实用化的无人智慧农场构建及应用示范，实现稻麦无人农场的全天候、全过程、全空间的精确化作业。建设无人智慧农场的目标就是从现代化农场应用场景出发，系统整合先进智慧农业科技、智能农机装备，构建一套覆盖主要农作物耕种管收全流程的自动化、智能化、远程控制、高效协同的无人化生产系统解决方案，为农业生产规模化、低碳化创造条件，为农业现代化发展插上高科技的翅膀，并将无人智慧农场的先进技术和经验带向全国乃至世界，对于保障国家粮食安全具有重要的战略意义。

2. 需求分析

某大田种植农场项目实施面积为 1500 亩（1 亩≈666.67 平方米）左右，智慧农场核心实施面积约为 200 亩。需以农田 5G 信息传输技术为通信手段，突破面向稻麦智慧生产需求的农田多源信息立体化快速感知技术，建设具有较高预测精度和广适性的农情立体化感知系统。综合利用智慧农场苗情监测 5G 物联网系统、智慧农场虫情监测系统、5G＋无人机远程监测系统、5G＋多光谱无人机农作物长势监测系统等智能装备，融合多平台获取的多源信息，从而为农作物生产管理无人作业提供技术支撑，实现农作物生产全生育期数字化、智能化、自动化管理。该项目建设需求主要包括：农田信息 5G 全覆盖感知、5G＋农田作业智能装备、5G＋智慧农作管理大数据平台等。

3. 建设方案

（1）农业生产场景端到端总体方案

农业生产场景的 5G 专网解决方案包括终端、网络和应用平台三大部分。终端包括数据采集、无人农机感知终端、农机组网管控、远操辅助和视频监控摄像头等；网络包括 5G 基站、5G 核心网的 5G 专网设备等；应用平台包括智能决策平台等。农业生产场景 5G 专网解决方案示意如图 2-2 所示。

（2）业务建设方案

① 农田信息 5G 全覆盖感知。

综合利用智慧农场苗情监测 5G 物联网系统、智慧农场虫情监测系统、5G＋无人机远程监测系统、5G＋多光谱无人机农作物长势监测系统等智能装备，快速获取气象、农作物、土壤、病害、虫害等多源信息，进一步将多平台获取的多源信息进行有效融合。

图 2-2　农业生产场景 5G 专网解决方案示意

智慧农场专用 5G 网络覆盖。本项目实施面积为 1500 亩左右，智慧农场核心实施面积约为 200 亩。5G 技术所具有的广连接能力可为智慧农场提供网络基础，解决智慧农业发展数据采集难度大的问题。基于 5G 的边缘云能力，计算上云，可降低终端部署成本，为智慧农场提供计算基础。5G 所具备的行业整合能力可助力"农业 + AI"深度融合，构建云端动植物数字模型，让数据真正为应用服务，指导农业生产。

智慧农场苗情监测 5G 物联网系统。通过部署多光谱农作物长势信息传感器、土壤墒情监测传感器、大气温湿度传感器及 5G 通信模块，快速、实时、无损、大面积地获取农作物生长信息（叶面积指数、叶片氮积累量、叶片氮含量、叶干重等）、土壤墒情、大气信息，所有物联网节点的数据通过信息汇聚终端实现数据的汇聚及云端传输；通过部署太阳能供电高清摄像头，实时、全面地获取农田影像资料，从而实现对整个智慧农场苗情、环境监测的全覆盖。

智慧农场 5G + 虫情监测系统。建设虫情监测系统，包括害虫诱捕采集器和视觉分析模块两个部分：害虫诱捕采集器通过光诱导实现害虫诱捕；视觉分析模块应用高清摄像机自动拍摄诱捕结果照片，并依托于 5G 传输技术无线传输至物联网监测云平台，云平台对结果进行统计及分析，分别记录每个时段的图片信息，确保各时段拍摄的虫体不混淆，并通过虫体图像识别和计数，更加准确地监测虫情的发生及发展情况，对虫情发展趋势进行预警。

5G + 多光谱无人机农作物长势监测系统。建设基于 5G 通信和无人机飞控系统的多光谱农作物长势监测系统，实现多光谱遥感无人机自动起飞、巡查作业，并生成农作物叶片氮含量、叶面积指数等生长信息空间分布图，为精确诊断与调控提供苗情信息。

② 5G + 农田作业智能装备。

在农情信息立体化感知、农作物处方数字化设计的基础上，围绕稻麦生产中的精确耕整地、精确播栽、精确施肥、精确灌溉、精确施药、精确收获等作业环节，开展农机作业控制与导航、农装总线和电子检测等设备的集成与应用。

5G + 北斗精确耕整地作业系统。无人驾驶（或自动辅助驾驶）拖拉机在高精度北斗卫星导航信号下配合卫星铲运机、平地机，完成对适耕田块土壤高低差的平整作业，卫星铲运机、平地机的平地铲在卫星信号的控制下，水平控制系统始终保持在某一水平平面内，实现高程精确控制机具水平作业，作业效率为每小时 30 亩左右。采用卫星信息控制的无人耕整地设备也是我国农业农村部重点推广的先进技术之一。设备接入了 5G 技术，降低了通信时延，提高了耕深调节的精度与作业的效率。

5G + 北斗精确播栽作业系统。5G + 北斗精确播栽作业系统主要包括水稻无人插秧机与稻麦播种施肥一体机。水稻无人插秧机主要基于 RTK[1] 高精度北斗卫星自动导航技术，采用基于无人导航的水稻插秧机，模块化设计，全球导航卫星系统（Global Navigation Satellite System，GNSS）测速，融合程度高。稻麦播种施肥一体机具采用一体化设计，结构紧凑。基于无人导航自动驾驶系统平台动力匹配，作业速度与机具地轮驱动匹配，结合滚齿式播籽轮交错排种，变速箱控制播量，整盒排种不需调整，播量均匀精准；大容积种肥箱结合一体式镇压器，提升了整体作业效果与效率；播肥采用种肥分施和同施两种，播肥量可以多级调整。

5G + 北斗精确施肥作业系统。5G + 北斗精确施肥作业系统主要包括稻麦智能化追肥机。智能化追肥机基于北斗高精度自动导航驾驶系统，可对智能作业农机具进行无人控制，实现施肥作业的远程“一键化”操作，满足农忙“停人不停机”作业对系统可靠性、农户

注：1. RTK（Real-Time Kinematic，实时动态），即载波相位差分技术。

易维护的需求的同时，也实现了施肥作业质量监控，提高作业质量和作业效率，提高农药、化肥利用率，省工节本，使效率最大化。智能化追肥机具有远程自动路径规划、自主作业功能。基于先进的导航、图像传输、视觉和控制技术，实现了真正的远程无人作业；接入了5G技术，降低了时延，提高了施肥控制精度。

5G＋精确大田智慧灌溉系统。依据灌溉环境信息监测数据，在农田灌区的沟渠内建设基于物联网的智慧灌溉系统，实现灌溉环境信息监测、泵房远程控制及状态监测、智能进排水闸门远程启闭功能，并配置液晶屏和管理计算机，用于田间环境信息查看和灌溉远程控制，实现稻田沟渠灌溉的智能化，达到了节约灌溉用水和科学、高效管理灌区的目的。基于对灌溉泵房、进水闸门和排水闸门的智能化控制改造，结合视频监控系统和农情监测系统，开展5G＋精确大田智慧灌溉。通过土壤墒情传感器、支渠水位传感器对田间农作物的墒情和支渠的水位进行实时监测，采用高清网络摄像头，实现对灌溉区域和泵房的实时监控和历史视频回放，用户可通过计算机端和手机端获取田间的实时数据。

5G＋精确施药远程作业系统。5G＋精确施药远程作业系统利用喷药施肥处方图，结合数据底座，研究植保无人机作业规划，包括无人车与无人车协同、无人机与无人车协同，并支持一键启动作业模式。结合固态、液体的撒喷机，实现精确的变量作业。同时回传作业效果和作业质量，实现远程作业监控。该系统的优势在于远程多机器协同作业，提高作业效率和安全性。

5G＋精确收获远程作业系统。5G＋精确收获远程作业系统结合智能导航、无人驾驶、智能传感器和物联网等技术手段，在全喂入收割机上搭载无人收割机控制系统，通过CAN通信接口接收上位机的指令，自动调节收获机前进速度、割台离合的开启或关闭、割台高度、脱谷离合的开启或关闭、脱粒滚筒转速、清选工作参数、卸粮离合的开启或关闭、粮桶的伸出或收回等，并对各部件的工作状况进行监控、显示和报警。其具有手动驾驶、遥控器驾驶、无人驾驶3种驾驶功能，还具有自主路径规划、自主作业功能，无人作业误差≤2.5cm，无人驾驶的智能收获系统支持24小时不间断作业，提高了收获效率，降低了收获成本。接入5G技术，降低了时延，提高了收割的速度与精度。

③ 5G＋智慧农作物管理大数据平台。

综合统筹多源信息，对多维度数据汇总及可视化，构建集数据分析、数据应用和指挥决策于一体的5G＋智慧农作物管理大数据平台。

5G＋智慧农业大数据底座。数据架构依托大数据，以灵活、高效的信息资源采集为手段，实现各类原始数据的集中汇聚；借助信息资源管理手段，发挥数据集中效能；通过信息资源共享，实现信息资源的集约化共享，实现对大数据的分析及对数据的深度挖掘与应用，协助园区管理人员全面掌握园区数据，实现数据的互联互通。以大比例尺数字地图为基础，构建包括农田、农场设施（道路、沟渠、泵站、仓库等）、土壤、气象、品种参数、管理措施等智慧农场数据底座，全面支撑智慧农场数字化运行。

➢ 基础农田库：建立园区农田的数字档案，包括田块一张图资源。

➢ 基础土壤库：建立园区农田土壤肥力、水分的时空动态数据库。

➢ 基础气象库：结合气象站及气象部门条件基础，建立园区气象历史动态数据库。

➢ 品种参数库：建立园区主要稻麦种植品种的生育期、产量、品质等历史动态数据库。

➢ 管理措施库：建立历史种植管理记录，记录播种、施肥、灌溉、喷药、收获等操作。

➢ 专项资源数据库：建立遥感和视频影像资源库、物联网接入数据资源库。

➢ 农业机械资源库：建立农机、植保机等数据资源库。

5G＋农田信息立体感知系统。系统可从各平台自动获取天空地遥感数据、农学参数等数据，自动进行遥感数据预处理，可视化数据空间分布展示，具备云存储功能和智能解析功能。通过耦合嵌入在地面端农作物生产管理终端中的农作物生长诊断调控模型，可生成农田、园区、区域尺度上的水稻生产追肥处方图，为水稻变量追肥作业奠定了基础。

➢ 物联网信息采集：在农作物种植示范区域安装物联网数据前端监测设备，监测的数据包括空气温度、空气湿度、二氧化碳浓度、土壤温度、土壤湿度、植被指数，并推导出叶面积指数、叶片氮含量等参数，通过地理信息系统（Geographical Information System，GIS），能够实时了解各种智能设备的运行状态、数据采集状态等。

➢ 无人机信息采集：在种植区域通过无人机巡田，实现对田间农作物生长的实时监控和诊断管理。

➢ 卫星信息采集：通过对接国内外卫星遥感数据资源，实现对区域农作物长势的监测。

➢ 统计分析：用曲线图展示实时采集的传感器数据，对异常数据进行报警提醒，同时可按时间段、月度、年度查询传感器采集的历史数据，并以曲线形式展示。利用人工及自动化采集设备采集的苗情信息，形成农情报表，并与历史信息对比进行农情分析。

➢ 预警预报：通过在系统中设置各种传感器数据的阈值，超过设置的阈值，将触发“预警预报系统”，预警信息通过各种渠道发送给相关负责人或责任人，对预警情况进行及时处理。系统可查询历史预警过的信息。

➢ 信息推送：该平台管理员可以在系统界面给不同角色发布和推送信息，信息内容包括文字和图片，并可以查询历史推送信息记录。

5G + 智慧农业决策诊断中心。建立包括基础地理信息、园区大田管理等主要内容的地理信息系统，创建基于网络和地理要素的多尺度农业一张图。对园区总体概况、农机、种植、设备等实行信息化管理，努力实现资源环境和生产经营的数字化、可视化、动态化和网络化。利用计算机软件技术封装农作物生长模型的功能模块算法，进一步耦合 GIS 的空间分析功能、遥感的实时监测功能，基于农作物生产历史数据、基础农情数据库、农作物模型构件库等，结合决策支持和可视化技术，集成开发了农作物生长模拟与决策支持平台，实现数据管理、参数优化、生长模拟、遥感耦合、区域预测、方案设计、效应评估、安全预警、产品发布等综合功能。该诊断中心将为适宜品种优化设计、管理方案动态生成、农业生产追肥调控、农作物生产力预测预警、耕地利用决策评价及农业政策规划制定等提供支持。

（3）网络建设方案

① 无线网。

针对农业行业的行情监测、精准作业、无人机应用等典型应用，可以被归纳为远程控制和视频回传两大类应用。远程控制场景对端到端时延、网络可靠性要求高，需要提供 50ms 的时延能力和 99.99% 的可靠度，因此需要采用高可靠的组网方案和优化手段。视频回传类应用需要上行大带宽，规划网络时需结合视频回传类业务量测算农田区域最大上行带宽，若农田区域最大上行带宽无法满足业务需求，则需考虑 3U1D 时隙配比、超级上行链路（SUL）等技术。综上所述，在制定农业行业定制网无线网建设方案时，除了常规方案，还需要重点关注远程控制场景和上行回传场景的需求。

针对不同的行业需求和场景，中国电信 5G 定制网面向广域优先型行业客户、时延敏感型区域政企客户及安全敏感型区域政企客户，分别提供“致远”“比邻”“如翼”3 类服务模式。农业行业中的关键场景，例如远程控制，对端到端时延、网络可靠性方面要求较高，但是对安全、性能、自管理要求不高。因此农业行业 5G 定制网建议采用“比邻”模式开展建设，为客户提供大带宽、低时延的网络服务。

② 承载网。

该 5G toB 建设项目所在区域为电信 5G 承载区域，计划新增室内基带处理单元（Building Baseband Unit，BBU），部署于接入网电信机房。新建的 STN-A 与接入网 A 设备组环，接入 STN-B 对，该 B 对冗余 50GE 端口丰富，无须扩容。项目承载网架构示意如图 2-3 所示。

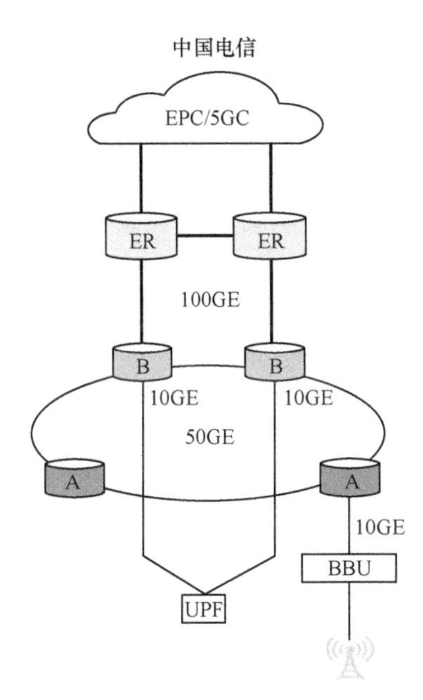

图 2-3　项目承载网架构示意

③ 核心网。

农业行业主要是农田信息 5G 全覆盖感知、5G + 农田作业智能装备、5G+ 智慧农作物管理大数据平台等业务场景，适合采用“比邻”模式，核心网用户面功能（User Plane Function，UPF）可依据用户需求选择部署位置。

对于业务场景少、对投资敏感、业务流量不高，且没有要求数据不出园区的用户，可接入地市（园区）共享型 UPF，此 UPF 可提供低时延数据传输保障，用户内网和共享 UPF 通过 5G 切片专线实现对接。此场景下，业务时延为 20 ~ 40ms，共享 UPF 可为多个用户服务。共享式 UPF 网络架构示意如图 2-4 所示。

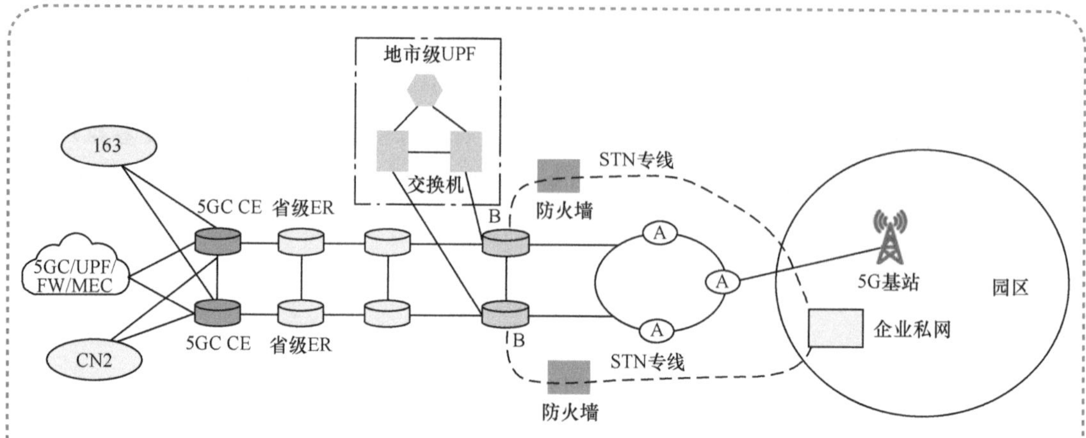

图 2-4　共享式 UPF 网络架构示意

对于业务场景多，要求特定业务流在园区内就分流至本地业务系统，保证敏感业务数据不出园区的用户，可在用户园区部署独享型 UPF，仅为该用户提供业务数据转发等服务，此类 UPF 可提供超低的传输时延保障，确保时延在 20ms 以内。独立式 UPF 网络架构示意如图 2-5 所示。

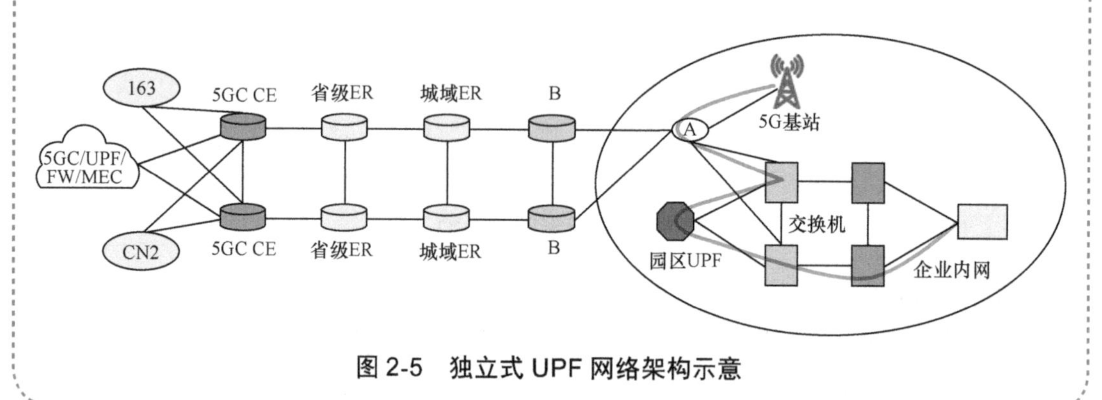

图 2-5　独立式 UPF 网络架构示意

案例二：某市 5G+ 智慧渔业项目

海鲈是中国某市农业支柱产业之一，目前已形成集种苗繁育、养殖、生产、加工、仓储、冷链运输、贸易的全产业链发展趋势。2019 年，随着该市 5G 基站的落成，为打造现代化 5G 智慧渔业养殖模式，该市升级打造了超过 300 亩“5G + 智慧渔业”养殖区。“5G +

智慧渔业”养殖区是指基于移动互联网、云计算、物联网、大数据、5G 等新一代信息技术，将传统水产养殖的生产、管理与互联网深度融合，实现养殖环境的实时精准监测、实时预警、生产要素的合理配置、人财物的优化调度等，为水产养殖智能化提供支撑，将推动传统渔业养殖模式和经营方式变革，形成新的水产养殖生态。“5G + 智慧渔业”养殖区利用 5G + IoT 技术 + 自动化设备，代替人工管理操作，对养殖水体和生态条件进行精准的监测、处理和控制，准确掌握水产生育进程和生长动态，对水产生长动态及水产各生育阶段的长势进行动态监测和趋势分析，提高精细养殖和养殖池管理能力，减少对技术管理人员的依赖，降低水产养殖风险，减少能耗，促进水产养殖增产。“5G + 智慧渔业”养殖区的养殖户只需通过手机 App，就能远程实时监控养殖水质信息，远程控制供氧机和投料机开关，实现在线安全溯源，实现高效、低成本、信息化和智能化的养殖管理。该智慧水产养殖监控系统改变了传统的水产养殖方式，促进了水产养殖的增产增收，减少了养殖户工作量，节省了盲目开增氧机耗费的大量电力资源。通过智慧水产养殖监控系统实现了科学的信息化管理，缩短了养殖周期、减少了养殖风险、降低了生产成本，提高了水产养殖的技术水平与品质管控能力。据测算，采用智慧渔业养殖模式的养殖池产量比采用人工控制的养殖池非正常死鱼减少 34% 以上，平均每亩养殖区节约电费 80 元，一年节约电费超过 160 万元。利用智慧渔业养殖技术，不仅减少了养殖风险，同时增加了产量、产值和利润，进一步助力该市打造“中国海鲈之乡”。

从上面的案例可以看出，农业生产数字化转型能够有效减少农业生产环节产生的冗余成本，显著提升农产品质量，提高农业生产效率，已成为促进农业发展的新举措、新趋势和新动力。农业生产数字化离不开数字信息基础设施建设，5G、物联网、卫星遥感监测、智能环境控制等数字信息基础设施已经在农业生产数字化中得到广泛应用，成为现代高效农业发展的重要支撑。例如，为解决农作物种植环境信息数据采集滞后的问题，很多智慧农场、智慧大棚均设置了较为完善的环境信息采集系统，包括部署在农业生产现场的物联网设备，例如采集器、传感器、高清摄像头、摄像机等，通过该系统实现生产现场温湿度、光照强度、大气压力、风速等环境数据的及时采集，并实时监测病虫情、农作物长势等生长信息，为科学生产提供数据指导和决策依据，同时可供消费者溯源查询农作物原始生长信息。此外，为解决农村人工成本高的问题，农业机器人的应用也越来越广泛，智慧农业基地已实现“耕、种、管、收”无人化、数字化、精准化。农业数字化还可以促进农业的可持续发展，通过精准农业的实践，减少化肥、农药的使用，降低土壤污染，保护生态环境。

2.1.1.1.2 农产品流通数字化

在推广农产品的过程中，由于农产品销售流程历经多个环节，各环节之间的信息壁垒导致信任问题被放大，消费者通常无法验证农产品的实际品种和出产地。此外，在传统的农业销售方式中，流通环节过长，中间商（例如二批商、三批商）占有了大部分收益，使得直接生产者即农民所获得的收益非常有限。因此，运用数字技术的融合创新，加快农业互联网与消费互联网融合，实现全产业链的数字化、可视化溯源，是当前农业数字化的一个热点领域。互联网头部企业纷纷布局农业产业，企业通过建设产地仓，打通线上渠道，与当地政府协同推动农产业产供销全链路数字化，共建标准规范的数字农业基地。也有企业从农产品的流通端入手，建立安心平台，提出为每一件农产品定制专属“身份证”，让农产品全流程“来源可追、去向可查”，增加品牌价值，降低消费者鉴别甄选农产品的门槛。部分互联网企业成立了自有数智农业生态部门，着力打造农产品流通大中台，希望通过“农产品大流通战略”，打通农业产业链及现代流通体系。农业数字化转型中的一些企业实现了消费端直接对接生产端（即农民）的方式，打破了传统的中间商模式，这些数字化企业利用先进的技术手段，取代了传统的重资产投资模式，通过掌握消费端的信息，降低了生产端的损失，为农民带来更多的收益。农产品流通溯源平台场景示意如图2-6所示。

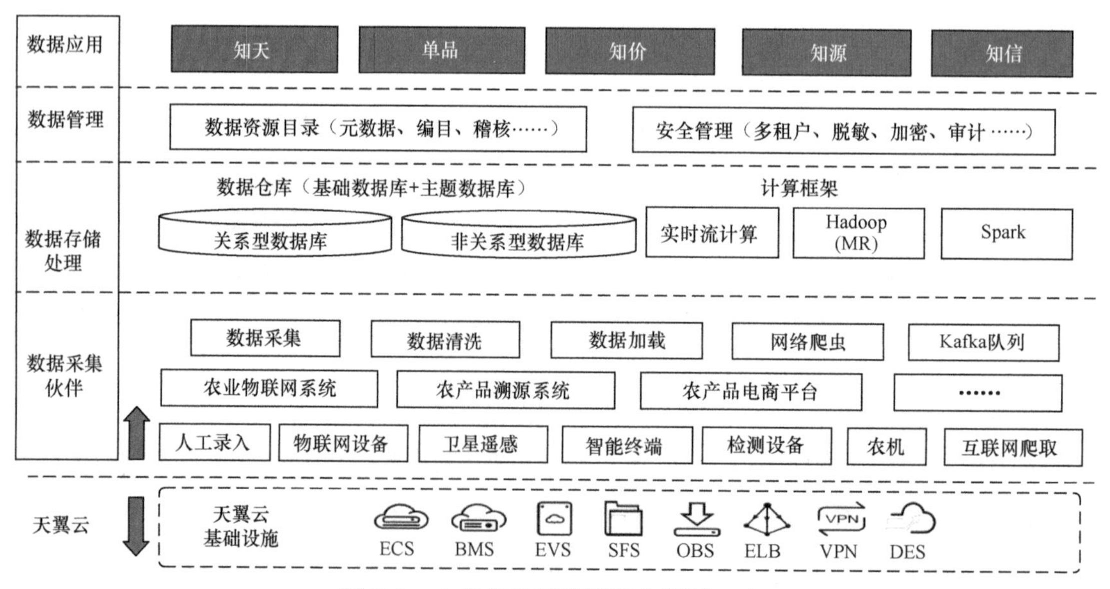

图2-6 农产品流通溯源平台场景示意

案例一：某乳业集团奶牛牧场奶源信息化管理平台

1. 项目背景

食品安全是食品生产企业的生死线，某乳业集团通过将奶源质量管控与数字技术融合，建立一套可精准管控的奶源信息化管理平台，实现质量管控前置、智能化数字化系统自动把关、消费者扫码追溯产品全流程信息等，对奶源质量与安全进行分析预警与精细化管控。

2. 建设方案

某乳业集团奶源信息化管理平台是部署在公有云上奶业软件即服务（Software as a Service，SaaS）系统的实际应用，自 2016 年开始，对奶牛牧场的运营、原奶产量，特别是原奶质量的监控做了很多应用尝试。通过电子项圈对牛繁殖、健康、组群、产犊、热应激等情况进行监测和预警，建立牛群档案，对牛群管理全程追溯可查，实现牛奶质量安全监控。建立奶源质量追溯体系，构建动态牛群档案，对奶牛品种实施登记及注册管理，牛奶来源清楚，全程追溯可查，实现牛奶质量安全监控；质量追溯信息化平台，实现从原料到成品、从成品到原料的双向溯源功能，涵盖进货统计、原料库统计、成品库统计及销售统计等乳品加工重要数据。基于大数据和 AI 技术实现奶牛繁育的牛群结构预测、牛奶产量预测，对奶源管理与计划调度起到了关键作用。通过初步的奶量预测，奶源管理变被动为主动，与农户沟通，预报并建议下个年度的用奶预测、夏季奶价激励政策，让奶户也能变被动为主动，优化牛只繁育计划、牛只淘汰与外购计划。在更全面数据量的基础上，结合 AI 技术，进一步加入更多维度的参数指标，例如奶牛繁育各项指标与参数、奶牛肢体病指标等多项健康指标，以及环境温湿度、奶牛单产的变化、奶牛营养与饲喂配方、牛群主动淘汰率等，利用机器学习建模，更加精准地服务与应对季节性需求的变化。某乳业集团奶源信息化管理平台示意如图 2-7 所示。

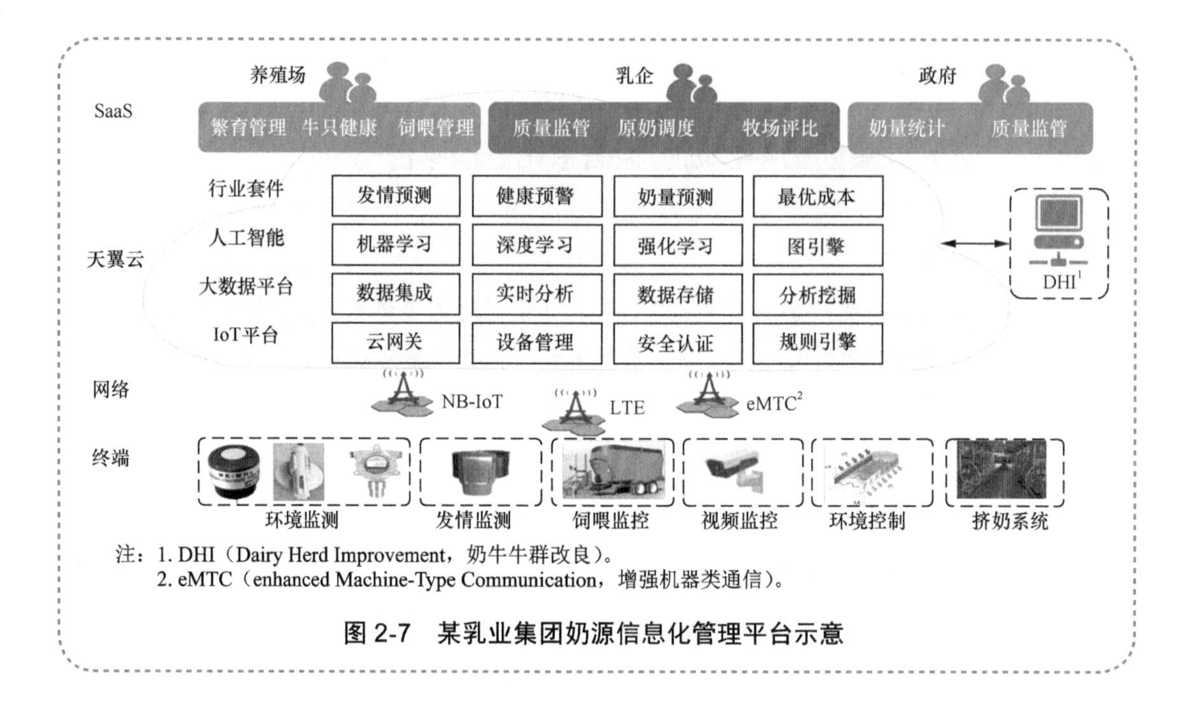

注：1. DHI（Dairy Herd Improvement，奶牛牛群改良）。
2. eMTC（enhanced Machine-Type Communication，增强机器类通信）。

图 2-7　某乳业集团奶源信息化管理平台示意

案例二：基于区块链的粮食全产业链云码溯源平台

为保证“舌尖上的安全”，某云计算企业打造了基于区块链的粮食全产业链云码溯源平台，把生产者、监管部门及消费者连接起来。该平台通过物联网、移动互联网、自动化控制、信息采集、大数据挖掘与商务智能技术采集记录种子原料、粮食生产、仓储、加工、物流、消费等“从田间到餐桌”各环节的可追溯信息，让消费者通过扫描二维码即可实现来源可查、去向可追、责任可究，是强化全流程质量管理与风险管控的有效措施。云码溯源平台通过5G网络支持与各种墒情监测设备、数据采集设备集成，利用摄像头、传感器等全面覆盖种植、仓储、加工、分销等关键环节；利用区块链技术支持对加工生产过程中产生的数据进行采集，并自动上链存储，帮助企业内部人员通过信息化手段完成各环节的业务流程管理，为农事活动、原粮收购、仓储监管、产品出入库等业务流程的开展提供支持，同时记录各环节的流通数据，实现整体环节的信息串联。同时云码溯源平台通过云计算、大数据等技术分析生产过程中产生的数据，将分析结果以各种图表的形式展示出来，为粮食在种植环节、仓储环节、加工环节、分销及零售环节的流通提供信息化支持，让用户更直观地掌控实际生产过程信息。

从上面的案例可以看出，农业流通端的数字化转型，对农业的整体促进作用还有以下 4 个方面。

一是供应链的优化。数字化转型使整个农业供应链更加高效和透明。通过数字技术的应用，农产品从生产到消费的全过程可以被实时追踪和监控，从而缓解了信息不对称和库存积压的问题。农民和流通环节的企业可以更加精确地预测市场需求，进行规划生产，减少运输和储存成本，并提高产品的新鲜度和品质。

二是消费者需求的个性化满足。通过数字化转型，企业能够更好地了解消费者的喜好、购买习惯和需求。利用大数据分析和人工智能等技术，企业可以为消费者提供个性化的产品和服务推荐，从而提高消费者的满意度和黏性。消费者也受益于数字化转型，可以更便捷地获取农产品信息，了解产品的来源、生产情况和品质。

三是农产品的品牌化和营销推广。数字化转型为农产品的品牌化和营销推广提供了新的机会。企业可以通过互联网和社交媒体等渠道直接与消费者沟通和互动，建立品牌形象，传递产品的故事和价值。同时，数字化转型也便利了农产品的跨地区销售和出口贸易。

四是农产品质量和安全的保障。数字化转型在提升农产品质量和安全方面发挥了重要作用。通过对农产品生产过程的数字化监控和追溯，可以及时发现和解决潜在问题，确保农产品符合质量和安全标准。消费者可以扫描农产品上的二维码或查询在线平台，获取农产品的生产环境、农药使用情况等详细信息，增加对农产品的信任。

2.1.1.2　制造业数字化

相较于农业领域，制造业领域的数字化发展起步更早，也更加成熟。制造业数字化既包括企业内部研发设计、生产制造、仓储物流、销售服务、经营管理、运维服务等各环节数字化技术和工具的应用，也包括企业间产业链供应链的数字化协同，主要有网络、平台、安全三大基础支撑体系建设，其核心主线是多要素数据技术、基础设施、数据流与工业生产管理的集成融合。制造业数字化不仅是技术的应用，更重要的是整合企业内部的各项业务流程，通过技术与业务的深度融合，企业可以更好地整合生产线、供应链等业务流程，以此来提高生产效率、降低生产成本、提高产品质量和盈利能力、增强企业竞争力。在这一过程中，5G、物联网等构成数字信息基础设施，工业互联网为数字化提供了中枢平台，人工智能、云计算、大数据等技术充分赋能生产流程，全要素、产业链和价值链实现全面有效连接，进而加速工厂的数字化、智能化融合升级。

随着数字经济与制造业深度融合应用的不断发展和演进，数字化应用重点行业和领域逐步聚焦，尤其是在工厂、矿山、港口等传统行业领域已有较为成熟的应用，为行业带来了巨大的变化。

2.1.1.2.1　智慧工厂

随着经济全球化的不断发展，传统工厂在不断发展的过程中面临着越来越多的挑战，“三高一低”（高投入、高能耗、高污染、低效益）发展模式的企业仍占较高比例。一是生产效率低下。传统工厂的生产效率低下，其主要原因是生产过程缺乏智能化和自动化，许多工厂仍然采用经验丰富的工人手工制造的方式，不仅生产效率低下，且容易出错。二是高成本压力。传统工厂的生产成本在不断上升，其主要原因是原材料、劳动力和能源等价格的上涨，此外传统制造业还需要面对环保、安全等方面的成本压力。三是市场萎缩，传统制造业的市场不断萎缩，其主要原因是国内市场需求不足和国际市场竞争加剧，而且随着消费者对品质和性能的要求不断提高，传统工厂的产品难以满足市场需求，导致销售量下滑。四是技术落后。传统工厂的技术落后，其主要原因是缺乏创新和研发能力，导致产品缺乏竞争力。随着工业互联网技术不断进步及人工智能等新兴技术应用的发展，智慧工厂已经成为许多制造企业转型升级的重要方向。

智慧工厂是一种数字化、智能化的制造模式，借助先进的工业互联网、物联网、大数据、人工智能等技术，实现生产过程的自动化、智能化、可视化、可优化、绿色化，提高生产效率、降低成本、减少污染、减少能耗、提升质量，同时也保障了生产过程的安全性。

在智慧工厂的建设过程中，利用5G打造全连接工厂是一个典型案例，以5G专网技术支撑一条完整的生产线，实现全工序、全场景的无线工业互联及车间生产调度，将每道工序数据化，达到“人、机、料、法、环、测”多要素全面互联管控。

案例一：某家电制造企业F5G+5G全连接智慧工厂项目

1. 项目背景

某家电制造企业工厂规模日趋壮大，传统的企业网络性能、稳定性、维护成本、业务改造升级等方面已经逐渐无法跟上企业本身的发展步伐。随着生产制造云化、边缘计算等技术方案的兴起，搭建一张从现场总线到云端平台的端到端网络，实现工业互联网所涉及的各类生产元素之间的互联互通，是企业实现智能化的基础条件。

以 5G 为代表的新一代信息技术，为传统制造业智能化发展提供技术基础，而第五代固定网络（The 5th Generation Fixed Network，F5G）作为以 10G-PON[1]、OSU[2]-OTN[3] 等技术为代表的网络，凭借超大带宽、全光联接、低时延、安全稳定等特点，为传统制造业智慧化转型升级提供更广阔的应用场景和创新空间。

2. 需求分析

该家电制造企业生产设备和终端日常连接涉及的网络环境多种多样，覆盖场景需求千变万化，目前生产、管理过程中存在的信息化需求痛点主要包括以下内容。

① 生产车间随着生产对象改变而不断变更，场景也随之不定期变化，传统网络难以灵活部署和扩容，生产线的调整和升级需要对线缆系统重新布放和升级，费时费力费钱。

② 厂内、办公区的传统网络结构复杂，需要多层结构，且设备体积大，对弱电机房空间及环境要求高，功耗也高，维护管理比较复杂。另外，金属线缆及接头极易腐蚀、老化，电磁干扰严重。

③ 随着移动终端场景逐步开发，有线连接无法满足终端对移动性和定位性的需求，传统 Wi-Fi 频段开放，容易造成干扰，而且漫游能力差，无法满足工控领域对于时延的要求。

④ 随着工业互联网逐渐普及，工控领域对于网络时延、安全性不断增加，单一接入方式容易受到影响，造成工作流程中断，影响工厂生产。

本案例针对自动导引车（Automated Guided Vehicle，AGV）调度、安防监控、AI 质检等业务的带宽、时延及移动性需求特点，需分别制定不同的解决方案，对于固定设备场景使用 F5G，对于临时和有移动需求的设备场景使用 5G。通过 5G + F5G 工业 PON 技术构建企业全连接网络，满足企业智能化改造升级要求，实现园区智能安防、设备远程操控、数据自动采集等场景业务，并通过核心网 UPF 下沉及搭建移动边缘计算（Mobile Edge Computing，MEC）平台完成监控识别、机器视觉、业务分析等场景需求。

3. 建设方案

（1）F5G + 5G 全连接场景端到端总体方案

通过工业 PON + 5G 实现工厂有线无线全连接，构建双千兆光网基础设施。5G 适合

注：1. PON（Passive Optical Network，无源光网络）。
2. OSU（Optical Service Unit，光业务单元）。
3. OTN（Optical Transport Network，光传送网）。

于辅助生产环节的移动化及生产环节的柔性化场景，工业 PON 作为 F5G 的核心技术，适合于固定位置大带宽尤其是大上行场景、扁平化多网融合场景、无源化抗电磁干扰场景，确定性低时延及零丢包特性使得以工业 PON 切入工控域具备技术可行性，可以进一步结合场景需求开展创新应用实践。端到端解决方案包括网络搭建、MEC 云资源配置、终端配置、网络安全建设，以及相关支撑和运营等部分。某家电制造企业 F5G+5G 全连接智慧工厂连接模式示意如图 2-8 所示。

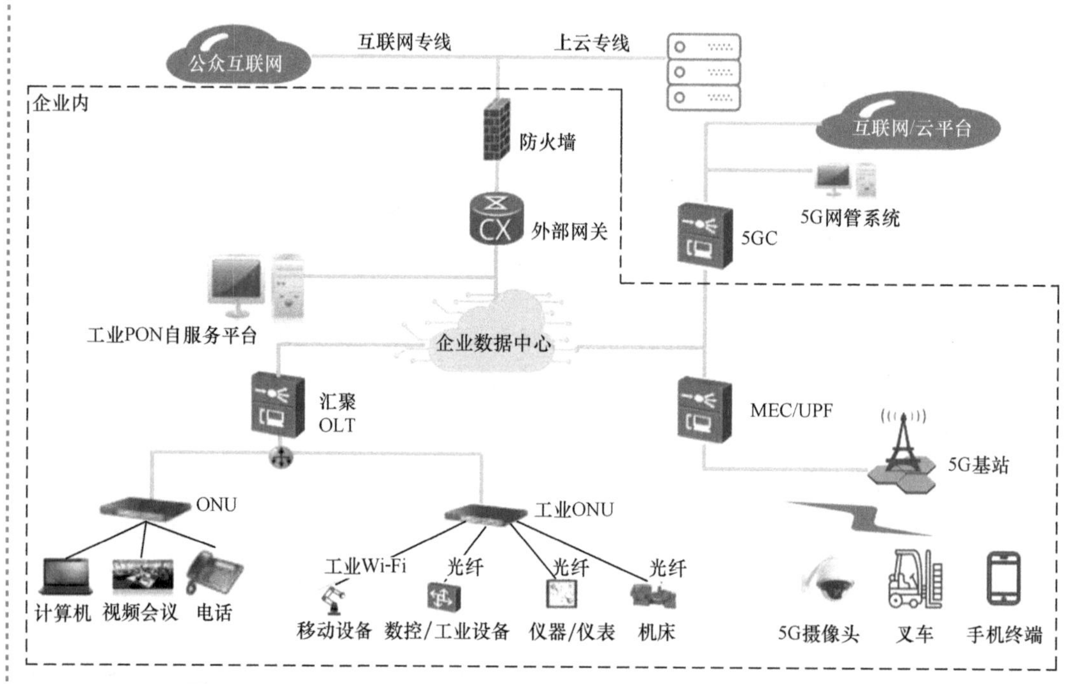

图 2-8　某家电制造企业 F5G+5G 全连接智慧工厂连接模式示意

（2）业务建设方案

① 5G + AGV 调度。AGV 的显著特点是无人驾驶，可保障系统在不需要人工引航的情况下将货物自动从起始点运送到目的地。AGV 的行驶路径可以根据仓储货位要求、生产工艺流程等改变而灵活改变，AGV 配备的装卸机构可以与其他物流设备自动接口，实现货物装卸与搬运全过程自动化。5G + AGV 应用主要用到 5G 网络的大带宽、低时延技术，AGV 的采集终端把环境数据通过 5G 网络回传到 AGV 控制平台，AGV 控制平台结合车载微型计算机和本地地图计算出最合适的运输路线，柔性引导 AGV 到达指定地点。

② 5G + 叉车调度信息。该工厂成品仓的建筑高度较高，货架层级多，需高位叉车用于货品的上架、下架。每辆高位叉车与仓库管理系统（Warehouse Management System，WMS）进行信息交互，对货物装卸进行统一管理。初期叉车加装工业 5G CPE[1]，通过网口与车载工控机、高清摄像头、传感器等设备连接；后期叉车集成 5G 模组，减少交互时延；WMS、叉车调度系统集约部署在 MEC。

③ 5G + 安防智能监控。在工厂进出入管理方面，使用智能目标识别监控摄像头，实现陌生人告警、不戴口罩告警、目标考勤等功能。现有视频监控均采用有线方式接入，在园区重点道路、出入口和办公区域部署摄像头，通过有线和交换机汇聚到园区安防办公室。5G 技术能够解决安防布局施工难、维护成本高及灵活性差等问题，带来随时部署的能力，并且提供更高速的稳定上行带宽，支撑高清视频、更精细视觉识别等应用，可借助云存储、GPU 云运算等云服务能力支撑海量数据存储，开展视频 AI 分析。

④ 5G + AI 质检。该企业在产品生产过程中，会涉及多种半成品的检测和零部件组装的识别应用，零部件产品种类众多、数量庞大、更新迭代快，且对外观检测准确性、灵活性、成本管控等有高要求，传统的人工检测方式已经越来越难以适应企业数字化的发展诉求。部署 5G + AI 质检应用系统，基于 5G 及 MEC 技术，为生产线提供高精准度、高稳定性、高可用性的视觉质检能力，对生产过程中的关键质量要素进行智能识别及启停控制，摆脱了依靠人工检测造成的漏检，帮助企业更好地控制质量和成本。

⑤ 5G + 生产线机器人控制。在面对流水线这类重复性很强的工作时，机器人相比人工劳动力更高效，能满足自动化生产制造需求。机器人需要传感器来检测各种状态，检测工作环境的变化，机器人控制系统接收来自传感器的检测信号并下发指令，用来管理控制工程机械臂的运动状态。集成 5G 网卡或模组的作业机器人实现移动部署、车间无线化改造，成本低，占用空间小。可根据业务需求，快速调整作业机器人布局，满足生产线灵活调整、多型号产品生产的需求。

⑥ 5G + 云化 PLC[2]。PLC 是一种现场设备，可以直接连接到传感器和执行器或其他现场设备，用来取代继电器、执行逻辑、计时、计数等顺序控制功能，建立柔性的远程控制系统。工业 PLC 连接到生产车间的各种传感器和执行器或其他现场设备，通过逻辑程序进行本地控制，并且能够通过控制系统通信协议（PLC 协议）从客户平台接收控制命令和查询请求。

注：1. CPE（Customer Premises Equipment，用户驻地设备）。
　　2. PLC（Programmable Logic Controller，可编程逻辑控制器）。

⑦ 5G + 生产数据采集管理。实时获取设备层数据、消除自动化“孤岛”现象是实现智能制造、工业互联网的重要基础环节。目前车间存在着各种设备的数据采集需求，例如生产设备层的数据采集、存储，车间内的温度、湿度等传感数据采集、存储。为了实时完成数据采集，需要对终端进行联网，通过网络将数据采集到服务器进行存储分析。数据采集终端通过 5G 接入监控与数据采集系统（Supervisory Control and Data Acquisition，SCADA），设备采集数据通过 5G CPE 传输到工业互联网平台，从而减少车间有线网络部署，优化车间布局，同时在云端实施设备状态监控，减少人员干预，降低生产和维护成本。

⑧ 5G + MES[1] 生产看板管理。为了直观展示生产进度，每个车间均部署了生产看板，生产看板与服务器通过网络连接，实现对数据的实时刷新。该场景通过 CPE 将 MES 生产看板接入 5G 网络，与数据中心连接，通过各类传感器采集能耗数据、设备运营状况数据、产品生产质量与进度数据、库存实时状况数据等，并实时呈现到生产看板上，便于生产线管理人员对生产线状况统一管理。

⑨ 5G + 设备维修与点检。在每个点检项目位置贴条形码，利用 5G + AR 眼镜扫描条形码后，AR 眼镜显示该点检位置的所有点检项，以及每个点检项的描述、正常状态的图像、声音提示等。点检过程中，AR 眼镜在作业过程可以实时上传第一视角的视频和图片，从而实现点检的全流程标准化和数字化管理。

⑩ 扫码设备。通过扫码可以完成产品品质追溯，从产品原料、采购、生产、流通进行全生命周期追溯，实现产品防伪、防止窜货、生产制造管理、产品渠道管控、供应链管理等。扫码设备通过 5G CPE 接入生产网络，并可通过交换机连接同一生产线内的 10 台扫码设备。对生产线上的投料、质检、性能、下线等重要数据通过 5G 网络连接到厂区数据中心 MES 服务器，解决生产线重要岗位数据与 MES 服务器实时数据交互问题。在生产线新建或调整时，不需要重新布线，网络维护由运营商的专业维护团队负责，可以有效减少后期维护成本。

（3）网络建设方案

在工厂（工业园区）进行千兆光网、5G 双覆盖，下沉光线路终端（Optical Line Terminal，OLT）和 UPF 到园区，满足数据不出园区、应用就近接入等需求，实现对工厂内各种设备运行数据、生产数据的采集与传输。双 5G 解决方案总体网络拓扑示意如图 2-9 所示。

注：1. MES（Manufacturing Execution System，制造执行系统）。

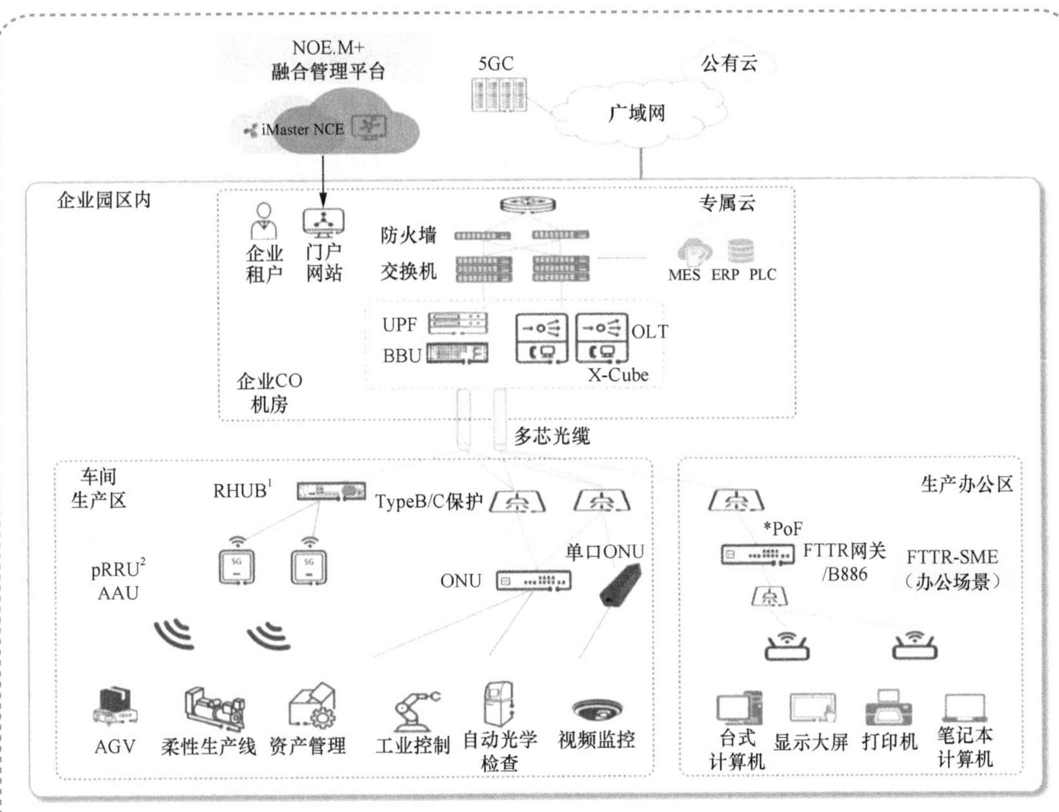

注：1. RHUB（Remote Radio Unit Hub，射频拉远单元集线器）。
2. pRRU（pico Remote Radio Unit，微型射频拉远单元）。

图 2-9　双 5G 解决方案总体网络拓扑示意

案例二：某服装制造企业 5G 全连接工厂项目

某服装制造企业是我国领先的体育用品品牌，近年来该企业全面开展 5G 全连接工厂的建设，在服装制造业率先运用 5G 专网实现数字化生产，利用 5G 网络实现生产设备的无缝连接，进一步打通研发、采购、制造、仓储、物流等环节，使生产更加扁平化、柔性化、智能化，构造面向未来的智能制造协同网络。该企业的 5G 全连接工厂利用“5G + MEC + 云”等技术，整合了多终端（AGV、自动裁床、吊挂、PDA[1]、工业平板计算机等）、多生

注：1. PDA（Personal Digital Assistant，个人数字助理）。

产系统（服装制造MES管理软件、服装高级排产软件、服装标准系统软件、WMS、SCM[1]系统等），能够实现生产过程中物料的信息化、生产线的信息化，为精益生产提供有效的数据和系统支撑，助力企业精准决策管理。5G全连接工厂以5G专网匹配应用场景，通过5G PDA、工业平板计算机等实现拉布、裁床、吊挂、缝纫生产线的投料、质检无纸化操作，以及工序的指引和操作的登记，并与MES协同，实现可视、可控的远程服务方案。拉布、裁床、质检等人工填单和录入的工序，转化为5G终端点选操作，纸质文档节约35%。在5G全连接工厂建设过程中，该企业还注重将企业生产系统与管理系统打通，基于企业现有的ERP系统，引入MES、APS[2]、PLM[3]、SCM、WMS，实现系统间的有效融通，并解决企业因大量人工记录而造成的差错问题。此外，该5G全连接工厂利用5G的大带宽、低时延、移动性等特点，借助5G网络能力，在AI视觉、仓储和标识等方面演进，同时引入国家标识解析体系，实现企业内部全链条的标识体系贯穿，将实现生产线的数字化、网络化、智能化全面升级。通过5G全连接工厂的建设，该企业将开发打样中心、工艺中心、仓储中心、裁剪中心、缝制中心、质量中心及后道中心整合至服装数字化生产管理平台，优化生产作业流程，有效监控整个车间的制造过程，实时掌握所有产品生产、加工的进度信息、设备信息、质量信息，实现5G数字化智能制造的转型升级。该企业的5G全连接工厂项目投用后，优化质检环节，通过工业平板计算机操作质检结果，解决人工方式导致的统计难、错误率高等问题，产品不良率下降5%；以ERP订单为驱动，改变依托“人工经验”的排单模式，结合APS、GST推动科学精准排程，订单交付及时率提升5%；优化仓储管理流程，通过二维码扫描领用，提高了仓储管理效率；生产线科学派单，有效实现人员任务分配，人工运营成本降低8%；通过信息化手段，将原有拉布、裁床、质检等人工填单和录入的工序转化为5G终端点选操作，纸质文档节约35%。

案例三：基于5G + 机器视觉的工业质检

在智慧工厂领域，5G + 机器视觉正逐渐成为行业共性需求。对于制造企业而言，工业质检一直面临着人工检测质量不稳定、招工难、留人难、培训难、成本高等难以解决的痛点。

注：1. SCM（Supply Chain Management，供应链管理）。
2. APS（Analog Protection System，模拟保护系统）。
3. PLM（Product Lifecycle Management，产品生命周期管理）。

5G + 机器视觉在智慧工厂领域有广泛的需求，技术发展成熟，商业模式初步建立。例如，某铝工业企业使用 5G + 机器视觉进行铝板检测，表面识别准确率从 71% 提升至 99.98%，且良品率提高 6 个百分点；某家电企业在家电制造过程中使用 5G + 机器视觉替换传统工控机，降低投资成本的同时提高算法检测准确率至 99%；某钢铁企业使用 5G + 机器视觉进行车间智能巡检，自主导航、监测车间内烟雾、积水等异常情况。5G + 机器视觉可广泛推广到流程制造行业，工厂前期投资部署 5G + 机器视觉系统，后期按照生产需求购买视觉检测识别算法，商业模式初具雏形。未来，这类应用将逐渐平台化，与 MEC 等云计算能力结合。例如，中国电信基于 5G MEC 的分布式通用机器视觉平台，充分利用 5G 网络低时延和大带宽的特性，将视觉检测识别算法任务调整到 MEC 系统上执行，通过边缘云计算能力，简化检测识别现场的工控机方案和现场设备，加快对视觉检测识别算法的优化，实现工厂智能化。工业视觉依托 5G 网络优势，打造云化工业级机器视觉解决方案，部署便捷，升级简单。基于 5G MEC 分布式机器视觉平台的大规模应用将大幅降低工业生产和检测成本，提高工业生产效率，对全产业链产生巨大影响。同时，高精度质检算法代替人工质检，改善车间工作环境、降低生产风险，推动安全、绿色生产，具有良好的经济效益和社会效益。

从以上案例可以看出，在制造业领域，越来越多的企业通过工业 PON + 5G 实现工厂有线和无线全连接，构建双千兆光网基础设施。5G 适用于辅助生产环节的移动化及柔性化场景，工业 PON 作为 F5G 的核心技术，适合于固定位置大带宽尤其是大上行的场景、扁平化多网融合场景、无源化抗电磁干扰场景，确定性、低时延及零丢包特性使工业 PON 切入工控域具备技术可行性，可以进一步结合场景需求开展创新应用实践。随着工业互联网和 5G 的深度融合应用，已经有许多 IT 和制造企业形成联合攻关力量，在工业互联网平台的多个技术和产业化领域完成攻关。例如，通过 3D 建模（VR），透明化、可视化建模制造现场；通过把制造过程中多个系统的数据集成汇总，构建总控智能数据平台，辅助管理决策；通过对现场大数据进行趋势交叉分析，实现异常自动预警、报警；通过安灯系统（Andon）+ SIM 三级闭环管理持续优化改善；建立移动应用平台，辅助实现办公移动化。

2.1.1.2.2 智慧矿山

矿山作为重要的资源开发和能源供应基地，对于实现经济可持续发展具有重要意义，合理开发、利用矿山资源日渐成为社会的焦点问题。然而，传统的矿山开采模式存在效率低下、安全隐患多、环境污染严重等问题，其中，矿山开采需要应对复杂多变的地质环境，导致其安全问题尤为突出。以井下作业为例，井下巷道纵横交错，可长达30余千米，地面控制中心无法获知井下众多人员和设备的位置、状态，给煤矿的安全管理带来巨大挑战。加之随着矿产资源的不断消耗，开采深度不断加大，矿山必须从“脏、累、险”的中低端生产模式向绿色低碳、技术赋能、创新驱动的中高端生产模式转变。

近年来，矿山开采行业加速推进信息化、智能化建设，从劳动密集型向人才、技术密集型转变。截至2023年9月，我国共建有煤矿智能化工作面1400余个，有智能化工作面的煤矿达到730处，产能占比达到59.5%。

智慧矿山旨在改变低效、单一、危险的传统矿山运营方式，是矿山开采行业发展的前沿领域。智慧矿山，顾名思义，是指利用数字信息、数据库、计算机网络、模拟仿真等技术，在矿山生产和经营活动的三维尺度空间范围内，对于生产、安全、经营、管理的各环节和各要素进行空间化、数字化、网络化、可视化和集成化的管理，最终实现矿山的安全、高效、绿色生产和经济效益最大化。智慧矿山建设不仅可以全方位提升矿山企业的综合管理水平，还可以为矿山企业带来更多直接或间接的经济效益，是矿山企业谋求长远发展的必经之路。

案例：某黑金属矿5G智慧矿山项目

1. 项目背景

随着矿山开采行业的发展，当前基础设施建设已经比较完善，自动化控制系统设计较为完整，信息化管理方面分散控制系统较为普及，但当前依然面临着严峻的挑战，自动化系统分散建设，没有顶层设计统一布局，形成许多“信息孤岛”；生产过程中的透明化系统不能满足现有需求；远程监管监督不到位，不能实时掌握现场设备及人员的工作情况；环保要求不断提高，企业缺乏针对环保的有效信息化措施；矿山开采行业的吸引力降低，招工难、用工贵导致企业工人老龄化严重。

智慧矿山实现机械化换人、自动化减人、智能化无人，一是可以减少人力需求，有利于缓解用工难问题；二是可以减少工人在矿山现场作业的机会，改善工人的工作环境和办公条件，提升工人的安全性。通过机器视觉、大数据等技术手段，可实现智慧矿山的数字化管理，补齐监管手段，进一步提升生产环境的安全性。

2. 需求分析

矿山开采行业的工艺流程包括露天矿和井工矿两种。其中露天矿作业流程包含矿岩穿孔→爆破→采装→运输→排土→复垦绿化。井工矿作业流程包含竖井开拓→平巷开拓→系统形成→探矿工程→储量圈定并划定矿块→矿块采场设计→采准工程施工→切割工程施工→采场凿岩→装药连线→安全警戒→爆破→通风→喷雾洒水→浮石清理→采场出矿→溜井放矿→矿石平巷运输→竖井提升→矿石至沙场等。相对露天矿，井工矿有着更为复杂的作业场景，包括主巷道、管线、综采面、主工作巷道、输送皮带、机电硐室、掘进面、地面监控指挥中心等。

主巷道：是矿井的主要运输巷道，长度可达上百千米，可同行两辆车。

管线：包括电缆电线、光纤、煤矿瓦斯抽采管道。管线沿主巷道布置。

综采面：是矿井的采矿工作面现场。一般高 2 ～ 4 米（取决于矿层的厚度），宽 100 ～ 300 米，长度 2 千米左右。

主工作巷道：地下生产系统监控中心和检修巷道。

输送皮带：矿井主要的矿石输送装置，及时输送矿石至井上处理中心。

机电硐室：用于存放矿石的关键电气设备。

掘进面：巷道等空间的掘进工作面现场，通过掘进机对岩壁掘进，形成多个井下巷道，同时切割井下矿层，可提供多个综采面。

地面监控指挥中心：用于地下作业的远程监控与控制。

3. 建设方案

（1）矿山开采行业场景端到端总体方案

基于 5G 定制网，该项目构建了以“端 + 网 + 云”为核心的网络体系。其中，“云”实现连接管理、业务处理和整体指挥调度；“网”实现关键技术、5G 等无线通信技术；“端”实现车辆、摄像头、无人机等终端的智能化网联化，通过高清 3D 地图更新、实时交通路况的推送、深度学习模型训练和大数据分析等在无人驾驶、视频监控、数据采集等业务场景实现感知规划决策控制。5G + 智慧矿山框架示意如图 2-10 所示。

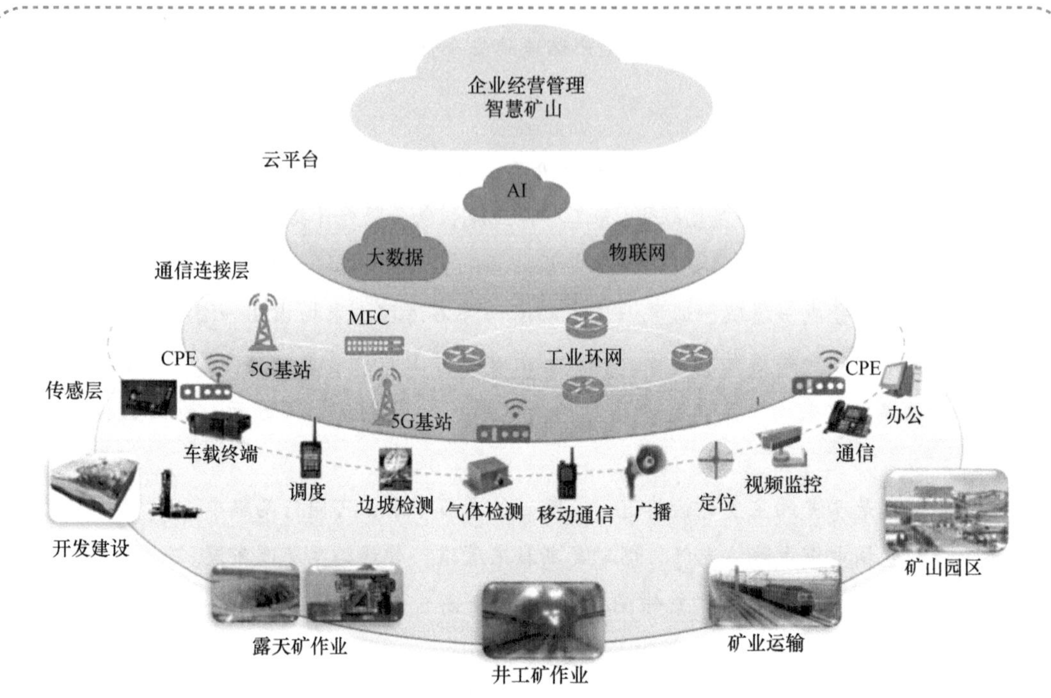

图 2-10　5G + 智慧矿山框架示意

该架构主要实现以下 5 个功能。

① 5G 精准覆盖。网络连接是矿山开采数字化的前提，连接由以有线为主向以无线为主过渡，由多种接入方式整合为以“5G + 双千兆”共存的模式为主，共同打造低时延、高可靠的基础网络。连接是实现全要素各环节深度互联的前提，在进行覆盖时要准确把握客户需求，在满足客户需求的前提下，尽量使用性价比高的解决方案及设备选型，以提高项目收益。

② 增强网络安全。基于 5G 网络，部署下沉客户园区的“边缘 UPF + MEC 平台”，平台上可部署业务应用以及其他第三方应用。“边缘 UPF + MEC 平台”支持本地分流，将 5G 网络和固定网络中符合分流规则的本地业务数据分流到园区内部的局域网进行处理，保证业务数据不出园区，有效提升网络安全和客户业务体验。

③ 生产设备全连接。生产设备和各个独立的控制系统，采用以下 5G 接入方式，实现全厂区、全流程的设备连接，为进一步实现生产数据的协同应用奠定基础。终端支持 5G 模

组，直接建立 5G 连接通道；终端出厂内嵌或外部加装，可直连 5G 基站信号；通过 5G 工业网关接入；工业网关连接至 5G CPE，通过 5G CPE 接入。

④ 提高生产安全。面对企业经济发展与安全生产的矛盾，利用无人机、巡检机器人、AI 视频分析等技术，加强生产环境和设备的智能感知与监测，避免安全事故的发生，为一线员工创造安全、舒适、便捷的工作环境。

⑤ 提高生产智能水平。充分挖掘和运用海量的生产数据，通过数据采集、机器视觉、能耗管控、无线定位、安全运维等智慧应用，逐步推动工业园区业务全流程、全系统的智能水平。

矿业专网端到端建设的各场景网络需求见表 2-1。

表 2-1　矿业专网端到端建设的各场景网络需求

场景	业务	终端类型	单终端上行	时延
综采面	综采面可视化	摄像头	6MB/1080P 48MB/4K	<200ms
	设备监控	传感器		
	人员通信	手机	1MB	
掘进面	掘进机远控	摄像头	10MB	<200ms
		控制流	KB 级	<100ms
	人员通信	手机	1MB	
掘进巷	局部通风系统监测	传感器		
巷道	输煤机巡检	巡检机器人	30MB	<200ms
	胶运车无人驾驶	摄像头 + 控制	40MB	<50ms
	视频监控	摄像头	6MB/1080P 48MB/4K	
	人员通信	手机	1MB	
机电硐室	设备监测	传感器		
	无人巡检	巡检机器人	30MB	<200ms

智慧矿山技术架构如图 2-11 所示，从下到上依次为感知执行层、数据传输层、平台处理层和应用控制层。

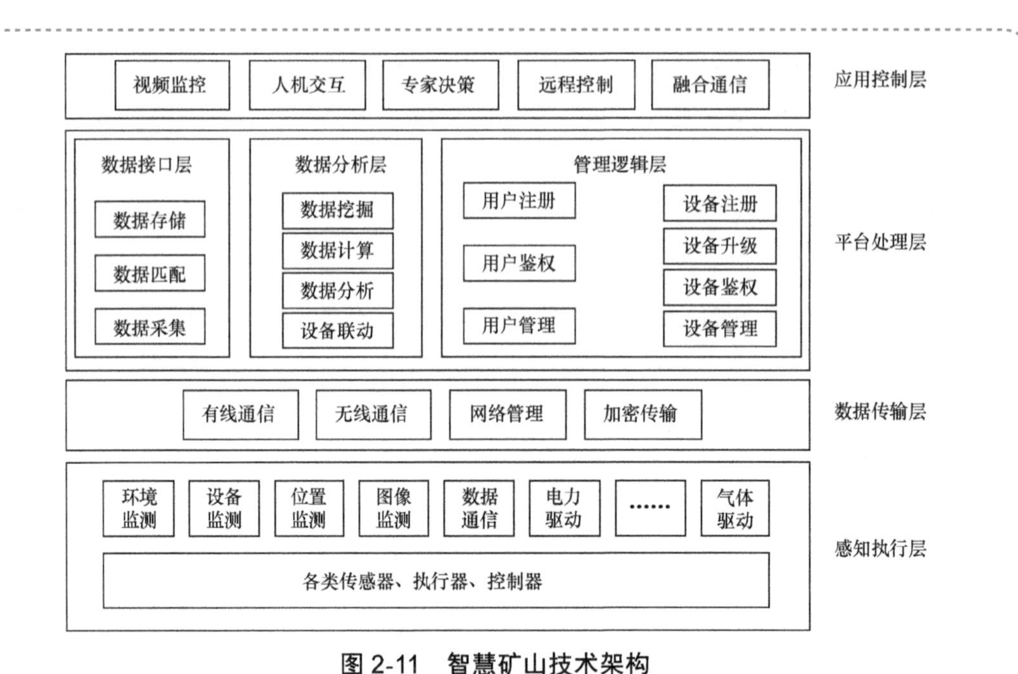

图 2-11　智慧矿山技术架构

其中，矿山感知执行层涉及掘进机、采煤机、刮板输送机、液压支架、提升机、通风机、水泵、压风机、电机车、胶轮车、移动变电站、变压器、液压泵站、转载机、破碎机、带式输送机等大量的矿山机电设备。矿山感知执行层与应用控制层结构如图 2-12 所示。

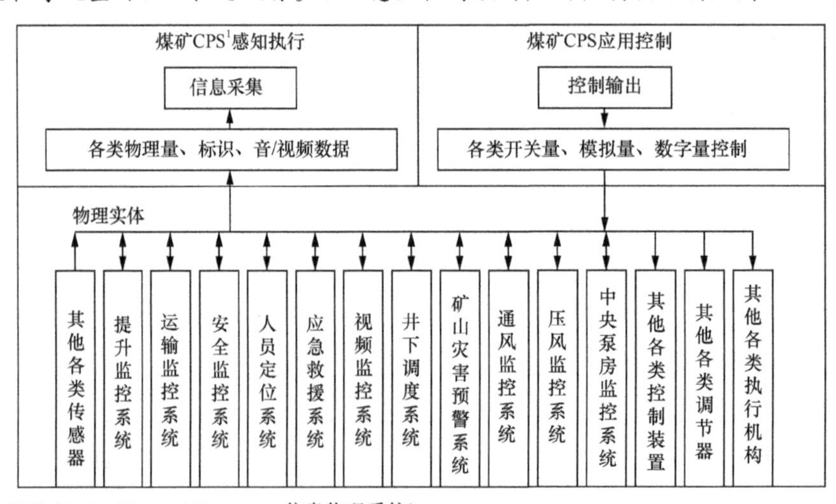

注：1. CPS（Cyber Physical Systems，信息物理系统）。

图 2-12　矿山感知执行层与应用控制层结构

（2）业务建设方案——露天采矿业务

① 5G + 矿山爆破管理。

矿石原料的开采需要预先对矿区进行爆破，使埋在地下的矿石暴露出来，因此矿区爆破是矿石原料开采的一个重要环节。安全爆破也是目前企业安全生产的重中之重，在矿区爆破前，安全员需要先在爆破区域巡逻，以确保爆点危险距离以内没有人员和车辆。

5G + AI 技术实现矿区警戒的智能巡检，无人机通过 5G 网络将实时视频流传输给 AI 分析服务器，自动检测人员、车辆等移动物体，检测到目标系统后自动发出告警信息。AI 算法检测包含人员、车辆等移动物体，无人机按照既定轨迹（固定的飞行高度和飞行速度）进行区域巡逻，无人机摄像头通过 5G + MEC 平台将画面传输至本地视频一体机，AI 分析服务器通过云端视频服务器获取本地视频流链接，再根据链接本地取流，AI 算法对实时回传的视频进行自动检测，检测到目标即告警，报警信息展示在本地部署的算法演示平台，最终实现识别区域的算法精确识别及效果展示。

② 5G + 电铲、钻机远控。

露天矿采装现场的作业环境恶劣，作业现场条件艰苦，粉尘大、噪声大、酷寒酷暑、颠簸，导致招工困难；同时生产安全隐患大，作业环境复杂，容易发生事故，导致停产停工。基于 5G 使能设备远控方案，可以使矿企客户业务更安全、更舒适、更易维护。

5G + 电铲远控：保证起重臂软着陆，可实时监测、控制铲斗的空间位置，确保其在系统预设的最优区域内运行，实现高效安全挖掘作业。

5G + 钻机远控：在钻机驾驶室外提供更高的可见性和更灵活的控制能力，操作员可以在舒适、安全的环境中工作。

③ 5G + 无人机巡检。

5G 网联无人机接入 5G 网络，自动规划巡检路径，实时回传 4K 高清视频，满足巡检需求或突发事件视频实时监控需求，实现现场 24 小时巡逻，及时发现火苗等安全隐患，外来人员入侵能够及时预警。5G + 机群空地一体智能扫描、巡检系统通过搭载在无人机上的雷达 + 激光扫描，回传数据，基于三维点云数据，制定巡检路线，上报隐患信息。

（3）业务建设方案——井工采矿业务

① 综采面视频回传。

综采面全称综合机械化回采工作面，一般拥有采煤机、液压支架、刮板输送机、转载机、破碎机、带式输送机等设备，基本实现机械化作业。传统井工矿井下采煤面的生产设备在实施远程作业时会受到诸多限制，例如操控视野受限（采煤面中多个摄像头视频缺乏连续性，远控人员不能全方位观察煤机、溜子与煤壁等环境，难以远程启停三机、推溜拉架等）、操控细节被忽视（采煤机的上滚筒碰撞护帮板、上滚筒碰撞前探梁、下滚筒探底不到位等现象）、异常识别滞后（难识别物 / 环的不安全状态，导致架前有人、护帮未到位、片帮等违反作业规范的行为，不能及时被发现）。

通过 5G + AI 智能高清摄像头，既可以帮助操作人员远程操控生产设备，又可以让位于远端的操作人员看清周边的环境以及采煤面的变化，实时执行启动、停止、高度 / 速度调整、紧急停止等操作，从而提高安全生产和工作效率。采用全景视频算法、人工智能等技术的全场景视频拼接，可以很好地实现对综采面的远程监控和操控，为位于井下的集控中心或井上的操作维护中心的工作人员带来以下便利。看得全：通过将综采面的多个摄像头的回传视频进行实时拼接，让位于远端的操作人员的操作视角无盲点，对周边环境的观察范围更广。看得准：基于多视频拼接的界面，可以让操作人员对局部画面或煤层情况看得更清晰，及时调整采煤机采煤左右摇臂的起伏高度、俯仰角等。看得懂：可以实现预警和联动，及时识别综采面的“冒顶、片帮”等安全隐患，同时可以将周边作业人员的安全与采煤设备闭锁保护协同起来。

② 掘进机视频回传、远控。

掘进作业面易出现高粉尘、噪声大、断纤等情况。利用 5G 技术实现远程操控，改善了作业人员的工作环境，避免因断纤造成的工作面暂停。

③ 机器人巡检。

井工矿采煤区放置多种生产机电设备及感知设备，井下设备在高粉尘环境中运转，易产生故障，日常巡检的规范性关乎安全生产管理，目前尚存在以下问题：固定人员值守，效率低；部分巡检人员作业不规范，无法及时发现隐患；各系统有独立的数据回传系统，投资和维护成本高。使用智能巡检机器人，既可以实现日常巡检“无人少人”，又可以将巡检信息实时上报、实时分析，及时发现问题。5G 网络承载机器人的控制和数据的回传，实现网络切片业务安全隔离。

（4）业务建设方案——运输业务

① 5G + 无人驾驶矿卡。

开采之后，需要用重卡运输矿石到材料站，运输路线基本固定。现阶段运输存在诸多挑战，例如矿区运输环境差，安全风险高，交通事故易发；招工难，职业病多发；人工驾驶速度慢，运力差，运输效率低。重卡改造为无人运输卡车，实现卡车的运输路线规划、实时定位、无人驾驶、多车协同的功能。“5G + 无人驾驶矿卡”解决方案，帮助该矿企大幅降低人力成本，节约矿车能耗，提升年整体效益超过 10%。

智能化云控：基于车路协同、路权决策、多因子排队调度算法，实现多车集群管理，辅助系统作业协同，提升整体效率。高性能网络：基于 5G 网络的低时延特性，可实现应急接管，大上行带宽满足高清视频数据回传。智能化矿卡：车规级部件，高稳定性，满足恶劣工况要求；领先的多传感器融合感知技术与最强算力 MDC[1] 配合，实现矿山运输作业全天候无人化。矿车无人驾驶系统部署示意如图 2-13 所示。

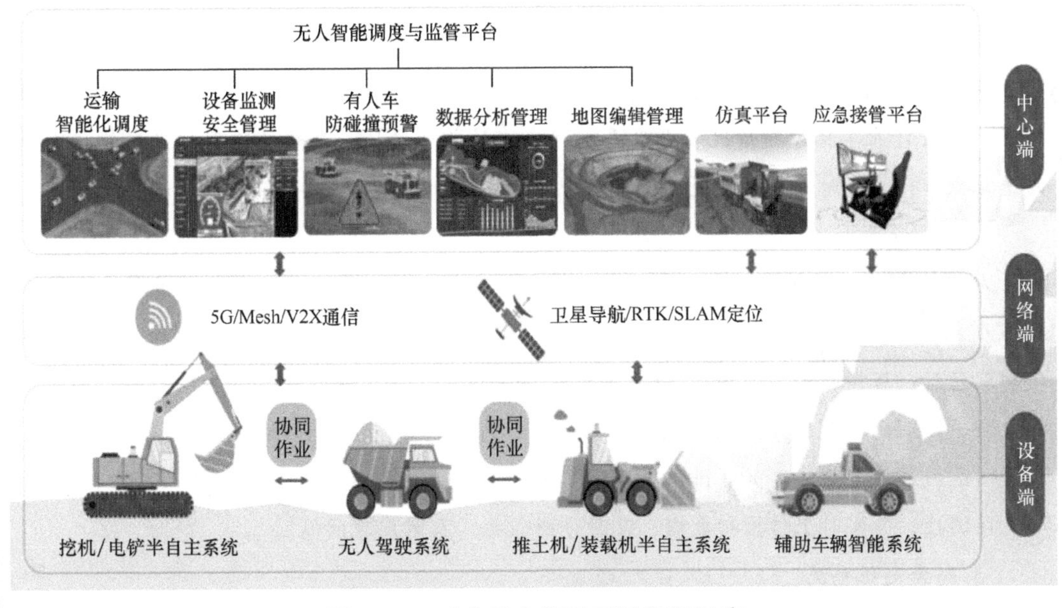

图 2-13 矿车无人驾驶系统部署示意

② 皮带运输系统机器人巡检。

客户现有皮带运输系统运行中易出现多种问题，例如皮带跑偏、异物识别、煤量堆积、皮带撕裂等，极大限制了矿企的连续生产。“人工智能 + 高清视频 + F5G 工业环网”的场

注：1. MDC（Manufacturing Data Collection & Status Management）是一套用来实时采集，并报表化和图表化车间的详细制造数据和过程的软硬件解决方案。

景化方案帮助客户实现了皮带日常智能巡检、皮带煤量识别、皮带异物识别等，有效降低了皮带能耗，保障连续生产，可以实现智能感知、智能决策，减少20%的巡检人员。

③ 智慧码头。

矿石开采后，可通过水运实现流通，利用5G+AI的技术实现装船机安全高效的辅助检测。AI能够实现对于人工监测不便点位的全天候监控，并通过AI将分析结果分享给操作人员，实现全面、有效的AI辅助能力。完成5G基站部署、AI摄像头点位部署及数据联网后，现场摄像头通过5G将画面传输至本地视频一体机。AI推理服务器通过云端视频服务器获取本地视频流链接，再根据链接本地取流。AI分析后将画面反馈到云端中控平台，用于辅助操作员完成现场作业，并为决策者提供更加全面、可视化的现场情况。

（5）业务建设方案——支撑基础设施

① 矿内交通调度。

基于矿区的融合定位网络，动态实时跟踪作业车辆，管理人员可实时掌握车辆的作业位置及矿区作业车辆分布情况。调度系统对车辆的作业区域、车辆的速度状态及操作人员的违章操作行为实时进行预警提示。

② 矿区安防监控。

矿区车辆、人员较多，存在交叉作业情况，违规行为时有发生，管控难度较大。基于AI视觉技术，搭建了AI辅助安防监控系统，可以实现全方位安全防护，保障安全生产，具体功能包括：环境检测，即通过AI及时识别烟雾明火，发现异常温度并主动告警；周界智能检测，即及时检测出事先设定范围内的异常行为，例如，快速移动 / 遗留 / 移走 / 越线 / 入侵 / 区域进入 / 区域离开 / 徘徊等；机器人自动巡检，即代替人工，实现“7×24”小时全天候巡检，并实时上传检测数据，及时分析数据，及时发现问题。

③ 融合定位系统。

基于矿区现有的UWB、射频识别（Radio Frequency Identification，RFID）、GPS等定位技术，接入5G融合网络，打造井上井下一张网，采集人员、车辆、设备的实时位置信息。通过室内网络与多种室内定位技术（蓝牙/Wi-Fi/UWB）融合，实现厘米级定位，满足企业亚米级高精度定位和物资管理对终端功耗成本等多元化需求。

④ 监控指挥中心。

监控指挥中心集调度指挥中心、数据中心、云中心为一体，保证各类设备协同有效运转，实现调度通信、应急广播、人员定位、辅助运输、车辆监控等功能，提升了矿井生产协同管理能力。智慧矿山监控指挥中心平台建设效果示意如图 2-14 所示。

图 2-14　智慧矿山监控指挥中心平台建设效果示意

（6）网络建设方案

采矿场景网络覆盖方案包括井上覆盖和井下覆盖 2 种。

① 井上覆盖。若矿山建设了本地小型化核心网，地面基站可以同时链接运营商的公网核心网和矿山专网核心网。由于地面基站需要同时兼顾运营商公网业务和矿山专网业务，因此需要采用一定的措施对两者进行隔离，例如通过不同的深度神经网络（Deep Neural Network，DNN）或者不同的逻辑切片来区分公网业务和专网业务。对于业务隔离要求比较高的地面基站还可以采用硬切片的方式，即公网业务和专网业务使用不同的无线资源，通过基础资源的独立来实现公网业务和专网业务之间的隔离，具体实现方式包括：独立的基站、独立的频段或者物理资源模块（Physical Resource Block，PRB）级别的预留隔离。

② 井下覆盖。井下覆盖主要包括巷道覆盖和工作面覆盖，巷道覆盖要求基站覆盖能力强，但是对容量要求相对不高；而工作面由于密集部署较多的摄像头，所以对容量特别是上行容量有着较高的要求。一般建议对于巷道覆盖可以采用 NR 低频段（例如 NR 2.1GHz），以获得较好的覆盖；而对于工作面，一般采用大带宽的 NR 3.5GHz 频段，并结合优化的帧结构（例如 1D3U 的帧结构）获得上行的大容量。基于井下环境对设备的要求，所有井下设备均采用隔爆兼本安的站型，并且有效辐射功率不高于 6W。为实现对煤矿井下的灵活覆盖，建议采用 BBU + pBridge + pRRU 的有源分布式无线覆盖解决方案。

从以上案例可以看出，新一代信息技术与矿山开采行业的深度融合，挖掘出了矿山开采行业数字化建设的巨大潜能，也进一步增强了矿产安全保供能力，智慧矿山中“智慧”两字的背后是数字信息基础设施建设的升级。传统井下网络重复投资，由于井下的粉尘和震动造成光衰严重，影响通信质量，维护成本高；有线网络无法满足移动场景的需求；煤矿最重要的作业面、综采面不断移动，光纤有线的连接方式不能很好地适配。5G 替代光纤解决了井下“最后 500 米”连接的问题，实现“井下一张网”，同时可以满足作业面、综采面等移动场景，并采用防爆处理，满足井下安全作业的需求。借助 5G 网络的上行大带宽、低时延等特性，可以实现快速上传安全生产数据和环境视频、高清音 / 视频通话、设备远程智能控制、无人驾驶等多种应用，进一步降低矿企综合维护成本，极大提高综采效率。从机器人巡检到井下无人驾驶、设备故障自动诊断，矿山开采逐渐走向少人化、无人化，安全保障水平随之提高，曾经让几代矿工憧憬的智慧梦正随着智慧矿山的建设逐一变成现实。

2.1.1.2.3 智慧港口

港口作为现代交通运输的枢纽，在国际贸易中具有举足轻重的地位。根据相关数据统计，全球贸易中约 90% 的贸易由海运业承载。港口作业效率最为重要，但传统港口高度依赖人力近端操作集装箱起重机械，作业效率低，且工作环境恶劣、工人劳动强度大、人力短缺、劳动力成本攀升，已无法满足全球海运快速发展的需求。在加大港口吞吐量的情况下，提高港口的自动化、信息化、智能化、现代化、集约化水平，促进港口提质增效就显得格外重要。全球智慧港口建设已从探索阶段逐步走向成熟，各地智慧港口落地进程加快。

智慧港口以数字信息基础设施为依托，结合云计算、深度挖掘、物联网、智能控制、全面感知、移动互联网等信息技术，实现港口各种资源的优化配置和各种信息的实时共享。一个完整的智慧港口包含信息服务平台、金融服务、物流服务、物流园区、无水港体系、集疏运体系、港口作业区、自动化码头等。智慧港口的建设有助于全面提升港口的管理效率、服务能力和经济效益，实现港口的可持续发展。

案例：某港口集团 5G 智慧港口项目

1. 项目背景

当前全球港口面临劳动力成本攀升、劳动强度大、工作环境恶劣、人力短缺等难题，自动化改造、降本增效成为全球港口共同的诉求。同时，本轮数字化技术革新，人工智能、大数据、物联网、5G、自动驾驶技术的成熟为港口自动化提供了新动力，港口越来越多地使用更高水平的自动化技术来提高生产率和效率，以确保竞争优势。在全球港口不断向第五代港口迈进、逐步加快升级创新的背景下，某港口集团的智能化和信息化建设已被视为提升其核心竞争力的重要手段，也是其降低物流成本、提高物流效率的关键。

2. 需求分析

某港口可分成以下六大业务场景：泊位、堆场、岸桥、龙门吊、集卡、闸口。某港口业务示意如图 2-15 所示。

图 2-15 某港口业务示意

港口作业流程主要分为垂直运输和水平运输。

① 船到岸，通过岸桥卸货（垂直运输）。

② 集卡 /AGV/ 跨运车将货物运送到堆场（水平运输）。

③ 龙门吊（轨道吊 / 轮胎吊）卸货到堆场 / 装货到集卡（垂直运输）。

④ 进 / 出海关（外集卡，水平运输）。

在港口作业流程中，涉及的业务场景主要包含以下内容。

① 船只进出港场景涉及近海通信、船货同步及船只定位等。

② 岸桥吊装卸货目前是通过有线光纤网络以及人工操作，通过 5G 可以实现对岸桥起吊设备的远程控制，其中涉及了起吊设备数据采集、高清视频回传、定位防碰撞、现场人员通信及人工智能识别分析等细分场景。

③ 水平运输场景涉及港区内车辆的自动驾驶调度、大视频回传、定位防碰撞等。

④ 堆场管理优化负责堆场区集装箱的无人堆码，需要对设备远程控制，同时也涉及 AI 视觉的应用以及高清大视频的传输。

⑤ 集卡出入港负责对集卡车辆的无人驾驶监控调度、定位防撞、视频传输等。

港口场景 5G 应用主要集中于装卸、运输、监控、巡检、自动化等方面，对 5G 网络的主要需求包括远程控制、机器视觉、视频监控、自动驾驶等。港口码头可根据货物的不同分为散货码头与集装箱码头，除了监控、巡检、办公、安全等通用场景，由于货类不同，其装卸和运输方式也存在差异。具体包括：5G AGV/ 无人驾驶内集卡、无人机巡检等应用场景；5G 无人磅房、门机 5G 监管及远控等散货码头应用场景；港口龙门吊远控、5G 智能理货等集装箱码头应用场景。

3. 建设方案

（1）港口场景端到端总体方案

通过“5G 基站 + MEC 网关”全域覆盖组网，所有数据由 5G 港口综合应用管理平台统一调度，实现地磅房数据、自动车辆管理数据等内网应用流量本地卸载和安全性防护，还实现视频监控、物流公共信息等外网应用流量天翼云安全存储。5G 智慧港口端到端总体方案示意如图 2-16 所示。

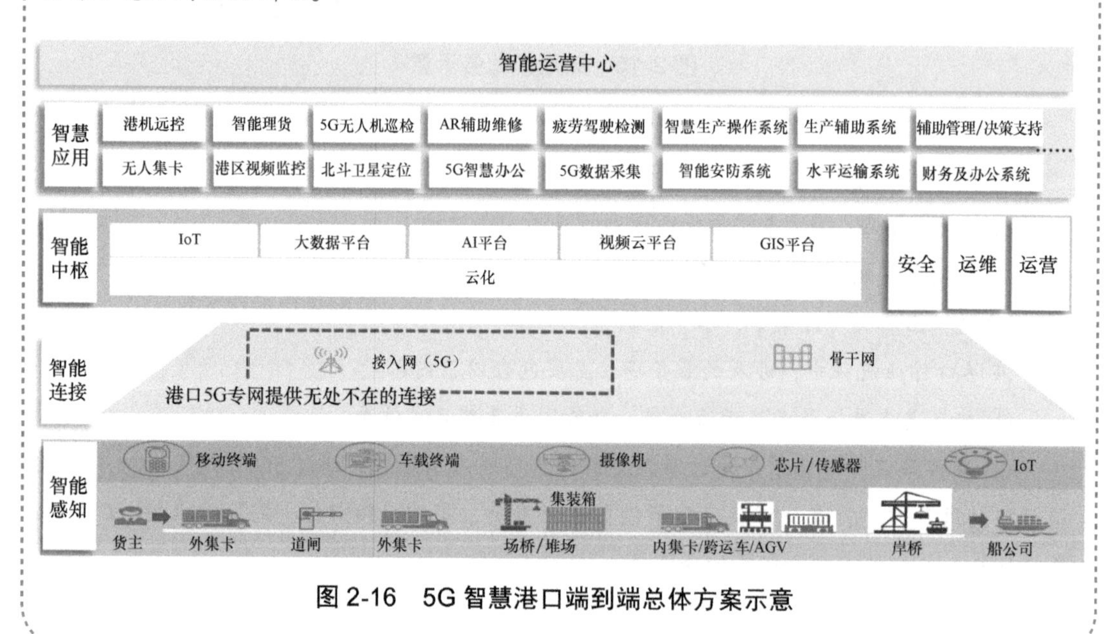

图 2-16　5G 智慧港口端到端总体方案示意

（2）业务建设方案

① 5G + AGV/ 无人驾驶内集卡。

典型作业流程包括 AGV/ 无人驾驶内集卡等待集装箱装载；AGV/ 无人驾驶内集卡按照调度路线行驶，AGV 由地面铺设的磁钉导航，无人驾驶内集卡由单车智能系统进行自动驾驶（人工介入时为远控模式）；AGV/ 无人驾驶内集卡将集装箱运入堆场，龙门吊把集装箱从 AGV 或内集卡抓取下来放到堆场。AGV 依赖地面部署的磁钉（间隔 2m 一个）、车体上的惯导系统和车轮编码器等实现自主行驶（移动速率约 8m/s），由云端调度码头操作系统，依据集装箱的最终目的地，通过设备管理系统感知当前集装箱的位置与状态以及它的目标位置与状态，下发任务控制到设备端，车辆按设定的路线自动行驶至指定地点，再用自动或人工方式装卸货物。

现有 AGV 使用 Wi-Fi 技术进行车辆控制，传统公用 Wi-Fi 模式下的通信存在可靠性低、易遭受无线干扰和网络深度覆盖能力不足等问题。利用 5G 实现 AGV 集群管理，AGV 的自动化指令下发和状态上传反馈等通信业务均通过 5G 网络回传至云端调度码头操作系统，保证业务稳定性及时延可靠性。AGV 对 5G 网络上下行带宽速率需求不低于 500kbit/s，最大时延不超过 20ms。

鉴于无人驾驶内集卡对网络时延要求很高，时延越小，其行驶速度越快，行驶安全系数越高；单台集卡至少需要安装 8 路摄像头保证行驶安全，按照每路摄像头上行速率 3Mbit/s，单台集卡至少需要上行速率 30Mbit/s；同一区域，集装箱堆场内同时运行车辆可达到 20 台，共计需要上行速率 600Mbit/s。首先，改造 5G 通信模块，使无人集卡控制系统通过 5G 网络与外界通信；其次，在集卡周围安装多路高清摄像头，能够全方位无死角覆盖到集卡的行驶区域；多路高清摄像头可全方位记录车内外自动驾驶画面，并通过 5G 专网实时传输至云端控制室，结合车路协同、高精度定位、自动指令给位等技术，实现集卡自动驾驶，替代了传统地磁控制的远程驾驶。

② 无人机巡检。

典型作业流程为 5G 网联无人机接入港口 5G 网络，自动规划巡检路径，4K 高清视频实时回传满足巡检需求或突发事件视频实时监控。实现堆场 24 小时巡逻，及时发现火苗等安全隐患，对于外来人员入侵能够及时预警。5G+ 机群空地一体智能扫描、巡检系统。通过搭载在无人机上的雷达＋激光扫描，将数据回传，基于三维点云数据，制定巡检路线，上报隐患信息。

③ 5G 无人磅房。

典型作业流程为进出港区的集卡需要上地磅称重，并人工记录相关车辆数据，备案进出货物台账，确保集卡不超载，保证物流安全。磅房安装摄像头和相关传感器，现场信息通过 5G 实时回传至监控室，实现磅房无人值守、纸质单证无需打印等，节约磅房运行成本。港口平台通过与地磅系统对接获取电子地磅称重信息，司磅员可以通过车牌，把该次称重信息与业务作业信息进行关联，实现与周边系统互通对接。

④ 门机 5G 监管及远控。

用门机吊入清舱机械设备到船舱内，清舱机械设备采用远程控制方案作业：远程监管平台将门机动力系统监控、计量、智能润滑、能耗管理等多个独立系统集成在统一平台管理，5G 网络使能各系统互联互通，对各类工况数据实时检测，实现设备全寿命周期管理、提高作业效率并降低用工成本。通过各门机控制系统采集本机运行数据，将数据汇总到中控室进行处理，再将处理结果发送给控制系统，执行相应命令，从而实现自动化及远程控制。

⑤ 5G 远程吊机。

在吊机上安装 PLC 控制吊机操作，并安装多个摄像头进行现场画面采集，位于港口中控室（远程控制中心）的操作人员获取码头操作系统下发的调度任务后，根据堆场现场龙门吊实时回传的高清视频了解周边状况，通过操纵杆的 PLC-PLC 通信来远程实时控制龙门吊及其抓手的移动操作、抓手抓取 / 放开等操作，实现集装箱的高效、有序堆放与转运。龙门吊实现远程控制后，一个操作人员可以控制多台龙门吊，提升吊机操作效率，同时降低安全风险。

鉴于吊机设备的移动性强，作业时需要确保网络稳定；吊机操作要求精细准确，远程操作时对 PLC 的通信时延也有要求。综合考虑部署简便性、门机使用灵活性、后期维护方便性等方面，推荐使用 5G 专网，龙门吊远程控制对网络的诉求主要是 10 ～ 12 路摄像头视频实时回传及控制命令的下发，即上行 20 ～ 40Mbit/s 用于视频回传，下行 50 ～ 100kbit/s 用于控制命令下发，时延建议小于 100ms，最低要求小于 224ms。

⑥ 5G 智能理货。

基于 5G 网络和 OCR 等技术辅助理货过程，用智能分析替代人工记录，提高了理货准确率，提升员工工作安全保障，实现降本增效。利用 OCR 等技术，在装卸船、堆放、理货、验残、提箱、出关等环节，通过安装在吊机设备上的摄像头识别集装箱箱号、装卸提箱状态、有无铅封、箱体残损程度等。作业流程如下：岸桥启动卸船或者装船作业；安装在岸桥海侧横梁、陆侧横梁、左右联系梁上的摄像头实时捕捉作业画面，通过网络回传完整视频流或图片信息到智能理货系统，智能理货系统通过 AI 算法识别画面中的集装箱、车辆等业务信息，并将识别结果通过接口系统传达给码头操作系统，生成车辆调度指令；一个理货员可同时监控和操作多个岸桥作业线，并可支持跨船舶作业；提供实时监控摄像头云台控制，实时查看现场情况并进行异常介入。智能理货应用在每个岸桥上安装 10 路以上摄像头（球机、枪机均涉及），通过 5G 网络将高清图片和视频数据快速实时回传至云端 AI 系统，借助 AI 系统完成自动识别与核销箱号、箱损、拖车号等海量人工重复劳动，实现理货作业、信息作业、自动化采集，提高准确率和效率。

（3）网络建设方案

港口场景涉及高清视频监控、工业机器视觉、港机远控、无人集卡、无人机巡检、自动化控制、智能办公等业务，对大上行、低时延、高可靠、精准定位、安全保障、网络切片方面均要求较高，建议采用园区独享模式，MEC 平台部署在靠近业务区域的网络边缘位置，采用核心网 UPF 下沉方式，在网络能力上提供可保障的低时延特性，并在此基础上部署 5G AGV、无人驾驶内集卡、龙门吊远控等智能控制等低时延应用，显著提升用户体验感和数据安全性。

本案例中 5G 专网方案下的无线网、传输网、核心网等采用“比邻”模式部署，智慧港口 5G 定制网网络拓扑示意如图 2-17 所示。

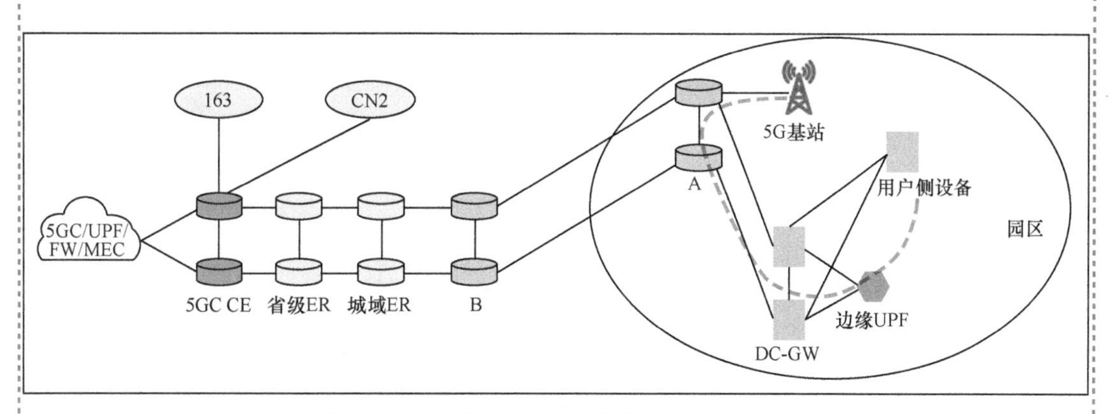

图 2-17　智慧港口 5G 定制网网络拓扑示意

随着5G技术的飞速发展和推广应用，智慧港口也纷纷步入5G时代。从以上案例可以看出，智慧港口对通信连接有低时延、大带宽、高可靠的要求，自动化码头的大型特种作业设备的通信系统要满足控制信息、多路视频信息的高效、可靠传输需求。传统港口自动化采用的光纤与Wi-Fi等通信方式存在建设和运维成本高、稳定性与可靠性差等问题，港口的开放空间使Wi-Fi等技术无法满足特定需求，自动驾驶、远程控制等也需要低时延和大带宽来满足。另外，从港口的地理环境来看，港口环境特殊，高空信号视距传输，针对龙门吊远控场景，由于CPE安装在港机顶部，覆盖不受影响，但会存在较多的区域重叠覆盖、终端频繁切换等情况；而对于路面覆盖，由于受到集装箱箱体遮挡，极易形成路面弱覆盖，因此无线信号覆盖规划、优化在港口场景下面临挑战，需要满足3D立体式覆盖。5G技术的低时延、大带宽、高可靠、大容量等特性结合基于5G虚拟园区网的港口专网方案、端到端应用组件，为港口解决自动化设备的通信问题提供了全新方案，为智慧港口建设注入新动力。基于行业实践经验，提升集装箱转运效率是港口的核心诉求，轮胎吊的远程控制是优先场景。利用5G的大带宽能力可实现轮胎吊高清视频实时回传，同时5G的低时延能力可实现基于PLC的远程实时操控。集装箱操作员在中控室即可完成精准移动、集装箱抓举等操作，且可同时操控多台轮胎吊，在改善工作环境的同时，大幅提升作业效率。此外，5G还能为港口AGV或IGV的自动驾驶、港区视频监控等多种应用提供便捷、低成本的无线网络连接，结合边缘计算+AI能力，帮助港口设备和生产系统同步协调，提升港口作业效率和智能化运作水平。

5G赋能智慧港口建设，通过云化服务、优质网络、可靠边端，提升港口效率和竞争力，从而提升航运产业综合效率，能够助力港口综合作业效率提升30%以上，集约设备改造成本降低20%以上，巡检效率提升90%以上，装卸速率提升20%以上，运营效率提升60%以上。此外，建设高效节能、低碳环保、可持续发展的绿色智能港口，实现降本增效，也已成为全球港口的共同诉求，5G+智慧港口建设能够实现应用终端能耗自动化、合理化、最小化，有效降低了港口能耗和污染。

2.1.1.3 服务业数字化

服务业的数字化，能让实体经济的数字化产生显著的效果。从短期看，通过数字化转型，服务业企业可以在管理、销售、服务环节提高效率，构建起线上线下协同的销售体系。借助大数据、算法技术和平台匹配能力，可以优化资源配置，减少不必要的成本投入和资源浪费。从长期看，数字化能够优化服务业企业运营模式，通过多元化和创新的互动模式催生精准营销、个性化服务等新业态和新模式。服务业数字化场景主要包括数字金融、智慧文旅、智慧零售等。

2.1.1.3.1　数字金融

随着互联网、大数据、人工智能、云计算、区块链等技术的发展与应用，数字金融作为一种新型金融服务模式应运而生，并对传统金融服务造成了较为深刻的影响。一方面，数字金融会冲击传统金融机构的资产负债业务，为银行等金融机构带来挑战；另一方面，数字金融也会通过竞争促进传统金融机构业务结构的变革以及服务效率的提升。

数字金融是指通过互联网及信息技术手段与传统金融服务业态相结合的新一代金融服务，其中包括了数字平台支付手段、资金的金融媒介、跨领域投资、跨渠道投资，以及其他创新型金融服务，其实质是以新一代信息技术为核心的金融行业数字化过程。

数字金融的主要特征是对数据、数字的分析与审核。也可以说，数字金融是以新一代信息技术为核心的金融行业数字化的历程，这个浪潮正席卷全球。数字金融将有助于不同领域快速实现数字化转型。

数字金融可以提供更高效、便捷的服务，并降低经营成本，拓宽金融服务空间，以大数据、云计算、区块链等技术为金融服务方式提供创新性变化和综合性内容。数字金融平台与银行等金融机构的合作，也有助于银行等金融机构的业务创新与拓展。在发展过程中，数字金融逐渐将发展重心转向金融科技产业，通过在金融科技产业的应用，可以进一步强化金融服务和实体经济的深度融合。

案例一：某银行数据原生金融技术架构探索

1. 项目背景

产业数字化、数字产业化成为社会经济发展的重要趋势，数据成为未来企业最重要的资产之一。通过数字经济平台和数据触点，银行新业务模式和新生态系统不断涌现。该银行基于开放银行的建设实践，率先提出了未来银行的全景设想，未来银行将面向“全用户”、贯穿“全时域”、提供“全服务”、实现“全智联”。

为了利用新兴技术融合跨界企业，亟需全新的视角和思维去定义与应用数据。该银行对新的数据技术和架构进行探索，提出了数据原生理念，并针对金融业务场景，提出了数据原生金融技术架构。

2. 需求分析

数据原生金融技术架构采用分布式开放架构，不局限于单个组织、产业或生态，由核心企业、产业协会、同业机构、政府机关和监管机构共同创建并维护。该架构在满足金融生态圈构建需求的同时，符合监管要求，实现金融生态中人、物、系统交互的规范。另外，该架构能推动开放生态协同发展，以及数据原生标准规范和技术能力体系的建立，从而打造数据原生的金融开放生态。

当新业务场景产生时，该场景的数据原生体通过与其他数据原生体进行数据交换，依据业务场景中全时空数据特征，评估自身服务能力。当自身服务能力无法完全满足场景需求时，该数据原生体通过能力传递，从其他数据原生体获得赋能以满足当前业务需求，或与其他数据原生体协同提供服务。在提供服务的过程中，一方面，数据原生体通过感知能力获取场景数据，以联动能力与其他数据原生体交互，以认知能力进行计算和决策，以执行能力为用户提供极致服务体验，满足支付、融资、理财等金融需求。另一方面，数据原生体根据场景变化和监管需求实现演进和升级，推进金融业务的创新发展。

3. 建设方案

数据原生金融技术架构如图 2-18 所示，通过“5 + 1”对数据原生金融技术架构进行规划与实施，即通过感知、认知、执行、联动和演进五大行为能力输出自身技术能力，并对基础设施进行规划与实施，全面支撑开放生态金融服务。

图 2-18　数据原生金融技术架构

数据原生金融技术架构，将激发未来银行的组织架构与管理模式乃至于金融监管、法律与伦理方面的创新，也将引发组织架构、监管、法律与伦理方面的研究。

银行及其他金融服务机构正在经历前所未有的变革，数字技术的空前发展和普及颠覆了传统的市场定义，推动了银行运营和业务模式的变革。

案例二：数字化支付产品涌现

数字化支付是指采用通信和人工智能等技术的数字科技支付手段，主要包括电子货币、电子支付和数字货币。数字化支付的主要特点是快捷、便利、实时、灵活等，补充了传统支付手段的不足。随着信息技术的迅速发展，数字化支付逐渐成为人们更为偏好的一种消费手段。

数字金融通过电子支付、网上银行、网络购物等数字化支付手段，极大地提高了农村地区的金融服务效率和水平，农民的生产生活方式也发生了变化，农民更愿意通过消费性正规信贷提高生活质量，消费性正规信贷需求受到进一步激发。

数字化支付对人们消费性正规信贷的影响主要表现在以下 3 个方面。一是非现金支付方式减少了人们的现金携带量，降低了交易成本和时间，能充分满足人们的消费需求，提高了随机消费的概率，促进消费性正规信贷增长。二是数字化支付使消费者的心理账户预期损失程度降低，提高消费频率。三是数字化支付打破了时间地域的限制，使人们可以获得更加便捷、广泛的金融服务，进一步满足其信贷需求。

数字金融支付产业数字化转型加速，“数字人民币”、数字信用卡等一系列支付产品不断涌现，数字金融的应用场景更加丰富。

自 2019 年年末，中国人民银行分两批次“10 + 1”个试点地区和场景来开展“数字人民币”试点。截至 2023 年年底，“数字人民币”开展常态化试点已满四年。作为我国法定货币的数字形式，“数字人民币”自推出以来就备受关注，成为近几年支付领域热度最高的词汇之一。2022 年以来，我国多家银行推出了“数字人民币”硬件钱包，7 月，在第五届数字中国建设峰会上，中国工商银行公开发布硬件钱包产品，产品分为卡式和手环式。9 月，中国银行与某互联网企业合作发布了面向大众的“数字人民币低碳卡硬件钱包”，这是自“数字人民币”上线以来首个以硬件支付为主的媒介产品，能够用于线上线下“衣食住行”各类消费场景。"数字人民币硬件钱包"推广布局呈现出提速之势，这无疑得益于支付产业各方较强的金融科技实力。日前，中国农业银行深圳分行以5G +、区块链等技术为创新支撑，结合通信技术服务能力，创新推出了"数字人民币SIM卡硬件钱包"，该产品采用自研金融级安全芯片，实现一卡通用户融合，适用于网络通信、POS消费、在线支付等多种生活场景，有效提升了"数字人民币"的用户体验和普惠性。值得一提的是，前不久"数字人民币App"上线了无网无电支付技术功能，开通后用户在手机关机状态下仍可使用"碰一碰"收款终端完成支付，虽然目前仅部分手机机型支持该功能，但后续该功能将面向更多手机机型及场景有序开放，这将极大增强支付服务的可获得性，给消费者带来便捷的支付体验。

除了为"数字人民币"相关产品和应用创新提供支撑，数字技术在推动数字化信用卡产品创新方面也功不可没。中国银联以"支付无界、创新无境"作为无界卡产品设计思路，整合运用大数据、Token2.0、卡码合一等创新技术，实现用户申卡、绑卡、用卡线上一体化，使支付更便捷流畅，支付体验与效率大幅提升。截至2022年年末，中国银联已联合36家银行发行79款无界卡产品，累计发卡超过4720万张。此外，在数字化浪潮下，各银行不断丰富数字信用卡产品体系。例如，中国银行创新推出金融科技与数字支付创新结合型产品——中银数字信用卡，并以该信用卡为媒介打造了数字分期系列专属产品，通过前沿科技与创新业务的双轮驱动，不断拓展数字信用卡场景应用，为用户提供便利、安全的数字化支付体验。中国建设银行持续推动信用卡的"无卡化"使用，进一步加快在数字信用卡领域的产品布局。中国建设银行在2022年上半年推出龙卡欢享数字信用卡，深度契合当下以移动支付为主的消费需求，使数字化用卡体验得到进一步提升。

2.1.1.3.2　智慧文旅

随着智能科技如大数据、物联网、云计算、人工智能、VR/AR、移动通信等的迅猛发展，以及现代人对旅游与文化需求的不断提升，人们对旅游的追求由简单的观光转变为对个性化、深度体验的追求，智慧文旅应运而生。智能科技为智慧文旅提供了技术支持和信息化平台。

智慧文旅是指以特色文化为内在驱动，以现代科技为主要手段，通过5G、大数据、物联网、人工智能等技术实现"文化 + 旅游 + 科技"的融合，围绕旅游管理、旅游服务、旅游营销、旅游信息传播、旅游体验等智慧应用所形成的数字文化旅游新业态。5G、大数据、物联网、人工智能等技术的赋能可以为传统旅游目的地、博物馆、展览馆等拓展文旅服务范围、提高管理效率、提升参观体验、创新宣传推广手段等方面提供有力支撑。

文旅行业是数字经济融合发展的重点场景，数字技术多要素融合为文旅产业提供了具有实时性、空间感、沉浸感、定制化、3D 渲染和动态交互的解决路径。数字技术与文旅产业的结合，绝不仅限于利用 VR/AR 等 3D 渲染设备实现景区项目的宣传和推广，而是利用元宇宙多维的数字虚拟环境、开放式的文创生态、独一无二的数字资源，构建一个可广泛存在并自由发展的旅游虚拟世界，实现在景区、纪念品、虚拟人物、游戏空间等全方位的产业创新。

智慧文旅对于提高旅游服务质量和效率、促进文化旅游业转型升级、提升游客体验、推动智慧文旅行业可持续发展及促进跨行业融合发展都具有重要的意义。

案例：某文旅企业 VR 平台

1. 项目背景

5G 将助力旅游景区基础设施建设，为游客提供旅游活动场所沉浸式体验，传感器、AI 摄像头采集景区日常运营管理数据，通过 5G 网络传输介质提供高效安全的信息传输通道，利用大数据的数据处理能力，对数据进行汇聚、存储、处理、分析，为应用服务提供决策依据支撑，综合调度景区资源，为游客提供多样化场景服务。5G + 旅游行业的应用，应满足行业中面向服务、体验、管理等多种影音场景的需求，这就需要 5G 在推进技术应用成熟的同时，也要协同推进在各自行业应用中与之融合的其他主要技术应用的成熟。

2. 需求分析

从 toC/toB 场景切入，加强数字能力建设，加快旅游行业价值从连接向应用和服务转移，打造云网融合端到端能力，实现典型场景云网产品规模推广。结合 5G 应用，打造 5G + VR 的真实体验，将文化旅游数字化，向游客展现景区 / 城市形象。主要输出功能如下。

① 360° 全景 VR 虚拟游，为商圈提供 5G 网络 360° 全景 VR、同步观赛、时间切片等典型实感技术，用户可选择从不同角度观看商圈全景。

② 打造 5G 主题体验厅，形成网红集聚地，建立 5G 技术、互动游戏、流媒体超高清视频、隔空取物、自动驾驶、VR 合成等体验应用场景，让市民和游客体会 5G 带来的变化。

③ 提供酒店及预订平台、目的地观光游览和主题娱乐公园等地的旅游。

④ 提供安全防控能力建设，参考 GB/T 22239—2019《信息安全技术 网络安全等级保护基本要求》（等保 2.0）以及《中华人民共和国网络安全法》等相关规范文件规定，提供满足等保三级要求的安全能力，针对安全通信网络、安全区域边界、安全计算环境、安全管理中心提供相关的安全防控能力，满足客户对网络安全、信息安全、数据安全及安全管控的需要。

3. 解决方案

VR 直播场景通过近端对全景摄像头采集数据进行处理，为客户带来逼真的沉浸式视觉体验。VR 摄像头依托 5G 将视频流传输到 MEC，远端 360° 全景摄像头采用 5G 网络接入 VR 直播平台，计算机客户端、VR 眼镜分别通过 5G 网络接入平台。VR 眼镜写入定制化的软件后能直接感受到身处摄像头位置的 3D 体验观测，通过转动头部方向，即可直接改变全景观测视角，实现真正的三维体验。

360° 全景摄像头能对较大场景进行全局监控、全程监视与全角度拍摄，并且通过球面模型予以直观的、立体的 3D 呈现，并且通过虚拟 PTZ[1] 技术实现任意观测视角的变换、缩放，给人以身临其境的体验。用户可以通过 VR 头盔及软件平台，直接感受到身处摄像头位置的 3D 体验观测，通过转动头部方向角度，即可直接改变全景观测视角，实现真正的三维体验。

平台端应用中国电信研究院自主研发的 MEC 云系统，具有低时延、大带宽、算力下沉到边缘侧、安全可靠等众多优势。前端侧部署 360° 高清全景摄像头，具有超高分辨率、超低照度等特点，通过中国电信研究院研发的基于 5G MEC 的多画面拼接技术，能够实现对大区域、大场景的 360° 无死角、无盲区的全覆盖式直播，单台可轻松完成对路口、大厅等上千平方米区域的完美直播。

2.1.1.3.3 智慧零售

随着大数据时代的来临，传统零售业由于销售模式单一、对消费者的结构缺乏分析统计，难以挖掘潜在客户。与此同时，消费者的购物习惯也在发生着变化，注意力逐渐转移到社交平台上。因此，智慧零售的销售模式逐渐转变为企业的运营模式。

注：1. PTZ（Pan/Tilt/Zoom），代表全方位移动及镜头变倍、变焦控制。

智慧零售运用互联网、物联网、大数据、人工智能等技术，感知消费者消费习惯，预测消费趋势，引导生产制造，进而为消费者提供多样化、个性化的产品和服务。智慧零售以消费者为主要研究对象，借助现代化工具分析其购买行为，打通销售过程中的各个供应环节，提高商品的推荐时效和运转速度。

作为新的零售形态，智慧零售的先进性体现在“智慧”上，它通过大数据分析技术把握消费者的思想动态和购买倾向等信息，进而利用信息传导与人工智能技术引导企业进行有针对性的生产，进一步优化了生产结构，减少了库存压力，从而为企业创造全新的价值。

案例：某商业综合体 5G + MEC 解决方案

1. 项目背景

在商业中心变革和发展过程中，信息技术的发展对其具有促进作用。5G 网络融合创新技术在商业综合体的应用将加速传统商业中心转型，提升购物体验和效率，将会给消费者带来全新的购物体验。如今，传统运营模式难以为继，商业综合体对精细化运营的诉求非常强烈。5G、云计算、VR/AR/MR 等新技术和体验场景相结合，可有效增强商业综合体空间与客户的连接和黏性，为体验经济加码，将成为商业消费行业的共性选择。

2. 建设方案

在实体线下零售方面，目前很多商业综合体聚焦于面向消费者和中心管理的应用场景，加强了多技术的集成应用，包括高清直播、VR、新模式消费体验、智慧运营、数据运营、云化及各类商业消费软件等常见软硬件系统。以 5G 网络作为连接方式，实现企业实物流、信息流、业务流的共融共通共享。

商业的智能与智慧，意味着商业运营部件必须泛在互联、商业消费与管理数据必须协同自治、服务需求感知必须高效高能、体验感受必须身临其境、消费推荐必须精准匹配，这无疑对商业经济实体提出了更高的技术需求，高容量大并发的网络带宽、泛在化的计算服务、基于数据驱动的智能学习，必然成为智慧商业发展的关键技术支撑。5G、云计算、物联网、大数据和人工智能技术的深度融合与渗透应用，带动了智能化的商业创新业态。商业综合体端到端场景如图 2-19 所示。

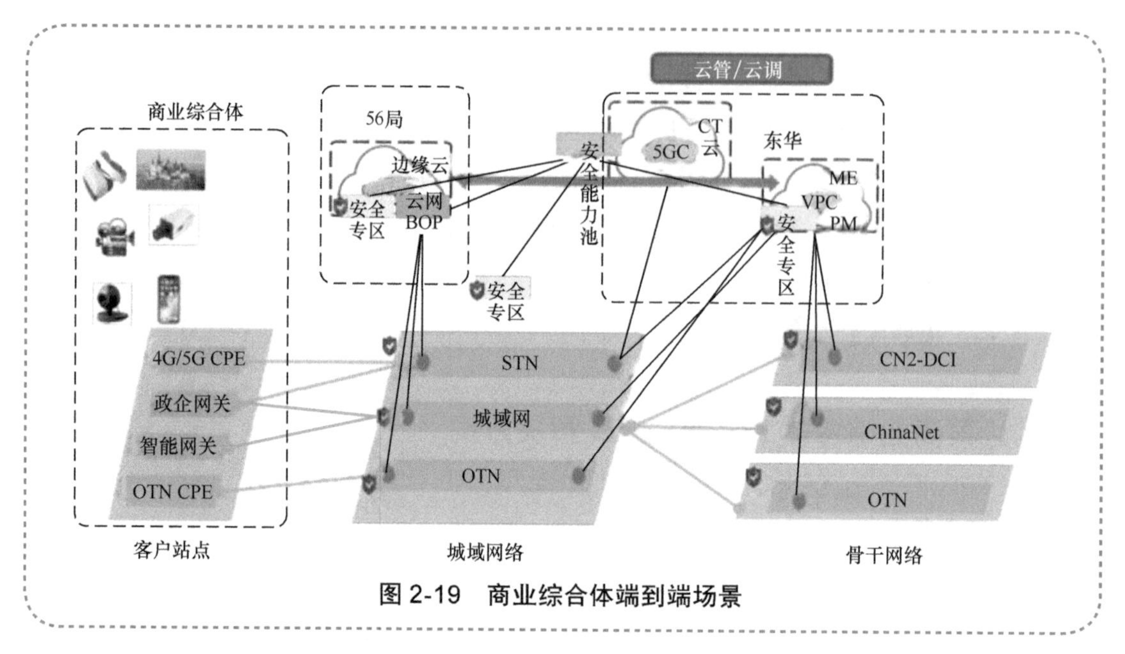

图 2-19　商业综合体端到端场景

2.1.1.4　小结：产业数字化依赖融合创新和应用

数字信息基础设施对产业数字化转型的支撑能力进一步提升。随着5G、人工智能、大数据等技术的加速迭代升级，其彼此融通发展为各行各业开展数字化转型提供了覆盖面更广、成本更低、使用更便捷、扩展性更强的新技术框架，帮助产业进一步深化数字转型变革。

（1）农业数字化加快向全产业链渗透

随着互联网头部企业纷纷布局，数字技术与农业加速融合，为农业注入了新的活力和机遇。在数字化时代，数字农业借助物联网、大数据、人工智能等技术，实现了从传统模式到智能化模式的转型，并主要呈现以下3种趋势。

① 物联网技术集成应用构建了数字化农业的数字底座。物联网、5G技术连接各种设备，实现了数据的互通互联。智能传感器、监测设备等可以实时采集农业生产环境的数据，例如温度、湿度、气体浓度等，再通过物联网平台传输至后台系统进行分析。这种实时监测和数据采集为农业生产提供了更精准的环境数据，可提升生产效率。

② 大数据被广泛应用到各个环节的分析决策。智慧农业系统所采集的大量数据需要深度分析，从中挖掘出有价值的信息。大数据分析技术可以分析环境的变化趋势，预测农作物的生长情况，甚至决定化肥、饲料的配给。通过对历史数据和实时数据的比对，可以做出更明智的决策，

提高养殖效益。

③ 融合创新的综合解决方案实现了定制化农业生产体验。通过实时监测、数据分析和人工智能决策，实现精细化管理，提高生产效率，降低成本，实现可持续发展。

（2）制造业数字化向云化、平台化迈进

随着数字技术与制造业在更广范围、更深程度、更高水平上的融合发展，围绕制造业数字化转型的政策布局、数字底座、赋能载体、技术融合、转型路径、应用推广等将呈现新特点，制造业数字化转型将全面提速，成为推动新型工业化发展的重要力量，呈现出以下发展趋势。

第一，数字信息基础设施建设向云化、数字化方向融合发展，数字信息基础设施是制造业数字化转型的关键支撑。一方面，5G 技术加速与制造业深度融合，支持更多设备平台连接，满足更加稳定、快速、低时延的数据传输需求。另一方面，制造业数字化转型所需要的大模型带来对算力的巨量需求，超高密度算力中心的建设进一步加速。同时，边缘计算将会推动部分数据中心向小型化、轻量化转型。最后，更多产业资源加速进入工业互联网领域，5G、人工智能、区块链等技术加速向工业互联网领域延伸渗透，“工业互联网 + 新技术”的融合应用将加速落地。

第二，工业互联网平台等类似的数字化平台赋能作用加速。随着制造业数字化平台技术、应用和生态加速成熟，平台赋能的深度和广度将持续拓展，应用场景加速丰富，从生产制造逐渐拓展至供应链管理、销售渠道和客户服务等环节，推动产业链实现更高效的协同和更快速的响应，解决方案向个性化转变，面向研发设计、生产制造、供应管理、销售采购、运维服务等细化场景的特色解决方案将加速涌现，针对不同企业提供个性化服务，满足不同区域、不同行业的差异化需求。

第三，制造业将成为多技术集成和融合创新的试验田。物联网、数字孪生、元宇宙、AI 大模型等数字技术，作为新一轮科技革命中研发投入最集中、创新最活跃、应用最广泛、辐射带动作用最大的技术创新领域之一，在制造业领域的应用将日益广泛。

（3）服务业数字化突破传统空间界限

在服务业领域，多要素的融合创新能够创造更多的应用场景，推动传统服务业克服空间障碍，创造更符合消费者实际需求、生产和服务效率更高的智能化服务。例如，旅游业与数字经济结合，充分融入在线导览、在线解说，依托 VR 和 AI 技术，营造“非接触式”的旅游体验新场景。此外，融合创新有助于加快推进线下实体消费“上线”，把线下的需求转移到线上，实现线下线上融合发展，激发线下消费潜力。依托于多技术的融合应用，“智慧商店”“智慧街区”“智慧商圈”在未来将加快推广应用，实现线上线下互动、商旅文体协同。例如，餐饮零售通过自营、第三方 App 或小程序力推线上外送服务，小型超市借力饿了么、美团、顺丰同城等同城 O2O 服务扩大线上服务范围。

2.1.2 数字化治理

数字化治理是推进国家治理体系和治理能力现代化的重要组成，是运用数字技术建立健全行政管理制度体系，创新服务监管方式，实现行政决策、行政执行、行政组织、行政监督等体制更加优化的新型政府治理模式。数字化治理包括但不限于数字化社会治理、数字化公共服务等。

2.1.2.1 数字化社会治理

在数字社会的变革进程中，传统社会治理方式已经无法适应数字社会的发展需求。数字技术为社会治理方式的转型提供了可能，数字化因此成为社会治理能力现代化的重要内容，在国家治理体系中占据重要地位。

2.1.2.1.1 基层治理

基层治理是指在地方党委的领导下，以政府为主导，发挥社会各方力量和作用，向人们提供民生保障、公共服务、利益协调、矛盾化解、平安创建等治理内容的行为过程。传统基层社会治理的“痛点”在于基层治理碎片化，主要体现在政民联通碎片化、权责观念碎片化、服务供给碎片化和事务管理碎片化等方面。政民联通碎片化表现为基层组织与公众联系紧密度不高，缺乏保持联通的纽带。权责观念碎片化是指基层民众的权利意识不断提升，但履行义务的意识相对较弱。服务供给碎片化是指当前基层公共产品供给和基层治理能力还不能够完全满足民众日益增长的个性化民生服务需求。事务管理碎片化主要体现在基层治理各项任务之间协同不足，缺乏标准化的协作流程和治理机制。

基层治理数字化是解决碎片化问题的一个有效手段，也是实现国家治理体系和治理能力现代化的重要途径。社区治理是基层治理的最小单元，智慧社区是探索基层治理数字化最为理想的试验田。

案例：某市 5G 智慧社区试点项目

1. 项目背景

在某社区，随着社区规模不断增大，社区管理难度直线上升。为更好地提升管理水平、增强社区民众幸福指数，该社区启动了智慧社区改造项目。结合街道地处老旧城区、房屋征收范围大、特殊群体数量大、社会治理维稳压力大等实际情况，充分运用物联网、人工智能、大数据、云计算等技术，打造智慧社区建设项目。通过物联网技术实现社区智能化设备综合接入；通过人脸识别技术实现人脸识别开门；通过大数据技术实现民众行为分析、智能监控、预测预警等人口管理业务的应用。整个项目综合智能门禁、智能车闸、智能监控、智能烟感、智能手环等形成基于人脸识别智能门禁的智慧社区解决方案。通过丰富的本地化资源，为智慧社区建设在物联网、人工智能及大数据应用领域的落地提供有力保障。

2. 需求分析

（1）智慧社区场景业务需求分析

结合该市智慧安防小区、绿色小区建设要求，基于 5G 网络以及 MEC 能力，建立低时延、大带宽的智慧社区立体化治安安防体系，打造视频大数据应用平台，实现 5G + MEC + 视频大数据在智慧社区立体化治安防控中的应用。总体目标如下。

① 实现智慧社区开放式老旧小区单元楼出入口人脸识别门禁系统建设。

② 实现智慧社区封闭式物业小区大门口人脸识别门禁系统建设。

③ 实现智慧社区智慧路侧停车场系统建设。

④ 实现智慧社区智慧封闭式停车场系统建设。

⑤ 实现智慧社区居民楼关键区域智能烟雾探测系统建设。

⑥ 实现智慧社区管理平台建设。

⑦ 实现智慧社区小程序建设。

⑧ 实现智慧社区数据交换平台建设。

⑨ 实现智慧社区物联网接入平台建设。

（2）场景对信息基础设施的需求

智慧社区主要面向管理方、面向消费者的 toC 需求场景的需求如下。

① 高速“管道”：智慧社区场景以监控、监测、数据采集、实时体验为主，需要低时延、大带宽网络。

② 基于边缘网络、计算资源，建设智能化平台，提供连接、计算、能力、应用的积木式组合，为用户就近提供服务。平台主要提供5G直播、消费服务、展览、信息推送等应用。

③ 专线接入：前端数据采集设备通过5G网络/STN[1]专线覆盖。

④ 安全防护：对用户数据和业务应用平台提供安全防护。

⑤ 云网融合业务一体化开通：集团和市两级协同的云网业务一体化开通能力，提供快捷的交付能力。

（3）智慧社区管理平台需求

该平台部署于共享MEC节点，通过互联网向用户提供访问入口。利用5G网络+平台化智能化生产场景，解决社区治安管理问题，提升社区安全保障能力，智慧社区管理平台需求如下。

① 数据大屏展示：实现人员预警、重点人员分布、关注人员分布、高德地图集成、实时人车布控触网、实时监控查看、触网趋势等功能。

② 社区基础数据管理：实现地址管理、街道组织管理、街道工作人员管理、物业组织管理、物业人员管理、标签管理等功能。

③ 设备/人员/车辆信息管理：实现设备基础信息管理、设备管理、辖区人员管理、辖区人员审核、重点/关爱/关注人员管理、车辆管理等功能。

④ 人员/车辆布控：实现对辖区人员/车辆布控等功能。

⑤ 社区走访记录管理：实现对社区生产走访任务、走访记录、走访评价的管理，并设置超时预警、疫情防控情况、消防隐患信息记录等功能。

⑥ 工单管理：具备生产人员/车辆布控工单、物业报修工单、投诉建议工单及随手拍信息等功能。

⑦ 进出记录管理：具备记录常住居民、陌生人员、车辆进出等功能。

⑧ 民生服务：提供办事指南窗等功能。

注：1. STN（Smart Transport Network，智能传送网）。

⑨ 系统管理：具备参数配置、字典配置、角色配置、用户管理和日志管理等功能。

3. 建设方案

（1）智慧社区场景总体架构

智慧社区总体架构由感知层、传输层、平台层、应用层组成，智慧社区场景总体架构如图 2-20 所示。

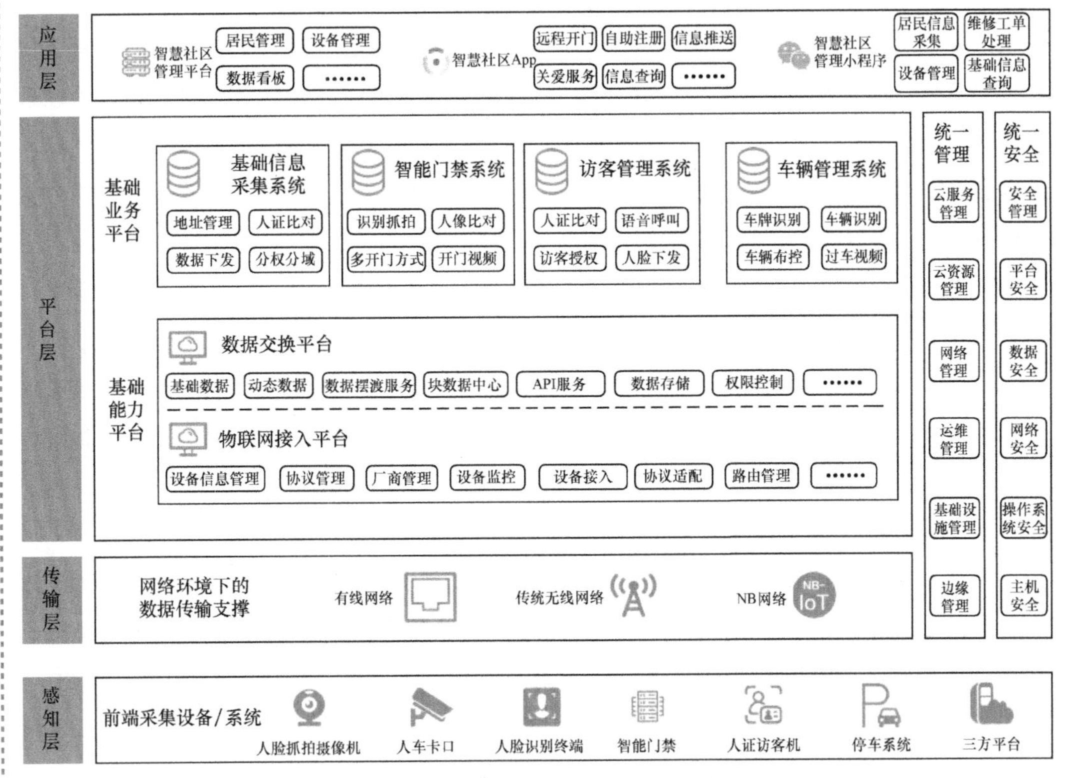

图 2-20 智慧社区场景总体架构

感知层：负责对现场人脸、车辆、音 / 视频信号、报警信号、智能终端特征、物联网感知设备信号、社区第三方平台等动态信息的采集，为整个智能安防小区平台提供数据源。前端采集设备主要包括人脸抓拍摄像机、人车卡口、人脸识别终端、智能门禁、人证访客机、停车系统等建设内容，通过接入原有 / 新建安防设施设备实现统一管理。

传输层：该部分网络主要包括公共安全视频专网、社会面资源网、政务外网等。本次项目需接入公共安全视频专网，用于承载传输视频、图像、流水数据等动态信息，公共安全视频专网为传输、存储与处理视频监控数据提供可靠的网络通信保障。通过互联网承接社会面感知设备以及原有互联网侧安防设施设备数据传输。

平台层：基础能力平台提供物联网接入平台，满足设施设备接入、协议管理、路由管理、设备信息管理等能力；提供数据交换平台，满足来自前端平台的基础数据、动态数据等交换，并提供存储、控制、转发、摆渡等交换能力，实现对应用平台的能力支撑。基础业务平台提供基础信息采集系统，满足前端房屋、人员、车辆、基础设施等静态信息采集；提供智能门禁系统，满足前端人脸开门、远程开门、开门数据管理等门禁业务能力；访客管理系统提供人脸智能卡口平台，满足社区出入口、公共区域出入口、重要场所出入口人脸抓拍、访客管理、布控告警等业务能力；车辆管理系统提供车辆智能卡口，满足车牌识别、车辆识别、车辆布控、过车视频查看等业务能力。

应用层：智慧社区管理平台实现社区居民管理、设备管理、数据看板、物业人员管理、社区人员管理、房屋管理、状态监控、开门记录、过车记录等业务管理。智慧社区 App 面向居民提供远程开门、自助注册、信息推送、关爱服务、信息查询等业务能力。智慧社区管理小程序面向社区管理人员（包括物业、社区工作人员、社区警务人员等管理角色）提供小程序应用，小程序应用具有居民信息采集、维修工单处理、设备管理、基础信息查询等功能。

（2）总体业务解决方案

智慧社区业务具有广域覆盖、公专协同的特性，对网络速率和时延有一定的优先保障需求，定制网的解决方案选择“致远”模式。通过在本地部署 MEC 平台纳入集团统一 MEPM 管理平台，与多个“致远”模式下的应用共享 MEC，业务锚点位于核心 toB UPF。

互联网侧通过可靠的互联网边界设备，实现专网与互联网数据对接，提供基于互联网的 App、小程序应用。智能烟感、智慧停车、关爱手环、水压监测等 NB-IoT 设备通过运营商 5G 网络进行数据传输，所有 5G 设备后期接入人工智能物联网（Artificial Intelligence Internet of Things，AIoT）平台，该平台放置在天翼云。

建立智慧社区专网，使智能门禁设备、人脸卡口、车辆卡口等高流量数据采集设备采集的各类数据信息及人脸识别智能门禁系统采集的人脸照片及相关开门信息、卡口抓拍的车和人等信息实现前端业务应用。

本着资源整合、信息共享、综合应用的原则，依托智慧社区 5G 切片专网，在本地共享 MEC 上统一建设智慧社区大平台，实现“泛感知、泛应用、多模型、全业务”的统一建设和管控。智慧社区总体业务解决方案示意如图 2-21 所示。

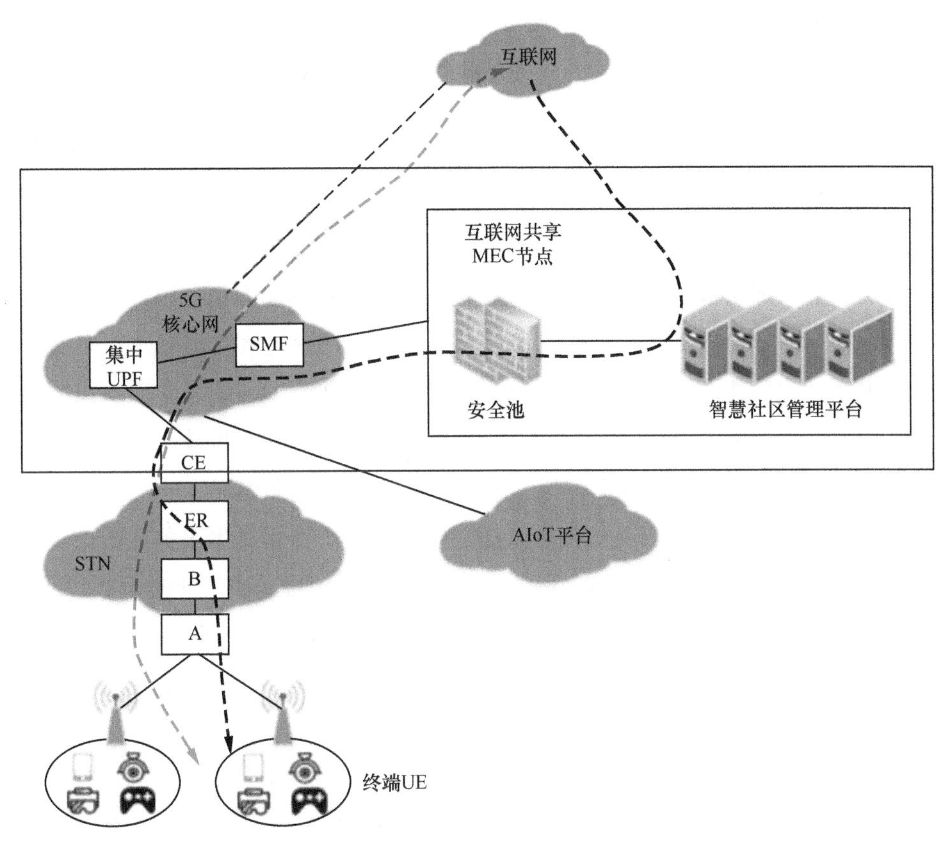

图 2-21　智慧社区总体业务解决方案示意

智慧社区的 5G 定制网业务采用“致远”模式部署，开通相应的 5G 定制网基础产品，其他产品 / 能力组件根据客户需要选择性提供。

① 通过受理定制 DNN 产品，实现业务分流到专用平台，如果用户对网络承载有特殊要求，还可以受理 5G 切片、5G VPDN[1] 产品，使用户的终端连接承载在 5G 专用切片上。

② 采用无线接入方式：通过受理 5G 定制网号卡产品实现，有物卡（超级号卡）和人

注：1. VPDN（Virtual Private Dial Network，虚拟专有拨号网络）。

卡两类，物卡在集团物联网平台统一受理，人卡在本地客户关系管理（Customer Relationship Management，CRM）系统进行受理，用户在定制网号卡时可以根据需求选择各项叠加功能。

③ 采用有线接入方式：通过受理 5G 切片专线或 STN 专线产品实现，可以根据用户的需求选择不同等级的 5G 切片专线产品（尊享专线、优享专线等）。

从以上案例可以看出，基层治理数字化的具体路径为感知智能化、治理过程数据化、服务智慧化、评价及时化。在感知智能化方面，目前已经利用 5G、物联网等技术形成一套较为成熟的组网方案和建设体系，实现区域内人、地、物、事、组织和房屋等数据信息的整合，统筹公共管理、公共服务和商业服务等资源。在治理过程数据化方面，该过程将非结构化、半结构化、结构化的业务数据信息转化为可以利用的数据，利用大数据存储、AI 数据分析、区块链等技术激活组网中收集到的数据信息。在服务智慧化方面，智慧化服务需要在数据驱动的前提下，以精准的服务供给为目标，借助先进的数据收集和分析技术，自动且精准地感知与识别不同目标群体的服务需求，并综合利用情感分析、语义识别、自动问答、AI 和可视化等多种技术手段，为需求日趋多元化的民众提供精准的个性化民生服务。在评价及时化方面，实时性是人工智能、大数据、物联网和云计算赋予基层治理实践活动的一个重要特征。例如，建立基于大数据的督导系统，对基层治理过程进行实时监督；通过数据挖掘等手段，分析民众对基层治理的满意度；通过 5G 和物联网等技术，实现对数字化项目建设的实时监控和评估。

基层治理数字化对数字信息基础设施的要求有以下两个方面：一是构建包括摄像头、传感器、卫星定位系统和移动终端等在内的数据采集系统，形成成熟物联网，成熟物联网是基层治理数字化工作运转的基础；二是搭建数字化平台，与数据中心、智能计算中心等算力基础设施相配合，优化服务流程，推进业务协同，形成线上线下融合发展的治理体系。未来，基层治理可能向着更加智慧化的方向发展，与互联网、大数据、云计算、物联网、区块链、人工智能等深度融合，实现基层的系统化治理、精细化治理、高效化治理和主动治理。

2.1.2.1.2 智慧警务

智慧警务是随着智慧城市、智慧公安、城市大脑等智慧型概念发展应运而生的。智慧警务将智能科技和警务业务有机结合，围绕提升公安大数据实战应用服务能力这一主线，突出数据赋能、场景牵引、生态打造，以智能系统建设和应用推广为着力点，多层次打造智慧警务应用新生态，不断提升基层治理效能和服务质量，形成适应市域社会治理需求的数字化治理新模式、协同治理新格局，全方位服务城市一体化社会治理。

案例：某市 5G 智慧警务项目

1. 项目背景

某市公安部门历来注重“科技强警”工作，在 4G 时代，已经联合中国电信采用了警务云技术，实现了移动执法，全市共计 30000 名干警和辅警已经配备了 4G 警务云终端。随着 5G 时代的到来，该市公安部门与时俱进，迫切希望将 5G 技术运用到各类智慧警务应用中，实现 4G 终端向 5G 升级，同时借助 5G 网络和技术，实现 5G 引领下多警种、多终端、多场景、高安全的警务应用大规模实战落地，以满足先行示范区的治安需求。目前，5G 专网体系已经初具规模，在前期试点阶段已经体现了良好的网络性能与场景丰富性。在大范围推广立体巡防警务应用以及推进公安百万部警务云终端向 5G 升级的过程中，主要存在以下问题：如何让百万部 4G 终端平滑过渡、实现升级？如何在 5G 背景下，实现端到端更高级别的安全保障？全面复制推广后，超大规模终端连接如何有效管理？

为确保 5G 警务应用及警务终端的大规模使用，公安、电信等多方合作，结合 5G 专网的优秀特性，融合 5G + AI 等多种先进技术，建立了全新形态的 5G + 智慧警务体系，实现了更高等级的安全保障能力、更灵活的 4G/5G 广域融合无缝覆盖、更高效的海量终端管理手段、更先进实用的智慧警务应用场景，帮助公安部门加速智慧警务建设。

2. 需求分析

5G 初期业务以增强移动宽带（enhanced Mobile Broadband，eMBB）业务为主，视频类业务为典型的 eMBB 业务。5G 上行大带宽使上行视频业务（例如无线视频监控）在移动场景下的大规模应用的深度和广度进一步拓展。视频监控业务是公安部门用于社会治理的重要措施和打击犯罪的重要保障，可弥补当前警务执法过程中移动场景、应急场景、无法部署有线监控场景实时高质量视频监控的应用空白，智慧警务总体业务架构如图 2-22 所示。

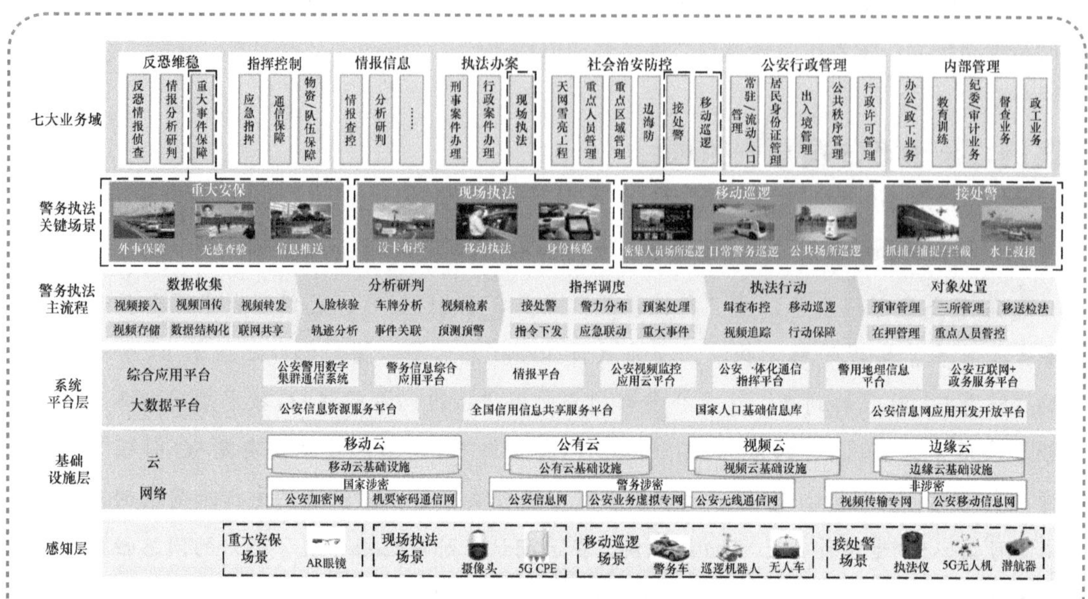

图 2-22　智慧警务总体业务架构

相对于4G，5G可以提供更高速的数据传输能力、更低的数据时延及更多的连接数量，结合警务业务领域的业务需求，5G主要面向警务视频监控业务，实现更广泛、更便捷的视频监控应用。例如，无法部署有线监控的移动视频监控场景、部署成本高或无法布线的固定视频监控场景、公安侦查临时布防及重大活动临时安保等场景。

（1）移动视频监控场景

① 5G无人机。通过机载5G模组，利用5G的广域组网覆盖及低时延、大带宽特性，通过一套远程控制系统及自主运行的机动平台，搭载音/视频设备和救援设备，在警务室及各级指挥中心，即可实现超视距控制巡航，快速到达现场，根据不同警情，实施前期处置措施及取证，例如，对高层建筑警情，进行视频取证，喊话安抚；对广场聚集警情，进行喊话驱离；对海面警情，抛投救生设备，指引救援。

② 5G无人车/巡逻机器人。无人车或巡逻机器人加载5G端侧装置（5G模组或5G CPE），利用5G大带宽特性，通过一个自主运行的机动平台，搭载音/视频设备，进行无人化巡逻，自动识别、预警重点人员或非法聚集等警情，可提供便民化服务，在降低警力投入的同时，提高区域巡逻防控水平，提升民众安全感，起到警务科技宣传、定点地面巡防、

实时预警等作用。

③ 5G 移动警车。5G 移动警车通过装配 5G 一体化集成摄像头及内置的 5G CPE，实现移动场景、临时布防场景及重大安保场景等的 5G 网络回传，将采集的视频图像实时传到云端进行 AI 处理（人车识别等），对异常人车即刻进行盘查，实现无感采集和精准盘查，优化警务巡逻流程。

④ 水下机器人。水下机器人与 5G 警务通手机等结合的工作模式，可将水面及水下视频通过 5G 网络实时回传至后台指挥中心，实现水下救援、水面漂浮物打捞及现场取证等工作。

（2）固定视频监控场景

固定点位 5G 摄像头（例如球机、枪机、半球机等）通过搭载 5G 模组，可采取一些无法部署有线移动视频监控、部署成本高或无法布线的固定视频监控区域的补点场景视频图像，并可结合摄像头自带的边缘计算能力，辅助警务室或指挥中心实时监控，实现人流统计、人脸抓拍、行为分析、人员预警等功能。

（3）个人移动执法

① 5G 执法记录仪。通过搭载 5G 模组接入 5G 网络，通过专线接入公安视频专网，用于在日常巡查、快速取证、执法事件处置过程中，实施视频取证，也支持在应急处突、重大活动、重大安保任务中，进行实时指挥调度、对讲，实现多部门协同通信。

② AR 眼镜。通过 AR 眼镜和 5G 警务通手机结合的工作模式，实现了非接触式的移动执法。AR 眼镜采集的视频流通过 5G 警务云终端的边缘计算能力对人、车、物进行结构化后，回传至公安视频专网，与后台数据库进行比对，比对结果可以实时显示在 AR 眼镜中，实现平台级支撑。

③ 5G 警务云终端。经过原有 5G 警务应用试点，联合国内安全软件厂家，开发基线代码与软件只读存储器（Read-Only Memory，ROM）多次联合开发测试后，最终开发出安全系统 5G 切片专网与 VPDN 双 APN 接入的功能。后续只需通过空中下载技术云端升级与终端到期迭代，按计划逐步完成 5G 警务云终端的替换升级。新一代 5G 警务云终端内置多种网络接入策略，智能选择接入网络，性能升级，应用丰富。目前该市已有两万多部 5G 警务云终端安全接入，提供十大类一百多种警务应用，涵盖民生服务、警情案件、视频监控、政工人事等各类业务。

3. 建设方案

（1）5G 智慧警务场景端到端总体方案

5G 智慧警务场景端到端总体方案是将公安视频终端，例如摄像头、布控球、无线图传设备、无线视频采集设备、无人机、无人车、机器人等无线接入设备，通过 5G 蜂窝网络，采用专线方式或虚拟专用网方式接入公安视频专网，进行公安安全视频采集，为后端人像、车牌等 AI 算法提供数据支撑，并服务于公安日常现场执法、巡逻、接处警及重点安保等业务场景。5G 智慧警务场景端到端总体方案如图 2-23 所示。

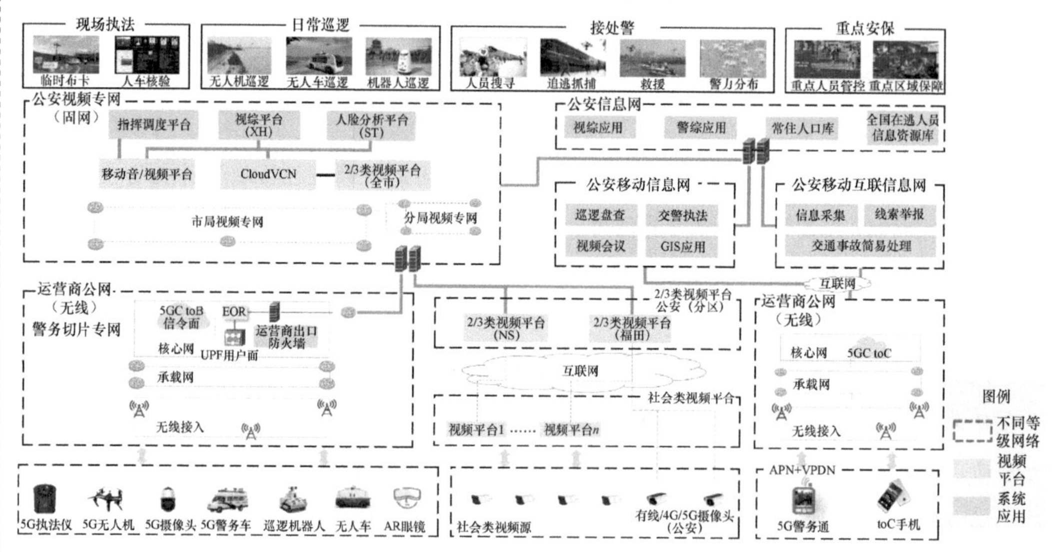

图 2-23 5G 智慧警务场景端到端总体方案

（2）5G 智慧警务网络方案

5G 行业虚拟专网主要包括两种重要的支撑技术：一种是网络切片，通过网络切片能力，可以构建端到端的 5G 虚拟网络，并且可以实现跨地域的虚拟专网形式，保障虚拟专网资源和公众网络的逻辑隔离甚至物理隔离；另一种是边缘计算，通过边缘计算能力，在园区等区域内构建一种独享或部分独享的虚拟网络资源。两种构建虚拟专网的技术可以叠加使用，从而更好地保障虚拟专网资源和质量。5G 智慧警务网络是指在电信运营商的 5G 网络中，基于网络切片、MEC、能力开放等技术，在无线、承载、核心网等环节虚拟出一张面向警务行业的专用网络，并与警务通信专网跨域融合，实现端到端的警务业务承载、高强度的安全隔离以及资源管理。5G 智慧警务网络方案如图 2-24 所示。

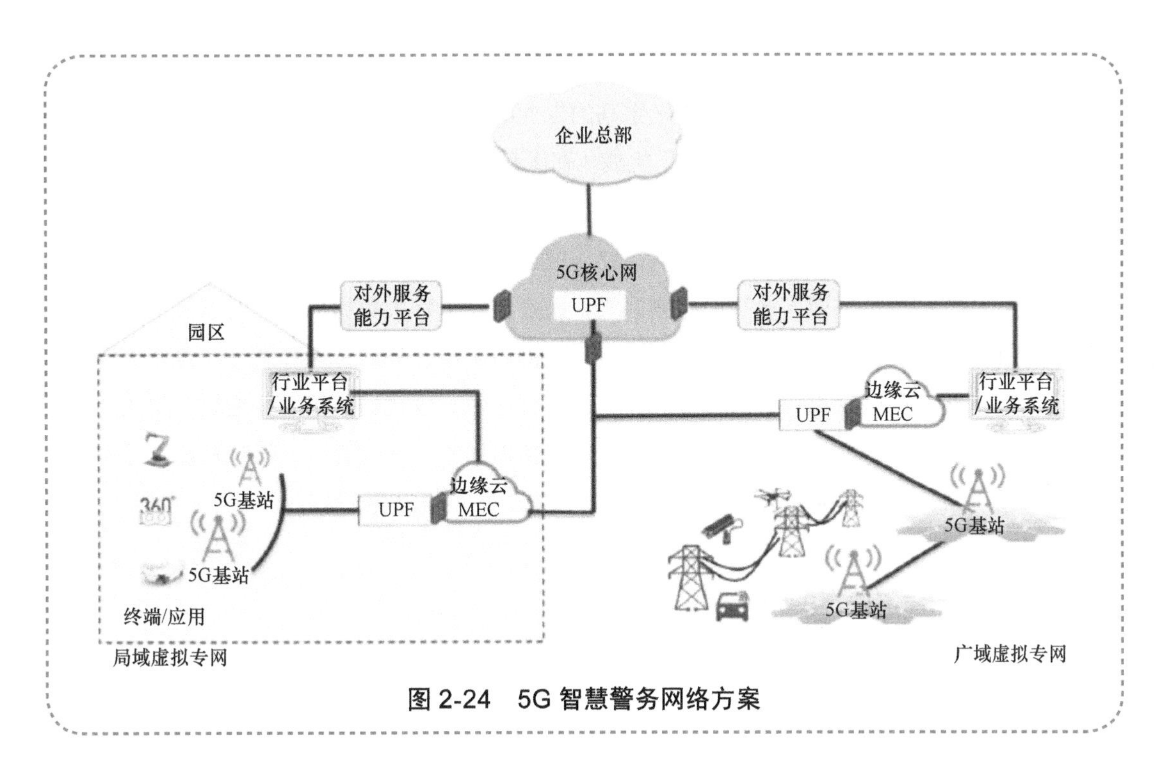

图 2-24　5G 智慧警务网络方案

2.1.2.2　数字化公共服务

随着数字经济的快速发展，数字技术、数据要素等向民生领域的渗透程度越来越高，民生服务更加方便、智能，民众切实享受到了数字化发展的红利。

2.1.2.2.1　智慧医疗

医疗是政府提供民生公共服务的核心领域，完善医疗服务是改善民生服务的重中之重。21 世纪以来，老年人口数量日趋增多，医疗需求逐年增大，城乡医疗资源配置不平衡，导致传统医疗的短板逐渐明显。

随着智慧时代的来临，智慧城市、物联网、大数据、AI 技术等已成为一种趋势。在智慧城市概念的引导下，智慧医疗的理念应运而生。在信息技术、数字技术发展浪潮中，传统的医疗实践与信息技术、数字技术不断碰撞、交叉、融合，智慧医疗经历了远程医疗、网络医疗、移动医疗、互联网医疗、大数据医疗、人工智能医疗的融合。

智慧医疗的发展诉求主要包括 3 个方面：一是高质量医疗服务需求；二是医疗行业技术发展需求；三是医疗行业自身数字化转型需求。在高质量医疗服务需求方面，人们对于更高质量健康服务的需求体现在从过去“以治疗为主”逐渐转化为“以预防为主”，民众日益提升的健康诉求主要表现为对全周期、多领域医养服务的迫切需要，医疗健康除了疾病治疗，还包含预防、诊断、咨询、护理、康复、健康管理等一系列的专业细分领域，这对提升医疗的人力资源、设备资源、管理效率，便利就医流程提出了挑战。在医疗行业技术发展需求方面，随着物联感知、高清视频、VR/AR、远程控制、人工智能、大数据、云计算等技术的出现，以智能感知医疗设备、智能可穿戴设备大规模使用为基础的疾病诊疗、健康管理的移动医疗成为大势所趋。在医疗行业自身数字化转型需求方面，通过医疗物联网、医疗云、医疗大数据应用等信息技术，改变医院各科室在传统医疗模式下信息孤立的状况，使各部门实现有效的协调和互补，提高医务人员的工作效率；区域间医疗机构分层、分级、跨地区合作中，以数据共享为基础的医疗联合体正快速形成；全流程、全数据的数字化转型需要利用覆盖广泛、及时有效、随时随地、可定制化的高速移动网络，全方位地采集患者信息、设备信息、医护信息等。

案例：某医院 5G 智慧医疗项目

1. 项目背景

某医院是一所集医疗、教学、科研、预防、保健和康复为一体的现代化三级甲等综合医院。作为本市最大的三级甲等综合医院，医疗质量和安全是该医院的立院之本，为提高医院的工作效率和医疗服务水平，提高医疗资源的利用效率，更好地为该地区民众提供高质量医疗服务，引领并推进全市医疗体系改革和建设，信息化支撑体系建设已迫在眉睫。

2. 需求分析

（1）智慧医疗场景业务需求分析

① 远程会诊。国务院办公厅印发的《关于促进“互联网 + 医疗健康”发展的意见》中提出，医疗联合体要积极开展远程医疗，提供远程会诊 / 远程心电诊断 / 影像诊断等服务；调查显示，仅占全国医疗机构总数 8% 的三级甲等综合医院却承担着 46% 的门诊量，而全国有 24.6% 的影像患者离开居住地 200 千米以上就诊。

② 远程手术。基层医疗机构的医疗水平，医学院学生经验有限，缺乏专家指导，诊疗水平提升缓慢，亟需高质量的手术视频巩固学习；大型医院 / 专家医生，以往的示教 / 指导交互视频的清晰度不够、时延较高，无法满足教学要求。

③ 远程急救。随着医疗救治业务量的不断增长，并因为心脑血管等高危疾病对救助及时性的高要求，智慧医疗场景业务迫切要求院前院内提高信息共享水平及衔接力度，并要求信号传输流畅。借助 5G 网络高速率、大连接、低时延的优势，解决上千千米的远程操控距离中的信号卡顿、处理不及时、反馈迟钝等问题。

（2）智慧医疗场景对信息基础设施的需求

根据医疗场景业务需求，需要满足移动场景下的远程诊疗需求，包括远程探视、远程手术、远程会诊、远程操控、远程指导、生命信息体征远程采集等。为了保证各应用的正常使用，需要解决以下问题：科室内房间较多，墙体较厚，科室内有移动查房应用场景，需要在科室内实现无缝网络覆盖；应用涉及超高清、4K、VR 等应用，需要稳定的大带宽网络持续保持业务的正常使用；面向远程诊疗及会诊应用场景，专家除了通过高清视频或远端交互外，还需要实时操控远端的医疗设备；对病房内各医疗设备信息和生命体征信息的实时采集，并需要高可靠、低时延网络保证数据实时上传。

① 院前。院前急救，需要急救人员、救护车、应急指挥中心和医院之间紧密协作共同完成。在急救现场，急救人员需要将患者伤情及时传输到应急指挥中心和医院，并通过移动终端接受医院的远程指导。在救护车转运途中，急救人员使用移动终端调阅患者病历信息，车载移动医疗装备持续监护和上传患者生命体征，车载摄像头支撑远端专家线上诊断。5G 网络连接救护车、应急指挥中心、医院之间的音 / 视频通信，联动院内各科室及系统，使医疗系统向着“急救患者上车即入院”的目标迈出了一大步。

院前基于图像与视频实时交互的诊断应用通信需求见表 2-2。

表 2-2　院前基于图像与视频实时交互的诊断应用通信需求

应用场景	承载业务	速率	时延	安全	终端分布
远程会诊	1080P	每路 10Mbit/s	<50ms	逻辑隔离，可共享切片资源	<5 个
远程会诊	4K	每路 20Mbit/s	<50ms	逻辑隔离，可共享切片资源	<5 个

② 院内。在远程诊疗系统，本端专家能够用视频实时与对端医生联合检查、诊断。有了 5G 低时延、大带宽、高安全特性的支持，远程超声检查、远程手术和远程操控类应用的落地速度大幅加快。院内远程诊疗系统应用通信需求见表 2-3。

表 2-3　院内远程诊疗系统应用通信需求

应用场景	承载业务	速率	时延	安全	终端分布
远程操控	远程手术	10 ～ 20Mbit/s	<5ms	物理隔离，资源独享	<2 个
远程操控	远程超声	10 ～ 20Mbit/s	<20ms	逻辑隔离，可共享切片资源	<2 个

③ 院间。生命体征检测设备借助 5G 无线网络，将患者生命体征数据实时传输到医院诊疗系统，医院诊疗系统具备智能预警等功能，方便院内医护人员护理和持续追踪患者出院后的生命体征数据。生命体征数据实时监测对两类患者有不可替代的作用：一是术后患者，术后患者应有一定的下床活动，帮助自身康复、预防术后并发症，但术后病情变化风险大，患者生命体征数据需要及时、不间断地传送给医院诊疗系统；二是突发性疾病患者，例如心脏病患者，在日常居家正常活动状态下，也需要生命体征设备的监护。对于这两类患者，医院可采用无线可穿戴监护方式，实现持续监护而无活动束缚。

院间基于无线采集类的监测与护理类应用的通信能力需求见表 2-4。

表 2-4　院间基于无线采集类的监测与护理类应用的通信能力需求

应用场景	速率	时延	安全	5G 终端分布	终端定位精度
生命体征数据采集	1 ～ 10Mbit/s	<200ms	逻辑隔离，安全加密认证	千量级	5 米内

目前智慧医疗领域主要开展了三大类应用：基于图像与视频实时交互的诊断指导类应用，例如实时远程会诊、无线手术示教；基于力反馈的远程操控类应用，例如远程机器人手术；基于无线采集类的监测与护理类应用，例如无线输液监控、移动护理、患者实时位置监测。

3. 建设方案

（1）智慧医疗场景端到端总体方案

为满足客户在 5G + 智慧医疗场景应用中，对远程会诊、远程手术、远程急救、远程指导、医疗机器人等智慧医疗业务的需求，方案通过 5G 定制网支撑客户医疗业务的专网接入及差异化保障。针对智慧医疗场景的改造主要集中在云和网络两大部分，云侧主要采用集中＋边缘的两级云架构部署方式，将医院现有平台云化部署，形成医院的云边服务新模式；

网络侧主要利用医院现有的基础网络资源（PON、STN 等），在医院新增部署 5G 专网（专用 UPF），以实现不同终端的快速灵活接入。项目总体方案示意如图 2-25 所示。

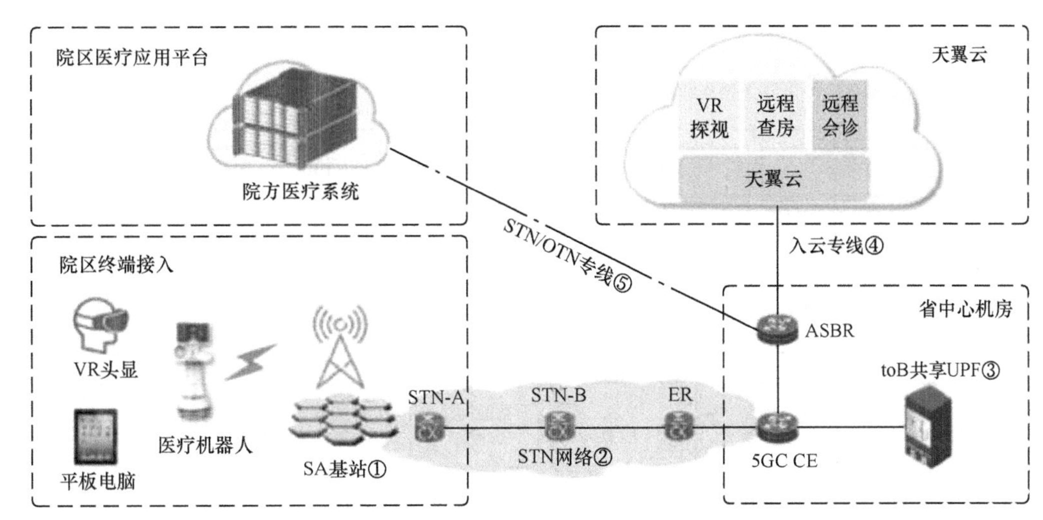

图 2-25　项目总体方案示意

云资源：医院平台与业务部署涉及天翼云与边缘云两级资源池，其中，在天翼云侧部署智慧医疗管理平台；在边缘云侧部署客户边缘数据服务能力，MEC 采用小型节点配置。

网络侧：医院网络承载医院 5G 专网、城域网、STN 等现网资源，其中 5G 专网下沉部署专用 UPF，通过配置本地分流规则分流至医院 MEC，实现专网用户数据不出园区；多网络接入利用医院 STN 和城域网等现网资源，验证 STN/PON 专线入云的多网络方式接入。

（2）业务解决方案

① 业务应用架构。

智慧医疗业务应用平台主要包括 4 个层级，分别为：展现层、应用层、能力层、网络层。

展现层：面向客户的各类可视媒介与终端，例如相关部门计算机端及用户手持终端等。

应用层：主要包括远程操控、诊断指导、医院管理、采集监测等系列应用。

能力层：各项主要的后台服务能力，例如增强型移动带宽传输能力、低时延高品质连接能力、MEC 能力、智能网络切片能力、高清视频交互能力、人工智能分析能力。

网络层：为园区各类终端提供多样化接入手段，例如 5G、物联网、专网、IDC 等网络云资源。

智慧医疗业务应用架构如图 2-26 所示。

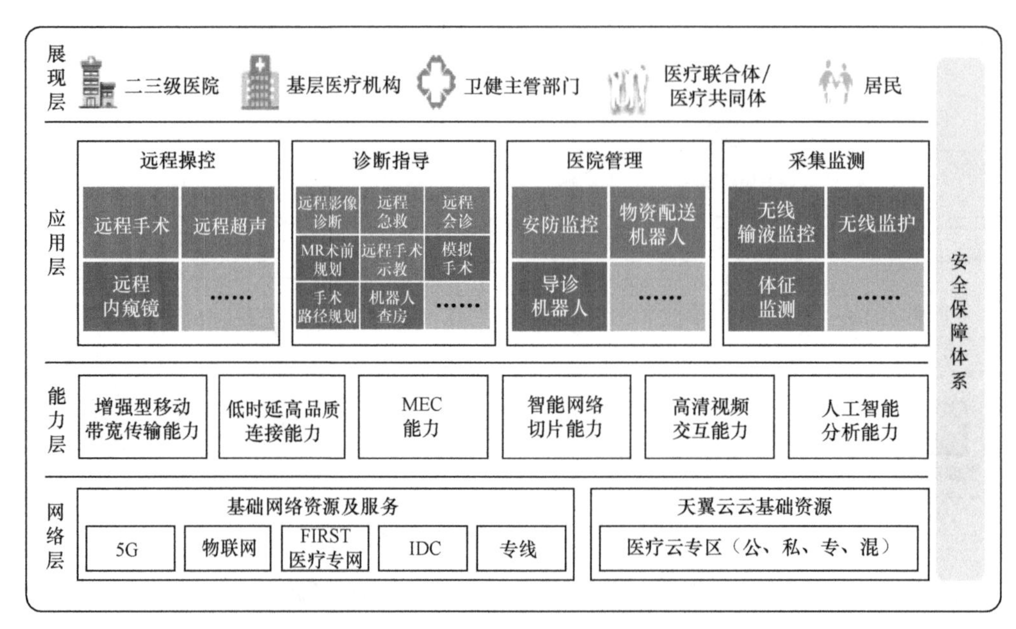

图 2-26　智慧医疗业务应用平台架构

② 主要业务应用。

远程会诊。基层医疗机构通过 5G 网络，可以将影像 / 心电图 / 病理等数据上传至远程医疗云平台，并提交阅片申请；基层医疗机构可通过远程医疗云平台向对端二三级医院发起远程会诊申请，基于 5G 高速率特性，实现 4K 甚至 8K 的超高清视频会诊，浏览病例及高清晰影像；通过远程医疗云平台，大型医院的专家医生可以及时处理基层医疗机构的阅片请求，帮助基层医疗机构提高医疗服务水平和诊断能力；相关病例资料，可利用边缘云进行数据沉淀，后续可开展专科、多学科的专家会诊，既能提升医学研究水平，也能更好地提升医院影响力。远程会诊应用架构如图 2-27 所示。

远程手术。通过手术示教 / 指导直播云平台，将 360° 无死角、多角度全程实时记录的手术现场示教影像实现 4K 以上的高清直播 / 点播，可为医护人员提供远程 AR/MR 手术教学、VR 沉浸示教观摩等交互式医疗培训服务。4K 直播远程会诊、指导、教学：主会场通过手术室现场的多机位 4K 视频，进行患者问诊、手术指导及远程手术教学。5G + AI 远程手术规划：

通过 5G 网络将透视和三维影像实时传送到主会场桌面，利用 AI 手术规划软件进行手术规划。实时远程操控骨科手术机器人：手术中，远程交替操控两台异地机器人进行手术三维定位、操控机器人精确运动至规划位置；将手术 / 临床诊断现场的画面、音频及其他信息通过云端平台传送到医院专家侧，专家侧可通过 VR 眼镜、高清显示屏等设备，获取多维度、多层次的远端现场信息，更好地指导远程手术；正在进行手术或诊疗的医生，可通过 VR 眼镜获得指导，专家在医生 VR 眼镜视野内圈定标注，便于沟通。远程手术应用架构如图 2-28 所示。

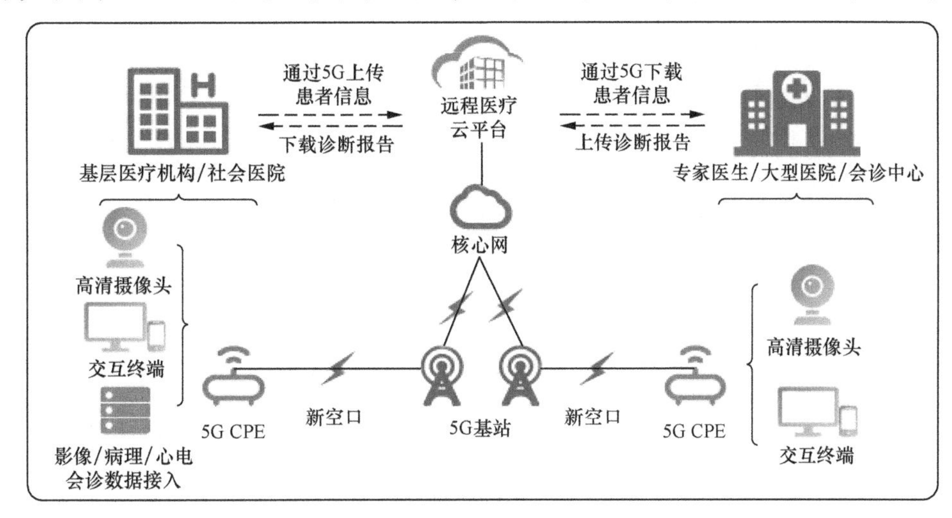

图 2-27　远程会诊应用架构

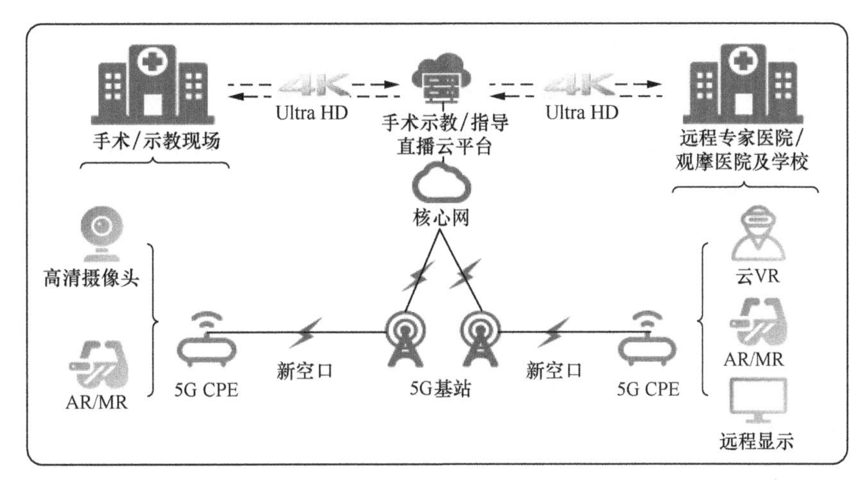

图 2-28　远程手术应用架构

远程急救。基于5G的超大带宽，为救护车带来了4K以上清晰度的实时视频交互能力，更方便与救治医院进行车上视频诊疗指导；救护车上的生命体征数据、电子病历数据可以高速上传，与救治医院和应急指挥中心实现三方实时同步，为患者提供更好的救治质量；急救过程涉及三方同步协作，通过5G网络技术，可以实现救护车、救治医院和应急指挥中心间的高效协同，进一步提升急救工作效率。远程急救应用架构如图2-29所示。

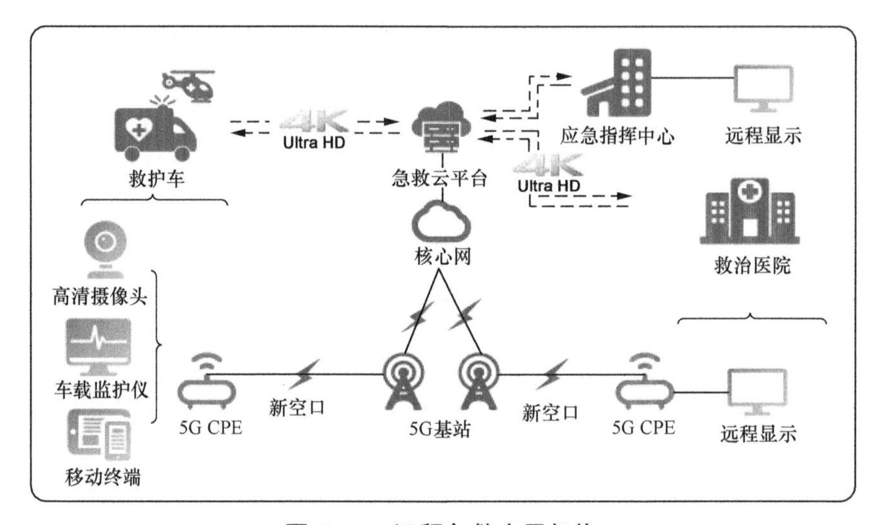

图2-29　远程急救应用架构

远程指导。指导医院/操控现场：专家可以通过AI视觉辅助和触觉反馈功能，远程操作千里之外的机械臂，控制机械臂探头的移动和旋转，为患者进行检查和诊疗。基层医院/急救现场指导有以下两种作用：一是远程检查，通过远程控制B超机检查现场患者病情，实现高清超声影像和触感反馈、现场高清视频回传；二是观摩学习，基层医疗机构的医护人员可获得来自大型医院专家的指导。

③ 网络解决方案。

采用5G定制网方案满足客户需求，方案要点如下。

➢ 院区部署5G SA基站，满足VR头显设备、医疗机器人、医疗App等终端的专网接入需求。

➢ 房间内部署5G有源室分基站，从而满足远程手术及指导等利用5G大带宽、低时延等特性的需求，实现远距离实时同步业务。

➢ STN根据专网接入需求实施新建或扩容。

➢ 新建toB共享UPF，向客户提供专网流量的本地分流。

➢ 经自治系统边界路由器（Autonomous System Border Router，ASBR）打通至天翼云的入云专线，实现网络到业务的互通。

➢ 经ASBR打通至客户院区医院系统专线，满足医院方现有医疗应用的5G改造需求。

此外，通过实施本项目，持续进行业务应用创新实践，后续可根据业务的不同专网特性需求加载不同QoS的toB切片，以满足向客户提供更加丰富的差异化服务。

2.1.2.2.2 智慧教育

随着全球教育信息化战略推进和教育投入持续稳步增长，各国的教育信息化建设取得了重大进展，教学水平持续提升。追求教育公平和质量、教育创新、个性化教育、能力培养已成为当今教育的共同主题。基于5G、物联网、云计算、大数据、人工智能等技术打造智能化、感知化、泛在化的智慧教育新模式，成为教育信息化建设的主旋律，开启教育新阶段。

智慧教育是指把AI、机器学习、大数据、VR、计算机游戏等新技术和新方法应用到教育领域中，通过教授学生专业知识、学习技能，以及提升软专业技能，促进学生全面发展，实现教学和学习创新的一种教育模式。

传统教育与智慧教育的区别主要集中在数据化、个性化、协作化、场景现代化等方面。在数据化方面，传统教育的教学资源以书本为主，资源有限。智慧教育将教学资源数据化，提前将这些数据发送给学生，由学生提前学习并根据学生们的实际掌握情况备课，然后在课堂上使用现代化设备（平板计算机、手机、笔记本计算机）实施教学，以学定教，使教学数据化。在个性化方面，传统教育的实施过程中，老师很难全面掌握每一位学生的学习情况以及对某一个知识点的了解情况，仅有一部分学生能够充分汲取老师的教学知识。而智慧教育借助大数据、云计算技术了解每一位学生的学习情况和潜在学习需求，令教学方案更有针对性。在协作化方面，传统教育中师生、同学之间的互动比较少，智慧教育中的群组服务可以令师生、同学之间的交流更加顺畅，例如，高校智慧交互教室可以直接为师生讨论提供课内互动、跨校互动、多终端互动等交流方式。在场景现代化方面，传统教育形式的现代化程度低，学生们的注意力难以较长时间保持集中；而智慧教育方案实施过程中加入了现代化的教学设备，例如现代化的教学空间、场景、笔记本计算机、平板计算机、手机等，学生们处于一个创新环境中，注意力更集中，学习效果更佳。

案例：某学校 5G 智慧教育项目

1. 项目背景

某学校针对 Wi-Fi 网络无法承载大带宽、多并发的场景；手机办公需要 VPN 迂回入校园网，质量差；应用系统烟囱式建设，“数据孤岛”严重；校内相互独立，学校难以统一管理；师生互动方式不直观；在线教学不便利；分层资源传递不精确；优质资源传递不到位等问题，积极开展 5G + 智慧教育的建设，引入高清视频回传、远程互动教学等新型教学方式，教育开始走向智能化和数字化。

2. 需求分析

（1）智慧教育场景业务需求分析

通过业务调研规划出六大需求场景：智慧安防、5G + 4K 远程互动教学、5G + 录直播教学、5G + VR 教学、5G + 远程巡考、5G + AI 大数据教学评测。

（2）场景对信息基础设施的需求

① 智慧教育对网络组织的需求。针对教育业务需求，结合 5G 特性，通过接入多种形态的智联终端和教育装备，构建全连接教育专网，部署整合计算、存储、AI、安全能力的教育边缘云，提供具备管理、安全等能力的应用使能平台，来建设智慧校园并打造多样化的教育应用。智慧教育对网络组织需求如图 2-30 所示。

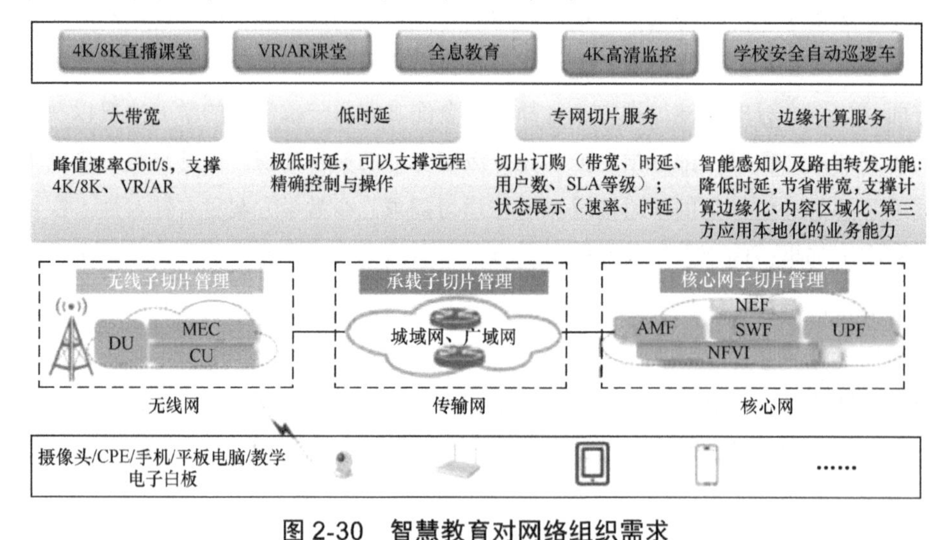

图 2-30　智慧教育对网络组织需求

② 智慧教育对MEC边缘云的需求。客户边缘数据服务能力对网络时延、分发、算力需求较高，通过客户边缘侧部署MEC平台，利用云计算能力实现教学应用的运行、渲染、展现和控制，并将教学画面和声音高效编码成音/视频流，通过5G网络实时传输至终端。将对时延要求高的渲染功能部署在靠近用户侧，这样业务数据不用传输到核心网，而是直接在边缘渲染平台进行处理后传输到用户侧。基于5G的边缘云部署方案有效解决了传统方案中网络连接速率慢和云服务时延长的突出问题。

③ 智慧教育对网络安全的需求。智慧教育解决方案带来了网络安全方面的挑战：网络中引入了软件定义网络（Software Defined Network，SDN）、网络功能虚拟化（Network Function Virtualization，NFV）等新技术，传统手段无法有效防护；为满足客户对低时延、大带宽的需求，UPF网元和MEC能力下沉到网络边缘，业务场景多、暴露面增多；网络与业务应用边界模糊，与行业系统交叉流量混杂；管理接口的增多和远程维护的需求带来了越权访问和数据泄露等风险。

3. 智慧教育场景端到端总体方案

针对智慧教育场景的改造主要集中在云和网络两大部分，云侧主要采用集中+边缘的两级云架构的部署方式，将校园现有平台云化部署，形成校园的云边服务新模式；网络侧主要利用校园现有的基础网络资源（PON、STN等），在校园内部署5G专网（专用UPF/MEC），以实现不同终端的快速灵活接入。

结合业务需求，通过5G网络接入多种形态的智联终端和教育装备，部署MEC应用平台，打造完整的边缘计算框架，构建全连接教育专网，实现数据不出园；通过与天翼云结合，整合多个子系统，实现快速统一协调调度；通过与AI技术结合，建立数据分析模型，实现对校园安全和课堂教学进行自动分析，生成分析数据结果，减少校园安全事故，提高教学质量。智慧教育行业场景5G端到端方案组网如图2-31所示。智慧教育行业场景5G端到端总体示意如图2-32所示。

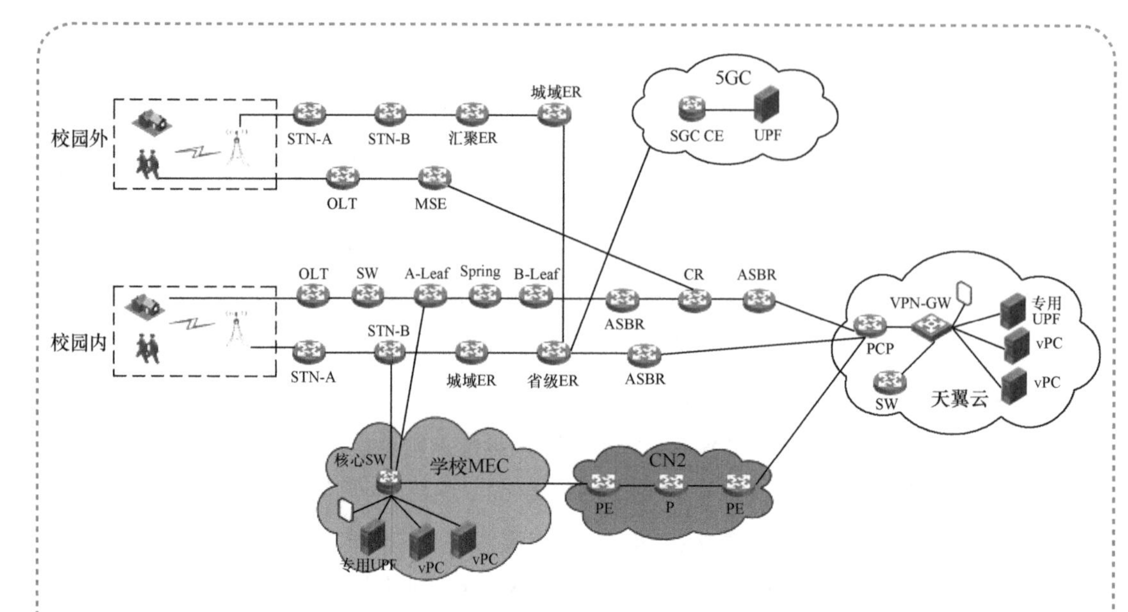

图 2-31　智慧教育行业场景 5G 端到端方案组网

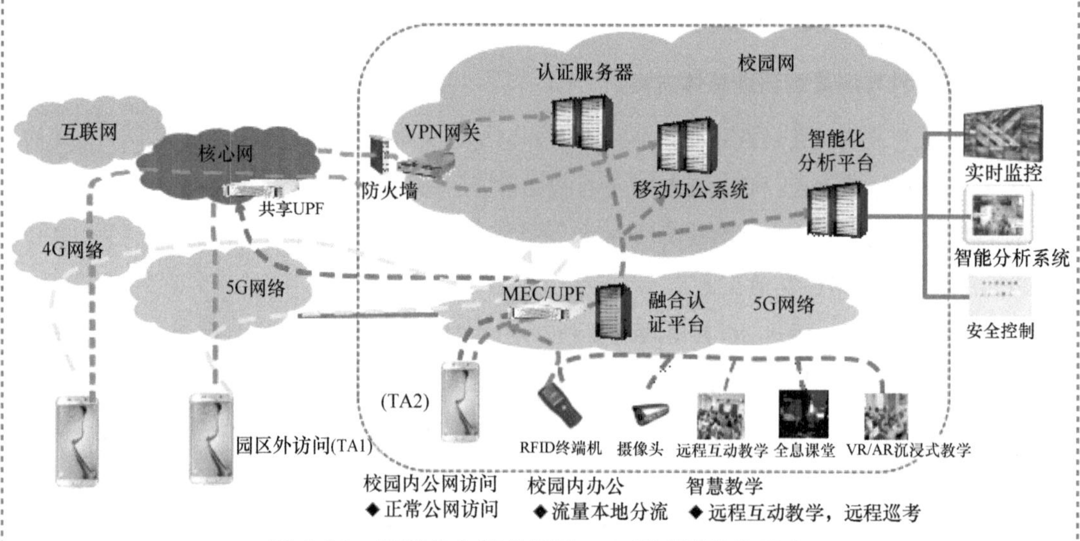

图 2-32　智慧教育行业场景 5G 端到端总体示意

（1）业务解决方案

① 智慧安防。

由信息中心管理校内师生的人脸数据，并对各类场所人脸门禁进行人脸数据权限更新维护，例如，在重点实验室、食堂后厨、财务室、档案室等涉密或者涉及重要信息的地方出入口部署人脸门禁一体机，对于图书馆、行政楼等重点管控区域，需要部署人脸通道做出入鉴权，严格管理进出人员的权限，只有合法授权的人员可以刷人脸进入，非授权人员无法进入，以保证重点区域人员的合规性。校内有一些对安全管理要求较高的实验室，例如密级较高的实验室、精密仪器实验室。这些实验室与普通实验室相比，授权更加严格，对进出人员的把控也更为严格。针对这些区域，在门口设置人脸门禁系统，只有拥有授权的人员刷脸通过验证才能够进入。

校园视频监控通过有线网络和 5G 无线网接入，通过 UPF 实现学校重点区域监控视频本地集中汇聚，形成校园监控联动平台，在实现逐级实时监控调用的同时，满足应急场景的指挥与联动。智慧教育中校园视频监控架构如图 2-33 所示。

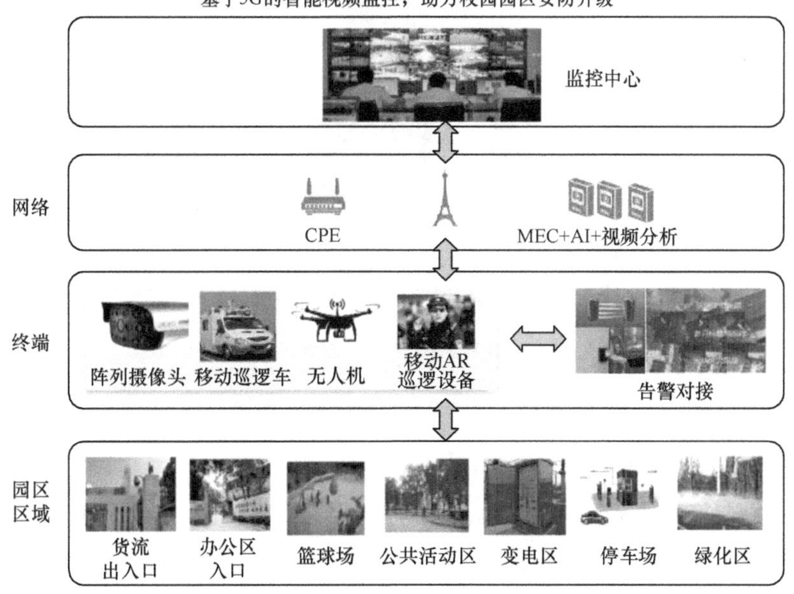

图 2-33　智慧教育中校园视频监控架构

校园监控联动平台将汇聚视频与防控体系安全管理、督查督办、电子台账等功能，实现在线督查功能，既能满足学校随时通过系统平台在线督查校园安全工作的需求，又能节省时间、人力和财力。

② 5G + 4K 远程互动教学。

主讲教室通过5G边缘计算平台与听课教室实现音 / 视频互动教学。利用5G网络的低时延、高速率特性，采集学生实时书写数据，老师可以即时观察学生答题内容和进度，及时发现学生问题，掌握学生的理解程度以及思考过程；利用5G网络的高可靠性，保证数据采集与传输过程的稳定性与可靠性，为学生和老师带来更稳定、更丰富、更高效、更有价值的数据服务。5G + 4K远程互动教学示意如图2-34所示。

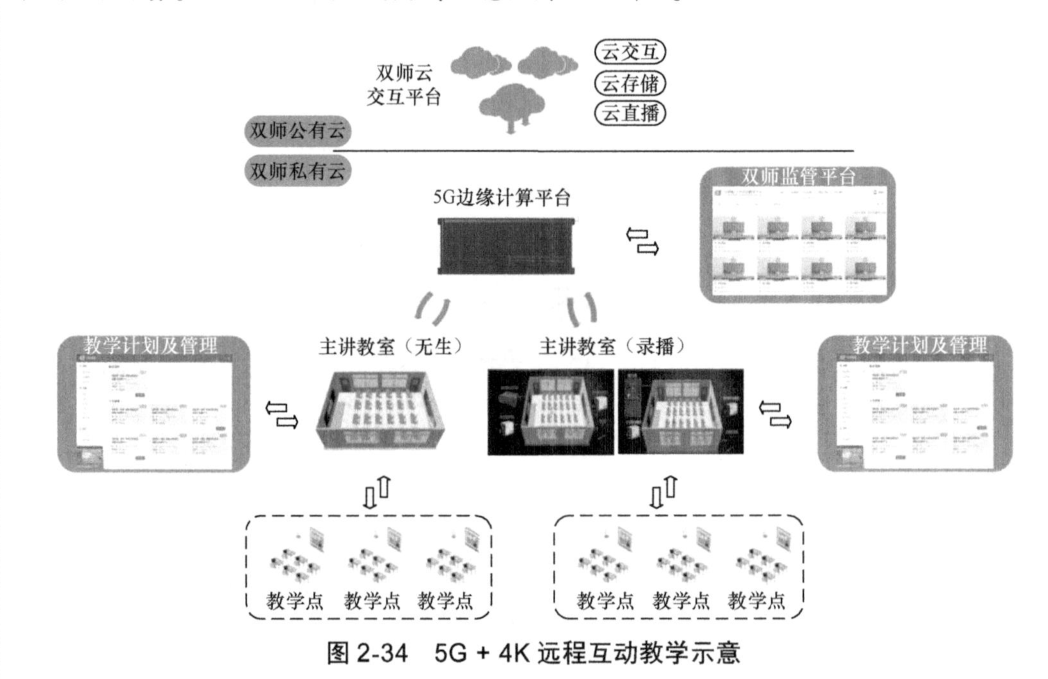

图2-34　5G + 4K远程互动教学示意

③ 5G + 录直播教学。

在教室内部署高清交互录播系统，在满足常规课程录制、自动导播、资源管理等应用需求的同时，能够实现跨班级、跨校区、跨区域互动教学，区教育局、区中心校远程互动教学，名师教学录制与直播，名师教学资源共享，跨区域教学合作 / 学术交流，创新教学模式和听课模式，教学点互动授课，视频会议，培训会议等多种应用。同时，交互录播系统也可以作为教室画面的数据采集端，为大数据分析系统提供必要的数据。

教学互动过程中可通过交互面板自由进行互动布局切换、课件共享等，同时通过交互录播系统将互动教学过程同步录制下来，供老师和学生课后点播。学校老师在进行本地教学的同时进行远程授课，使远端教学点学生和本地学生同上一节课，能大范围辐射区域中心学校的优秀资源。

超清录播系统凭借强大的图像识别跟踪技术，按照授课逻辑自主对老师行为、学生行为、计算机画面进行跟踪拍摄，并自动制成优质的教学视频，真实记录整个教学过程，给视频观看者置身真实授课现场的完美体验，师生全程无须佩戴任何设备。

④ 5G + VR 教学。

VR/AR 技术具有激发学习动机、创设学习情境、增强学习体验、感受心理沉浸、跨越时空界限、动感交互穿越和跨界知识融合等多方面的优势。VR/AR 技术能够为教育工作者提供全新的教学工具，同时，5G + VR 教学能激发学生学习新知识的兴趣，让学生在动手体验过程中迸发出创新的火花。因此，VR/AR 技术应用于教育行业是教育技术发展史上一个新的飞跃，它营造了自主学习环境，由传统的"以教促学"的学习方式演变为学生通过新型信息化环境和工具来获取知识和技能的新型学习方式，符合新一轮教学改革的教育理念，有助于学生核心素养的培养。

3D/VR 创新实验是利用 3D 建模技术、VR/AR 技术、云计算等技术，结合主流教学模式构建的一个多维教学环境，通过 3D 教学资源将知识具象化，通过 VR/AR 交互课件将学习场景化。创新实验服务于学校的探究教学模式、PBL 教学模式，以培养学生动手能力、团队协作能力、问题解决能力、知识应用能力为目标，以 3D 教学一体机、桌面 VR 交互一体机、3D 教学系统、3D 播放系统等软硬件为教学提供信息化工具，通过 3D/VR/AR 教学资源，为学校的创新教学提供内容支持，保证教学目标顺利实现。5G + VR 教学示意如图 2-35 所示。

主要包括以下内容。

3D 教学一体机：3D 教学一体机可以触屏操控，交互自然，不受光线影响，2D/3D 随意切换，突破以硬件为载体的传统教学模式。通过教学大屏展示 3D 视频，吸引学生的注意力；通过知识的具象化呈现加深学生对知识点的理解；一键切换学科教学工具，让教学更高效、更便捷。

桌面 VR 交互一体机：桌面 VR 交互一体机配合 3D 教学一体机，可轻松实现 AR/MR 功能，教师能对内容进行 VR 演示，引导学生进行操作，也可以让学生以小组为单位，在桌面 VR 交互一体机上进行探究，提高学生的探究能力、动手实践能力、加深学生的知识理解，提高学生的知识应用能力。

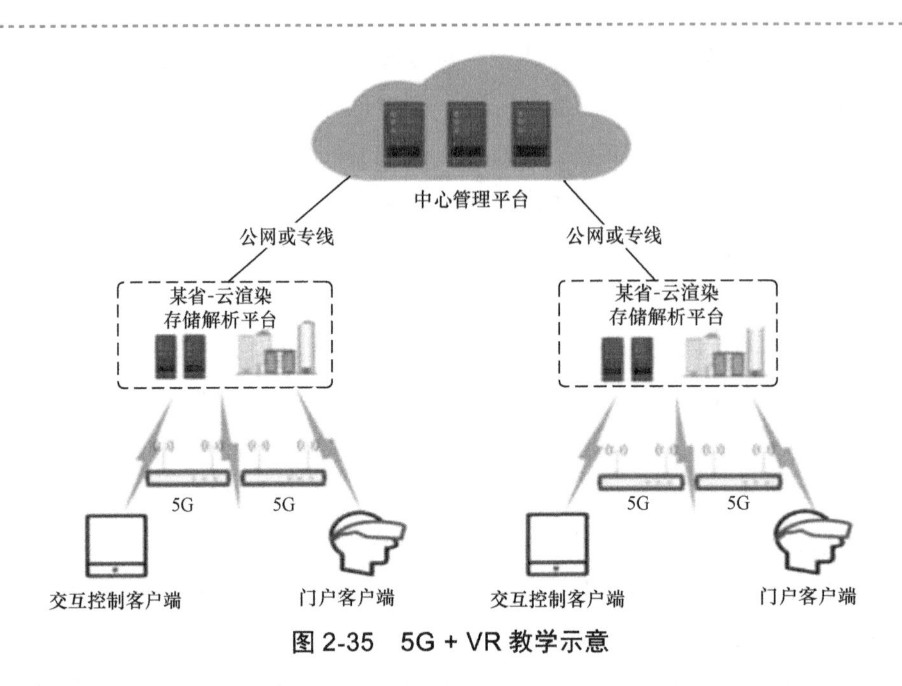

图 2-35　5G + VR 教学示意

3D/VR 课程资源：多维度教学视频的场景化、形象化激发学生学习兴趣，提高学生专注度，加深学生理解力；虚拟交互资源调动学生的视觉、听觉等多种感官，让学生真正参与其中，变被动为主动。

⑤ 5G + 远程巡考。

利用 5G 的大带宽、低时延特性，采集考试 4K/8K 巡查超高清视频数据，利用 5G 的边缘计算特性，对采集的海量视频信息资源进行视频数据的结构化分析，以实现相关的目标检测和跟踪、人物识别、动作识别、情感语义分析等功能，实现对考生监控视频作弊行为的智能判断。

⑥ 5G + AI 大数据教学评测。

通过 Al 智能摄像头抓取超高清图片，利用 5G 高速实时回传，实时分析学生课堂行为，形成学生个人行为分析报告。通过课堂参与度、教师行为报告、学生行为报告等，综合评测教学质量。

基于大数据、云计算等技术，以“应用互连，数据互通”为基础，通过构建校园大数据分析平台，对学校课堂授课情况、教学作业情况、教学考试情况、教学质量、教学成果等教学场景数据进行常态化采集，实现从个人到学校的自下而上式信息汇聚和呈现，构筑校园级别教育信息化的应用生态。通过对数据的深入挖掘，充分发挥数据互联互通对学生、教师、学校管理部门的价值，为学校教学成果展示、教学反思、教学改进提供可靠的数据依据。5G + AI 大数据分析流程如图 2-36 所示。

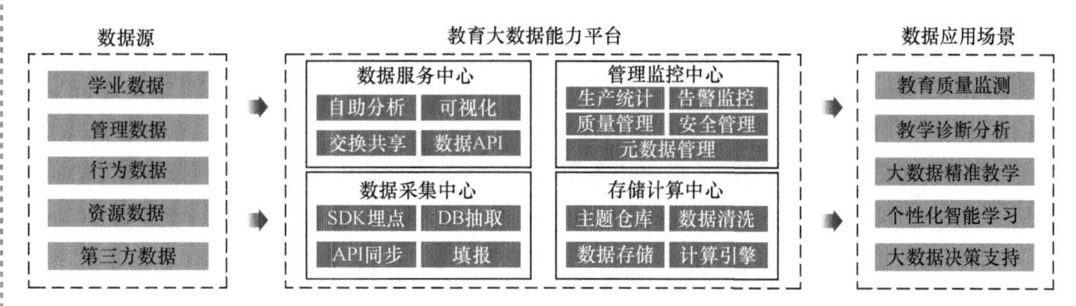

图 2-36　5G + AI 大数据分析流程

（2）网络解决方案

针对校园进行 5G 无线网络覆盖，包括 5G 室外宏基站和 5G 室内分布系统，提供 5G 定制网无线接入服务。各 toB 业务通过 5G 终端或模组与 5G 基站建立 5G 空口连接，5G 基站通过承载网把校园内业务数据回传到专用的边缘 UPF，由边缘 UPF 进行转发，指向 5G 智慧校园管理平台。

智慧教育通过 5G + MEC 技术构建全连接的无线网络，对重点监控地区要素实现全面感知，从而实现设备远程控制、高清视频监控、边缘数据计算等端到端解决方案，并满足数据不出校园要求。5G + MEC 平台部署在校园客户机房，采用核心网 UPF 下沉方式，在网络能力上提供可保障的低时延特性，并在此基础上部署视频监控自动化分析、人脸识别等智能控制的低时延应用，显著提升用户体验感和数据安全性。

① 本地网络。部分场景（例如视频监控）通过原有校园网接入 UPF，实现对校园视频本地分流和转发，保障数据的安全性。各业务通过 5G 网络或校园网接入，考虑到现有终端的 5G 模组的配置情况，按需配置 CPE、网关、AR 路由器等设备。

② 无线网。智慧教育场景对端到端时延、网络可靠性方面要求高，需要满足 20ms 的时延能力和 99.99% 的可靠度，因此需要采用高可靠的组网方案和优化手段。上行回传视频的带宽要求最高为 30Mbit/s，因此，在网络规划时，通过网络切片、超级上行等技术的网络上行承载能力，满足视频上传场景的业务需求。

③ 承载网。教育行业业务场景要求服务模式具有大带宽、低时延特性，因此智慧教育使

用“比邻”服务模式。根据教育场景，MEC/UPF 部署在客户端，实现教学数据本地分流计算，保障教学数据安全。

④ 核心网。因不同行业不同场景下的业务对时延、带宽、隔离安全等要求不同，智慧教育的主要业务场景有安防监控、远程互动教学、VR 教学、直播教学等，对时延要求较高，因此采用“比邻”模式，用户面网元 UPF 可依据用户需求选择接入共享型或部署独享型。

（3）云资源解决方案

智慧校园平台及业务部署采用分级部署方式，通过中心云（省天翼云）与边缘云协同的方式，分别部署在省天翼云与边缘云两级资源池中，中心云与边缘云通过 163/CN2 网络互通。

中心云：在天翼云侧部署智慧校园管理平台。中心云可处理对时延不敏感的业务，例如视频监控存储。同时，当边缘云资源不足时，可由中心云承载。

边缘云：在校园客户现场部署客户边缘数据服务能力，MEC 采用小型节点配置，通过边缘侧数据实时处理、本地信息存储及天翼云侧统一管理，实现校园内教学数据和学生信息实时查看，以及校园教学、AI 识别的智慧化。对于实时教育应用类业务，例如远程互动教学、直播教学、VR 教学等典型业务场景，为满足业务对网络带宽和时延的要求，可采用 5G + MEC 解决方案实现云边协同和边缘智能。边缘智能在云端与边缘节点合理地部署人工智能模型的训练与推理功能，利用 AI 技术为边缘侧赋能，边缘节点可以借助 AI 技术提供高级数据分析、场景感知、实时决策、自组织与协同等智能化服务，为教育行业典型应用场景提供边缘智能解决方案与服务。

2.1.2.3 小结：数字化治理拓展多领域空间

（1）数字化平台、一网统管成为社会治理重要工具

当前，全球数字化治理逐步深入，基层治理数字化、一网统管等正在成为提升治理智慧化水平的重要工具，正在从业务领域型向综合平台型转变，以“大平台”推动大治理。未来，随着数字化进程的不断加速和 5G、人工智能、大数据技术的创新发展和应用，技术多要素的融合创新与社会治理深度融合，将加速整合数字化资源、平台和场景，汇聚形成强大的治理合力，社会治理数字化市场规模将持续增长，进而推动数字化治理行业的发展。

（2）“互联网 +”推动公共服务均等化、外延化、品质化

近年来，我国大数据、区块链、人工智能等数字技术迅速发展，一些数字技术深入城市生

活，应用场景不断扩展，与智慧城市建设深度融合，成为城市公共服务高质量发展的重要支撑。数字技术迭代速度快、智能水平高、应用范围广、边际成本低、易于规模化推广等优势加速了我国城市公共服务的模式转换和优化升级。从各个领域实践来看，数字技术从能力、效率、公平 3 个方面改变了公共服务模式，具体表现在：一是数字技术扩大了公共服务外延，过去无法实现的服务通过数字技术介入得以实现，这是“从无到有、从 0 到 1”的变化；二是数字技术提升了公共服务的效率和质量，公共服务基础设施等硬件得到改善，人工智能、大数据等技术提高了公共服务效率，这是“从有到好、从 1 到 N”的变化；三是数字技术促进了公共服务均等化，体现了城市治理的公平原则，保障了市民平等参与权，这是“从多到均，从 N 到 $1/N$”的变化。

2.2　数字经济的发展趋势

数字经济的蓬勃发展促进了新增市场主体的快速增长，带来了创新驱动力。这种新经济形态催生出了新业态、新产业以及新模式，为产业链走向顶端提供了有效助力，增加了产业链的价值，同时为解决社会就业等民生问题提供了巨大的助力。我国数字经济发展目前还处于前期的摸索和建设阶段，这一阶段的主要任务是完善数字经济所需的基础设施，包括互联网生态系统的建设、规则的完善、标准的确立以及硬件设施的建设。

2.2.1　数字技术与经济社会全面深度融合

数字经济是经济高质量发展的核心，数字化技术是数字经济的基础保障，寻找新的经济增长点是新时期的重要任务和目标，而发展数字经济则是目前最优的经济发展模式。

数字经济是以数字化的知识和信息作为关键生产要素，以现代信息网络作为重要载体，以数字技术的有效使用作为效率提升和经济结构优化的重要推动力的一系列经济活动。现阶段数字经济发展的核心是数字经济与实体经济的深度融合，推进数字信息基础设施建设，实现数据资源价值化，提升产业治理数字化水平，营造良好发展环境，构建数字经济全要素发展体系。数字经济转型是大势所趋，未来数字技术与经济社会各领域全面深度融合，将进一步推动实现产业数字化、网络化、智能化变革发展。

当前，我国经济正迈向高质量发展阶段，最迫切的是需要优化产业结构与产业布局，同时需要创新的加持，才能实现经济转型的无缝连接。在信息数字化的今天，产业结构的优化布局需要结合数字化，形成合适、合理的转型方案，数字经济在推动经济转型、实现产业的更新迭代与升级方面具有重要作用。

2.2.2 数字产业化为产业数字化奠定基础

（1）数字产业化开启产业数字化进程

数字产业化是数据信息的产业化，是产业数字化发展的先导产业，能够为产业数字化发展提供基本条件。数字产业化中的基础设施、数字技术和应用的不断发展，开启了产业数字化进程，为传统产业的数字化转型提供了有利条件和技术支持，为数字融合渗透传统产业、孕育新产业、发展新业态提供了发展空间，加速了数字产业化进程。

此外，数字产业化表现为各种数据资源的聚集，对产业数字化起到基础支撑作用。数据作为关键要素，能对土地、劳动、资本、技术等现有生产要素重新组合配置，催生出更多的新产业、新业态，形成数字产业集群，促进数字技术创新能力的提升。传统产业也可以借助数字技术赋能，加速数字技术应用与产业投入、生产、销售、服务等环节融合，推动产业供应链、价值链数字化、智能化，突破现有经济模式。

由此，数字产业化开启产业数字化进程，并为产业数字化发展提供基础支撑，推动产业数字化发展。

（2）产业数字化倒逼数字产业化升级

产业数字化进程的加快可以促进数字产业化升级，因此，对传统产业数字化的改造需求日益增加，对产业数字化中的基础设施及软硬件服务等要求和需求逐渐提高，将使得数字产业化按照产业数字化的需求逐步改进。

产业数字化表现为数字技术的扩散和应用，为数字产业化的革新提供使用途径。随着数字融合规模的扩大，数字技术的专有性降低，普适性提高，促使数字产业投资风险降低、投资成本减少，数字产业主体得以增加。数字技术在产业数字化中的加深应用和生产效益的提升使得企业不断加大研发投入，知识和技术不断更新，带来数字技术的革新，推动数字产业一体化发展。

由此，传统产业数字化转型的需求推动数字产业化进步，数字技术在三次产业中的扩散和应用为数字产业化提供新的应用场景。数字产业化和产业数字化协同发展机理如图 2-37 所示。

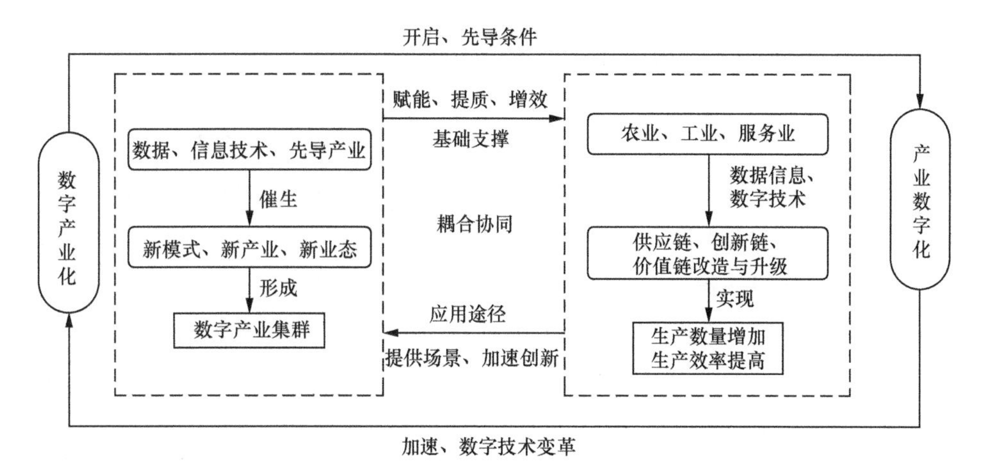

图 2-37　数字产业化和产业数字化协同发展机理

数字产业化是数字经济的基础和先导产业，产业数字化是数字经济与实体经济的融合发展，两者之间相互影响、相互促进。从发展逻辑看，数字产业化的快速发展促使传统产业开启数字化进程，并引导全社会探索数字经济体系的组成和机理，关注数字治理和数字价值等问题。在产业数字化推动数字产业化升级迭代的过程中，非常强调数字产业化的支撑作用，即数字产业化与产业数字化呈现出相互促进的内在逻辑，成为数字经济市场价值的核心。从发展数据看，数字产业化的规模增加，但贡献减弱，产业数字化的规模增速显著高于数字产业化，成为数字经济的主要贡献力量。从实际发展看，产业数字化倾向于聚焦供给端，但受到核心技术、关键零部件和专业人才等短期刚性约束，产业数字化进入发展的瓶颈期；数字产业化倾向于聚焦需求端，重点在于已有产品市场价值的实现。可见，数字产业化和产业数字化协同发展成为数字经济高质量发展的主要推动力，将有利于构建新发展格局。

在没有互联网的背景下，信息的流转速度非常缓慢，最终反馈到产业端的作用有限，甚至来不及对产业进行更新变动，最终也达不到产业数字化的运行效果。而在网络信息发达的当下，借助互联网，经济运转产生的信息流也在高速流转。这些高速流转的信息一开始是由产业链条内循环生成的，经过对数据的整理、加工与分析，最后形成新的管理模式——产业数字化管理。对于产业来说，产业数字化管理可以促进产业资源的优化，畅通产业链之间的合作与共享，进一步推动产业技术的更新与创新，提升产业的竞争优势，增加产业价值，重塑相关产业链的价值分配。

产业实现数字化后会产生海量的数字信息，这些海量的数字信息在整理、加工与分析的过程中会以产业化的方式运行，产业化的运行方式可以提升数字信息分析的能力与效率，加快数据整理速度，提升数据加工的精准度，确保数据分析质量，最终反馈到产业中，并做出相应的产业决策。产业化运行的方式决定了其在运行过程中自然地催生形成数字产业。至此，数字信息的闭环处理过程形成了数字产业化的结果。数字可以产业化，产业也可以数字化，二者存在着紧密联系。数字产业化需要产业的数字信息，数字信息经过整理、加工和分析后又能给产业带去反馈，帮助产业提升决策分析能力，促进产业的升级和创新，二者相辅相成。没有产业的数字化，就不会有数字经济产业的形成。对于数字经济的未来发展，重要的是产业提供的数据。这些数据应该具有统一的标准，在统一标准下，数字经济才能实现精确的融合，随后反馈到产业上，促进产业的创新或者强化产业链。

2.2.3 数字化转型由单元级向生态级发展

数字经济时代，数字技术的生成性和连接性等特性不断模糊各行各业之间的界限，引发产业组织形态的更新与重构，企业间的竞争也从传统意义上的“单打独斗”转变为数字市场中平台生态系统之间的竞争。传统意义的企业经营边界日趋模糊化，以往的商业模式、行业竞争格局均发生了改变，企业跨界整合和打造商业生态的边界突破行为屡见不鲜。

将数字经济和工业经济形态下的基本构成要素以及相关概念进行对比，以凸显数字经济时代下企业边界重塑的全新特征。数字经济时代下企业边界重塑的全新特征见表 2-5。

表 2-5 数字经济时代下企业边界重塑的全新特征

类型	工业经济	数字经济
竞争层次	单个企业间竞争（给定市场中的企业）	“企业集群”组成的平台生态系统间竞争
产品 / 服务	发挥特定功能的单一产品 / 服务	含综合价值主张的集成产品 / 解决方案
竞争驱动因素	以企业为中心，捕获更多的市场价值	以客户为中心，创造更多用户价值
核心生产要素	资产、专利技术	数字化的知识和技术
资源类型	以可扩展性较低的资源为主，资源专用性较强且不易复制，具有规模报酬递减规律	以可扩展性较高的数字资源为主，资产专用性偏弱且易复制，呈规模报酬递增规律
市场边界	较为固定	模糊且可无限延展
组织形态	以产品为中心的社会化工厂	具有综合价值主张的平台生态系统

工业经济时代，企业间的竞争主要是基于产品层面，即如何生产更高质量的产品，为企

业创造更高的附加值，以提高市场份额，巩固市场地位。由于规模报酬递减规律以及内部治理成本等因素，传统企业倾向于以产品为核心，打造高质量、高效率的生产运营体系，很难跨行业建立庞大的生态体系。此时，市场竞争边界是固定的，市场竞争主体主要是边界内的同行业企业，企业捕获的价值源于其所提供的产品或服务。企业边界重塑主要通过纵向一体化或业务多元化实现。例如，海尔依靠家电制造方面的能力优势进行业务多元化，进军冰箱、空调、洗衣机等家电行业，实现业务扩张。

数字经济时代，5G、机器学习、云计算等新兴数字化信息技术应用日臻成熟，移动工具、数据中台、技术中台等概念的不断发展为企业数字化成长提供了更多可能，推动企业实现内外部的广泛在线连接、智能化决策、高效率运营和管理，甚至出现创新性的组织管理模式和商业模式。对于以数字资源为主的数字平台企业而言，凭借数字互联技术所具备的可生成性和可连接性，可实现与其他产品的连接和集成，大大拓展了企业的可触及业务领域。此时，竞争主体也从原先的行业内单个企业间竞争转变为企业集群组成的生态系统之间的对抗，这些集群也并非传统意义上的地理位置临近，而是经由平台倡导者使彼此相互联系并产生非通用互补性。数字化技术还显著降低了企业内部的运作成本和外部的交易成本，企业逐渐将内部核心业务开放市场化，并根据组织内外部环境动态调整企业边界，以实现效率最大化。数字平台企业的跨界案例不胜枚举，例如，小米以“米粉客户”为中心构建小米生态体系，利用“投资＋孵化”方式触及智能家电、音响、杂货等 15 个行业；百度、谷歌跨界进入智能无人驾驶领域。

数字经济时代的全新特征模糊了传统意义的行业边界，“行业内竞争”思维被颠覆，固守边界容易导致传统企业在全新的跨界商业生态化进程中“销声匿迹”。企业、行业边界的日趋模糊对以往的业务管理模式产生巨大冲击。

（一）跨界整合成为企业业务模式创新的主攻方向

在工业经济时代，企业边界突破的表现形式主要是纵向一体化和业务多元化，前者是企业沿着产业链条前向或后向拓展经营范围，典型代表是丰田在汽车产业链上的业务延伸；后者是企业以现有业务或市场为基础进入相关产业或市场，典型代表是富士康以制造能力为基础在电子、通信、汽车零部件等产业领域的业务扩张。由于不同产业领域对企业核心能力的要求存在很大差异，成功的跨界案例并不多见。而在数字经济时代，“互联网＋”思维对企业业务创新产生了重大影响，互联网企业纷纷跨界进军金融、家电、汽车、物流等各类传统行业，如谷歌、百度、华为等企业进军无人驾驶领域，与传统汽车厂商同台竞技。近年来，新业态大量涌现，企业跨界行为屡见不鲜，大大拓展了企业的传统经营边界。

（二）企业边界和行业边界趋于模糊化

数字技术大幅降低了企业内部的管理成本和市场交易成本，企业内部业务的市场化和市场交易的企业化这两种趋势同时存在，越来越多的企业根据内外部环境动态调整经营边界，以寻找更有效率的业务范围，企业边界越来越模糊化和动态化。同时，企业跨界整合和商业生态化开创了全新的竞争空间，企业不仅要面临来自同行的竞争，还要面临来自其他行业的竞争。

随着以公有云、混合云为典型特征的数字信息基础设施的集成应用，企业数字化转型也逐渐由单元级向生态开放阶段发展。处于该阶段的组织，在生态组织范围内，通过生态级数字化和泛在物联网级网络化，推动与生态合作伙伴间资源、业务、能力等要素的开放共享和协同合作，共同培育智能驱动型的数字新业务。发展战略方面，制定了以构建共生共赢生态系统、发展壮大数字业务为目标的组织发展战略及生态圈发展战略，在发展战略中明确将数据作为驱动创新发展的核心要素，开展智能驱动的生态化运营体系建设，制定覆盖整个生态圈主要合作伙伴的战略全过程柔性管控机制。新型能力方面，完成支持价值开放共创的生态级能力的建设，能够与生态合作伙伴共建开放的通力合作平台和开放价值生态，实现生态级能力认知协同、按需共享和自优化系统性解决方案，建立了组件化、可配置、开放灵活的智能云平台，组织内 OT 网络、IT 网络以及组织外互联网实现互联互通，组织已成为社会化能力共享平台的核心或重要贡献者，与合作伙伴共同实现生态基础资源和能力的平台部署、开放协作和按需利用。治理体系方面，管理模式变为智能驱动型，员工成为组织的合伙人，形成了以生态伙伴命运共同体为核心的价值观和组织文化。业务创新转型方面，形成了以数字业务为核心的新型业态，数字业务成为组织主营业务的重要组成部分，发挥生态圈创新潜能，开辟实现绿色可持续发展的广阔空间。

数字经济的发展以数据为关键要素，应用数字技术与实体经济融合发展。实体经济存在于所有产业中，并且实体经济的发展主要依靠产业链来推动，因为在产业链中存在着上下游关系和价值交换，上游环节向下游环节输送产品或服务，下游环节向上游环节反馈信息，通过产品的输送与服务形成了价值。数字经济要发展，就必须加强与产业链的联动性，为巩固产业链的结构提供数字要素的支持，为提升产业链的价值赋能。不仅如此，依托数字技术与产业链的联动，产业在数字化的过程中可以为数字产业的发展提供数据服务，形成产业链、价值链的循环，同时可以扩充产业链的价值空间，如数字产业形成的服务价值。在此基础上，数字经济背景下的数字化可以驱动产业创新、畅通产业链循环、提升产业的发展服务能力。

2.3 数字信息基础设施已成为数字经济发展的战略基石

数字经济是不可逆转的发展趋势，包括云计算、大数据、人工智能、物联网在内的诸多技术极大地推动了数字经济的发展，数字经济将会对诸多产业进行重构，形成新的经济形态。近年来，以 5G、人工智能、工业互联网为代表的“新基建”，成为国家重点投入的领域，也促进了相关行业规模不断扩大，对数字经济的作用至关重要。在 5G、大数据中心、人工智能和工业互联网等数字信息基础设施领域的投资，不仅将直接推动数字经济的发展，带动相关行业的繁荣，还将成为产业数字化转型加速发展的新基石。以更低的价格获取更高的网速、更快的处理能力、更强的分析功能和更丰富的应用软件，这部分投资将大范围地推动传统企业提质增效，进而激发传统行业的新动能，实现行业整体的转型升级，成为推动中国经济高质量发展的核心引擎。

基础设施建设的转型与发展，为社会经济活动及相关要素在空间上提供吸引力与推动力，特别是以信息基础设施为代表的新型基础设施建设可以促进城市空间的外延性扩张以及内涵性增质，实现区位经济的高质量发展。在新型基础设施的构建下，产业集聚及发展带来的区位关联性以及产业高级化的效果将突破普通积累效应，并且通过质量变革、效率变革、结构变革等形式使经济行为实现持续强化的乘数式增加，赋能经济高质量发展。

2.3.1 数字经济时代数字信息基础设施的风向挑战

2.3.1.1 融合发展成为必然要求

数字经济的内涵在不断演进，经历了从侧重互联网转向重视多种数字技术融合应用，数字经济被泛化为所有数字化经济活动，并向产业数字化转型方向发展，逐渐呈现出以数字信息基础设施为主要载体，以数字化集成融合创新为主要途径，通过数字化和智能化实现高效连接，呈现多要素发展趋势。

在基础设施方面，数字信息基础设施层是数据要素流通和数字技术应用的前提条件，数据要素为打造数字生态系统提供反馈循环能力，是数字社会的基石，发挥了促进和加强创新活动的基础作用。

在数字技术应用融合创新方面，数字信息基础设施加快与产业融合，促进第一、第二、第三产业深度融合，营造应用场景和企业创新生态，消费互联网和产业互联网协同融合发展，技术创新形成新技术族群，技术集成推动数字技术融合创新，同时也逐渐对人类的思维模式、行为习惯、制度和管理等软件系统带来重大变革，形成经济系统的新运行机制。

在新业态新模式发展方面，数字技术融合创新打破了产业间的严格区分，培育出具有生态普惠性的新型实体企业，在商业模式上，从大规模、社会化生产向个性化、柔性化、定制化生产转型，增长动力由要素驱动、投资驱动向创新驱动、数据驱动转换，必将形成创造新价值的新实体经济，培育出以实体企业为主体、产业链供应链相互融通的新形态，进一步推动经济社会数字化发展并向智能化演进。

根据数字经济发展的三大新方向，本书认为未来数字经济发展将出现以下两点规律。

规律一：信息基础设施将从单纯、分裂的网络、云向多要素融合转型。产业数字化转型的现实需求推动云网等数字化基础设施转型，催生出多技术要素融合的新型数字基础设施形态，充分体现新型基础设施底座支撑产业数字化转型的共享、经济、高效与更合理的社会化大分工的特点。5G、物联网、人工智能、数字孪生、云计算、边缘计算等智能技术群是数字经济创新发展的基本驱动力，多种技术的集成和融合创新形成乘数效应。

规律二：数字化转型将推动产业从封闭走向开放。数字经济将由消费互联网与产业联网相对独立，向相互融合演进，产业之间互联互通产生的价值日益提升。随着数字经济的发展，技术和数据驱动产业数字化，新经济形态创造新价值，新价值创造驱动经济增长，产生完全不同的商业模式和形态。在新型数字信息基础设施的支撑下，产业数字化转型将从原来封闭的技术及应用集成走向开放、共享的融合创新。

2.3.1.2 流量变化推动网络重构

网络发展作为供给侧，需深入研究市场，理解并适应数字经济带来的需求变化，赋能企业数字化转型。通信网络以往的建设模式，主要服务于公众客户，以南北向流量为主，网络流量层层收敛。数字经济的发展，推动了承载云、网、数、智、安等多要素的各种算力在全网的布局，算力之间的高速连接已成为客观需求，产业数字化转型又进一步推动了算力间的网络流量。网络流量从“南北向”转为“南北向 + 东西向”成为未来网络发展的重要趋势。网络发展要把握网络流量流向的发展规律，加快承载网络的架构变革，推进网络重构，适应从以“南北向”流量为主向“南北向 + 东西向”流量转变的网络演进趋势。网络演进需要以云 / 算力 /DC 为中心，聚焦“南北向 + 东西向”流量，光缆、传输、IP 协同，优化网络规划建设思路，加密网格、优化架构，构建算力枢纽间扁平直达，贯通云、算力、AI、大数据、安全等全要素的网络布局，打造面向云网融合的高品质、低时延连接底座。

随着 50G-PON、SRv6 等网络技术发展，网络重构将按需升级接入、承载、核心网络能力，实现算力网络、确定性网络等网络创新，提供集群枢纽节点间、集群内数据中心间、集群内数据中心到边缘数据中心间东西流量低时延、高速互联和数据中心至用户间南北流量低时延就近疏导，满足客户对大容量、低时延、确定性等网络服务性的要求。面向产业数字化转型升级对网络时延、抖动、可靠等高确定性业务的需求，网络重构需聚焦工业互联网、电力、物流等典型场景，构建确定性服务指标体系，从提升确定性网络能力入手，升级各域技术，融合固定和移动网络及边缘云能力，为行业客户提供端到端确定性解决方案。面向细分客户群及典型业务场景，模块化封装网络解决方案，形成网络拓扑、设备清单、功能列表、配置方案等，赋能确定性网络服务产品升级。围绕网络服务定制化重构运营平台和服务体系，实现业务需求分解、SLA 指标匹配、业务产品开通、“一站式”交付服务、可视化运营管理。

2.3.1.3　设施低碳要求越来越高

近年来，绿色低碳发展已经成为可持续发展的关键路径。实现绿色低碳发展目标，需要构建绿色、低碳、循环经济的发展模式，其本质在于提升资源配置效率，并实现环境收益对污染、能耗等成本抵消后的绿色“正增长”，通过调整能源结构、产业结构，形成绿色低碳的生产生活方式，促进经济社会向可再生可持续的绿色低碳生产方式转型。

数字经济兼顾降低碳减排成本和提高碳减排效益，推动经济社会发展由粗放向精细、由机械向智能变革和重塑，是推动绿色低碳转型的重要驱动力。在多要素融合创新的推动下，数字化与电力、建筑、交通等重点碳排放产业深度融合，通过对全要素生产率的提升，带动产业结构升级，促进传统产业用能优化、成本优化，减少能源与资源消耗，促进能源消费转型，降低碳排放强度。例如，作为工业界碳排放量最大的钢铁行业，在数字技术的赋能下，数据要素与现代工业深度融合，可实现生产线能效、质量、能源环保全流程智能化管控，综合利用 AI、物联网、大数据等数字技术，通过数据建模优化工艺流程，降低成本，提升资源配置效率，实现节能降本、提质增效。

此外，在环保治理数字化方面，数字经济与环保治理的深度融合，能为碳排放监测、预测和碳汇提供真实的数据支撑。物联网、大数据、云计算、人工智能、区块链等技术，可以在碳排放标准化体系建设方面发挥重要作用。例如，可以借助人工智能和物联网技术监测碳排放，预测和减少碳排放。数字技术亦可助力企业进行智能化风险预知及决策控制管理，具有较高的效率和可行性。

但我们也要看到，数字经济在与各领域融合、赋能低碳发展的过程中，海量的通信网络和算力需求本身成为未来能源消耗和碳排放的重要增长点。因此，实现数字信息基础设施绿色化运行是未来发展的重要环节，如何持续提升数字信息基础设施能效、如何实现数字信息基础设施可再生能源转型是亟待解决的技术问题。

2.3.1.4 网信安全挑战日益艰巨

数字经济发展面临的安全风险问题日益凸显。数字经济渗透到经济社会的各个领域，不断产生更多的安全风险。相较于实体经济，数字经济安全风险影响范围更为广泛、结果更为恶劣。当前，数字经济面临的安全风险问题，主要表现在以下 3 个方面。

数字信息基础设施安全风险方面，数字经济的融合基础设施包括基于互联网、物联网、5G、人工智能、VR/AR、云计算、大数据、区块链等数字技术的网络、平台、系统、应用、服务等，呈现融合化、泛在化的特征，容易成为被攻击的对象，存在巨大的安全隐患。仅 2020 年一年，监测发现浙江省网页篡改事件 25782 起，网站仿冒 17100 万起，分布式拒绝服务（Distributed Denial of Service，DDoS）攻击 49.76 万次，含有病毒的移动互联网应用程序 1051 个，存在高危恶意行为的应用程序 1053 个，移动互联网恶意程序事件 308.27 万起。随着数字化应用场景增多以及越来越多的信息基础设施互联互通，信息基础设施安全风险显著提高。

在数据安全风险方面，随着数字经济呈现融合化、数字化、平台化发展，公民、企业、社会的数据会受到前所未有的挑战。一方面，消费互联网、平台经济等产业形态的发展，导致数据安全风险加大，互联网用户数据频频被盗用，存在数据泄露问题；另一方面，很多社会主体在建设数字经济的过程中，只注重应用数据的建设，而忽略了对数据的保护，因此数据在传输、处理的过程中容易被盗取。零零信安监测数据显示，2022 年全球多个国家频繁发生数据泄露事件，数据泄露事件总计超过 20000 件，较 2022 年增长了 14%，泄露渠道主要包括网站、电子商务消费平台、社交平台、交通出行购票平台等，涉及国防、科研、政府机构、跨国集团、金融业、教育机构、医疗等多个领域。

在数字经济产业安全风险方面。数字经济产业安全风险源于产业链是否具备完整性和可控性。在分工协作的产业体系中，非自主可控的环节一旦出现“断链”问题，会造成严重的损失。例如，2020 年以来国内“芯片荒”问题几乎波及所有相关行业，大量汽车企业因缺乏芯片而出现减产甚至停产的情况。究其原因，国外芯片因疫情等状况导致产能下降进而出现供给短缺，国产芯片因关键零部件生产技术问题而无法补缺、替代，加上芯片制造业本身投入产出周期长，短时间内快速提升产能十分困难。

2.3.2　数字信息基础设施助推数字经济高质量发展

2.3.2.1　数字信息基础设施助推数字化转型从封闭走向开放

企业是市场经济的主体，是国民经济的细胞，其健康发展关系到我国经济高质量发展，因此，现阶段数字化转型的核心是企业数字化转型。企业为实现利润增长，必须充分提升其要素的配置效率和使用效率。在传统经济背景下，劳动、资本、土地等传统生产要素表现出规模报酬递减的效果，而在数字经济背景下，从企业原有的内部的多要素集成转向基于多要素如云、网、数、智、安的新型数字化公共基础设施集成，已经成为企业数字化转型的新的发展方向。以数据为例，数据成为一种新型生产要素，将数据投入企业生产、销售、流通等各环节，不仅可以使企业的生产率、运营效率得到显著提高，还可以达到降低企业生产经营成本的目的，实现规模报酬递增。因此，在数字经济环境下，为驱动我国经济高质量发展，必须充分发挥数据这一关键性生产要素的作用，实现企业内部数据、信息资源的充分流动。在传统企业内部，各部门之间数据、信息共享存在较高的壁垒，数据资源、信息资源在部门之间难以有效流通，“信息孤岛”问题使企业数据、信息资源难以得到充分利用，投资、生产等决策精准度难以有实质性提升。

数字经济时代，数字技术的融合创新促使产业要素全域连接和全面贯通，不断打破企业原有的封闭生产体系，加快制造体系向开放化、平台化、协同化方向转变，推动实体经济发展动力、模式、机制深刻变革。

数字信息基础设施是企业融合数字化、信息化、智能化等高新技术实现创新发展的新契机。企业能够综合利用新技术，提升精细化管理水平，提高精准化服务意识，实现自身科技创新能力和水平的提高，从而顺应数字经济发展趋势，促进企业的数字化转型。企业以云平台、数据中心等为载体，引入人工智能、云计算、大数据等新一代信息技术，挖掘真实、客观且具有时效性的数据基础，对实时数据进行收集、分析、追踪与共享，有利于在企业内部实现部门间信息资源共享互通，形成优势互补、互利共赢的协作关系，便于企业管理层在第一时间优化生产要素配置，提升资源配置效率，实现降低成本、提高经济效益的目的。企业还可以通过分析消费者数据，及时了解消费者的消费需求，把握消费者的消费倾向，激发消费者的消费活力，从而发现更加丰富的市场需求，促进精准性技术创新，制定更为智能化、精准化的生产和投资决策方案，根据客户的多元化需求创新产品、提供个性化优质服务，便于企业打造新的商业模式，实现企业数字化、信息化、智能化发展。

数字信息基础设施不仅可以推动企业自身实现数字化转型与智能化、信息化发展，还会对上下游企业产生利好影响，尤其是为中小企业提供发展新机遇。一个大型核心企业可能拥有成千上万个上下游企业，每一家核心企业的供应链上都依附聚集了庞大的中小企业群。这些中小企业依附核心企业，可以获得稳定的业务，一定程度上能够为企业从事生产经营活动提供有力保障。同时，中小企业还可以在融资过程中通过核心企业的信用担保，缓解和银行之间信息不对称的问题，获得更稳定的资金支持，提高企业的抗风险能力和生存能力。民营企业在我国数字经济的发展过程中起到了重要的作用，华为、腾讯、阿里巴巴等大型互联网企业脱颖而出，推动我国数字经济的落地发展与变革，国际影响力也不断提升。作为信息基础设施的实践者，这些大型互联网公司给依附其发展的中小企业带来发展机遇，支持中小企业“上云用数赋智”，助力中小企业培育经济发展新动能，从而推进数字化转型。在数字信息基础设施的发展过程中，广大中小企业，尤其是科技型中小企业，将迎来难得的发展机遇，通过技术创新和应用开发实现自身可持续发展。

2.3.2.2 数字信息基础设施助推我国现代化产业体系的构建

实现高质量发展，必须建设顺应经济发展规律、符合经济社会发展要求的现代化经济体系。而现代化产业体系是现代化经济体系的核心要义和重要支撑，也是高质量发展的基础和动力引擎，因此需要大力推动我国现代化产业体系的构建。当前，我国已建成世界上规模最大、配套最完备的制造业体系，并且成为唯一拥有全部工业门类的国家，但是在规模扩大、体系完备的同时，也存在产业协同性不足、产业基础能力不强、产业链附加值不高等问题。因此，需要推动双循环发展新格局下的现代产业体系建设，打造自主可控、安全可靠的现代化产业体系。数字经济时代，新一代信息技术应用加速，数字化、信息化、智能化、网络化实现更为广泛、更具深度的融合与发展，数字经济成为引领我国经济增长、助推产业高质量发展的坚实力量。可以说，现代产业体系是数字经济发展的基础，数字经济支撑现代产业体系的加快发展。

数字产业化是推动数字经济发展的基础，主要指信息产业通过信息技术直接带动经济增长；产业数字化是指数字化技术向传统产业进行全方位渗透，也就是传统产业利用数字化的技术升级业务，进而提升产出和效率的过程。传统产业实现数字化转型符合产业发展趋势，是发展壮大数字经济的关键，是驱动要素自由流动、落实创新驱动、实现高质量发展的新动能。数字经济助推现代产业体系建设，促进经济高质量发展，而数字信息基础设施又在数字经济的发展过程中起到基础性的保障作用。一方面，信息基础设施激发了以新产业、新模式、新业态为核心的新经济发展活力，为数字产业化释放更大潜力提供机遇，促进新动能的培育和壮大；另一方面，数字信息基础设施可以赋能传统产业数字化转型，通过数据自由流动和新兴技术应用来应对复杂系统的风险性和不确定性，提高资源和要素配置效率以及产业和行业的运行效率，加速传统产业的优化升级，提高发展水平和竞争能力。数字信息基础设施既能够助推我国数字化产业的形成与发展，又能够加速传统产业的优化升级，为数字经济发展汇入新动能。数字化、信息化、智能化是我国建设现代化产业体系、优化产业结构的基本方向，加快推进数字化、信息化、智能化技术创新和应用发展，需要布局建设更加完善、更为先进的新型基础设施。

2.3.2.3　数字信息基础设施助推我国智慧城市及城市群发展

智慧城市和城市群发展是经济高质量发展的重要载体。我国新型城镇化已进入全面建设阶段，从数字信息基础设施自身优势和新型城镇化发展战略的实施情况来看，其带来的技术创新、产业升级和新模式、新业态的产生将为城镇化建设过程中存在的诸多问题（例如结构性供给不足、资源流动不畅、要素配置效率不高、基础设施不完善、公共服务质量不高等）提供解决思路和方法，进而助力城镇化建设，实现更高质量的发展。

智慧城市已成为新型城镇化发展的重要依托和战略抓手，数字信息基础设施给智慧城市建设提供更加广阔的发展前景。智慧城市是城市规划、管理和建设的新模式，其本质是利用数字技术重塑和改造城市的系统工程。数字信息基础设施中的信息技术，可以对城市运行的关键信息和大数据进行采集、存储与分析，推动与城市居民生活、企业创新发展和城市运行管理相关平台建设，以智能化、信息化、数字化的方式助推城市可持续发展。具体来看，一方面，数字信息基础设施推进更加智能和更为环保的城市基础设施布局建设，如新型智能网络等；另一方面，利用数字信息基础设施中的新技术对能源水利、交通运输、市政建设、公共卫生等领域的城市传统基础设施进行智慧化改造，提升传统城市基础设施的现代化水平，形成车联网、工业物联网、智能化市政等。城市群是新型城镇化的重要载体，具有推动中国经济增长的潜能，数字信息基础设施不仅能为智慧城市的建设贡献力量，也能够助推我国城市群的发展。我国劳动力和资本等要素将会继续加速向城市群流动聚集，而人口和产业是基础设施建设服务的对象和目标，未来，这些聚集着大量人口和资源的城市群将在医疗教育、道路交通、信息网络、城市公共服务等方面产生较大的缺口，对基础设施尤其是新型基础设施产生巨大的需求。在这些地区采取创新手段推进适度超前的数字信息基础设施，进行大规模投资，能够实现经济社会效益最大化。在城市之间建设智能、高速、便捷的交通基础设施和网络基础设施，如城际高铁和城市轨道交通，实现 5G 网络覆盖和商用，能够进一步整合资金、技术、知识等资源，促进资源在城市间快速自由流动，为城市群的新产业创造良好的发展条件，推动城市群一体化，打造更高形态与更高质量的城市群。

第3章

CHAPTER 3

新一代信息基础设施要求与内涵

3.1 新一代信息基础设施建设要求

3.1.1 推进数字化发展的核心要素能力提升

数字经济作为一种全新的经济形态，其显著特征是在工具驱动、能源驱动的基础上，又出现了数据驱动。数据实际上是信息的集合，作为一种创新要素，数据是信息革命的重要成果和动力源泉，无论是其自身价值还是赋能其他生产要素，都具有明显的边际收益递增效果，是数字经济运转的关键要素。对数据价值的挖掘已经成为行业及经济发展的新需求。

数据、算力与算法是数据价值挖掘的三大支柱，也是数字化发展的核心三要素。其中，算力指的是计算能力或数据处理能力，代表计算速度、计算方法、通信能力、存储能力和云计算服务能力等，是承载数据和算法运行的平台。由于区域间科技与经济发展的差异，我国东部地区比西部地区产生更多的数据，时效性高的“热数据”处理需求的增多使我国数据中心主要集中在北京、上海、广州及周边地区。但算力与能耗是正相关的，我国的能源结构是“西电东送”，大容量算力装置尤其是“冷数据”适合设置在能源丰富特别是绿色能源丰富的西部地区，“东数西算”是我国资源禀赋与区位优势所决定的。

如何解决算力资源、数据要素存在的地区差异化，促进其高效流转、普遍服务，实现绿色安全发展，是亟待解决的重点问题，可主要从以下 3 个方面考虑。

（1）算力资源的协调调度

首先需要考虑的是如何结合区域的自然条件、能源和经济等特点，对算力资源进行统筹布局；其次要构建高速低时延的智能网络，为算力资源的调度打通道路；最后要结合算网融合的技术攻关，解决跨区域、云间、云网和云边的算力调度问题。

（2）数据要素的高效流通

作为核心资源，数据要素的充分流通对数字经济的发展意义重大。目前，数据要素的流通在基础设施、政策、商业模式和生态建设等方面均存在一些问题，需要通过完善数据要素资源体系、促进数据交易流通体系、壮大数据融合应用体系、构建数据安全保障体系等举措，进一步促进数字要素的高效流通。

（3）基础设施的绿色安全

建设智能化综合性的新一代信息基础设施，助推数字经济发展，实现网络强国和数字中国是我们的目标，信息基础设施的绿色安全是重要保障。

3.1.1.1　算力资源的协调调度

算力是信息基础设施的重要组成部分，成为支撑数字经济持续纵深发展的新动能，赋能各行各业数字化转型升级。积累数据资源、提升算力水平、做大做强算力产业，已经成为全球主要国家的战略选择。

（1）做好算力资源的统筹布局

按照绿色、集约原则，加强对数据中心的统筹规划布局，结合市场需求、能源供给和网络条件等实际情况，推动各行业领域的数据中心有序发展。原则上，将大型和超大型数据中心布局到可再生能源等资源相对丰富的区域，优化网络、能源等资源保障。在城市城区范围内，为规模适中、具有极低时延要求的边缘数据中心留出发展空间，确保城市资源的高效利用。

对于京津冀、长三角、粤港澳大湾区、成渝等用户规模较大、应用需求强烈的节点，应重点统筹好城市内部和周边区域的数据中心布局，实现大规模算力部署与土地、用能、水、电等资源的协调可持续，优化数据中心供给结构，扩展算力增长空间，满足重大区域发展战略实施的需要。对于贵州、内蒙古、甘肃、宁夏等可再生能源丰富、气候适宜、数据中心绿色发展潜力较大的节点，重点提升算力服务品质和利用效率，充分发挥资源优势，夯实网络等基础保障，积极承接全国范围内需要后台加工、离线分析、存储备份的非实时算力需求，打造面向全国的非实时性算力保障基地。对于国家枢纽节点以外的地区，重点推动面向本地区业务需求的数据中心建设，加强对数据中心的绿色化、集约化管理，打造具有地方特色、服务本地、规模适度的算力服务，加强与邻近国家枢纽节点的网络连通。后续，可根据发展需要，适时增加国家枢纽节点。

（2）构建高速低时延的智能通道

推动通信网络从传统以行政区划方式组网向以数据中心和云为中心组网转变，打造领先的数据中心高速互联网络，为全国用户访问大型数据中心集群提供低时延、高质量的服务。围绕全国一体化大数据中心，优化网络架构，降低网络时延，实现算网高效协同，承接“东数西算”业务需求。通过提升区域网络级别，实现全国至核心集群的高效访问；大力推动国家互联网骨干直联点建设，在有效监管下提高数据中心的跨网交换能力；打造多条连接东西部数据中心节点的直联网络通道；在枢纽节点内部构建高速的互联网络，全面提升数据中心之间的互联质量。

提升算力网络智能化水平。面向算力资源的灵活承载和调度需求，构建以算力为中心的网络基础设施。通过SRv6、确定性网络、软件定义广域网（Software Defined Wide Area Network，SD-WAN）、应用感知、无损网络和算力网络等技术，持续打造可编程、确定性高、可感知、业务随选和智能化的网络，实现算网灵活、敏捷和高效供给。引入一体编排、算力解构和泛在调度等技术，协同调度计算、存储和网络等各域资源，构建灵活敏捷的算力运载能力。

（3）实现算力资源的高效调度

实现算力资源的高效调度，重点关注以下4类算力调度。

①“东西部”算力调度：面向以京津冀、长三角、粤港澳大湾区为代表的东部节点及成渝国家枢纽节点，与以内蒙古、贵州、甘肃和宁夏为代表的西部节点，进行东西部的算力互补对接。

②“云网”协同调度：构建网络随算力资源联动部署的算力网络。

③“云边”算力调度：以数据中心集群内的大规模数据中心为“中心云”，以城市内部高性能、边缘数据中心为“边缘云”，推动云边协同的算力部署和实践推广。

④“多云”算力调度：实现多云算力资源的逻辑统一管理与协同调度，对外提供统一服务的能力。

3.1.1.2 数据要素的高效流通

（1）数据要素流通对经济发展的意义

从区域战略的角度来看，数据要素跨域流通是实施京津冀协同发展、粤港澳大湾区建设、长三角协同发展、成渝双城经济圈、长江经济带绿色发展等重要区域协调发展战略，推动新时期西部大开发和东北全面振兴的重要举措。

新形势下促进区域协调发展的总体思路是：按照客观经济规律调整完善区域政策体系，发挥各地区的比较优势，促进各类要素合理流动和高效集聚，增强创新发展动力，加快构建高质量发展的动力系统。党的十九届四中全会首次提出将数据增列为一种新的生产要素，这对未来区域协调发展战略的制定和实施具有重要意义。

传统区域协调发展战略主要考虑人流、物流、资金流和创新流等要素的跨域流通问题，按照党的十九届四中全会精神，未来研究区域协调发展战略时，应该把数据要素的自由流通作为重要的政策考虑维度。数据要素合理流动和集聚的动态发展态势将成为促进区域间空间功能集聚、承载区域发展战略的重要载体。

在数字经济时代，数据要素的充分流通，将有效拉动物流、人流、资金流在区域经济发展中的作用，扩大要素的释放深度。在数据要素跨域流通的过程中，引导资金流入市场需求旺盛和紧迫的区域，吸引人才涌入产业发展势头良好的区域，并进一步引入物资和基础设施，逐步构建产业优势互补、经济平衡发展的高质量区域经济布局。

（2）当前数据要素流通存在的问题

当前，我国数据要素资源跨域流通总体上还存在发展不平衡、不充分的问题，与“十四五”期间国民经济和社会发展数字化转型的整体需求和新技术发展趋势相比，还有很大差距。

① 数据资源基础薄弱，公共数据资源的开放程度有限。

国内数据资源虽然丰富，但鉴于观念、技术、利益和安全等多种原因，在采集、存储、交互、共享和集成方面面临很大阻碍。从行业来看，以工业为例，工业数据开发利用不足、数据安全存在风险等因素掣肘数据要素价值的发挥。从应用来看，数据要素与金融、电子商务等信息化程度较高的行业融合效果好，制造业、农业等行业的融合效果则有待深化。

② 数据要素交易市场尚未形成，缺乏良好的流通环境。

首先，数据标准化体系尚未建立，因缺乏统一标准而无法建立统一的数据要素市场，影响数据共享流通。其次，数据确权及定价推进慢，数据外部性、异质性特征及价值稀疏性特点使得数据确权及定价困难。评估数据资产的价值需要考虑多方面因素，数据的质量水平、不同的应用场景和特定的法律道德限制均对数据资产价值有一定的影响。最后，利于数据交易流通的市场环境尚未形成，一方面，缺乏包容审慎的政策环境，另一方面，缺乏针对数据产品和交易商的评估体系、可信流通体系。

③ 数据要素产业生态体系尚不健全，人才缺口仍然较大。

从整体上来看，我国数据要素产业生态体系构建处于初级阶段，在“产、学、研”协同过程中，数据与创新链存在严重脱节，数据开放共享进程较慢。数据交易中所涉及的采集、传输、汇聚活动日益频繁，亟须建立监管机构和社会组织等多方参与的、法律法规和技术标准多要素协同的、覆盖数据生产流通全过程和数据全生命周期的数据交易生态体系。从行业上来看，企业的数据管理能力普遍较弱，缺乏数据分级与管理体系，作为生态体系支撑要素的人才培养还不能满足实际需求，尤其缺乏熟悉行业业务需求并掌握数据相关核心技术的综合型人才。

（3）数据要素价值化发展的对策

通过构建四大体系，抢抓数据发展战略机遇期，塑造数字经济时代的新竞争优势，推动数据要素健康发展。

① 完善数据要素资源体系。

加强数据资源采集汇聚，打通政府部门、公共机构、企业不同主体之间及不同主体内部的数据壁垒。推动数据传输交互，推广各层级统一的数据交换架构，制定关键设备数据接口标准。提升基础设施互操作性，提升数据采集的效率和质量。推动数据高质量汇聚，建设国家数据采集标注平台和数据资源平台，实现多源异构数据的融合和存储。建立数据共享机制，加快建设国家政府数据统一开放平台，确立政府数据开放的基本原则和框架规则，包括明确数据开放的范围、程序和标准等。

② 促进数据交易流通体系。

组织企业、科研机构和行业组织联合开展数据确权及价值量化评估的理论研究，建立通用的确权机制及数据资产价值评估模型。加快建立数据确权机制，建立数据确权基本框架，明确数据权利类型，确定数据权利主体。建立数据定价规则，研究开发数据资产价值评估模型，探索建立成本定价和收益定价、一次性定价与长期定价相结合的数据资源流通定价机制。建立数据交易市场化机制，搭建包括数据交易撮合、交易监管、资产定价、争议仲裁在内的全流程数据要素流动平台。营造便于数据要素流通的市场环境，简化数据市场准入机制和备案制度，降低数据领域新技术新业务和创业型企业的准入门槛。

③ 壮大数据融合应用体系。

组织示范应用，选择数据资源丰富、应用需求迫切的领域先行试点，探索形成有效的经验和模式，加快推广普及。搭建公共服务平台，推进行业数据集聚，推动标准规范制定，加强技术产品交流，形成行业发展合力。企业要加强内部数据资源整合和标准化建设，积极推进与传统行业的数据对接，加快建设集约、开放共享的大数据平台，提升数据服务能力。

④ 构建数据安全保障体系。

强化数据安全技术，围绕数据全生命周期的安全保护要求，加快数据安全监测、加密传输、访问控制和数据脱敏等安全技术攻关。加强核心技术创新，着力突破重点领域的关键核心技术，加强重点技术和产品创新生态体系建设，加快推进核心芯片、操作系统和技术软件等国产化。完善数据法律法规体系，建立健全个人信息保护、数据跨境流动、关键信息基础设施保护和数据安全防护等制度，推动数据管理细则出台。加强数据安全监管，落实数据和用户个人信息安全防护标准，通过对平台基础设施层、数据层和应用层进行实时监控，实现安全防护与预警、安全监控与分析、事件响应及处置。

3.1.1.3 基础设施的绿色安全

（1）安全自主可控

各算力枢纽节点存在基础网络、数据中心、云平台、数据和应用等一体化协同的安全风险，网络安全需要与数据中心、骨干网及统一算力调度平台“同步规划、同步建设、同步运营”。

充分运用自主软硬件设备，构建大规模算力服务，提高软硬件的国产自主化水平。实现主要服务器、存储系统、网络设施、操作系统、数据库、云平台和大数据等的自主可控。推进柴油发电机、变压器、高低压配电设备、不间断电源、制冷设备、精密空调和数据中心基础设施管理的软硬件等的自主可控。

（2）全面绿色低碳

积极践行“双碳”目标，优化新型数据中心设计，采用蒸发冷却、液冷、分布式锂电等先进绿色技术，提升用能效率，降低能耗和碳排放。采用深度定制服务器、优化资源运营调度等方法提升算效水平。使用绿色电能，辅以自建绿能，推进节能降碳。通过简化网络架构，建设全光网络，同步推进低集成度、小容量、高能耗的老旧设备逐步退网，推动网络能耗强度持续下降。

3.1.2 优化资源布局，强化数字化供给能力

加快发展数字经济，促进数字经济和实体经济深度融合，打造具有国际竞争力的数字产业集群是我国发展数字经济、打造数字中国的重要目标。数字信息基础设施是数字中国的关键底座，适度超前建设数字信息基础设施，有助于为数字中国建设和数字经济发展提供高质量的产品和服务，有助于高效满足千行百业、千家万户对美好数字生活的新需求，有助于塑造发展新动能新优势，进一步推动经济社会的数字化转型。

信息通信业作为国民经济的基础性、战略性和先导性行业，运营商作为建设网络强国和数字中国的中坚力量，必须担负起这一重要使命。运营商要以用户为中心，加快打造云网融合的新一代信息基础设施，夯实数字经济坚实底座。在此基础上建立通用数字化能力平台底座，打造多个行业核心平台，全面提升数字化供给能力，向个人、家庭、企业和政府等各类用户全面提供数字化服务。

3.1.2.1 推进基础设施适度超前建设，持续优化资源布局

数字信息基础设施作为和水、电和气一样的基础设施，应从全面覆盖、普遍服务的角度出

发，而不能只考虑局部利益的得失，运营商在信息基础设施建设中一定要坚持适度超前的原则，不断优化数字信息基础设施的资源布局，强化云、网、数、智、安等多要素协同发展，为建设数字中国打下坚实的基础。

新一代信息基础设施的建设要紧密围绕六大特征，具体可分为以下 3 个层面。

一是“高速泛在、天地一体”。指的是基础连接，体现了基础网络覆盖的速率、广度和空间能力的提升，需要加快 5G、光纤宽带和卫星通信网络等建设，提供超大带宽、海量连接、无处不在和天地立体覆盖的连接能力。

二是“云网融合、智能敏捷”。标志着信息基础设施的数字化、智能化演进方向，是新型信息基础设施区别于传统设施最本质的特征，是对信息基础设施的能级提升，其中云网融合是内在能力，智能敏捷是外在表现，二者相辅相成、密不可分。

三是“绿色低碳、安全可控”。一方面要深入落实国家“双碳”目标，将绿色低碳理念融入云网规划、建设和运营的全流程，深化绿色云网建设；另一方面要打造云、网、边、端一体化的安全纵深防御体系，筑牢数字中国安全屏障。绿色安全是实现信息基础设施健康发展的根本保障，是经济社会可持续发展和维护国家安全的必然要求。

运营商打造网络简约敏捷、算力差异泛在、安全融合内生、核心能力自主掌控、智能绿色可靠的国家级云网融合新型信息基础设施，全面提升云、网、边、端、安和应用各方面的能力，夯实数字经济的坚实底座。

3.1.2.2 打造数字化通用能力平台，强化数字化供给能力

运营商传统的云网规划和建设模式，无法满足数字时代各种资源快速上线、灵活组合和按需供给的需求，对建设数字中国的支撑能力有待提升。

因此，需要加快数字化通用能力平台的建设，实现云、网、数、智、安等多要素基础设施能力的封装，以及灵活调度、自由编排的能力。解耦封装内部能力，合作引入外部能力，形成汇聚多方资源优势的原子能力池，赋能业务发展。在数字政府、数字生活、城市治理、卫生健康、金融、交通、工业和教育等领域打造多个行业核心平台，提供具备融云、融 AI、融安全和融平台的“四融”特征的综合性智能化行业解决方案。全面强化数字化供给能力，赋能产业数字化发展。

运营商还需要顺应数字化时代的用户需求变化趋势，遵循数字经济的发展规律，围绕个人、家庭、产业、城乡和社会等不同用户群的价值诉求，加强数字技术的创新应用，推出一系列的数字化服务，赋能千行百业，促进经济社会的转型升级。

个人消费领域。利用 5G 连接优势，加强与多品类终端、应用和云的结合，通过促进新型消费终端升级和新型消费内容升级来满足个人新型信息消费的需求。

数字生活领域。打造面向智慧家庭、智慧社区和数字乡村三大类场景的多种产品和服务。联合广大生态伙伴，推动新型消费扩容提质，让更多的家庭享受美好的数字生活。

产业数字化领域。把握产业数字化转型契机，构建云网融合的新发展模式。聚焦智慧社区、工业互联网、协同办公、数字政府、教育和医疗卫生等垂直领域，布局全场景应用平台，提供“IDC + 算力 + 云网安 + 大数据 /AI + 服务”等多要素灵活组合的整体信息化解决方案。

数字政府领域。围绕政府的五大职能，建立健全以数据运营为核心，具有强有力生态体系，以数据驱动数字政府智慧化发展的产品体系，赋能数字政府从数字化向智能化跨越。

3.2　新一代信息基础设施内涵

3.2.1　内涵特征和重要价值

当前，世界正在经历百年未有之大变局，新一轮科技革命和产业变革加速演进，深刻影响了经济增长路径、生产力发展阶段和各行各业的发展进程，主要体现为 3 个加速演进：世界经济正从工业经济引领向数字经济驱动加速演进，生产力发展阶段正从动力时代向算力时代加速演进，数字经济的底座正从以连接为主的网络基础设施向云网融合的数字信息基础设施加速演进，数字经济发展成为推动经济社会发展的重要驱动力。以 5G、云计算、大数据、物联网、人工智能、区块链和边缘计算等为代表的新一代信息技术与实体经济深度融合，加快了社会经济全行业的信息化和数字化转型。互联网、政务、金融、交通、物流和教育等传统行业领域上云、用云的意识和能力不断增强，基于云、网、边、端协同的公有云、混合云和服务模式逐步成熟，企业数字化需求由内部封闭的系统集成解决方案向基于公共信息基础设施多要素集成的一体化解决方案转变，成为各行各业向数字化、网络化和智能化转型的必然选择，也为运营商构建标准、高效、集约、共享的新一代信息基础设施体系提供了全新的机遇。

云网融合是新型信息基础设施建设的关键要素和核心驱动，以云、网、数、智、安等多要素资源和能力的高度协同为主要特征，为不同云计算应用场景提供多样化入云和云间连接的一体化解决方案，并根据云服务要求开放算力、网络、存储、数据和安全等能力，实现云网和业务的深度融合，成为新一代产业互联网发展的数字底座。云网融合发展从云内、云间和入云到多云协同及云、网、数、智、安等多要素协同，正在不断推进和深化。随着新一轮科技革命和产业变革的不断深入，新技术、新业态、新场景和新模式不断涌现，技术和数据成为除劳动、资本、土地之外新的生产要素。感知、互联、智能、绿色、安全等数字技术创新应用正在深刻改变人类生产、生活方式，激发经济社会各领域数字化应用场景创新效能，推动数字经济领域新业态新模式迭代创新。当前，在人工智能技术快速发展应用的背景下，算力、数据、生成式AI及大模型已成为新一轮数字技术革命和产业升级的核心驱动力，加快以云网融合为核心特征的信息基础设施向数字化、智能化、绿色化、安全内生转型升级，推动云、网、数、智、安等多要素资源一体化布局和协同发展，成为新一代信息基础设施的重要演进发展方向。

云网融合的新型信息基础设施建设需要以用户的数字化发展诉求为中心，具备先导布局、资源共享、能力开放、绿色安全和生态合作等特征，提前统筹规划布局，全面推进云、网、数、智、安、DC、算力、绿色、区块链等多要素升级与融合创新，为数字经济高质量发展提供数字化、网络化、智能化和安全可控的全方位的新型解决方案。要素升级是构筑云、网、数、智、安、DC、算力、绿色、区块链等多要素数字技术底座，优化各类数字要素整体布局，推动数字基础设施能力升级。各类数字要素围绕网络化布局、平台化共享等特点，优化整体布局，推动能力升级。一方面，通过数字要素规模建设，提升数字要素的厚度，为融合创新打下坚实基础。另一方面，优化数字要素点和线的布局，并通过分布式云、大数据及AI、内生安全等技术形成平台能力。融合创新是对多数字要素进行智能编排调度，构建基于用户场景规模化、网络化和平台化的云网集成能力，面向重点行业提供可复制推广的行业综合解决方案，形成一体化供给、一体化运营和一体化服务的新型基础设施体系。融合创新，突破简单的数字要素堆砌，从场景出发对数字要素进行智能编排调度，形成丰富多样的行业解决方案，满足千行百业复杂的数字化转型场景需求。要素升级是基于融合创新需求的云、网、数、智、安等多要素布局优化和能力提升，融合创新是服务于各行各业数字化转型，场景化的多要素融合创新。新型信息基础设施要素升级和融合创新是推动数字经济与实体经济融合发展、赋能千行百业产业数字化转型的现实要求，也是加快建设世界一流企业、实现企业自我革新的现实要求。

云网融合的智能化综合性数字信息基础设施建设在国家战略、创新发展和数字转型等方面具有积极意义和重要价值。

从国家战略层面来看，新型基础设施建设以云、网、数、智、安作为关键基础设施，为各行各业提供新连接和新计算能力，对云网融合提出了更高的要求。云网融合是通信网络基础设施、新技术基础设施和算力基础设施之间的黏合剂，是智能化综合性数字信息基础设施的技术底座和发展目标。

从创新发展层面来看，在 IT 和 CT 融合创新的基础上，云网融合的智能化综合性数字信息基础设施将进一步促进业务形态、商业模式和服务模式等更多层面的融合与创新，为行业和社会提供数字化应用解决方案，赋能千行百业数字化转型，成为数字经济发展的坚实底座，助力经济社会高质量发展。

从数字转型层面来看，云网融合的智能化综合性数字信息基础设施是运营商转型迎合数字经济发展的必然选择，运营商积极融入数字经济新生态，将云网融合作为企业发展的战略方向，充分发挥云资源池部署和网络接入能力优势，统筹云网融合的应用需求，对外提升云网一体化运营服务能力，对内推动自身的数字化转型，为企业在激烈的竞争环境中稳定、健康和有序发展提供条件。

3.2.2　云网融合信息基础设施的 4 个变革

运营商应遵循数字经济发展规律，顺应数字时代用户需求的变化趋势，满足经济社会数字化转型对数字要素升级和融合创新的发展要求，加快推动新一代信息基础设施实现以下 4 个转变。

（1）推动云网发展变革，实现从网向云、网、数、智、安融合布局转变

基于多要素数字能力的优化布局和智能升级，打造云网一体化调度平台，整合云、网、数、智、安等多要素，实现数字资源高效协同。在云方面，以分布云建设为抓手，推进算力布局和产品服务能力升级；聚焦国家一体化大数据中心，加大集群建设，推动数据中心能力升级。在网络方面，加快 5G、卫星网络等接入网建设，推动高速泛在、天地一体的连接能力升级；加快政企 OTN、CN2-DCI 和新型城域网能力建设，强化承载网升级；打造“四区六轴多通道”光缆大动脉，推动光网升级。在安全方面，构建端到端云网内生安全体系，推动安全服务能力升级。在平台方面，基于统一云基础底座，为用户提供“一站式”订购服务，推动数字化平台升级。在运营支撑方面，从支撑传统业务向支撑数字化转型的云、网、数、智、安转变，满足用户全生命周期服务方向的演进升级。

（2）推动网络架构变革，适应流量由“南北向”向“南北向 + 东西向”转变

围绕算力中心进行网络重构，加快布局打造立体化、多层次的数据中心互联网络，形成数

据中心集群内、集群间高速低时延的互联通道。基于新型城域网构建深 / 浅边缘的 1ms/3ms 时延圈，满足边缘算力的下沉需求，打造边缘云网新生态。推进云网一体化智能调度，实现网络资源按云所需、网络调度随云而动，合理匹配不同业务的算力需求和算力资源。

（3）推动绿色发展变革，实现信息基础设施向绿色内生转变

以经济社会发展全面绿色转型为引领，探索形成绿色低碳的发展模式。以低碳为指引，综合考虑“规划—建设—运营”全生命周期的节能降碳要求，合理规划、统筹设计，实现企业高质量发展。对内强化技术创新和管理升级，持续降低碳排放强度；对外优化产品供给和服务质量，以数字技术赋能全社会绿色低碳发展。

（4）推动安全体系变革，实现信息基础设施向安全内生转变

重构安全架构，统筹规划数据融通、能力聚合、架构统一、生态开放的云网端到端安全能力体系，构建端到端安全内生的防御体系，逐步实现安全数据集中化、安全分析智能化、安全运行编排化和安全服务能力化，为公有云、专属云、混合云、边缘云、IDC 等各种场景下的边界防护、内网防护和数据安全等各种需求提供差异化安全解决方案。

3.2.3 技术创新与演进发展

云网融合将是一个长期演进的过程，最终将形成层次化分工、无缝化协作的融合技术架构。云网融合的目标技术架构是通过软件化、虚拟化、云化、智能化和服务化，形成一体化的融合技术架构，基于新型信息基础设施资源供给，灵活适配不同类型用户的多样化业务场景对云计算基础设施、网络连接和资源调配、数据和算力等资源能力和服务的要求。云网融合的技术创新和发展主要体现在以下 7 个方面。

（1）空、天、地、海泛在连接

5G、物联网、卫星网络与光纤网络结合，构建覆盖空、天、地、海的一体化、立体化融合网络，实现面向全场景多种连接方式的端到端协同，提供全域覆盖的高可信度、高灵活性、高安全性和高确定性的泛在连接网络。

（2）云、网、边、端智能协同

随着计算、存储和网络技术的持续演进，面向用户和业务的个性化需求，需要灵活高效地配置计算、存储和带宽等不同资源，实现在不同终端形态、不同组网模式下云、网、边、端的有效分布和智能协同。

（3）新型云网资源融合

在云资源和网络资源的基础上，采用算力网络、区块链等新技术，构建多维、多方、异构的资源适配与交易体系，提供数据资源和算力资源等新型资源，实现云网全局统一数据视图、云网全局算力共享和智能调度，为用户提供智能化的云网切片服务。

（4）内生确定性网络

确定性网络通过内生的网络确定性机制实现网络资源的协同调度和部署融合，在毫秒级时延和抖动、超高可靠性、保障数据安全的隔离度和用户自主可控的管理等方面提供确定性的连接能力，构建全场景、跨层跨域、覆盖确定、连接确定、时延确定和安全确定的质量可保障网络。

（5）智能内生机制

在云网统一的数据视图的基础上，构建云网运营的数字孪生体系，通过深度学习、强化学习等人工智能算法，实现云网融合端到端系统的自适应、自学习、自纠错和自优化。

（6）新一代云网运营系统

新一代云网运营系统可实现对各种云网资源的统一抽象、统一管理、统一编排和统一优化，支持云网融合应用的云原生开发。新一代云网运营系统为数字化平台提供云网基础设施的底座，成为数字化平台为行业提供数字化解决方案的基础。

（7）安全内生机制

基于自适应的安全框架和安全原子能力，构建内生安全体系，通过智能安全防御、检测、响应和预测，打造具有自免疫性、自主性和自成长性的云网端到端安全机制。

（8）绿色内生机制

全面强化绿色低碳科技创新和加速能源结构转型两大绿色要素，加快数据中心绿色低碳升级，以网络全光化、极简化、综合承载打造绿色低碳网络，建设零碳、绿色、极简基站，推进 AI 赋能云网节能减排，为全社会提供绿色产品、服务和解决方案。

3.2.4　云网融合的体系架构

面对新形势下的机遇和挑战，运营商需要加强数字信息技术的创新应用，按照“高速泛在、天地一体是基础，云网融合是方向，智能敏捷是关键，绿色低碳是指引，安全可控是保障”的发展思路，提前谋划、统筹布局、超前建设云网融合基础设施，以要素升级和融合创新为核心，全面推进云、网、数、智、安、DC、算力、绿色、区块链等多要素统筹规划和协同布局，打造规模化、层次化、智能化和差异化的综合性数字信息基础设施。新一代云网融合的信息基础设施体系框架如图 3-1 所示。

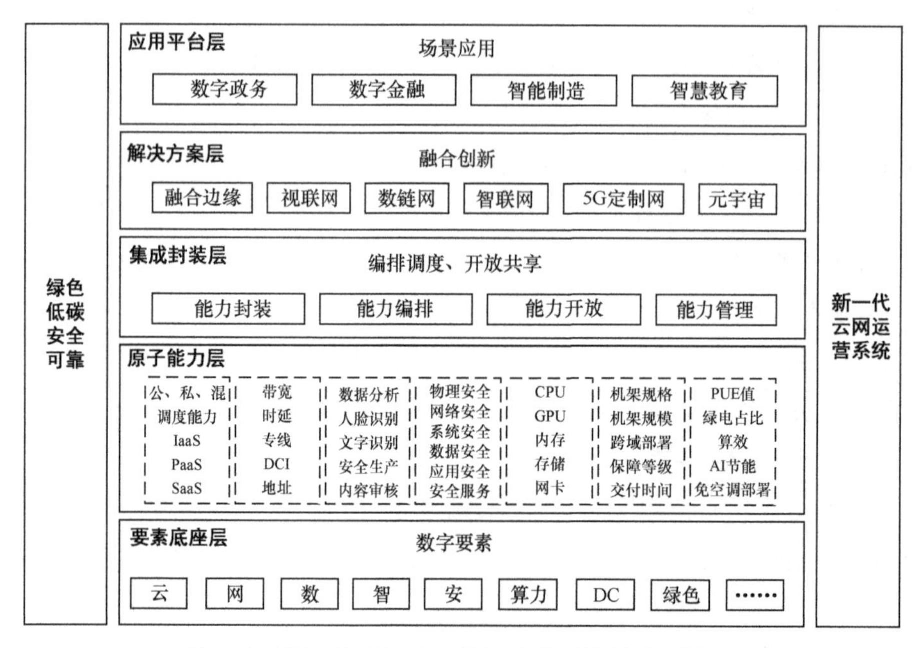

图 3-1　新一代云网融合的信息基础设施体系框架

（1）要素底座层

要素底座层主要包括基于算力、网络、平台和安全数字信息基础设施的云、网、数、智、安、DC、算力、绿色、区块链等多要素。算力基础设施采用通用化、标准化的硬件形态，分级部署公有云、专属云和边缘云，构建云网一体、多要素协同的多层次算力体系。网络基础设施以网络“南北向 + 东西向”的全连接实现基础网络架构重构，适应网络流量从“南北向”为主演进为“南北向 + 东西向”的协同布局。平台基础设施通过通用能力平台的规划建设与融合创新，提供场景化、网络化、智能化和平台化的一体化解决方案，赋能千行百业数字化转型。安全基础设施通过安全中台、安全原子能力的建设，打造云网端到端安全能力体系，实现安全数据集中化、安全分析智能化、安全运行编排化和安全服务能力化。

（2）原子能力层

面向千行百业的数字化解决方案能力供给需求，将要素底座层的云、网、数、智、安、DC、算力、绿色、区块链等多要素解构、抽象和组合成各类要素的原子能力，通过集成封装实现统一编排调度和对外开放，满足客户在数字化转型中对云、网、安全、数据智能的全场景需求。

（3）集成封装层

以云、网、数、智、安等基础技术要素的新技术发展赋能多数字要素统筹布局和能力升级，通过新一代云网运营系统，对云、网、数、智、安、DC、算力、绿色、区块链等多要素进行编排、调度和运营，通过统一能力开放平台对数字要素的原子能力进行封装、聚合和共享，为各行各业数字化转型提供显性化、服务化和平台化的信息基础设施能力。

（4）解决方案层

基于具体场景需求调度、编排和集成云、网、数、智、安、DC、算力、绿色、区块链等多要素的原子能力，以平台化方式形成丰富多样的通用融合创新解决方案，满足全业务发展过程中复杂的场景需求。

（5）应用平台层

基于统一的云网技术架构，构建数字智能、能力开放和融合生态的数字平台，提供云网能力开放、数字化开发运行环境和数据多方共享，赋能各类用户数字化应用、服务和商业模式创新。

随着 5G 应用的快速渗透、科学技术的新突破、新技术与信息技术的深度融合，面向未来的全新应用场景将对网络的服务形式、性能指标、部署与发展提出更高的要求。云网融合基础设施将灵活适配行业数字化转型，针对云、网、数、智、安、DC、算力、绿色、区块链等各数字要素升级和融合创新的需求，提供场景化、网络化、智能化和平台化的集成解决方案。基于特定的用户类型、业务场景、服务质量、网络安全和运营维护等要求，利用 AI 网络切片，实现资源调度的精细化、自动化和自优化，面向全场景提供统一架构、按需扩展、智能自治、算网一体、内生安全的确定性网络和算力资源服务。

为适应数字经济的发展规律，推进供给侧结构性改革，满足产业数字化的要求，面向 2030 年的云网融合将进入新的发展阶段。运营商需准确认识和把握云、网、AI 深度融合的发展趋势，加快新一代移动通信、人工智能等战略性新兴产业布局，引领 6G、算网、下一代光通信、下一代互联网、卫星互联网等未来产业发展，推动以云网融合为核心特征的新型信息基础设施向数字化、智能化、天地一体化、全球一体化、绿色安全演进升级，有效降低网络建设和维护的成本，提高网络的运营效率，促进新型网络和业务的创新，实现生态系统的开放和产业链的健康发展，加速经济社会的网络化、数字化和智能化进程。

下篇：

中国电信云网融合探索与实践

新一代信息基础设施是支撑数字经济发展的重要战略资源,决定了数字经济发展的高度、广度和深度，而新一代信息基础设施的本质内涵与核心架构是“云网融合”，它不仅打破了传统网和云的边界，更给信息通信行业带来了一次影响深远的变革。经过多年的探索和实践，中国电信的云网融合已经进入新阶段，本质是全面推进云、网、数、智、安、DC、算力、绿色、区块链等多要素布局、升级与融合创新，为产业数字化高质量发展提供数字化、网络化、智能化和安全可控的全方位的新型解决方案。

从云网发展的角度来看，云网融合 3.0 的主要内容包括两个方面：一是要素升级，二是融合创新。其具体内涵已在第 3 章详细阐述，要素升级即各类数字要素围绕网络化布局、平台化共享等特点，优化整体布局，推动能力升级；融合创新是指面向千行百业，突破简单的数字要素堆砌，通过融合创新，从场景出发，对数字要素进行智能编排调度，形成丰富多样的行业解决方案，满足产业数字化转型过程中复杂的场景需求。这两个方面并非独立的，而是辩证统一的：融合创新是服务于数字化转型的场景化的多要素融合创新；而要素升级是基于融合创新需求的云、网、数、智、安、DC、算力、绿色、区块链等多要素布局优化和能力提升。

在数字经济时代，云网融合具有重要战略意义。中国电信作为全球数字产业化的代表企业之一，将贯彻落实“云改数转”战略，推动云网发展变革，深入推进云网融合 3.0，加强云网要素升级和融合创新，建设新一代信息基础设施，提升现代化治理能力，为全球数字经济高质量发展贡献力量。

第4章

CHAPTER 4

要素升级

人类社会正加速向数字化转型，作为新型基础设施，数字信息基础设施成为人们生产生活的必备要素，其涵盖了以5G、物联网、大数据和人工智能等为代表的新一代信息技术演化生成的信息基础设施，以及应用新一代信息技术对传统基础设施进行数字化、智能化改造形成的融合基础设施，将极大地促进数字经济的健康发展。当前，美国、欧盟、日本、新加坡等国家和地区纷纷加快数字信息基础设施建设，提升数字经济产业竞争力，优化数字战略布局。未来，数字社会的根基将是融合的算网基础设施及智能化服务体系，算力、网络、智能、绿色和安全等多要素相辅相成，体现出更加紧密的关系和更加模糊的边界。

随着数字化转型的广泛深入，行业对云网的需求不断增加。目前的数字信息基础设施尚未满足各行各业数字化发展的需求，亟须对云、网、数、智、安、DC、算力、绿色、区块链等多要素进行规模建设、优化布局和能力提升，通过要素升级，为建设高速泛在、天地一体、云网融合、智能敏捷、绿色低碳和安全可控的新一代信息基础设施打下坚实的基础。其中，各关键要素包括以下内容。

（1）云：云为核心

随着行业数字化转型的推进和5G、物联网的迅速发展，云计算作为承载各类应用的基础设施，进一步向海量大规模、多业务集约承载的分布式云架构演进，主要特征包括全域覆盖、弹性扩展、环境适应、独立自治和云原生。

（2）网：网为基础

建设空、天、地、海一体化网络已成为我国未来加快建设信息网络基础设施的重要内容，一方面，需要融合非地面网络，构建跨地域、跨空域、跨海域的空、天、地、海一体化网络，满足用户全时全域无缝覆盖的通信需求；另一方面，对有专网需求的行业用户需要提供传输覆盖广、不受位置限制、时延抖动小、可靠性高的空、天、地、海一体化网络。

（3）智：云智一体

智算资源池的构建应遵循“云智一体、训推一体”的原则。智算资源池建设体系包括基础设施层、框架层、模型层和应用层：在基础设施层要实现智算规模领先和智算效率领先；在框架层和模型层，星河AI赋能平台统一赋能全网，包括统一建设面向全网的AI平台、统一管理全网算力、统一管理全网算法、统一管理全网AI数据集和统一管理全网AI平台安全；在应用层，典型案例包括大模型、车辆自动驾驶训练、AI 工业检测、数字人和政务智能化等。

（4）安：安全内生

数字经济发展加快，也暴露出诸多安全风险，主要包括信息基础设施安全、敏感数据安全和数字应用安全，亟须构建面向数字经济安全，具有内生安全、数据全生命周期安全保障、数字应用安全支撑特征的新一代网络安全基础设施。

（5）算力：算为引擎

随着数字经济的发展和数据指数级的增长，各行各业对算力的需求日益增加，算力规模将不断增大，算力技术将不断创新和突破。以数据中心为代表的算力基础设施将向绿色节能、安全可靠、算力高效、具备全栈化基础设施服务能力的方向转型。

（6）绿色：绿色低碳

绿色低碳是信息基础设施发展的必然趋势。通过推动绿色低碳技术产品的应用、加快提升可再生清洁能源的利用水平和加强智慧运维管理能力，推进网络和数据中心绿色低碳实施。

（7）区块链：链通数据

区块链基础设施通过分布式的账本技术为社会经济活动提供了信任的基础属性，呈现以下 4 种发展路径，即社区驱动的区块链开放生态路径、分域建设的区块链节点网络路径、聚焦行业应用打造的区块链业务链路径，以及从公共服务角度出发建设的区块链跨链平台路径。

本章将围绕以上 7 个要素，分析中国电信新一代信息基础设施的建设布局情况。

4.1 中国电信新一代信息基础设施建设布局思路

数字经济的快速发展离不开以 5G、千兆光网等为代表的信息基础设施建设的稳步推进。信息基础设施在推动科技创新、拉动有效投资、促进信息消费和繁荣数字经济等方面展示了强大的生机活力。与此同时，信息基础设施的建设承载着云、网、数、智、安等技术要素，也将进一步释放数字信息产业的巨大潜力。

中国电信一直致力于推进全球数字经济发展，持续布局建设新一代信息基础设施，中国电信打造的新一代信息基础设施如图 4-1 所示。通过实践，中国电信深刻认识到，在数字经济时代，各行各业的客户数字化转型高度依赖于云、网、数、智、安、DC、算力、绿色、区块链等新型数字技术要素的融合创新与一体化服务能力。中国电信把握新一代信息基础设施的历史角色，一切以客户数字化发展为中心，以数字化转型需要的多技术要素为牵引，推动多要素的网络化、平台化、共享化布局、建设、创新，构建数字化供给体系，赋能全球数字经济发展。具体来说，中国电信将聚焦以下 3 个方向布局建设新一代信息基础设施。

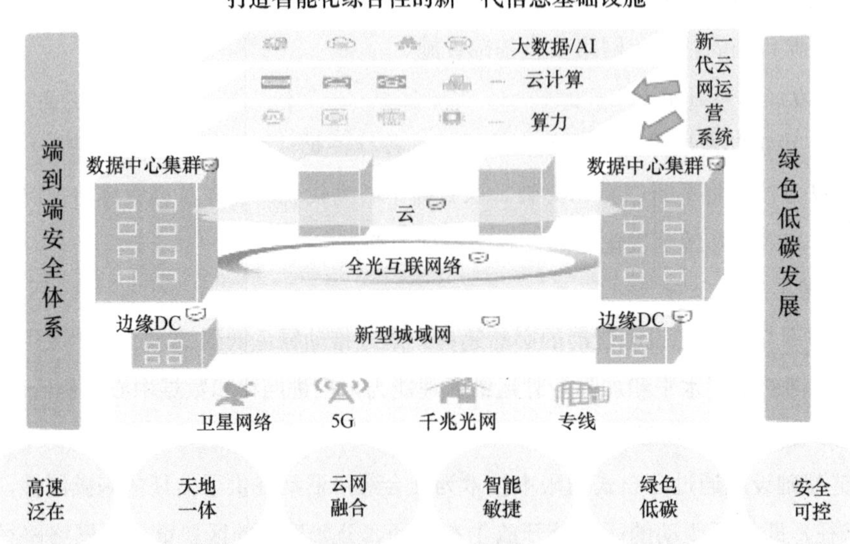

图 4-1 中国电信打造的新一代信息基础设施

一是以网为基础，进行云、网、数、智、安等多要素协同布局。加快 5G、千兆光网、卫星网络等基础设施建设，打造高速泛在、天地一体网络，并在此基础上构建云智一体的算力基础设施，以 IDC 为锚点，联通其他数字要素，强化安全赋能，探索绿色低碳的发展模式，加强云、网、数、智、安等多要素间的协同和衔接，加快构建以云网融合为核心特征的新一代信息基础设施。

二是以客户为中心，先导性布局基础设施。围绕各行各业数字化转型的需求，按照潜在客户地理分布及需求分布，推动云、网、数、智、安等多要素在全网的合理布局建设，最大限度贴近客户场景，便捷客户就近接入。

三是以共享开放为目的，赋能全业务场景。搭建以云网融合为核心的数字平台，汇聚封装原子能力，逐步沉淀通用产品能力，着力打造场景化的行业解决方案，对内、对外开放调用，吸引社会价值链、合作伙伴全方位的参与。

下面详细介绍中国电信云网要素建设实践的情况。

4.2　云为核心

4.2.1　概述

云计算作为新一代信息基础设施的核心要素，承载各类上层应用，为行业数字化转型提供基础支撑。云计算采用虚拟化、分布式计算、分布式存储和资源管理等技术，将弹性、可共享、可伸缩性的软硬件资源池池化，再通过网络等方式向用户提供按需自助、可计量的服务。作为一种 IT 基础设施交付和使用模式，云计算具有灵活、按需自服务、高扩展性和低成本等特点，能有效降低企业的运营成本，节省投资。随着云计算步入第二个发展十年，全球云计算市场增长趋于稳定，我国云计算却在全球范围内呈现逆势增长的态势，市场从最初的十几亿元增长到现在的千亿元规模。容器、微服务、DevOps、5G、物联网和 AI 等技术不断推动着云计算的变革，云计算产业不断成熟，不断深入政府、金融、工业、交通、物流和医疗健康等传统行业。云布局和架构逐渐向分布云、云原生发展。

“十四五”规划提出将发展云计算、大数据、物联网、工业互联网、区块链、AI、VR/AR 等数字经济重点产业。在对应的专栏中，云计算位列数字经济重点产业第一。而在产业数字化转型方面，“十四五”规划提出要实施“上云用数赋智”行动，推动数据赋能全产业链协同转型。“上云”是指企业要实现数字化和网络化，才能将经营管理过程中的数据积累下来，这是“用数”和“赋智”的基础和前提条件。云计算是我国新一代基础设施建设的核心，也是建设数字中国的基础设施。云计算能够为数字经济的发展提供技术支持，是推动数字经济发展的重要驱动力，是新一代信息技术产业体系创新发展的重要支撑。培育和壮大云计算行业，对推动数字技术发展、打造数字经济新优势具有重要意义。

随着 5G、物联网等规模化部署落地，各应用场景对时延、带宽、安全性、智能性和可扩展性提出了更高的要求。

（1）个人用户（toC）和家庭用户（toH）

对个人和家庭用户而言，基于云的 XR 等应用已成为新的娱乐、生活方式，智能安防、智能家居（音箱、家电、照明等）、智能健康和智能养老等基于云的智慧家庭服务越来越受到青睐，全新的数字生活需求对边缘云网提出大带宽、低时延、安全和智能的要求。云计算将为个人和家庭用户提供实现跨终端业务互通、智能家居管理监控、家庭和个人信息存储和保护、数据安全接入和共享的基础能力，以加强用户与设备连接的紧密程度。

（2）政府用户（toG）和企业用户（toB）

对政府用户而言，数字城市、数字社区等对云的能力有越来越高的要求，安全性上，核心数据不能离开本地，单一公有云模式无法满足用户对数据安全的合规需求；对企业用户而言，需要通过多云部署、高性能云边协同、一体化开通服务等助力其提升竞争优势，在数据的安全性上同样要求严格。同时，不同区域、不同行业对于云服务的使用需求也各不相同，例如，工业区域云针对不同省市、不同行业提供差异化的云服务，通过“中心云—区域云—边缘云”实现分层分域建设（中心云具备统筹管理能力，区域云针对行业特点满足用户定制化需求，边缘云实现业务快速部署），满足装备制造、食品、化工等行业需求，助力行业数字化转型。

所有这些场景，都对云基础设施提出了新的要求。分布式云作为技术发展的必然趋势，未来必须适应众多不断发展的用户需求场景，因此，云对网络提出了越来越高的需求，网络云化需要提升云能力，数字化平台能力的构建也需要云网本身的能力不断升级。不同场景对云基础设施的需求见表 4-1。

表 4-1 不同场景对云基础设施的需求

场景	场景需求
个人（toC）、家庭用户（toH）	跨终端业务互通、信息云存储和保护、数据安全接入和共享
政府（toG）、企业用户（toB）	多云部署、高性能云边协同、一体化开通、高安全性

4.2.2 云基础设施建设思路

在整个行业数字化转型的大背景下，5G、VR、AI、区块链和 IoT 等新型技术和业务的迅猛发展，进一步推进云计算向海量大规模、多业务集约承载的分布式云架构演进。分布式云是云计算的下一代发展方向，它将中心云、区域云、边缘云一体化，提供用户体验和服务层次的统一。分布式云能够基于云边协同能力，面向业务 / 用户的需求，灵活、敏捷、按需和智能地提供分布式、低时延、高性能、安全可靠、绿色节能和能力开放的信息基础设施，满足全社会各行各业数字化转型的需要。分布式云基础设施的典型特征包括以下 5 种。

（1）全域覆盖

具备从中心、区域到边缘，从服务商 IDC、用户本地 IDC，再到生产现场的全域基础设施覆盖能力。通过云边协同，将各层级的云全部连接，实现分布式一体化，并且技术架构的一致性能最大程度地减少用户在管理和使用上的复杂性。

（2）弹性扩展

具备轻量化的云基础设施部署能力，用户按需实现软硬件服务的升级能力；同时具备弹性扩展的能力，实现网络、系统软件和虚拟化等服务的弹性敏捷扩展。

（3）环境适应性

能够基于不同环境以不同规格的资源池进行部署，支持大中型数据中心、用户本地机房和业务现场等不同环境的部署能力。在极端环境下，可通过自带制冷、UPS 等设备进行边缘部署。

（4）独立自治性

区域或边缘资源池部署的云服务在网络连接不稳定、断开的状态下，能够独立提供服务，保障服务的稳定性和业务的连续性。

（5）云原生服务

利用 Kubernetes 和容器技术，提供分布式云环境统一的云原生技术和生态标准，让用户像在本地运行一样管理 / 访问分布式云资源。通过标准的接口集中管理和维护多云上的集群，由云服务商统一负责平台的运营、治理、更新和演进。

4.2.3 中国电信云基础设施建设实践

分布式云将地理位置作为考量因素，整合连接不同区域的云基础设施，把云服务按需部署到不同的地理位置，并提供统一管理能力的云计算模式，推动算力资源无处不在。中国电信打造推出天翼云 4.0，是一朵分布式云，其拥有分布式的云基础设施，算力向边缘节点、用户节点和业务延伸，满足低时延的要求；同时，推出分布式的云操作系统，即自研的 CTyunOS 云操作系统，实现天翼云 4.0 的边缘云与中心云的架构同源，统一调度和统一运维；打造分布式的云产品，可以在边缘节点快速部署、快速交付、贴近用户，带给用户更好的产品体验。本节将从云基础设施布局、数据中心互联（DCI）、云数据中心内部架构、云边协同能力、云计算安全和分布式云管理平台 6 个方面详细解析中国电信云基础设施架构。

4.2.3.1 云基础设施布局

2022年2月17日，国家发展和改革委员会、中央网络安全和信息化委员会办公室、工业和信息化部、国家能源局联合印发通知，同意启动建设国家8个算力枢纽节点，正式布局完成“东数西算”总体设计。这8个算力枢纽节点包括京津冀、长三角、粤港澳大湾区、成渝、内蒙古、贵州、甘肃和宁夏。其中，西部4个枢纽所在区域资源丰富、自然条件适宜，规模部署全栈云池可用区（Availability Zone，AZ），满足AI计算、冷存储等需求；东部4个枢纽所在区域经济发达，市场、经济、人才条件优越，规模部署多AZ能力的全栈云池，做大“云桌面”、媒体存储区域中心池，覆盖热点区域。

东西部数据中心、边缘节点的混合架构，能够让用户请求按照距离就近访问质量较优的线路，选择数据中心接入，再通过数据中心、边缘节点之间互联互通的线路通信和数据传输。分布式云整体布局示意如图4-2所示。4+4中心云即东西部8个算力枢纽节点，负责区域及辐射范围全业务能力、容灾备份等功能，是“东数西算”的心脏；31省（自治区、直辖市）区域云负责省内标准能力，按需部署多AZ；边缘云分为浅边缘和深边缘，浅边缘下沉到地市提供属地化计算、存储、视频处理、CDN等能力，深边缘下沉至用户侧并按需提供用户定制化能力、CDN。

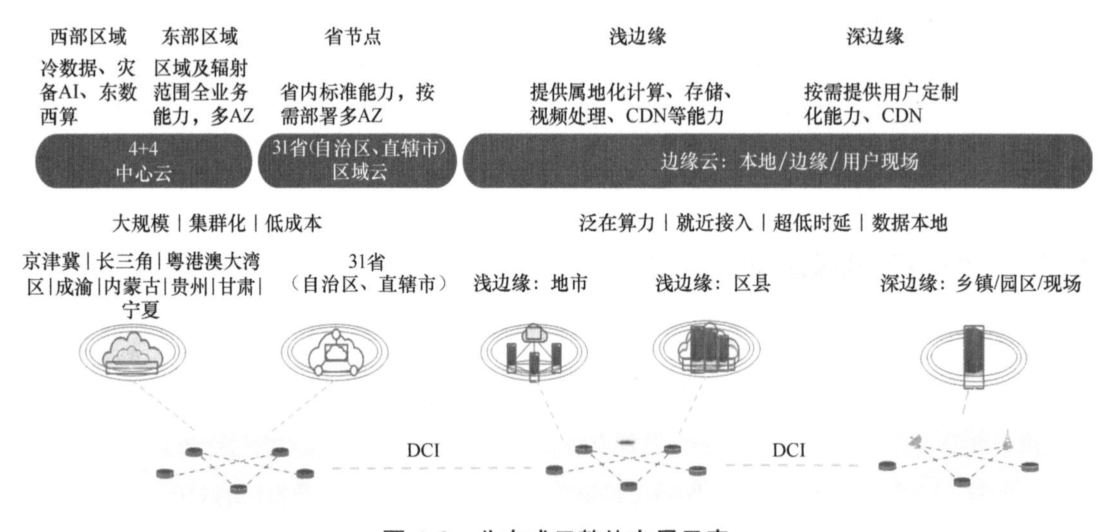

图4-2 分布式云整体布局示意

在国家层次化布局的同时，中国电信也根据自身实际积极构建云计算布局体系，提出“2+4+31+X+O”布局体系。“2+4”分别为内蒙古、贵州两个服务全球的中央数据中心，部署时延不敏感、低成本、存取不频繁的算力，以及京津冀、长三角、粤港澳大湾区、成渝4个重点节点辐射区域，与国家“4+4”算力枢纽节点契合。

4.2.3.2 数据中心互联（DCI）

随着业务的爆发式增长，分布式云已成为一种确定的发展趋势，伴随而来的多云时代正推动传统网络转型升级，云和网络正打破彼此的界限，相互融合。从网络演进的角度来看，随着全面云化的深入，网络需要围绕云进行建设，迫切需要低时延、大带宽、确定性、智能敏捷和安全内生的数据中心网络，以实现算力、数据跨区域调度和业务的无感知迁移。未来网络的构建将以 DC 为中心，面向行业、5G、高清视频和 MEC 等业务设计，更好地利用现有网络资源，与云结合，满足行业数字化所需的灵活部署、泛在接入的要求。

DCI 是一种实现多个数据中心之间互联互通的网络解决方案。同地理区域内跨 AZ 的 DCI 网络示意如图 4-3 所示，一般情况下，AZ 之间的物理距离在 100km 以内，50 ～ 80km 比较典型，能保证 AZ 之间的时延在 1.5ms 以内，以满足 AZ 间实时业务的低时延要求。

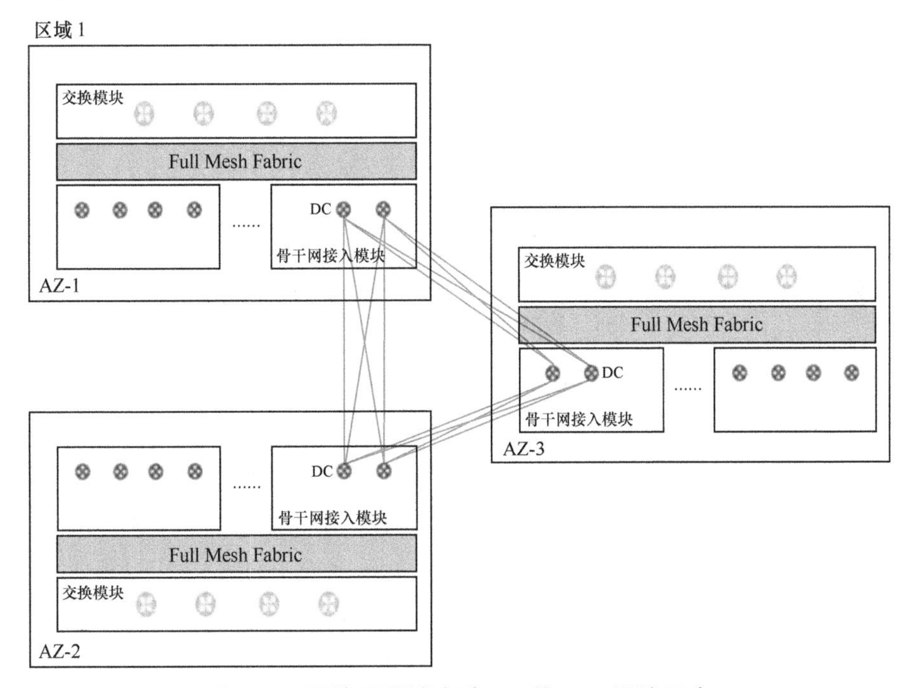

图 4-3 同地理区域内跨 AZ 的 DCI 网络示意

跨地理区域的 DCI 网络示意如图 4-4 所示，基于云的 DCI 网络要求网络架构采用 DC 间一跳直达的全互联、扁平化网络，满足低时延的要求。一般情况下，区域间起步需要带宽 40Gbit/s，时延小于 40ms。

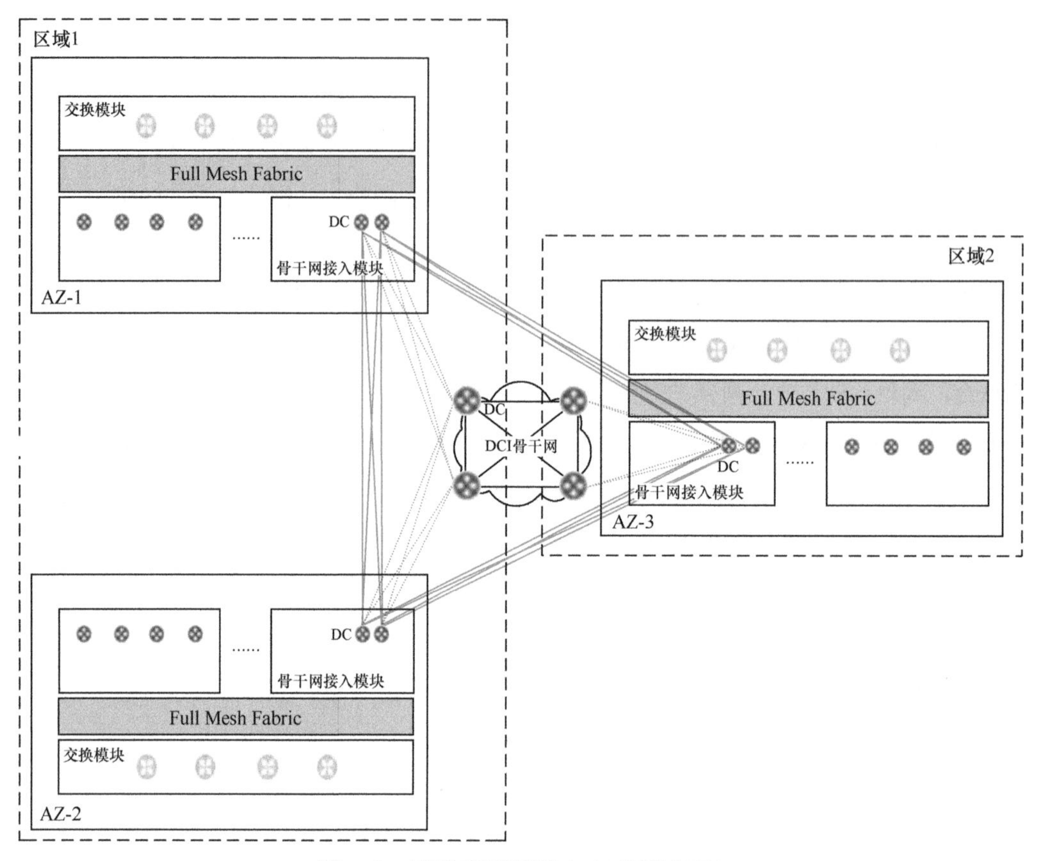

图 4-4　跨地理区域的 DCI 网络示意

云计算业务的多样性和访问的随机性要求 DCI 具备业务隔离、接入方式多样的特性。DCI 通常有以下 3 种方式。

一是前端网络互联，又称网络三层互联，不同数据中心通过前端网络（出口）互联。

二是网络二层互联，在不同数据中心服务器网络接入层构建大二层互联网络，满足服务器集群或虚拟机动态迁移场景需求。

三是后端网络互联，通过存储区域网（Storage Area Network，SAN）、DWDH 和同步数字体系（Synchronous Digital Hierarchy，SDH）等实现数据中心之间的后端存储网络互联。

从实现层次上，DCI 可分为骨干网和接入网：骨干网构建专门的转发面，负责全网流量智能调度和快速转发；接入网实现不同业务的分类接入和服务区分。

DCI 需要解决多云之间，以及多个异构环境间的互联互通。MPLS VPN 与 SD-WAN 是多云互联的关键技术：MPLS VPN 与互联网链路隔离，具有安全性强、链路质量高等特点；SD-

WAN 通过控制器统一管理多云互联网络，优化底层链路质量，可以实现低成本、低时延和高可用的跨云信息传输。

在分布式云一体化的趋势下，构建面向未来的智慧 DCI 网络，实现云网协同，已成为云时代的必然趋势。

4.2.3.3 云数据中心内部架构

本节主要讨论中国电信云数据中心的内部架构，云数据中心内部架构全景如图 4-5 所示。

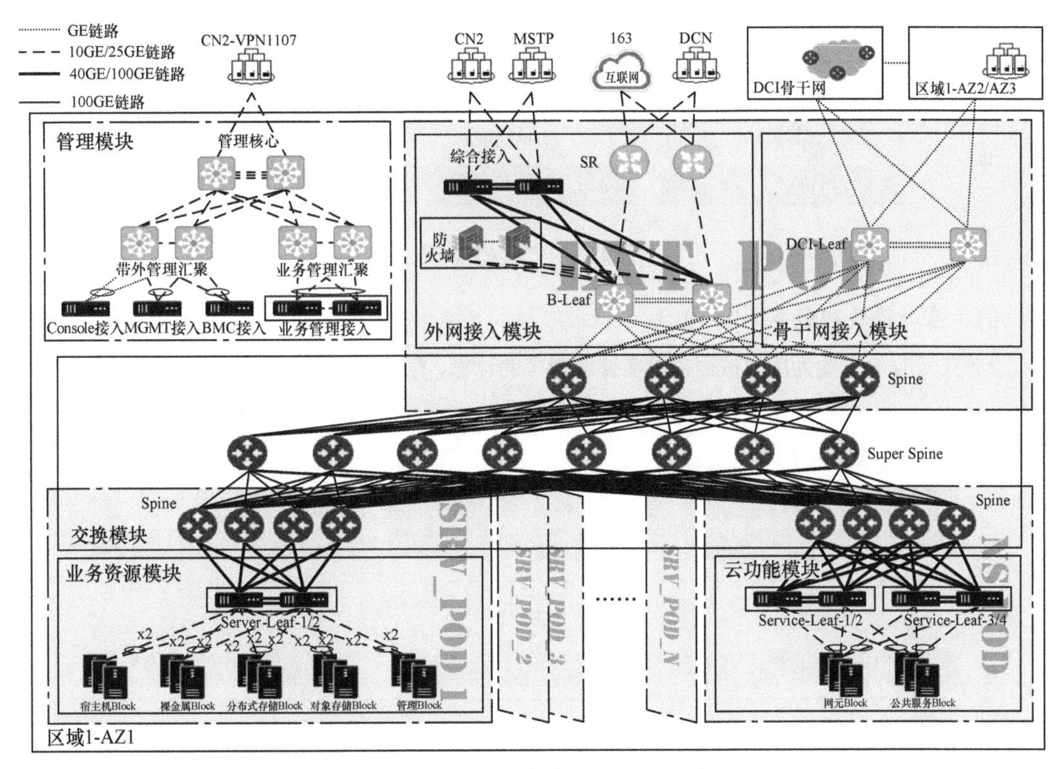

图 4-5 云数据中心内部架构全景

分布式云节点间互联在前文已详细说明，本地网络互通包括数据中心接入网络和数据中心内网络。

数据中心接入网络连接云资源与用户，多采用 SD-WAN 技术，实现资源的可灵活调配、服务的自助式云资源接入。

数据中心内网络主要承载同一数据中心内东西向流量，满足服务器等资源的高速接入，一般采用基于 Clos 架构的 Spine-Leaf 架构。网络实现云数据中心内的数据交互，并将云资源对外输出，提供云服务。相对于集中式云服务，分布式云服务更强调服务能力的一致性和统一性，在不同的地理位置可以提供相同规格的服务产品和管理使用方式，云服务类型如图 4-6 所示。云服务架构主要分为 IaaS、PaaS 和 SaaS 共 3 层，下面将详细介绍 IaaS 和 PaaS。

图 4-6　云服务类型

（1）基础设施即服务（IaaS）

分布式云 IaaS 主要为用户按需提供实体或虚拟的计算、存储和网络等资源，IaaS 层如图 4-7 所示。

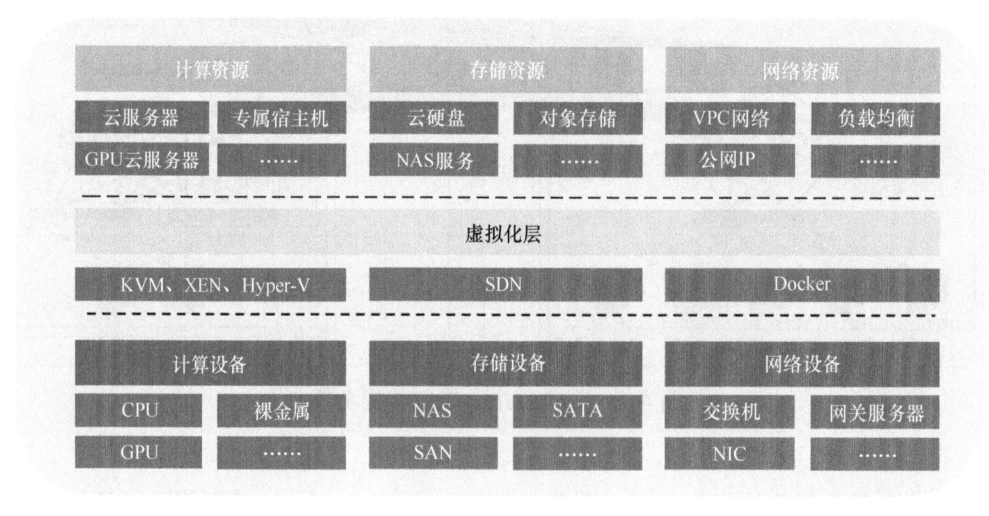

图 4-7　IaaS 层

① 计算服务。支持计算虚拟化，以云服务器等形式提供弹性敏捷的基础计算服务，支持提供中央处理器（Central Processing Unit，CPU）、GPU 和裸金属等异构计算类型。GPU 主要进行浮点运算和并行运算，速度比 CPU 强出百倍，但在复杂指令计算方面不及 CPU。裸金属服

务器能为用户提供专属的物理服务器，拥有卓越的计算性能，能够同时满足核心应用场景对高性能及稳定性的需求。

② 存储服务。支持块存储、文件存储和对象存储等存储服务，可提供不同性能的存储等级服务：块存储主要包括直接附接存储（Direct Attached Storage，DAS）和 SAN 两种类型，效率高、不存在资源抢占、读写速度快，适合作为资源池共享存储、I/O 要求高的情况；文件存储通常为网络附接存储（Network Attached Storage，NAS）产品，特点是性价比高、可扩展性好、利于管理，适用于教育、政府和企业等数据存储应用；对象存储综合了块存储和文件存储的优点，但需要频繁修改的资源不适合进行对象存储。

③ 网络服务。支持网络虚拟化，提供 VPC/ 子网、安全组、负载均衡和弹性 IP 等服务能力，满足分布式云节点间互联和本地网络互通的功能。

（2）平台即服务（PaaS）

PaaS 是云计算应用程序运行环境，提供应用程序部署与管理服务，包括数据库（MySQL、Redis 和 MongoDB）、中间件（消息队列、微服务和 API 网关等）和云原生（容器实例、容器仓库、托管 k8s 服务等）等。

传统的虚拟化平台只能提供基本运行的资源，云端强大的服务能力并没有完全得到释放。因此，云原生应运而生。

云原生应用利用容器、服务网格、微服务、不可变基础设施和声明式 API 等代表性技术，构建容错性高、易于管理和便于观察的松耦合系统，结合可靠的自动化手段，可对系统做出频繁、可预测的重大变更，让应用随时处于待发布的状态。

云原生应用充分利用云平台服务的优势，可以快速构建并部署到平台上，并使团队专注于弹性和高可用设计，且具备多云间扩展的灵活性。因此，云原生技术涵盖的范围非常广泛，能为深度学习、区块链、边缘计算和传统行业互联网化等对用户有较高能力要求和高配置依赖的应用场景提供解决方案。

在分布式云环境下，结合云原生生态体系，可以做到统一集群管理，最大程度减少用户投入，提升云服务质量；做到应用分发管理，将容器应用发布到不同地理位置的不同集群，实现包括地理位置灰度更新、热升级、变更回滚和批量发布在内的多种发布能力；同时还可支持流量服务管理、数据配置管理和应用安全能力等功能。

（3）软件即服务（SaaS）

SaaS 提供基于云计算基础平台所开发的应用程序，不属于云基础设施范畴，相关内容不在本章讨论范围，故不再赘述。

4.2.3.4 云边协同能力

云计算适用于非实时、长周期数据和业务决策的场景，而边缘计算在实时性、短周期数据、本地决策等场景有着不可替代的作用。边缘计算与云计算之间不是替代关系，而是互补协同的关系，边缘计算与云计算需要通过紧密协同才能更好地匹配各种需求场景，从而放大边缘计算和云计算的应用价值。边缘计算既靠近执行单元，又是云端所需高价值数据的采集和初步处理单元，可以更好地支撑云端应用，而云计算通过大数据分析优化输出的业务规则或模型，可以下发到边缘侧，边缘计算基于新的业务规则或模型运行。

从应用层面来说，云边协同可以有不同的表现形式。例如，应用开发在云端完成，可以充分发挥云的多语言、多工具、算力充足的优势，应用部署则可以按照需要分布到不同的边缘节点；云游戏的渲染部分放在云端处理，呈现部分放在边缘侧，可以保证用户的极致体验；对于人工智能相关的应用，可以把机器学习、深度学习相关的重载训练任务放在云端，而把需要快速响应的推理任务放在边缘处理，达到计算成本和网络带宽成本的最佳平衡。

云边协同的能力与内涵，涉及IaaS、PaaS、SaaS各层面的全面协同，主要包括资源协同、数据协同、智能协同、应用管理协同、业务管理协同和服务协同。EC-IaaS与云端IaaS应可实现对网络、虚拟化资源和安全等的资源协同；EC-PaaS与云端PaaS应可实现数据协同、智能协同、应用管理协同和业务管理协同；EC-SaaS与云端SaaS应可实现服务协同。云边协同分级参考架构如图4-8所示。

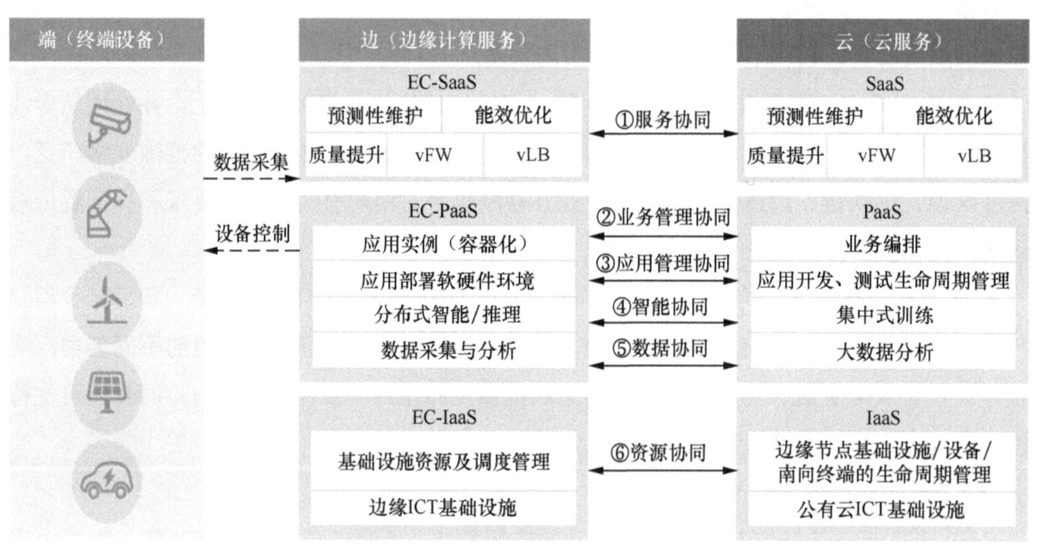

图4-8 云边协同分级参考架构

4.2.3.5 云计算安全

传统数据中心安全防护一般可以简单通过边界加强安全管控，部署各种安全设备，包括基于异常流量对攻击进行检测，分区分域实现差异化防护。但业务上云之后，资源管控更加灵活、弹性，计算、存储和网络资源虚拟化、容器化，微服务应用和无状态化部署等不同于传统的安全挑战，难以遵照传统方式进行简单的安全隔离和安全检测。

云安全产品和服务应用模式主要分为两种：提供 SaaS 安全服务和提供云平台安全解决方案。其中云平台安全解决方案又分为云安全资源池、云安全管理平台和云安全运营平台。云平台安全解决方案基础架构如图 4-9 所示。

近年来，云计算面临的安全挑战加剧，安全需求不断增长，云安全的发展趋势有以下 3 个方面。

（1）云安全技术创新需求迅速增长

云原生、容器、微服务和 DevOps 等新技术快速发展，一方面，带来新的安全风险和挑战，诞生了容器安全、DevSecOps 和零信任安全等云安全技术理念和架构，并在云安全解决方案中逐步落地。另一方面，虚拟环境与物理环境的边界壁垒逐步消失，驱动智能化、自主化的云安全防御技术不断发展。

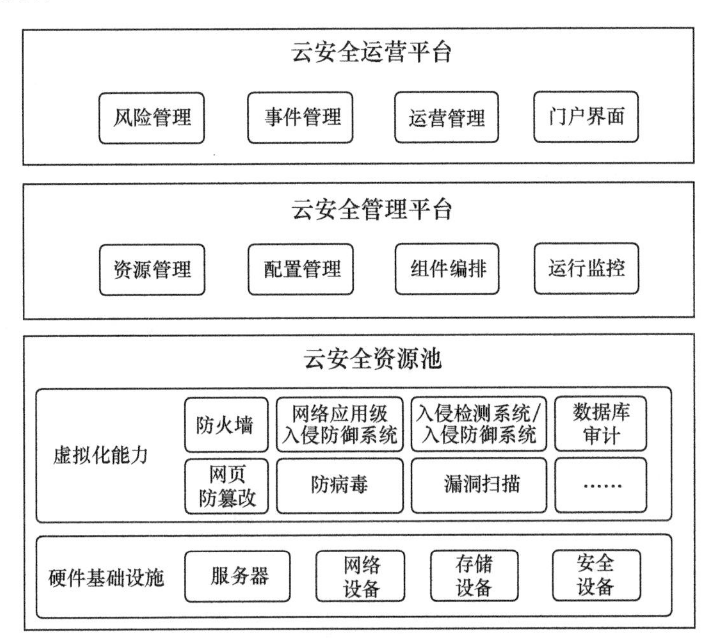

图 4-9 云平台安全解决方案基础架构

（2）多云、混合云安全解决方案成为重点发展方向

多云和混合云场景长期存在的现实，驱动适配多云和混合云模式的安全解决方案需求增长，要求云安全产品具备良好的兼容性，以适配云资源池中各种架构的主机、操作系统及相关软硬件。未来，云计算环境的边界和壁垒将被打破，将对各租户的主机、虚拟机、容器，甚至服务、端口等，进行更细粒度的控制，配合零信任技术，保障云计算平台处于动态、自适应的安全状态。

（3）云原生安全理念和技术逐步落地

云原生安全体现在云平台安全原生化和云安全产品原生化两个方面。一方面，利用云平台安全原生化可将云原生安全的理念融入云平台设计、开发和运营的全过程，向用户交付更安全的云服务；另一方面，利用云安全产品原生化能够将安全内嵌融合于云平台，解决用户云计算环境和安全架构割裂的痛点。云工作负载保护平台（CWPP）、云安全配置管理（CSPM）、云访问安全代理（CASB）、安全访问服务边缘（SASE）等云原生安全技术和产品已得到不同程度的应用，为推动建立云原生安全体系架构奠定基础。

4.2.3.6 分布式云管理平台

《中国混合云用户调查报告（2021年）》显示，企业用户平均用云数量达4.3个。混合多云模式的优势在于用户可以自主选择不同云服务满足业务的资源扩展、负载迁移和安全合规等特定需求。但混合多云环境资源异构，不同云之间的技术架构、管理工具和服务类别等不一致，用户面临云服务使用和管理复杂度增加的问题。分布式云强调将中心云服务按需部署到用户指定的位置环境（例如，用户本地、第三方资源池等），通过统一管理平面实现中心、区域和边缘等地理位置云资源的统一资源管理、统一服务更新及统一使用方式。

分布式云管理平台打破了地理位置、资源异构造成的云服务规格差异、使用差异及管理差异，实现了分布式云在资源、数据、应用、服务、运维、安全和调度等方面的统一管理，同时融合分布式调度能力，提升资源利用率。分布式云管理平台示意如图4-10所示。

① 在硬件方面，分布式云服务提供商在不同节点采用统一的物理资源类型和架构，分布式云管理平台实现基础硬件资源的统一管理。

② 在资源服务方面，分布式云管理平台通过统一管理方式（控制台、API等）对中心、区域、边缘的计算、存储和网络等云资源进行管理，降低用户使用的复杂度。

③ 在数据方面，分布式云管理平台通过数据存储、迁移和同步等方式，保障分布式云节点数据的一致性，提升数据治理能力。

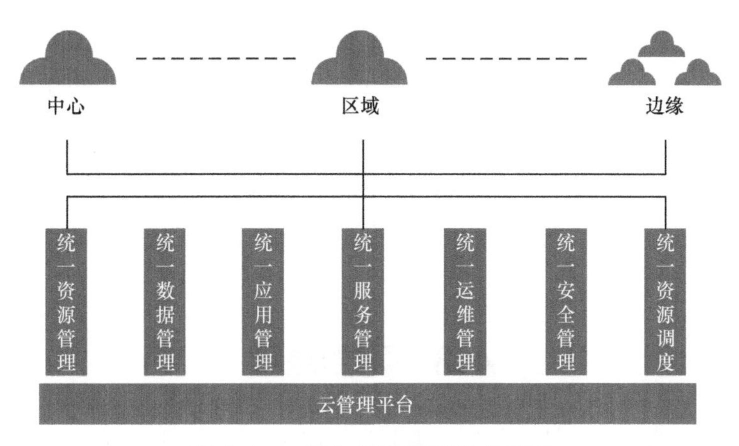

图 4-10　分布式云管理平台示意

④ 在应用方面，分布式云管理平台整合应用镜像、流量和存储等资源，覆盖应用的开发、部署、管理、调度、容灾和运维等全生命周期，实现以应用为中心的全局视角统一管理和运维。

⑤ 在服务方面，分布式云的中心、区域、边缘云节点可以通过统一的 API、SDK 和云控制台等管理云服务，例如使用统一控制面进行服务的部署、更新等，提升用云的效率。

⑥ 在运维方面，分布式云管理平台对不同节点使用相同的运维体系进行管理，中心、区域、边缘提供一致的运营、监控和可靠性服务等级协定（Service Level Agreement，SLA）等服务。

⑦ 在资源调度方面，分布式云管理平台能够实现对中心、区域和边缘算力的统一调度，技术体现在以下 3 个方面。

➢ 基于位置的调度：对时延和带宽敏感的业务，例如内容缓存服务、音 / 视频和 Web 服务等，分布式云管理平台可以通过将用户请求调度至位置最优节点，实现就近接入，提升终端用户体验。

➢ 基于算力需求调度：对 AI、大数据和渲染等大计算量的业务，分布式云管理平台可以智能地将负载分配到不同区域的资源池，根据节点资源存量、使用效率等因素，全局化利用分布式弹性算力资源。

➢ 基于工作负载调度：通过虚拟机和容器技术，兼容多维异构场景，为分布式云业务负载提供统一的调度平台，包括地理位置、时延、带宽成本、SLA 和加速硬件偏好等具体配置项。

中国电信打造的分布式云通过在不同地理位置部署云服务，提供统一的使用和管理能力，降低用户用云的复杂度，有效满足混合多云和边缘计算需求。但分布式云技术仍处于开发的早期阶段，相关技术仍需要探索实践，主要有：区域、边缘云服务部署能力需要提高，相关稳定性与性能需要进一步测试验证；Kubernetes 的多集群统一管理仍不成熟，分布式应用管理仍需要探索原生增强方式；如何有效实现中心云、边缘云资源统一调度，达到最优体验，目前仍缺乏合理调度模型；边缘网络环境复杂，如何实现云网边一体化仍待论证；区域、边缘云的引入拓展了安全边界，一体化安全能力仍需补足。

同时，在应用场景方面，仍需不断探索新的应用场景来验证分布式云的价值。

4.3 网为基础

网是新型数字信息基础设施的基础，主要包括连接空、天、地、海的各种网络，例如移动通信网络、物联网、卫星网，以及实现数据传输的承载网络。各种网络的有效融合，构筑泛在连接网络的基座，为用户提供全时全域无缝覆盖的高可靠通信服务。简洁、敏捷、融合、开放、安全和智能的网络可以为云和数字化转型提供高容量、高性能和高可靠的泛在智能承载。

4.3.1 天地一体化网络

4.3.1.1 概述

国家“十三五”规划把天地一体化网络列入了国家首个“面向 2030 科技创新重大项目”，从而正式启动了我国天地一体化网络的建设工作。2021 年 12 月，国务院印发了《“十四五”数字经济发展规划》，提出：建设高速泛在、天地一体、云网融合、智能敏捷、绿色低碳、安全可控的智能化综合性数字信息基础设施。其中，建设天地一体化网络成为我国未来加快建设信息网络基础设施的重要内容。

天地一体以其战略性、基础性、带动性和不可替代性，成为国民经济和国家安全的重大基础设施，其所具有的信息服务能力，将不断地带动我国新兴产业的发展，形成具有巨大潜力的核心竞争力和民族创造力。

建设天地一体化网络，需要融合地面网络和非地面网络，构建跨地域、跨空域、跨海域的网络。天地一体化网络有利于通过非地面网络节点扩大蜂窝移动通信网络的覆盖范围，确保用户能随时随地接入网络，并向无服务或欠服务地区提供移动宽带服务，上述地区包括海洋、山区、森林或其他难以部署地面接入点或基站的偏远地区。此外，无论用户是在城区还是偏远地区，都可以利用非地面网络节点的广覆盖优势增强多播和各种应用的服务能力。

除了增强服务，天地一体化网络还可以带来很多新的业务、新的应用，包括无处不在的连接、遥感、被动感知和定位、导航、跟踪和自主配送等。这需要统一的网络设计，从功能上将非地面网络节点、地面网络节点融合成一张网络，从而保证用户终端可以无缝接入地面及非地面网络。

4.3.1.2　网络规划建设思路

4.3.1.2.1　网络需求分析

借助非地面网络，天地一体化网络可以为个人和行业用户提供无缝泛在的高速业务体验。对于个人用户主要是覆盖需求，天地一体化网络扩大了地面通信网络的覆盖范围，可以为用户提供多样化的语音和数据业务；对于行业用户主要是业务需求，天地一体化网络传输覆盖广、不受地理环境限制、时延抖动小、可靠性高的特性可以为行业用户提供专网服务。

（1）*覆盖需求*

从国内来看，我国移动通信经过多年的发展和建设，目前已经到了 5G 时代。根据相关统计，全国移动通信基站已经超过 1151 万个，其中 5G 基站数量已经超过 328 万个。虽然有超过千万级数量的移动通信基站，但是受到地形地貌、业务需求、经济效益和建设成本等的限制，我国还有很多地区没有实现移动通信信号的有效覆盖。即使在移动通信已覆盖区，由于网络容量限制、建筑物遮挡、无线信号室内穿透损耗的影响，移动通信用户还不能在任何时间、任何地点都可以享受到高质量的网络服务。另外，在沙漠、高山、海洋等区域，由于业务需求小、经济效益差、网络建设成本高，运营商没有动力去建设和完善移动通信网络，从而造成全球 70% 左右的地表没有移动通信信号；从人口覆盖率来看，全球还有超过 30 亿人口没有享受宽带接入服务。仅仅依靠地面蜂窝移动通信网络，从技术和经济上考虑，是很难实现全球移动通信网络立体无缝覆盖的，因此需要融合非地面网络，构建跨地域、跨空域、跨海域的天地一体化网络，满足用户全时、全域无缝覆盖的通信需求。

（2）业务需求

对于长距离传输，且对端到端时延有要求的通信业务，例如跨境的金融交易和证券交易业务，如果采用光缆传输，由于距离太远，端到端时延无法满足要求。例如，纽约和上海之间的长距离传输，理论上采用卫星轨道高度 500km 左右的低轨卫星，时延可以控制在 100ms 之内，而目前通过海底电缆的传输时延为 120 ～ 150ms。对于金融电子交易，1ms 的时延可能会造成巨大的经济损失。此外，海底光缆非常脆弱，容易遭受地震、海啸和船只，甚至鱼类的破坏。因此需要基于天地一体化网络，利用低轨卫星网络，有效降低时延，满足业务对时延的要求。

对于大时空尺度数据分发场景，例如车联网、物联网，由于低轨卫星网络覆盖范围大，通过一跳就可为大范围内的通信节点提供信息传输，相比地面多跳传输更具优势。

另外，对于一些有建设专网需求，且分支机构较为分散的企业，特别是跨国 / 跨地区的头部企业，采用天地一体化网络构建专网，有利于打破地理区域限制，提供高可靠性的网络保障，实现集团公司的全球业务管理。

4.3.1.2.2　网络架构演进

（1）网络架构需求及演进

3GPP 对于将卫星技术应用于移动通信网络展现出浓厚的兴趣，在 TR 38.811 提案中对总体架构和相关问题进行了描述，并给出了一些可能性解决方案。这些解决方案主要解决终端与卫星直连、远程无线接入和核心节点连接，以及将无线协议不同程度地直接集成于卫星系统等问题。

随着 3GPP R17 中关于非地面网络（Non-Terrestrial Network，NTN）的实施方案确定，从 2022 年下半年开始，各个芯片、终端和卫星网络运营商不断地发布卫星通信相关的进展，卫星通信的研究热潮开始席卷整个通信行业。2023 年 8 月，华为 Mate 60 Pro 手机上市，进一步推动了手机直连卫星技术的发展。在后续的 3GPP R18 版本中，针对覆盖增强、10GHz 以上、NTN-TN 及 NTN-NTN 间的移动性和业务连续性等方面做出了进一步的完善和增强。

NTN 不受地形和地貌的限制，可以提供无处不在的覆盖能力，连通空、天、地、海，形成一体化的泛在接入网，使全场景随需接入。NTN 包含窄带 IoT-NTN 和宽带 NR-NTN 两种。NTN 由用户终端、卫星、卫星信关站、基站、核心网及业务服务器组成。透明载荷架构更具有可行性，可再生载荷架构因基站上星造成复杂度提升而具有不确定性。5G NTN 可以助力移动电话直连卫星，使移动通信走向天地一体化组网，实现全球无缝覆盖。

在天地一体化组网架构下，首先要保证卫星网络和地面网络的互联互通，使卫星有能力连接无线网和核心网，甚至整个互联网。只有和地面网络实现互联互通，卫星网络才能发挥其最大作用。随时随地的连接是卫星网络与地面网络融合的必要条件，也是构建天地一体化网络的必然需求。

（2）网络架构构成

① 网络架构。天地一体化组网需要融合多种技术体制，以地面网络为基础，融合非地面网络，共同构建跨地域、跨空域、跨海域的多接入融合的网络架构。天地一体化组网架构示意如图 4-11 所示。

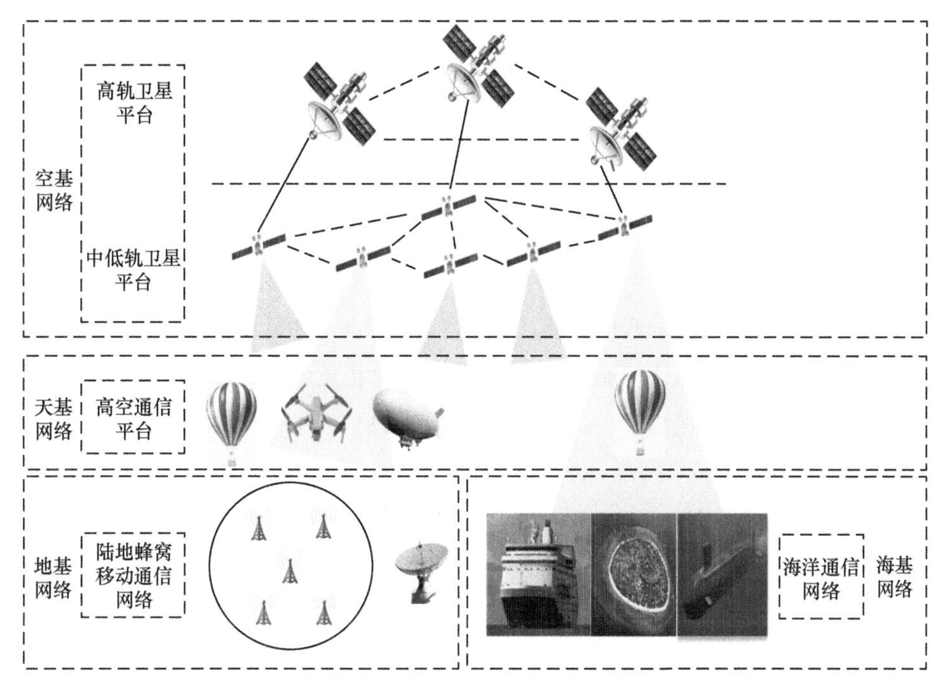

图 4-11 天地一体化组网架构示意

➢ 空基网络：由卫星通信系统构成，其中包括高轨卫星、中轨卫星和低轨卫星等。我们熟悉的地球同步卫星以及正在全球使用的海事卫星属于高轨卫星系统。从整个卫星通信系统的未来发展情况来看，由于低轨卫星系统轨道的高度相对较低，带来的明显优势就是网络时延相对较小、无线信号空间传播损耗较小和网络提供的带宽较大，可以满足移动互联网应用的网络性能需求。低轨卫星系统未来将是空基网络的主要发展方向，也是卫星通信系统未来的研究重点。

➢ 天基网络：由搭载在各种飞行器（飞机、热气球、无人机等）上的通信基站构成的网络。随着无人机技术的不断发展和成熟，基站体积和功耗越来越小，无人机的载荷越来越大，未来，无人机基站将可能成为天基网络的主要发展方向。

➢ 地基网络：由陆地蜂窝移动通信网络构成，是天地一体化网络架构下，为大量用户提供通信服务的主要网络。

➢ 海基网络：由海洋水下无线通信、近海沿岸无线网络、远洋船只 / 悬浮岛屿等构成的网络。随着全球海洋经济的不断发展，海洋通信领域未来有可能成为新的通信市场，值得关注。

② 空基网络。空基网络的基础和核心是卫星通信网络。卫星通信是现代通信的主要方式之一，目前已有 50 多年的历史，主要应用于军事和航天领域，而在民用领域，尤其在公共通信服

务领域的应用较少。典型的空基网络（卫星通信系统）是由空间段、地面段和控制段3部分构成的。

➢ 空间段：主要包含一颗或几颗卫星，在空中对信号起中继放大和转发的作用。

➢ 地面段：主要由多个业务的地球站组成，将要发射的信号传送给卫星，同时又从卫星接收信号。

➢ 控制段：由所有地面控制和管理设施组成，用于监测和控制卫星的地球站，以及用于管理业务与卫星上资源的地球站。

目前，卫星通信系统中空间段的卫星，主要有高轨卫星、中轨卫星和低轨卫星等多种类型。

➢ 高轨卫星：轨道高度在3000km左右，而地球静止轨道卫星的轨道高度在36000km左右。地球静止轨道卫星系统覆盖范围广，覆盖范围相对地面固定，一般3 ~ 4颗卫星即可完成除极地地区外的全球覆盖。

➢ 中轨卫星：轨道高度在2000km以上，单颗星覆盖面积与高轨卫星相比要小得多，完成全球覆盖一般需要几十颗卫星。

➢ 低轨卫星：轨道高度在200 ~ 2000km，单颗卫星成本低、覆盖范围小，需要多颗卫星组成大型星座以完成全球覆盖。

依托低轨卫星系统可以构建低轨卫星互联网系统，为用户提供互联网宽带接入服务，这已成为目前卫星通信系统的重要研究方向。借助低轨卫星互联网技术，可以为全球用户，尤其是处于边远区域的用户提供互联网接入服务。在低轨卫星互联网中，通过增加卫星数量，可以有效解决中高轨卫星系统由于卫星数量少而系统容量低的问题。卫星系统容量的大幅提升，能够有效满足用户宽带互联网的接入需求。由于低轨卫星互联网系统具有巨大的应用前景，因此目前国内外已经开始布局低轨卫星通信技术和产业。

在低轨卫星互联网建设领域，美国政府鼓励商业公司大力投资太空通信，目前已经有11家公司正式向FCC提交了低轨宽带准入申请。目前来看，星链系统是全球关注最多的低轨卫星互联网系统，也是目前美国唯一拥有类似固定宽带带宽和时延的卫星互联网提供商，其网络性能可以满足现代大部分线上活动的需求。

③ 天基网络。天基网络主要借助高空通信平台，将基站安装在长时间停留高空的飞行器（例如飞艇、热气球等）上，提供通信服务。天基网络使用现有的通信技术（例如4G、5G网络等），其技术原理与陆地蜂窝移动通信网络类似，最大的区别在于将基站设备安装在高空飞行平台上而非地面上。一方面，高空通信平台的高度远高于地面基站；另一方面，高空通信平台的信号辐射不受高大建筑物的遮挡，因此覆盖范围比陆地蜂窝移动通信网络更大。另外，天基网络不需要建

设固定的地面基础设施（例如机房、铁塔等），因此具有受地形、地物影响较小，部署机动灵活的优点，可以作为地基网络的延伸和有效补充。但是同时也要看到，保障天基网络正常工作，需要有效解决高空通信平台到核心网的回传问题，以及高空通信平台设备的稳定供电等问题。

④ 地基网络。地基网络主要由陆地蜂窝移动通信网络构成。陆地蜂窝移动通信网络是为用户提供移动通信服务的主要网络，目前主要有 4G 和 5G 网络。陆地蜂窝移动通信网络采用蜂窝结构，可以兼顾网络的覆盖和容量需求，单站覆盖半径一般为几百米。

⑤ 海基网络。海基网络主要由建立在岛屿和大型远洋轮船上的通信设施构成。在岛屿上建设基站可以实现周边近百千米内的覆盖，在大型远洋轮船上搭建移动通信网络基础设施，可以随着大型远洋轮船的移动，逐步实现远洋航线周边的覆盖。

（3）典型应用方式

天地一体化网络架构中的 NTN，尤其是由低轨卫星系统构成的空基网络将与地面网络有效融合，为用户提供随时随地的连接服务。地面网络和 NTN 有效融合后可以提供的业务预计有直接类业务和中继类业务两种。

① 直接类业务。陆地蜂窝移动通信网络终端将与低轨卫星网络直接连接，为其提供移动性业务和固定宽带类业务，直接类业务组网方式示意如图 4-12 所示。

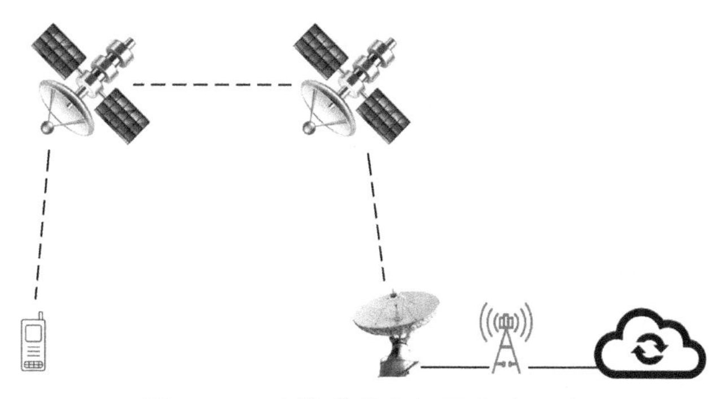

图 4-12　直接类业务组网方式示意

低轨卫星网络与移动终端直接连接，卫星网络同时承载用户数据和控制信息，数据可以直接在卫星网络中处理并成为有效的负载数据。在这种情况下，卫星可能会提供单独的传输通道。

直接类业务一方面适用于陆地蜂窝移动通信网络部署困难的区域，例如沙漠、高山和无人区等区域；另一方面也适用于高空用户，例如民航客机上用户的网络连接场景。

② 中继类业务。低轨卫星网络可以用于陆地蜂窝移动通信网络中继或回传场景，从而扩展地面无线业务，中继类业务组网方式示意如图 4-13 所示。

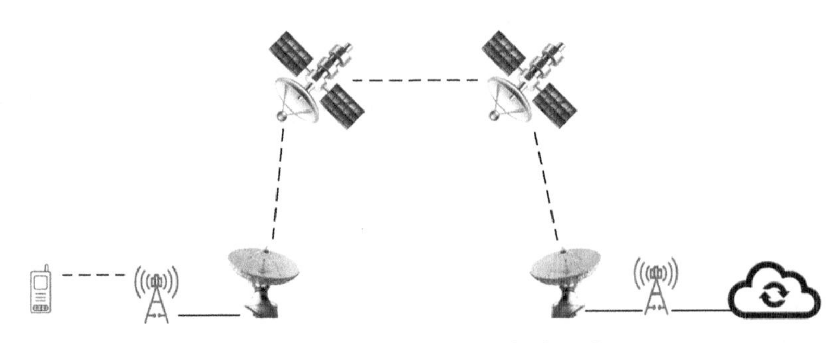

图 4-13　中继类业务组网方式示意

中继类业务一方面适用于有线光纤网络敷设困难的场景；另一方面也适用于对端到端时延要求低，但有线光缆跨越距离远、时延不能满足要求的场景，例如纽约和上海之间的长距离传输，从理论上看，采用卫星轨道高度 500km 左右的低轨卫星，时延可以控制在 100ms 之内，而通过海底电缆的传输时延为 120 ～ 150ms。

4.3.1.2.3　关键技术方向

地面蜂窝移动通信网络和非地面网络各自独立发展了数十年，它们的网络应用环境和业务承载不同，造成技术体制方面的较大差异。建设天地一体化网络，实现地面网络和 NTN 的有效融合显得尤为重要。因此，需要在技术架构、网络管理、设备及终端等方面开展针对性研究，以实现地面蜂窝移动通信网络和非地面网络的有效融合，共同构建天地一体化网络。

（1）技术架构

① 新波形与多址接入。针对未来天地一体化网络部署场景需求及更高的频谱效率需求，需要研究抗高时延与频偏的高鲁棒性波形设计，并根据目标场景和业务的不同，灵活选择子带带宽、子载波间隔、滤波器长度和循环前缀等系统参数，实现统一兼容的波形框架设计。此外，卫星物联网也是未来天地一体化的重要应用场景。需要引入基于非正交的传输技术，同时实现免调度技术。

② 联合传输。在未来天地一体化网络中，卫星数量可能达到数千颗甚至数万颗，这将在地面形成多重覆盖的场景，不同卫星之间会相互干扰对方的数据传输，进而影响系统的能量效率和频谱效率。这就需要多星协作或星地协作下的高效联合传输机制，以减少多重覆盖下的干扰问题，提升系统的资源效率。此外，未来的卫星将承载地面基站的部分或全部功能，在卫星侧进行数据处理，这样可以减少对地面基站的依赖，缩短调度时延，为联合传输的实现提供更加有利的条件。

③ 用户接入控制。天地一体化网络具有时空跨度大、网络拓扑高、用户广域分布和突发接入需求量大等特点，同时需要面向各类用户提供差异化服务。以用户接入速率为例，不同用户接入的信息速率的差异很大，为了解决高并发、有差异化服务需求的用户的接入控制问题，需要研究面向差异化服务需求的用户接入时变信道的速率自适应传输、时变网络结构的接入切换控制和时变网络资源的按需自适应灵活分配等关键技术，以提高空基网络用户接入的可靠性，提升用户信息端到端传送服务的能力。

④ 星座设计与优化。星座设计是空基网络的一项专有技术，是对空基星座网的构型、卫星节点轨道 / 频率、星间 / 星地互联链路等的总体设计，其目标是用最少的卫星节点和最佳的性能实现对指定区域的覆盖。在设计中，既要面向各类应用系统的服务范围和服务对象做“设计”，又需要结合空间卫星节点的轨位和频率等实际情况反复做“安置性”的优化。从网络中卫星节点所处轨道的位置来看，由于地球静止轨道卫星的节点对地相对静止，卫星节点间的网络拓扑相对固定，往往会成为构建天基星座骨干网络的首要选择；而在非地球静止轨道卫星节点网络方面，不同轨道的卫星节点提供不同的覆盖范围、传输速率和业务支持能力，因此其星座构型、轨道和频率等都需要进行优化设计。

（2）网络管理

① 移动性管理。对于低轨卫星系统，由于卫星移动的速度高达 7km/s 以上，每个星波束服务用户的时长可能只有几十秒，这将导致地面移动用户在不同的卫星间频繁切换。一方面，频繁切换带来了大量的信令开销；另一方面，频繁切换也会造成业务中断，甚至掉线，这将对网络性能和用户感知造成极大影响。因此，需要研究星地融合统一的移动性管理方案及切换策略，简化切换流程，降低信令开销，提高切换的可靠性。

② 频谱管理。频谱资源是无线通信系统的命脉，而新一代移动通信技术的产生必然带来新的频谱需求。在无线通信系统的演进过程中，为了维护网络服务的连续性和经济性，新旧系统网络会长期并存，且旧系统的频谱短时间内不会被释放，这就增加了选择新一代通信网络频谱的困难。为了满足未来通信传输速率的需求，除了增加新的频谱（例如太赫兹和可见光），还需要在频谱管理方面进行研究，具体包括：频谱重耕，即为新一代通信系统提供更多的低频段可用频谱资源；动态频谱共享技术，即以感知无线电技术为基础，使异系统间或同系统异设备间可以共享同一段授权或非授权频谱，以解决固定频谱分配策略带来的频谱闲置和利用率不高的问题；提升频谱效率的物理层技术，例如能够减少带外泄露的新波形调制技术、非正交多址技术和超大规模智能天线技术等。

③ 网络运维管理。天地一体化网络面临多尺度、多资源和异构性的复杂服务需求，为了获取有效而充分的网络资源，需要解决网络管理体系架构设计、网络资源优化利用和服务资源协调管理等问题，实现网络效能最大化和应用满意度最大化。针对网络管理体系架构和服务资源优化问题，可基于面向服务的体系结构（Service-Oriented Architecture，SOA），采用基于企业服务总线（Enterprise Service Bus，ESB）的服务资源发现、挖掘、注册和管理方法，通过信息传输、格式转换、服务资源接口标准化和资源协同调度等技术，实现异构服务的重复高效应用，并采用模式匹配、事件序列分解、复杂语义检测和关键序列标定等方法，实现实时事件流分析和服务资源匹配优化。针对网络多维资源优化问题，可面向分布式资源管理采用凸优化、稳健性优化和多目标优化理论，在多尺度下优化带宽、功率、波束、路由和转发器等网络资源，有效提高网络资源的使用效率，提高网络服务效能。

④ 网络性能仿真验证及评估。天地一体化网络组成单元及互联关系动态且复杂，涉及的关键技术和服务对象众多，需要依托专业的仿真平台，构建完善的天地一体化网络仿真系统，建立不同轨道卫星节点的通信体制模型和不同轨道网络系统的网络模型库，开展信息传送层、网络服务层和应用系统层的仿真研究。对关键算法和网络的整体性能指标、互联互通能力、资源利用率和运行状态等进行仿真，对组网拓扑架构、路由与交换、网络安全防护和网络运维管理等技术体制进行仿真与验证，为不同任务类型网络的通信技术体制选取、性能指标设计提供支撑。并针对不同任务类型，合理选取效能评估方法和评价指标，构建面向多任务的网络总体效能评价体系，并与网络体系结构设计形成反馈、迭代和优化机制。

4.3.1.2.4　挑战及困难

（1）通信设施与设备

可以预见，未来的通信设备将面临以下挑战。

➢ 由于空、天、地、海各有不同区域，业务环境、地理环境复杂，因此通信设施和设备要适应空、天、地、海复杂的工作环境。

➢ 在天地一体化组网架构下，地面网络和非地面网络要实现有效融合，设备和终端要支持多频多模，以便在空基、天基、地基和海基网络中自由漫游和切换。

➢ 受到卫星和 HAPS 的载荷限制，需要针对设备进行小型化、轻量化和高能效的研发。因此重量轻、体积小、功耗低将是对设备性能的基本要求。

➢ 对于终端设备，要求体积小、重量轻，满足便携性要求。同时，终端要具有能效高、绿色集约的特点，满足天地一体化应用场景的需求。

（2）网络建设及运营

① 网络建设成本。从全球来看，低轨卫星系统的建设成本和维护成本都比较高。虽然随着技术的进步，单星的制造成本大幅下降，但是低轨卫星系统组网需要的卫星数量众多，从几千颗到几万颗不等，建设成本高达几百亿元甚至上千亿元，因此建设成本非常高。例如，铱星系统 66 颗卫星耗资约 50 亿美元；星链系统投入约 100 亿美元；日本 LeoSat 低轨卫星通信系统共 108 颗卫星，耗资约 36 亿美元。除了研制成本，卫星系统还需要大量的发射成本。根据经验，正常商业系统卫星发射成本约 1 万美元 / 千克，马斯克通过重复利用发射系统降低发射成本，目前发射成本约 2300 美元 / 千克，但此部分成本仍是一笔巨大支出。另外，由于卫星数量巨大，后期的维护成本也非常高昂。目前，由于高昂的维护成本，国外已有泰利迪斯（Teledesic）和一网（OneWeb）等低轨卫星系统申请破产。

从国内来看，目前我国发展中的低轨卫星系统多为战略工程。目前的“鸿雁”“虹云”都是由航天科技、航天科工等国有企业来承建，包括我国 2021 年 4 月成立的“中国卫星网络通信集团公司”也是由中电子、中国电信等公司筹建。目前，我国这一阶段低轨卫星系统的发展和建设优先考虑的是战略层面的问题，而非经济效益。但从长远来看，低轨卫星系统必将面临大规模商业运营的问题。低轨卫星系统需要与其他通信系统有效融合，才能实现万物智联的美好愿景。在万物智联时代，低轨卫星系统将是天地一体化网络系统中的重要组成部分，经济效益也将成为必须考虑的问题。如果不考虑经济效益，就很难保障低轨卫星互联网的健康发展和稳定运营。

② 网络建设方案。回顾移动通信的发展，虽然已经发展到了第五代，但是从全球来看，3G、4G 和 5G 多制式、多频段网络将长期共存，不同频段、不同制式的网络相互协同，共同实现万物互联业务的承载。目前，由于不同频段、不同制式的网络建设和运营主体相同，更容易实现多网的协同发展、长期共存。但是在天地一体化组网架构下，空基网络、天基网络、地基网络和海基网络的建设和运营主体可能不同，这必将给空基网络、天基网络、地基网络和海基网络间的协同规划和发展带来困难。因此，针对某个网络制定的规划建设方案，一方面可能不是最优方案，会带来建设投资的增加；另一方面，由于不能实现有效的多网协同，可能会影响网络的整体性能，进而影响用户的体验和感知。

③ 业务需求。关于网络运营，首先要解决业务需求问题。但是从目前来看，天地一体化网络建设要实现全球立体无缝覆盖，满足用户随时随地的接入需求。但是其网络覆盖的大部分场景是海洋、沙漠和高山等人口稀少地区，业务需求较小。在这些场景下，很难保证网络的经

济效益。没有经济效益的网络，很难健康持续运营。即使在人口密集的区域，低轨卫星系统相对于地基网络（传统的移动通信系统）来说，劣势也比较明显，例如传输时延大、室内深度覆盖不足、系统总容量低等。另外，在资费方面，陆地移动通信系统由于网络建设成本相对较低，用户众多，资费相对较低。由于资费问题，卫星通信业务很难得到大规模推广。低轨卫星系统目前主要应用于应急通信、海上、沙漠和森林等场景，但是应用的业务总量短期来看比较少，和网络建设成本、维护成本相比不成比例。因此，要促进低轨卫星系统的健康发展，需要不断拓展业务应用领域。随着海洋经济的快速发展，未来海洋通信场景将可能是低轨卫星系统的主要应用领域，值得关注。

④ 网络运维。在天地一体化网络架构下，存在空基网络、天基网络、地基网络和海基网络，由于各个网络的应用领域不同，技术体制不同，可能会造成运营主体不同，也就是说空基网络、天基网络、地基网络和海基网络分别由不同的企业去建设和运营，这就会造成后期网络一体化运维和优化出现问题，可能会出现各方推诿责任的现象，不能及时解决网络质量问题，将会影响用户的感知，给网络长期运营造成影响。

另外，未来的空基网络部署在遥远的太空，现网常规的网络优化手段已经不能适用，因此需要研究天地一体化网络优化技术和方案，重点研究基于 AI 的网络自动优化技术和方案。

4.3.1.2.5 展望及建议

下一代移动通信网络将突破地面限制向空、天、地、海多维扩展已基本成为共识。一方面，NTN 具有明显的覆盖优势和大时空尺度通信的优势，可以帮助运营商提供低成本的普遍服务并扩展现有的通信服务，实现收入增长；但从另一方面来看，天地一体化网络尚有待攻克的关键技术和待部署的硬件通信设施等问题。因此，随着各项关键技术的发展，针对天地一体化网络的发展有如下建议。

（1）不同制式的网络互联互通优化业务传输

针对现有的高轨、中轨、低轨卫星系统和地面网络，设计开放、安全的网关接口，能实现网络之间的互联互通，通过优化业务和网络策略可以实现业务的 QoS 保障，引入 MEC 能实现本地业务流和业务处理，并规避 NTN 的高时延和高传输成本。

（2）相近的技术体制实现业务高效传输

NTN 采用与地面网络相同或相近的网络架构与关键技术，通过共享产业链，提升天地一体化网络的研发效率，降低整体组网成本。通过部分设备合设，例如核心网合设、卫星信关站与基站合设的方式，实现网络资源和网络策略的快速互通，从而达到业务高效传输的目的。

（3）天地一体化融合组网实现业务的统一调度与支持

网络平台采用统一的空口技术体制和网络架构，进行统一的资源管理和动态频率共享，实现统一的业务调度与编排。通过模块化的设备、云化的计算处理能力，引入区块链等技术，实现天地一体化网络的设备和计算处理能力的复用和共享，进一步降低网络部署与运营的成本，实现绿色、集约和健壮的网络部署。

4.3.1.3 中国电信天地一体化网络实践

2021 年，中国星网在河北雄安注册成立，正式拉开了我国低轨卫星网络发展的序幕，我国空天信息产业将步入新的发展阶段。中国电信积极跟进研究未来天地一体化网络的发展趋势，未雨绸缪，计划在国内部署地球站和先进的算力中心，为中国星网、航天宏图和银河航天等企业提供地球站服务和面向卫星系统的测运控一体化服务的空天云服务能力，并承接天地一体数据服务平台，为数据交易和应用开放提供基础能力。

2023 年 9 月，中国电信发布“手机直连卫星”商用服务，是全球首个支持消费级 5G 终端直连卫星双向语音和短信的运营级产品。该产品由中国电信牵头，突破了卫星体制优化、星地网络融合等关键技术，为应急、交通、航海、航空和矿业等行业及大众用户提供应急和保底通信能力，在全球实现了从零到一的突破，引领我国相关产业链的发展。

使用中国电信“手机直连卫星”业务，用户需要更换支持直连卫星的手机，并利用已建成的卫星移动通信系统及现有的卫星通信技术体制，通过芯片小型化、射频天线优化等技术，在手机中增加传统卫星通信终端的通信功能，使手机成为地面移动通信和卫星移动通信的双模终端，从而实现“手机直连卫星”的功能。

另外，在天地一体化的关键技术研究方面，中国电信牵头的中国 3GPP 星地融合首个项目——“卫星网络与地面网络频谱兼容研究”和 ITU-T 首个“高空平台、卫星和移动网空天地融合研究”项目都已经立项，目前正在针对天地一体化涉及的卫星、高空平台、地空宽带通信系统（Air to Ground，ATG）等方向开展研究工作。

（1）卫星方向

① 响应国家北斗发展战略，落实中央企业北斗发展三年行动计划，中国电信积极参与国家组织的相关测试。

② 中国电信积极跟踪低轨卫星系统的发展，研究低轨商用卫星系统的架构、能力、频率和技术演进等方面。

③ 基于天通及全球星系统，中国电信计划面向航空公司、通用航空及无人机、海洋及游轮等用户，打造空中和海洋宽带互联网及语音接入的卫星通信基础服务能力。

④ 中国电信计划开展天通卫星通信系统演进技术方向研究，重点研究卫星地面通信系统构建及组网方式。

（2）高空平台方向

以高空平台基站（HAPS IMT Base Station，HIBS）为代表的空基网络，具有以下特点。

① 可重用 IMT 产业链和频段，用户使用普通终端即可接入。

② 大气层内的卫星在一个地方可连续停留 3 ～ 6 个月，能够提供半径 100km 的覆盖能力。

③ 部署灵活机动，可长期部署，也可应急部署。

④ 与地面通信网络天然融合一体化，快速形成天地一体、全程全网的通信网络能力。

因此，HIBS 将是中国电信下一阶段的重要研究方向。中国电信计划在 HIBS 全球频率可行性、频段兼容性、组网方案设计和试点试验等方面开展相关研究。

（3）ATG 方向

2020 年，中国电信与国航开展 4G ATG 民航应用示范项目，能够实现实时快速存取记录器（Quick Access Recorder，QAR）数据机务维修管理、客舱安防监控和客舱医救通信等。

在 ATG 基站建设方面，中国电信已建成多个 ATG 地面基站配套设施，覆盖国内多条民航干线。目前，中国电信 4G ATG 网络已在部分航线在网试运行，主要用于前舱业务。在下一阶段，中国电信将在 ATG 关键技术、频率干扰协调、业务应用及运营模式等方面开展研究。

4.3.2 算网融合下的承载网

4.3.2.1 全光网络

4.3.2.1.1 概述

“新基建”是智慧经济时代贯彻新发展理念，吸收新科技革命成果，实现国家生态化、数字化、智能化、高速化、新旧动能转换与经济结构对称态，建立现代化经济体系的国家基本建设与基础设施建设。新型信息基础设施是“新基建”的三大组成部分之一，作为新型信息基础设施的带宽基石，全光网将在“新基建”时代迎来新的发展机遇。全光网作为信息网络的基础设施，要在降低网络单位能耗和绿色节能方面发挥更重要的作用。

中国电信作为新型信息基础设施的建设者和运营者，以“云改数转”作为企业战略转型的目标，按照“网是基础，云为核心，网随云动，云网一体”的思路，建设云网融合新型信息基础设施，夯实数字经济发展底座；探索绿色低碳发展新模式。中国电信始终坚持“云改数转”战略，率先提出“全光网”理念，持续深耕细作，又率先建成一二干融合的基于可重构光分插复用器（Reconfigurable Optical Add/Drop Multiplexer，ROADM）技术的骨干全光交换网络、覆盖全国主要城市和重要互联网数据中心（IDC）的端到端全光传输网络、覆盖城乡的光纤到户（FTTH）全光接入网络，为经济社会高质量发展构建坚实的网络基础。“全光网”成为中国电信云网基础设施能力和自主可控科技创新的一张亮丽的名片。

4.3.2.1.2 全光网2.0演进策略

（1）骨干全光网

一二干融合光缆网络覆盖全国，已基本替换2000年以前建成的干线光缆，保证光缆网络的质量。中国电信规模部署大有效面积超低损耗G.654E光纤光缆，初步覆盖京津冀、长三角、粤港澳大湾区和川渝陕“四圈”重点区域。除新疆、西藏，全国90%的省会城市间提供不大于20ms的传送网时延，“四圈”之间时延达到15ms以内。启动多芯光纤（MCF）、少模光纤（FMF）和光子晶体光纤（PCF）等新型光纤技术的现网试点，验证了传输性能和商用可行性。

一二干融合ROADM网络继续按需扩容补点，扩大覆盖范围。新建400Gbit/s高速ROADM平面引入光背板、高维度WSS、集中算路+分布式控制、波长快速调谐和快速交换等新技术，实现可承诺的快速故障恢复，单点光缆故障WSON业务恢复时间满足30s指标的达标率95%以上。基于新一代云网运营系统，实现一二干融合ROADM网络跨厂商、跨域的统一业务调度。

骨干全光传输技术进入400Gbit/s时代，具备超长距传输能力的单波长400Gbit/s DWDM传输系统开始规模商用，为IP骨干网、数据中心互联等用户提供400Gbit/s业务电路。一二干融合政企OTN覆盖全国所有本地网，根据业务发展启动第二平面建设。结合新一代云网运营系统，为用户提供专线和专网级高品质组网、入云和云间等业务，探索全光网物理层加密技术在专线和专网增值业务中的应用。

（2）城域全光网

加速WDM/OTN技术向城域网边缘下沉，城域网架构进一步扁平化，城域全光网覆盖60%的本地网。优化城域光缆网络资源，打造大型城市2ms时延圈、大型城市核心区域和中小型城市1ms时延圈。联合业界研发定制化灰盒传输设备和低成本城域WSS技术，推动低成本WDM（DCI）设备在城域核心层的应用，以开放解耦设备形态、环网为主的网络拓扑打造城域全光网的带宽底座。通过新一代云网运营系统，引入SDN等新架构、新技术，实现对多厂商设备的统一管理和业务调度。新一代云网运营系统引入大数据分析、数字孪生和AI等技术，实现城域全光网的智慧化运营。

城域OTN覆盖全国所有本地网，核心汇聚点全覆盖，接入汇聚点覆盖率达到90%以上，全面替代SDH网络。逐步引入M-OTN/OSU新技术，重点城市提供基于M-OTN/OSU的端到端高品质灵活颗粒专线业务。采用自主可控的UMS控制器，实现多厂商接入型OTN设备的统一管控。根据重点行业用户的需求，在城域OTN/M-OTN中探索引入行业专网/子网技术，结合OTN精品专网门户、新一代云网运营系统，实现行业用户专网专用、在线受理、资源可查、性能可视和配置可维等智能服务能力。基于OTN和云资源池一体化组网，全面实现高品质入云等业务自动开通，达到云网一体运营的目标。探索OTN和PON的协同，为政企用户提供高性价比的点到多点专线业务。

（3）接入全光网

全网建成以10Gbit/s PON技术为基础的千兆光网，千兆城市达到50%以上，全面覆盖双千兆网络基础设施，50Gbit/s PON规模应用。面向垂直行业深入推进面向云边协同的工业PON技术，融合边缘计算、时间敏感网络和AI等，提供智能化的定制服务，工业PON技术进入深度发展阶段。O波段WDM技术全面覆盖5G前传应用场景，并探索面向6G的下一代移动前传技术。针对特定业务场景，推广应用单波长100Gbit/s及更高速率的O波段WDM技术。

（4）DCI全光网

DCI全光网开始引入800Gbit/s的速率，进一步降低单位比特千米的传输成本。城域DCI全光网探索频谱出租方案，支持第三方波长的传输和管理。面向云边协同研究探索信息与通信技术（ICT）融合、多专业融合的一体化边缘云网设备形态，支持多接入边缘计算（MEC）等应用场景的云边互联应用需求。

4.3.2.1.3　中国电信面向全光网2.0重点技术创新

（1）骨干高速、大容量全光传输技术

超高速、大容量和长距离全光传输是中国电信骨干全光网的重要目标。

①超高速传输。

提高单波长的速率可以减少波长和光模块的数量，降低单位比特传输的设备成本和功耗，简化运维的难度。中国电信骨干网已全面采用单波100Gbit/s的速率，并在积极探索更高速率的应用，在骨干网进行了200Gbit/s和400Gbit/s长距离和超长距离的现网传输试点。

单波速率增长主要依赖高阶调制和高波特率两种技术手段：高阶正交振幅调制（QAM）可以成倍提升速率，但抗噪声性能会下降；高波特率是同时提高速率和传输距离的更好途径，在减少单位比特成本、功耗和空间方面具有更大的潜力。目前，已商用的光电器件带宽最高可支持 90GBaud 的系统，下一代有望突破 130GBaud，支持更高的速率和更好的传输性能。从业务发展和技术能力的角度来看，400Gbit/s 将是中国电信下一代骨干网 DWDM 传输的主流线路速率，800Gbit/s 则将是未来关注的重点，这两种速率的成熟落地，需要上述技术的持续创新和进步。

② 大容量传输。

大容量传输的目标是应对电信运营商网络带宽需求持续增长的压力。单纤容量取决于系统的频谱效率（SE）和频谱带宽。骨干网有传输距离的要求，提升 SE 的方法许多时候不能满足传输距离的要求，另一种获得更高容量的方式是扩展频谱带宽。

目前，中国电信骨干网主要采用传统 C 波段 DWDM 系统，频谱带宽一般为 4THz。近年来，有些系统达到了 4.8THz。采用扩展 C 波段的频谱带宽扩展方式，频谱带宽可达到 6THz，在 200Gbit/s 速率下，骨干传输容量可提高到 16Tbit/s，目前已在中国电信现网商用部署。400Gbit/s 时代，中国电信骨干传输系统的容量要持续提升，需要继续依赖扩展波段的技术，目前业界已实现在扩展 C 波段的基础上继续扩展 L 波段。

面向未来，随着光纤制造工艺的不断提升，现在的光纤已经基本消除了水峰的影响，理论上可用的传输波长范围有可能扩展到 1260 ～ 1675nm，涵盖 O 波段到 L 波段，扩展波段技术还有很多挖掘和创新的空间。

③ 长距离传输。

长距离全光传输可以减少电中继，降低单位比特传输的成本和功耗。中国电信骨干网是区域 ROADM 网络，区域覆盖范围大，传输距离长，而且开通 WSON 功能后，波长业务动态重路由往往会进一步增加传输距离，所以长距离全光传输能力是中国电信骨干网的重要需求。

实现骨干网长距离的传输目标，在技术上可以从两方面着手：一方面增强系统抗噪声和损伤的能力，例如，采用抗噪声能力更强的低阶调制格式、高性能补偿算法和增强型 FEC 技术等；另一方面可以优化传输信道，例如，采用超低损、大有效面积光纤和拉曼放大等手段，可以减少传输过程中的损伤和噪声。

目前，基于 90GBaud 系统的 400Gbit/s 波长，传输能力在 1000km 以内，难以在骨干网大规模应用。下一代采用 130GBaud 器件的 400Gbit/s 波长，有望将传输距离提升至 1500km 以上，成为中国电信骨干网下一阶段的首选。作为下一步骨干网长距离光传输技术演进方向的重要探索，中国电信已完成了目前国内距离最长的陆缆骨干网 G.654.E 超低损、大有效面积光纤的部署，总长度近 2000km。

（2）城域网低成本全光传输技术

随着各种新型业务的发展，中国电信城域网各个层次的带宽需求都达到了每秒几十吉比特甚至几百吉比特，全光 WDM 传输无疑成为满足这种大带宽需求的重要解决方案。城域承载对 WDM 系统有特殊的需求：一是传输距离短，一般不超过几百千米；二是网络规模大，中国电信在全国范围有几百个城域网。综合考虑这些因素，城域全光 WDM 传输技术的核心要求是低成本，只有低成本才可能支撑 WDM 技术在城域网的全方位落地应用。

城域网有汇聚和核心等多个层次，同时不同地区的城域网，其规模相差也较大，对传输带宽和距离的需求也不尽相同，匹配这些不同的传输要求，目前有多种低成本的 WDM 技术方案。

① 相干 200Gbit/s 和 400Gbit/s 技术。

相干 200Gbit/s 和 400Gbit/s 技术是城域核心等单纤容量需求较高位置的理想选择。实现低成本的 200Gbit/s 和 400Gbit/s，需要芯片、器件和模块等一系列技术的支持。目前，基于低成本、低功耗硅光和 DSP 等技术的 200Gbit/s 和 400Gbit/s 可插拔 CFP2-DCO 相干模块已经基本成熟。从性能上看，完全可以覆盖城域传输的要求，同时，在成本和功耗等方面，相比骨干同速率模块更具优势，预期其在中国电信城域网中会有很大的应用空间。

② 相干和非相干 100Gbit/s 技术。

相干 100Gbit/s 技术已经非常成熟，并且有大规模的应用。其模块也早已采用可插拔的封装形式，并从 CFP 发展到 CFP2-DCO。目前，业界还开始研究更小的封装形式，例如 QSFP-DD，可进一步降低功耗、成本和体积，同时其传输性能也会有所放宽，更适配城域低成本传输的要求。

另一类 100Gbit/s 技术则采用非相干技术实现，例如 4 阶脉冲幅度调制（PAM4）技术。目前，采用 53GBaud PAM4 调制格式的 O 波段非相干 100Gbit/s 已经逐步成熟，业界相关组织正在推动其向 20km 甚至 40km 的传输能力发展。

（3）基于 ROADM 的全光交换技术

ROADM 可以在光层实现自动路径调度和业务恢复，将传统的点到点光链路变为灵活的光网络，是目前商用程度最高、最成熟的全光交换技术。

① CD/CDC ROADM 技术。ROADM 包括波长无关、方向无关、竞争无关和灵活栅格 4 种属性（实际 ROADM 系统可以是这 4 个属性的灵活组合）：波长无关、方向无关 ROADM（CD-ROADM）具有多种优势，中国电信的五大区域 ROADM 网络全部采用 CD-ROADM 技术；波长无关、方向无关、竞争无关 ROADM（CDC-ROADM）可以实现任意本地波长在任意方向的上下路，极大地降低网

络规划的复杂度，中国电信将进一步研究和推动CDC-ROADM技术的发展，按需引入现网。

② 故障快速恢复技术。ROADM的重要特征是可支持动态重路由，当光缆发生故障时，其上承载的波长业务可以自动恢复。目前，动态重路由的业务恢复时间存在不确定、不一致的问题。尽管实现方式略有差异，但ROADM动态恢复时间主要受重路由计算时间、WSS器件切换时间、OTU波长调谐时间、波长资源竞争导致的重路由回退时间等因素的影响。重路由计算时间的优化可通过增强计算单元的硬件性能和优化波长路由算法实现。WSS器件切换时间的优化要避免快速切换引起的光功率浪涌等问题。OTU波长调谐时间的优化主要考虑加快找到、控制和锁定目标波长和功率的相关电路和算法的速度。通过集中算路 + 分布式控制可有效避免纯分布式算路面临的波长资源竞争导致的重路由回退问题。中国电信组织业界进行了大量优化恢复时间的研究，近期有望实现30s以内的可承诺快速动态恢复，中远期将实现秒级的可承诺快速动态恢复。未来可以通过AI技术，实现智能故障预测和光层快速功率均衡以及OSNR均衡，高优先级业务实现亚秒级快速恢复。

（4）城域光传送网技术

随着SDH逐步退网，OTN即将全面替代SDH网络，实现对5G、专线、DCI、视频和入云等业务的综合承载。OTN正在从骨干网向城域网的边缘延伸，与骨干网相比，城域网的汇聚和接入层节点数量众多，且面临业务多样化、带宽颗粒小的承载需求，因此对OTN设备业务适配灵活性与设备性能提出了更高的要求。现有的分组增强型OTN技术虽然具备高品质的优势，但是为了支持分组和小颗粒业务，采用了分组、VC、ODU多平面叠加的方式，存在叠加技术和运维管理复杂、实现成本高等问题。

针对以上需求和存在的问题，中国电信联合业界提出了以OSU为核心的M-OTN技术体系，补齐了传统OTN技术在小颗粒业务承载效率方面的短板，有利于降低设备的复杂度和成本，简化网络运维。同时，M-OTN继承了OTN技术天然支持的切片能力，可保障高品质业务确定性的体验。M-OTN/OSU技术的核心点是借鉴OTN的时分复用（TDM）技术，引入以2Mbit/s为颗粒的灵活容器OSU，提供2Mbit/s到10Gbit/s的光切片能力，实现多种颗粒业务的接入和传输。其主要技术优势：首先是小颗粒多业务承载能力强，可以支持硬管道业务连接数目多；其次是汇聚比高，基于OSU技术的最大业务汇聚比可达400：1；第三是低时延，其双向时延可降低1～3ms；第四是无损带宽调整能力优势，其最小调整带宽颗粒度可以小至10Mbit/s，且协议简单、带宽调整时间短；最后是业务承载效率高，以OTU2（10Gbit/s）链路为例，承载效率可提升25%。M-OTN/OSU网络演进策略示意如图4-14所示。

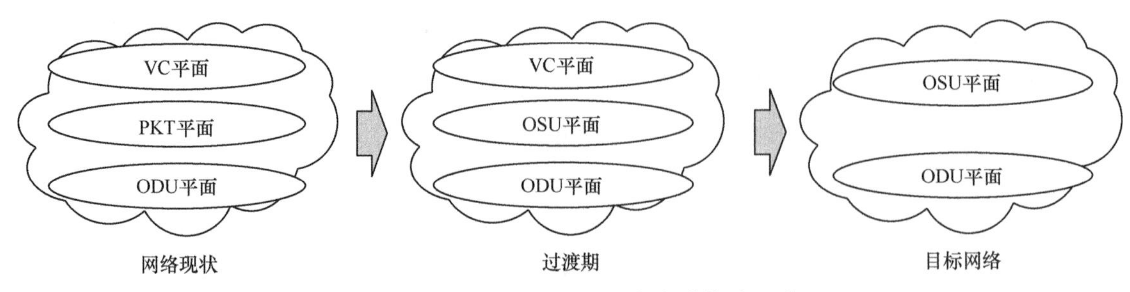

图 4-14　M-OTN/OSU 网络演进策略示意

M-OTN/OSU 的业务场景主要包括政企总部分支互联专线、入云业务和 Cloud VR 等。为了充分利用现有的网络资源，现有城域分组增强型 OTN 可以分阶段实现向 M-OTN/OSU 的演进，可对现网设备采用升级方式实现对 OSU 的支持，最终达到 OSU 和 ODU 双平面的目标网络。在全网设备对 OSU 能力覆盖不全面的过渡期间，采用 VC、OSU 和 ODU 三平面的方式，支持过渡期间多种业务的多样承载需求，同时加速推进网络对 OSU 技术支持的覆盖率，尽早实现 OSU 和 ODU 双层平面极简化目标的网络。

（5）全光网智慧运营技术

传统网管系统按专业垂直建设与运营，难以跨专业网络运营，网管接口缺乏统一管理。中国电信在新一代云网运营系统中逐步将传统网管垂直分为专业建设和运营的模式转向采集和控制层水平建设运营，网络 / 网元采集和控制能力按水平方式统一建设和运营，并按照云、网、系统深度融合的方式构建，实现全集团“一张网、一朵云、一个系统、一套流程”，可跨专业提供端到端网络数据和采控服务的能力。

在新一代云网运营系统体系下，骨干、城域和接入全光网可实现对所有厂商设备的统一管控。城域 / 骨干 OTN 和 ROADM 采用分层管理模式，要求厂商网管具备 I2 北向接口开放能力以实现统一采控，ROADM 超级控制器可实现全网 ROADM 的跨域调度；接入型 OTN 采用直控网元模式，利用中国电信 UMS 控制器代替厂商网管，以实现接入型 OTN 的统一管控；宽带接入节点通过基于 NETCONF/YANG 的 OLT/ONU 信息模型管控设备。目前，基于 PON/10G-PON 技术的 FTTH 已规模部署应用。

除了光网络专业域内的跨厂商统一管控，新一代云网运营系统也为“IP + 光”协同提供了架构基础和数据保障。在网络的规划部署、运营维护和性能优化的过程中，通过“IP + 光”的协同可以解决传统规划部署时间长、资源占用过多和拓扑设计不佳等问题，实现跨层优化的目的。

全光网还需要用更好的监控手段和引入 AI 技术来实现智慧化运维。基于 Telemetry 的精细化数据采集，采用高效的“推”模式，实现对设备性能的秒级采集能力，是网络可视、自治的基础技术。引入 AI 技术，把传统运维的静态策略、域内分析转变为具备深度分析和数据关联能力的智慧运营，为全光网运维提供流量预测、网络优化、故障定位和性能劣化预警等功能，为网络运维注智赋能。依托新一代云网运营系统，还可以通过跨专业多域协同，构建统一的光模块数据采集模型和标准接口规范，实现全网光模块资源的统一管控。

（6）全光网的未来展望

在“云改数转”战略指引和“云网融合”目标的架构下，中国电信将持续推进全光网络的建设，面向全光网 2.0 的架构扁平化、网络全光化和运营智慧化“三化”愿景，通过一系列技术创新，使全光网具备全光传输、全光交换、全光接入、全光承载、全光智治和全光云网这六大全光目标的技术架构特征，实现 2025 年基本成型、2030 年稳定成熟的两阶段演进目标，形成一张架构稳定、全网覆盖、低碳节能和行业领先的全光网络。

全光网发展到 2.0 阶段，并没有达到最终状态，网络还将持续演进。展望未来，随着网络流量的进一步增长和流向变化以及绿色节能战略的深入推进，全光传输的容量会进一步增加，新材料、新算法、新的光电集成技术将推动单波长速率持续增长，同时通过扩展波段增加可用传输带宽，研究和部署新型光纤，增加传输容量和传输距离；全光交换将向更高维度、更低成本、更快恢复等方向发展，并且有望突破波长唯一性和波长一致性的限制，实现真正意义上的波长或子波长级无阻塞全光交换；全光接入会进一步提高带宽、增加覆盖范围并扩展应用场景，全光接入基站 / 无线 AP，探索全光网与用户之间最后一段无线连接的协同技术，可见光无线通信（LiFi）、RoF 等高速、节能和低成本的技术有望在接入场景展开应用，进一步优化用户的体验。下一代全光网的范围将进一步扩大：一方面，自由空间光通信有望成为全光网的一部分，大气光通信、卫星间光通信和星地光通信将使全光网成为天地一体化网络；另一方面，全光网将向设备和芯片内部发展，设备内部实现全光互联，芯片通过光接口增加密度，同时降低功耗。

4.3.2.2 新一代 IP 网络

4.3.2.2.1 概述

IP 网络在“面向终端、尽力而为”的核心理念下，以其强大、优异的泛在连接能力，简单、尽力而为的传输能力，以及端到端的业务和应用模型，经过多年的发展，构建起一个开放、中立和简洁的技术体系，实现了全球网络的广泛互联互通，建立了以消费互联网为代表的完整应用生态，推动人类社会进入网络时代，并取得了巨大的成功。

以信息技术、人工智能为代表的新兴科技的快速发展，大幅拓展了时间、空间和大众的认知范围，人类正在进入一个“人机物”三元融合的万物智能互联时代，网络空间也成为继“陆、海、空、天”之后的国家第五疆域。

在新的历史阶段，网络生产力的发展重心已从“广泛互联”向“产业支撑”转移，这为网络技术在确定性、安全性和管控能力等方面带来了新的挑战。IP 网络面向终端的设计理念，以及不断打补丁的演进方式，已难以满足产业应用对网络质量、效率、安全、管控和能耗的严苛要求，特别是端到端的安全模型，导致网络空间安全边界模糊，负面作用凸显。

在现有 IP 的基础上，新一代 IP 网络提出“以网络为中心、能力内生”的核心主旨，通过打造新型 IP 网络体系，联通分散的计算、存储及网络等资源，赋予网络安全可信、确定性传输、算网融合、差异化服务等内在能力，构建一体化的 ICT 基础设施。

新一代 IP 网络立足改变现有网络“端强网弱”的网络生产关系，通过做强网络，主动向各类产业应用提供网络能力、计算能力及数据能力服务，降低端侧应用的复杂度，提升服务质量和网络效率，保障网络可信安全，形成以网络为能力主体与责任主体的全新网络产业生态与治理体系。

4.3.2.2.2　算网融合下 IP 网络演进趋势

新一代信息基础设施是数字时代的“底座”和“基石”。随着算力不断发展，数字经济持续高速增长，而数字经济的发展又进一步加深对算力的依赖，人类正在迈向万物感知、万物互联、万物智能的“算力时代”。算网融合时代，IP 网络向着云网一体、确定性承载、智能自治的方向发展。

（1）云网一体

作为面向云和网的基础资源层，IP 网络通过实施虚拟化 / 云化技术，实现简洁、敏捷、开放、融合、安全和智能的新一代信息基础设施的资源供给，最终使过去相对独立的云计算资源和网络设施融合形成一体化供给、一体化运营、一体化服务的体系。

算力网络是云网融合技术的新发展方向：在网络中分布大量不同规模的计算、存储等资源，基于用户的服务等级协定（SLA）的需求，综合考虑实时的网络、算力和存储等多维资源状况，通过网络灵活匹配与动态调度，将用户的业务流量动态调度至最优的资源节点，为用户提供算力资源一体化的服务。

我国明确提出“布局大数据中心国家枢纽节点，形成全国算力枢纽体系”的要求，具体如下。

① 构建一体化算力服务体系和优化算力资源需求结构电商化：垂直行业用户进入统一的云网业务入口，根据自身的需求菜单式订购，并可根据需求变化，实时变更。

② 云网端到端自动化：统一编排器联通各级网络控制器和云管理平台，实现端到端业务的

自动开通和调整。

③ 业务和资源可视化：实时感知业务 SLA 和云网资源使用的情况，支持高效运营管理。

④ 算力网络化：根据算力分布智能调度云网连接，动态匹配业务 / 用户的算力需求。

⑤ 确定性 SLA：根据用户需求，提供确定性的 SLA，包括网络可用性、带宽和时延等。

（2）确定性承载

互联网正在从消费型互联网向产业互联网延伸拓展，推动网络服务能力从“尽力而为”向“准时、准确”演进，要求网络提供超低时延、有界时延、低抖动、极高可靠性、端到端高精度的时间同步等能力，以满足垂直行业高确定性的业务需求。

现阶段，时间敏感网络（Time-Sensitive Network，TSN）技术主要解决一定区域内的网络确定性问题，例如工厂车间内、工业园区内等。要实现跨城域网、广域网的确定性，实现端到端的确定性承载，仍需要实现以下 3 个关键技术。

① 确定性 IP：支持广域确定性，基于“时隙 + 门控”的确定性解决方案，保证三层域上每一跳的严格时延边界上限，进而保证任意端到端传输。

② DetNet：打通多个 TSN 二层域，基于统计复用提供确定性时延和抖动；支持集中控制、显性路由、抖动消减、拥塞保护，多径路由等。

③ SRv6：提供端到端确定性路径。根据业务意图、网络拥塞状态等，智能化选择最佳路径并实时调整，提供端到端的最佳连接体验。

（3）智能自治

网络智能自治是指融入 AI、大数据、云计算、边缘计算和数字孪生等新技术的数字化、智能化网络和 ICT 基础设施，更好地支撑电信运营商战略转型、业务增长和运营效率提升，使能垂直行业数字化转型和消费者生活数字化。

IP 网络在推动互联网应用发展中的一大优势是其开放性，基于 IP 网络的协议通信要求相对简单和便捷，基于 IP 开发的应用也因此丰富多样，这也是互联网日益繁荣的一个基础条件。

随着网络智能化的要求越来越高，IP 网络的开放性也在面临新的挑战和要求。目前，业界最关注的一个方向是基于意图（Intent）的网络。意图网络（Intent Based Network，IBN）的核心就是简化业务应用对网络的“通信 / 表达”方式，即从应用或用户的角度出发，告诉网络要做到什么，而不是要求网络去做什么。例如，某个视频应用的承载，对于 IP 网络来说，不再要求被告知“A 地到 B 地，需要 ×× 带宽，走中间那个节点”，而只需要被告知“A 地到 B 地，保障视频质量为 ××”。换句话说，在以前，用户和应用需要关心网络的策略和执行；今后则只需要关注网络的质量和效果，至于具体如何实现这种“意图”则是网络的事情。智能自治网络架构如图 4-15 所示。

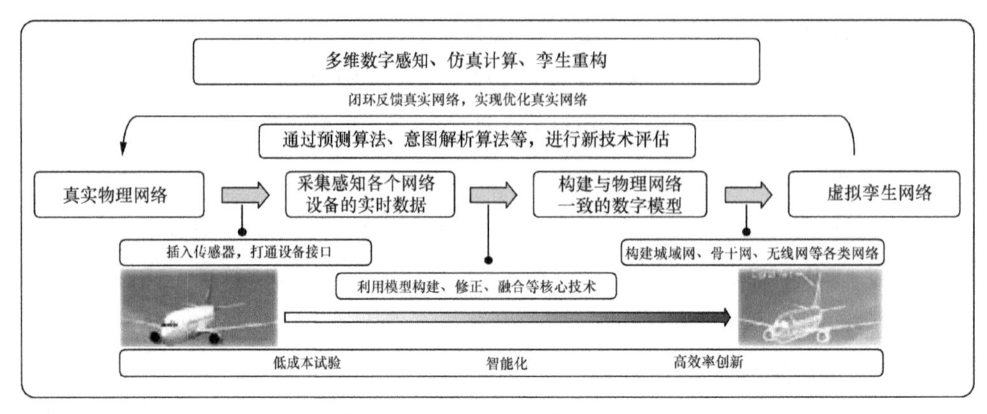

图 4-15　智能自治网络架构

显而易见，实现 IBN 是一件富有挑战的事，对于网络北向接口的显式表达式定义、对于自动化 API 的分层设计、对于存量网络基础设施的性能监测和呈现、对于策略执行相关的业务流程闭环等，都需要进行全面的考虑和设计，而其中很多性能是现行 IP 网络不具备的。这一探索极大简化应用要求，推动网络开放，必然会促进业务和网络进一步双向繁荣，给 IP 网络带来新的动力。

4.3.2.2.3　中国电信新型 IP 城域网建设实践

IDC 早前发布的《数据时代 2025》报告指出，全球每年产生的数据将从 2018 年的 33ZB 增长到 2025 年的 175ZB；Gartner 认为，到 2025 年，大约超过 75% 的数据将在边缘产生、在边缘处理，边缘计算将能够减少网络传输和多级转发带来的带宽与时延损耗。云间、云边、边边的业务协同驱动城域网内的流量流向由树形（边缘—中心）向网状（边缘—边缘）转变。

随着 5G 和云网融合业务的发展，toB 业务由封闭的传统 ICT 向融合云、网、边、端、安的新型 DICT[1] 演进，toH/toC 用户由传统连接业务向新型云、网、端交互业务发展。新型业务形态推动算力向城域网内下沉，业务发展将在城域网内部催生复杂的东西向和南北向流量，要求打造以边缘云为核心、云网一体的城域网络，具备入云、云间流量疏导能力，实现云边、边边业务协同。

传统 IP 城域网固移分离承载、接入控制设备功能复杂、网络灵活性低，难以提供云网融合业务一致性体验、快速自动化开通和智能化运维等能力。

中国电信新型 IP 城域网以边缘云为核心构建，引入 Spine-Leaf（脊 - 叶）架构、SRv6/EVPN[2]/FlexE 切片等新技术，实现固移融合、云网一体化承载和业务差异化保障，通过云网

注：1. DICT 是指 DT（Data Technology，数据技术）、IT（Information Technology，信息技术）和 CT（Communication Technology）的深度融合。
2. EVPN（Ethernet Virtual Private Network，下一代虚拟专用网络）。

POP[1] 实现了云网标准对接，支持边缘云按需灵活下沉。采用 STN 新型设备作为网络骨架，部署池化 vBRAS[2]，进一步降低建网成本，提高承载效率，大幅降低能耗。

（1）新型 IP 城域网演进思路

① 目标架构。

新型 IP 城域网以打造融合、敏捷、简洁、云化、智能、安全的网络为目标，以云为核心组网，采用“积木式”模块化架构，实现架构弹性扩展、云网标准化对接、用户集中式处理，满足固移融合承载及云网融合业务发展需求。新型 IP 城域网目标架构如图 4-16 所示。

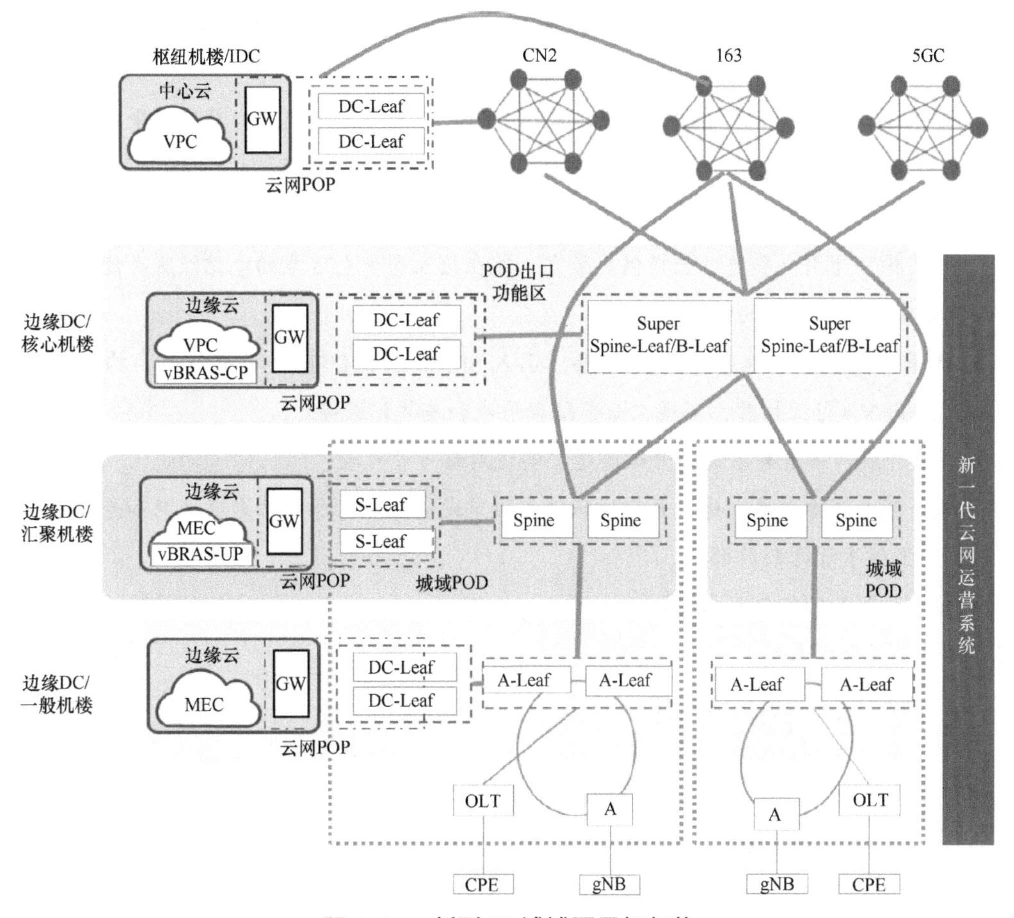

图 4-16 新型 IP 城域网目标架构

➢ 城域 POD：区域内全业务融合承载，采用 Spine-Leaf 架构组网，实现流量快速疏导与横

注：1. POP（Point of Presence，因特网接入点）。
2. vBRAS（virtual Broadband Remote Access Server，虚拟宽带远程接入服务器）。

向弹性扩展。A-Leaf提供固定/移动用户、边缘云等全业务的就近接入；Spine实现Leaf汇聚与流量转发。Leaf-Leaf之间通过SRv6 + EVPN实现入云、云间等流量快速转发。

➢ 云网POP：部署DC-Leaf/S-Leaf实现网络与云资源池标准化对接，接入Spine设备。

➢ POD出口功能区：由Spine和Super-Spine/B-Leaf组成，与骨干网、业务平台/核心网等对接。POD出口功能区的演进目标是国内互联网流量通过Spine直连骨干网，Super-Spine转发多POD间互联流量。考虑演进复杂度，初期大型/特大型城域网可通过Super-Spine汇聚Spine统一直连骨干网。

➢ 转控分离vBRAS池：由云化控制面（vBRAS-CP）和池化转发面（vBRAS-UP）组成，实现光宽等固网业务集中管理；vBRAS-CP按城域网部署，vBRAS-UP按POD集中部署。

② 发展思路。

新型IP城域网是推动中国电信toB/toC/toH全业务转型升级的网络基础，采用新架构，引入新技术和新设备，打造算力和应用的综合承载能力，支撑以边缘云为中心的全业务生态建设。

➢ 根据边缘云布局设置城域Spine-Leaf节点。充分利用STN设备，构建新型IP城域网Spine-Leaf架构，为用户和边缘云提供大带宽、泛在接入和安全可靠的电信级服务能力，满足边缘云下沉带来东西向流量的高效疏导。

➢ 部署转控分离vBRAS池新型设备。引入SRv6/EVPN/FlexE等新技术，构建端到端的toB+toC/toH+N×行业切片，实现全业务融合承载和差异化服务。

➢ 同步开展网络运营系统的升级改造，实现网络可管可控。

➢ 统筹新老网络发展，建设新型城域网的城市或者区域，原则上老城域网和老IP RAN不再扩容，加强板卡资源利旧调配。

➢ 按需引入DCI-BOX，承载Spine至Super-Spine、Spine至Leaf之间的链路，降低城域传输网络的建设投资成本。

（2）新型IP城域网建设方案

① 建设总体原则。

新型IP城域网以边缘云为核心组网，依托STN，搭建城域Spine-Leaf新型架构，引入新设备和新技术，实现固移融合、云网一体。

➢ 以城域网为单位合理规划POD设置，协同边缘云布局，牵引新型IP城域网建设，Spine/Leaf节点与边缘云协同部署。

➢ 合理预测光宽、天翼高清、移动、政企等传统流量增长；加强边缘云业务场景和流量模型的研究，适度超前为算力下沉预留网络能力。

➢ 以 STN 为基础，向新型城域网演进，搭建 POD 内的 Spine-Leaf 网络，同 POD 优先采用同厂商设备搭建 Spine-Leaf 网络，实现固移、云网业务融合承载和灵活组网。

➢ 集中部署转控分离 vBRAS 池，实现光宽等业务集中管理、控制。vBRAS-CP 云池按城域网集中，实现 1∶1 热备和虚实共管；vBRAS-pUP 池按 POD 部署；vBRAS-vUP 与 vBRAS-CP 原则上应同厂商同节点部署。

➢ 同步开展服开系统、运营系统改造，实现业务编排、业务自动开通和故障自动定位等能力，保障业务平滑过渡。

② 业务承载方案。新型 IP 城域网实现固移业务融合承载，通过分业务部署不同控制点，满足业务高效承载需求。A-Leaf 到 Spine 部署 FlexE 构建硬切片，切片内通过 SRv6 + QoS 实现不同业务优先级，实现业务融合、安全和差异化承载。新型城域网业务承载方案如图 4-17 所示。

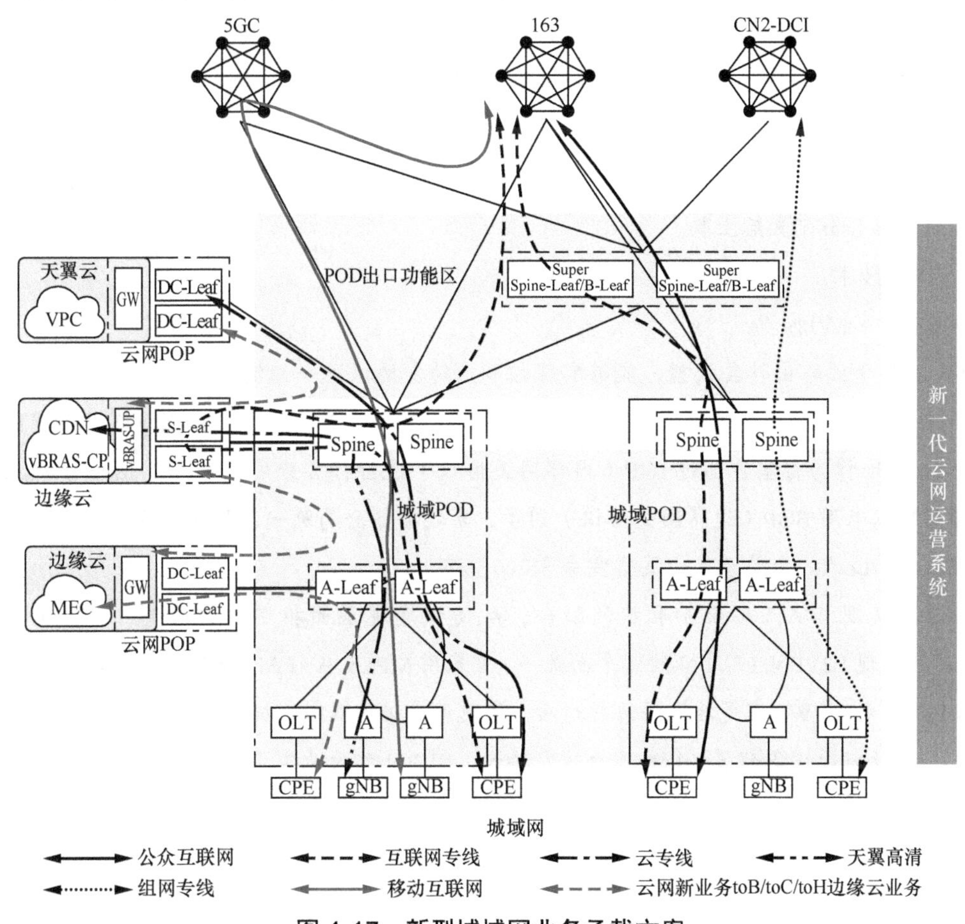

图 4-17 新型城域网业务承载方案

新一代云网运营系统

➢ 公众互联网：池化 vBRAS-pUP 作为业务接入控制点。初期可通过 CR 兼做 Super Spine 统一上连 ChinaNet，目标是国内流量通过 Spine 直连骨干网。

➢ ITMS[1]/VoIP[2] 以 vBRAS-vUP 作为业务控制点。

➢ 天翼高清：原则上采用增强型非 Session 化 IPoE 接入，A-Leaf 作为业务控制点，通过 Spine-Leaf 访问天翼高清 POP。初期可采用 vBRAS-pUP 作为业务控制点，通过 vBRAS-pUP 访问 CDN POP。

➢ 云网超宽带：采用增强型非 Session 化 IPoE 接入，A-Leaf 作为业务控制点，通过 Spine-Leaf 访问对应的云资源池。

➢ 互联网专线：考虑到网络信息安全监管要求，初期可采用 vBRAS-pUP 做集中式控制点访问互联网，采用 A-Leaf 作为补充，用于访问城域内边缘云业务。

➢ 组网专线：通过 A-Leaf 接入跨 POD/ 跨城域网的流量，通过 B-Leaf 接入 CN2。

➢ 云专线：通过 A-Leaf 接入，利用 DC-Leaf 访问云资源池，云间流量通过 DC-Leaf 间构建端到端隧道。

➢ 4G/5G 基站回传业务：A-Leaf（STN-B）接入，经 Spine 直连 5GC CE。初期移动流量较小，可通过城域 B-Leaf 汇聚后上联。

③ 关键技术。

➢ SRv6 + EVPN。

SRv6 基于源路由转发模型，能够实现控制 / 转发协议统一，实现快速收敛与负载分担。通过 Function 携带业务属性（基础转发、L3VPN 和 L2VPN 业务 SID）实现网络可编程能力；采用 IPv6 地址作为标签，通过 IGP（内部网关协议）进行标签分发，兼容 Native IP 网络；IP 前缀标签可以采用 BGP（边界网关协议）同步，实现标签全局统一，跨域配置简单；全网统一规划 SRv6 的 Locator，基于路由策略宣告 SRv6 信息。

EVPN 实现二 / 三层业务承载的融合，从协议实现层面推进转控分离。基于 MP-BGP NLRI 扩展实现 L2VPN/L3VPN 控制平面统一，可采用 MPLS、VxLAN 及 SRv6 等多种转发技术。EVPN VPLS[3] 和 VPWS 可灵活提供网关双活，实现用户接入双归，提升网络的可靠性。

A-Leaf 及以上设备部署 SRv6 作为转发协议，EVPN 作为业务承载协议。全业务部署 VPN 隔离，基于 SRv6 网络可编程能力，实现业务路径的定制、自动化配置和智能调度。

注：1. ITMS（Integrated Terminal Management System，终端综合管理系统）。
2. VoIP（Voice over IP，互联网电话）。
3. VPLS（Virtual Private Lan Service，虚拟专用局域网业务）。

新型城域网全网部署 SRv6 和 MPLS，按需提供双平面业务承载，实现与原 IP 城域网、STN/IP RAN 对接，保障传统 MPLS VPN 业务承载需求，逐步平滑演进。

➢ FlexE。

FlexE 是实现硬件切片的关键技术，光互联论坛（OIF）组织制定的 FlexE 2.0 和 FlexE 2.1 标准，可在 100GE、50GE 接口下启用 FlexE，支持普通以太网模式与 FlexE 模式切换，支持 5G 颗粒度，支持业务无中断的动态调整 Client 通道带宽，支持在 FlexE OAM 模式与业务接口模式下实现 1588v2 时间同步。

Spine-Leaf 部署 FlexE，根据业务需求形成 *N* 个硬切片，结合 SRv6 实现数据转发，同切片内通过 QoS 区分不同行业用户的优先级，实现差异化业务承载。

4.3.3 物联网基础设施

4.3.3.1 概述

物联网是新一代信息技术的重要组成部分，物联化是信息时代的重要发展趋势，是继计算机、互联网之后的第三次信息化浪潮。物联网是在互联网的基础上延伸和扩展的网络，其核心和基础仍然是互联网。同时，物联网使信息交换与通信从人与人、人与物之间延伸和扩展到物与物之间，也就是“物物相息”。物联网通过智能感知、自动识别与普适计算等通信感知技术，与各行各业形成深度融合。

物联网的概念包含广义和狭义两个层面。从广义上看，物联网是一个未来发展的愿景，等同于“未来的互联网”或者“泛在网络”，能够实现任何时间、任何地点，使用任何网络的人与人、人与物，以及物与物之间的信息交换；从狭义上看，物联网是物与物之间通过传感器连接起来的网络，无论是否接入互联网，都属于物联网的范畴。实际上，早在物联网这个概念被正式提出之前，网络就已经将触角延伸到“物”的层面，例如，交警通过摄像头监控车辆，通过雷达对行驶中的车辆进行测速等。然而，这些都是互联网范畴内的一些具体应用，并且多年前就已经实现了对物的局域性联网处理，例如自动化生产线处理。

目前，业界对物联网还没有形成统一的定义，但从物联网的本质上看，它是现代信息技术发展到一定阶段后出现的一种聚合性应用与技术的提升。国内业界通常认为，物联网是一种泛在网络，利用互联网将现实中的人和物都连接在一起，使能万物交互。物联网具体可以理解为，通过射频识别装置、红外感应器、全球定位系统、激光扫描器等信息传感装置采集信息并接入互联网，进行信息交换与操控，以实现智能化识别、定位、跟踪、监控和管理的一种网络。物联网通过各种感知、现代网络、人工智能及自动化等技术的聚合和集成应用，构建了人与物、物与物之间智慧对话的通道，从而创造出更加智慧的世界。

传统的物联网应用不多，2G/3G 时代主要是以无线公网的形态支撑物联网的初始发展，例如，在电力行业中，用电信息采集、配电自动化“二遥”等业务通过全球移动通信系统（GSM）、通用分组无线服务（GPRS）、码分多路访问（CDMA）等公共网络接入，采集数据更加快速方便，降低了抄表的人力成本。中国电信以用户迁转先行，加快 2G/3G 减频退网，并充分利用 2G/3G 腾退后的频率、天面和机房等资源，开展 4G/5G 网络建设，2G/3G 物联网逐渐退出历史舞台。

4G 时代，无线专网技术发展迅速，中国电信物联网开始在电力、公安、旅游等领域应用，4G 技术主要以无线专网的形态支撑物联网的发展，4G 物联网业务具有带宽适配性、时延适配性、容量适配性、可靠适配性、安全适配性，能够实现数据、语音、图像、视频等业务的泛在接入和可靠承载，在支撑物联网建设方面已经展现出卓越的功能、性能优势，满足具有高流量业务需求和行业专网业务通信需求。目前，中国电信统筹 4G/5G 频率资源，深化 4G/5G 协同共享，实现提质降本增效，4G 物联网将与 5G 协同共享，提供物联网广覆盖和中低速率业务。

未来，物联网将应用于各行各业，实现万户互联。但目前物联网的应用规模还不是很大，没有充分实现信息的开放和共享。根据物联网的目前应用情况及实现方案，物联网主要的应用模式可以归结为以下 3 类。

（1）基于 RFID 的应用模式

电子标签是 3 类能够把“物”改变为智能物件的技术中最灵活的一种。它的主要应用是把移动和非移动资产贴上电子标签，用于识别和区分对象个体，实现针对对象个体的跟踪和管理。

EPC Global 提出的 Auto-ID 系统主要由电子产品代码（Electric Product Code，EPC）标签、RFID 标签阅读器、实现信息过滤和采集的应用层事件（Application Level Event，ALE）中间件、EPC 信息服务系统和信息发现服务组成。具体包括对象名称解析服务（Object Name Service，ONS）和实体标记语言（Physical Markup Language，PML）。ONS 基本上按互联网中 DNS 的原理，甚至采用了部分 DNS 的现有基础设施。EPC 识别的只是标签，所有关于产品的有用信息都是由 PML 来描述的，其作用类似于互联网中的超文本标记语言（HyperText Markup Language，HTML）。ONS 和 PML 作为物联网框架下的关键技术，有着广泛的应用前景。有了 ONS 和 PML，以 RFID 为主的 EPC 系统才能真正实现智慧物联。基于 ONS 和 PML，企业将 RFID 技术的应用由企业内部的闭环应用过渡到供应链的开环应用上，实现真正的物联网。EPC 物联网体系架构如图 4-18 所示。

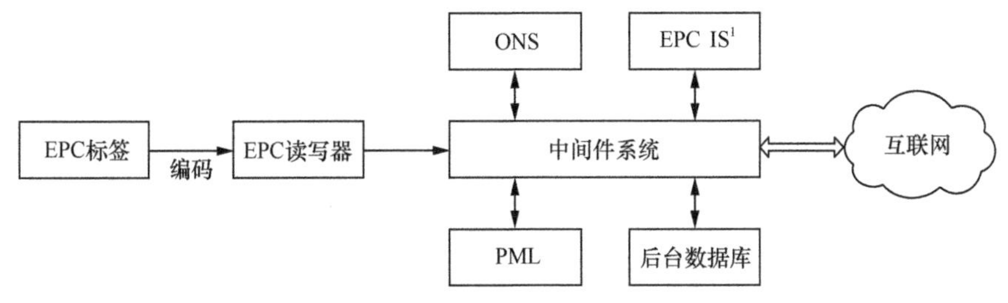

注：1. EPC IS（电子产品代码信息服务）。

图 4-18　EPC 物联网体系架构

（2）基于无线传感器网络的应用模式

无线传感器网络（Wireless Sensor Network，WSN）由分布在自由空间中的一组自治的无线传感器组成，共同协作完成对温度、湿度、化学成分、压力、声音、位移、振动、污染颗粒等特定周边环境或目标对象状况的监控。WSN 中的节点一般由无线收发器、微控制器和电源组成，节点之间构成自组织网络，包括无线网状网和移动自组织网络。

以前 WSN 是计算机和通信专业的热门研究领域，但关于 WSN 的研究大多集中于非 IP 下的 ZigBee、TinyOS 和基于 IP 的 6LoWPAN 等网络底层及电源的持久性等问题，但大规模应用的商用价值和实用性较差。目前，支持 WSN 的产品及解决方案相对较少。

与基于 RFID 的应用模式相比，基于 WSN 的应用模式与真正的物联网还有一定的距离，对类似 EPC Global 中 ONS 和 PML 等物联网层面的问题还有待进一步研究。

（3）基于 M2M[1] 的应用模式

M2M 所覆盖的范围是最大的，不仅包含了 EPC Global 和 WSN 的部分内容，也包含有线和无线两种通信方式。此外，M2M 还包含并拓展了工业信息化中传统的 SCADA。SCADA 在工业、建筑、能源和设施管理等领域与现在的 M2M 系统一样，承担设备数据收集和远程监控监测的任务。从表面上看，M2M 和 SCADA 基本相同，但 M2M 是基于互联网的技术，相较于 SCADA 的 C/S 架构，更加标准化、更加开放。

M2M 分为移动虚拟网络提供商（Mobile Virtual Network Enabler，MVNE）和移动虚拟网络运营商（Mobile Virtual Network Operator，MVNO）两种业务模式。我国的电信运营商从很早以前就开始部署 M2M 业务，基础电信运营商以外的很多企业陆续获得虚拟运营商牌照，

注：1. M2M（Machine to Machine，机器与机器）。

在虚拟运营市场发力，大幅促进了物联网发展的速度。目前，已部署和开展业务的物联网有eMTC、窄带物联网（Narrow Band Internet of Things，NB-IoT）和5G物联网。

4.3.3.2　5G物联网规划思路

4.3.3.2.1　5G网络能力

ITU提出5G四大关键特性，即连续广域覆盖、热点高容量、低功耗大连接、低时延高可靠。ITU在其发布的白皮书中将其归为三大场景，即eMBB、海量机器类通信（massive Machine Type Communication，mMTC）、超可靠低时延通信（ultra-Reliable and Low-Latency Communications，uRLLC），其中，mMTC和uRLLC都是属于物联网范畴。

在5G典型场景中，考虑到增强现实、虚拟现实、超高清视频、云存储、车联网、智能家居等5G典型业务，并结合各场景未来可能的用户分布、各类业务占比，以及对速率、时延等的要求，可以得到各个应用场景下的5G性能需求。5G关键性能指标主要包括用户体验速率、连接数密度、端到端时延、流量密度、移动性和用户峰值速率。5G需要具备比4G更高的性能，支持0.1～1Gbit/s的用户体验速率，每平方千米一百万个的连接数密度，毫秒级的时延，每秒的流量密度为每平方千米数十太比特，每小时500km以上的移动性和每秒的峰值速率为数十吉比特。其中，用户体验速率、连接数密度和时延为5G最基本的性能指标。5G还需要大幅提高网络部署和运营的效率，相比4G，频谱效率提升5～15倍，能效和成本效率提升百倍以上。性能需求和效率需求共同定义了5G的关键能力，5G性能效率指标需求见表4-2。

表4-2　5G性能效率指标需求

性能指标	
用户体验速率	0.1 ~ 1Gbit/s
连接数密度	每平方千米一百万个
时延	数毫秒
移动性	>500km/h
每秒的峰值速率	数十吉比特
每秒的流量密度	每平方千米数十太比特
效率指标	
频谱效率	5 ~ 15倍
网络能效	>100倍
成本效率	>100倍

面对新的业务、用户需求和应用场景，4G技术不能满足其要求，而且差距较大，特别是在

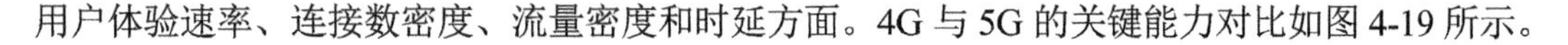

用户体验速率、连接数密度、流量密度和时延方面。4G 与 5G 的关键能力对比如图 4-19 所示。

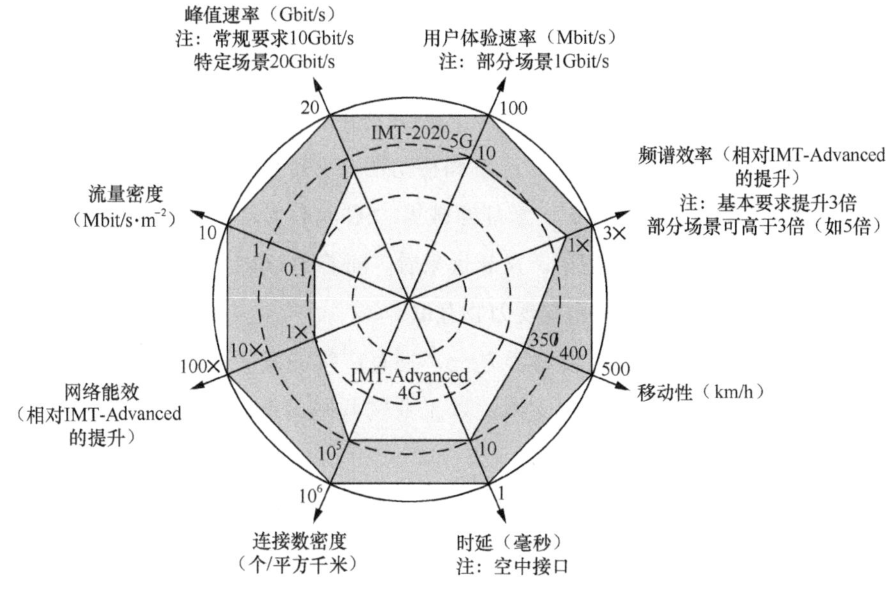

图 4-19　4G 与 5G 的关键能力对比

5G 三大业务场景对网络关键能力的需求并不相同，eMBB 对网络能效、流量密度、峰值速率、用户体验速率、频谱效率、移动性需求较高，物联网相关性较高的 mMTC 主要依赖超高的连接数密度，uRLLC 则对时延和移动性提出了较高要求。5G 三大业务场景对网络关键能力的需求如图 4-20 所示。

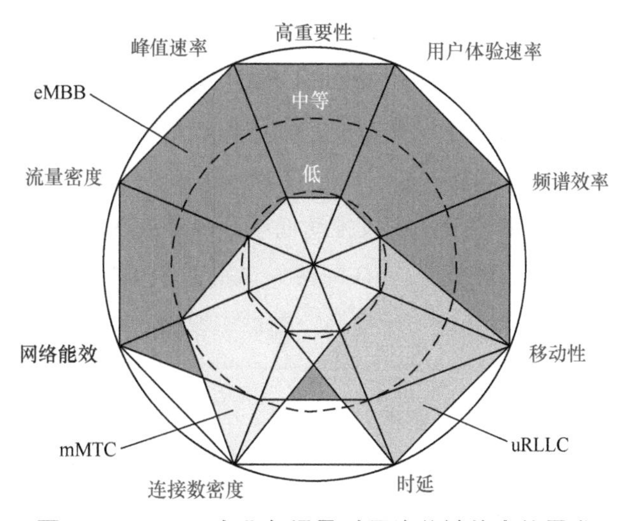

图 4-20　5G 三大业务场景对网络关键能力的需求

4.3.3.2.2　5G 物联网规划目标

在5G定义的eMBB、mMTC、uRLLC三大场景中，mMTC和uRLLC都是面向物联网的场景。目前，NB-IoT、eMTC 和 5G 被称作物联网广域互联互通的三驾马车。其中，NB-IoT 具有低速率、深度覆盖、无连接态切换的特性，适用的物联网业务主要有智能抄表、智能停车、路灯控制、井盖防护、环境监测等；eMTC 具有中低速率和移动性，支持语言、定位等特性，适用的业务主要有物流跟踪、车辆定位、移动支付、智能穿戴等；5G 具有大带宽、低时延、广连接等特性，适用于需要实时控制和传输视频的应用。从长远来看，随着 5G uRLLC 和 mMTC 的逐步成熟，5G 支持物联网广域互联互通，将真正实现万物互联。

物联网作为产业结构升级的重要内容之一，拥有广阔的发展前景。随着 5G 应用的逐步落地，物联网的发展将获得更全面的支撑。以工业物联网为例，5G 在以下 3 个方面助力其发展。

① 促进工业物联网应用边界的拓展。5G 在标准制定过程中充分考虑了物联网的需求。在 5G 的支撑下，工业物联网的应用边界将得到拓展，促使物联网可以应用在更多的场景中。

② 促进工业物联网的智能化。5G 将在很大程度上促进工业物联网的智能化发展，促进云计算、边缘计算、大数据等技术体系协同部署。借助 5G 的支撑，人工智能也将在数据和算力两个方面得到更有效的保障。当然，智能化也是工业物联网最终的诉求之一。

③ 促进工业物联网的全面落地。5G 对于促进工业物联网的落地应用具有非常积极的意义，5G 一方面可以支撑更多的物联网设备，另一方面也能够保障这些设备之间的可靠通信。当然，工业物联网对于网络及信息安全的要求也非常高，5G 也有相应的保障。

工业物联网的发展不仅需要 5G 的支撑，也需要搭建一系列技术体系。对于垂直行业来说，如果想借助工业物联网为企业发展赋能，应从基础设施建设开始，根据实际需求来完成物联网设备和物联网平台的部署。目前，电信运营商在持续完善 5G 网络覆盖，以需求和效益为导向，以数据驱动精准建设；积极推动低频异网漫游现网试商用，尽早实现农村地区规模部署；预计“十四五”时期末，5G 网络人口覆盖率 98%，基本达到现有 4G 网络覆盖的水平，5G 物联网基础能力将进一步提高，提供广覆盖、高速率、高质量的物联网业务体验。

4.3.3.2.3　5G 新功能加速物联网发展

（1）5G NPN

纵观无线专网技术的发展历程：在模拟集群阶段，主要有北美 APCO16 和欧洲 MPT-1327

两家；在窄带数字集群阶段，APCO25、iDEN、TETRA、DMR、GoTa 和 GT800 等多家争雄；在宽带集群阶段，则是 MCPTT 和 B-TrunC 引领主流。3GPP 在 2020 年发布 R16 后，无线专网技术正式进入 5G 专网时代。

3GPP R16 的重点之一是各垂直行业应用的标准化研究。在 5G 系统架构上，TS 23.501 等系列规范及研究报告首次定义了 5G 专网，即非公共网络（Non-Public Network，NPN）架构，系统分析了垂直行业的通信业务需求、安全增强等关键问题。5G NPN 提供 eMBB、mMTC 和 uRLLC 等更丰富的场景，端到端网络切片支持垂直行业差异化服务，可实现灵活编排的业务定制能力，结合边缘计算、5G LAN、TSN 等先进技术构筑连接、控制、融合的智慧社会基础。

5G NPN 通过独立 NPN（Stand-alone NPN，SNPN）和公网集成 NPN（Public Network Integrated NPN，PNI-NPN）两种部署模式为垂直行业提供与公网 PLMN 隔离的 5G 基础网络，并通过与 PLMN 的互相访问，构建了在一张专网上满足多种应用网络需求的基础。SNPN 不依赖 5G 公网，与 5G 公网相互独立部署，由电信运营商、企业或相关组织等运营，PNI-NPN 是在 5G 公网支持下部署的专网，由电信运营商运营和维护。

物联网中低时延、大带宽、大连接的通信业务，依托电信运营商各种模式的 5G 专网，可以完美地匹配垂直行业对于业务可用、安全可靠、可管可控的核心诉求，为物联网提供了泛在、灵活、低成本、高质量的全新技术选择。

目前，3GPP 对 5G 专网的标准化还处于初期阶段，对 5G 专网的安全增强、信道建模、SNPN 与 PLMN 互通等部分内容还有待在后续版本中进一步规范。

（2）网络切片

网络切片是在作为基础设施的公共物理网络上创建的多个相互隔离的虚拟网络，在提供定制化能力以满足行业要求的同时，还提供一定的隔离能力，相互独立运行，可独立进行生命周期管理。5G 网络可以为不同行业提供不同的切片，例如电力、交通、政府、银行等。每个网络切片按照业务场景的需要和话务模型进行网络功能的定制裁剪及相应网络功能的编排管理。一个网络切片可以视为一个实例化的 5G 核心网络架构，在一个网络切片内，电信运营商还可以进一步灵活分割虚拟资源，从而实现“按需组网”。

网络切片本质上就是将电信运营商的物理网络划分为多个虚拟网络，每一个虚拟网络根据不同的服务需求，例如时延、带宽、安全性和可靠性等，灵活地应对不同的网络应用场景。为了实现网络切片，NFV 是先决条件，网络采用 NFV 和 SDN 后，会更容易地执行切片。一个网络切片将构成一个端到端的逻辑网络，按切片需求方的需求灵活地提供一种或多种网络服务。网络切片架构主要包括切片管理和切片选择两项功能。切片管理功能有机地串联商务运营、虚拟化资源平台和网管系统，为不同的切片需求方（例如垂直行业用户、虚拟运营商和企业用户等）提供安全隔离、高度自控的专用逻辑网络。

以电力物联网为例。电力物联网业务的多样性需要功能灵活可编排的网络，高可靠性需要隔离的网络，毫秒级超低时延需要极致能力的网络。4G 网络对所有的业务提供相同的网络功能，无法匹配电力物联网的多样化业务需求。在此背景下，5G 推出网络切片，来应对以泛在电力物联网作为典型的垂直行业多样化网络连接需求。基于 5G SA 电力网络切片，能够充分利用 5G 网络的毫秒级低时延能力，结合网络切片的 SLA 保障，增强电网与电力用户间的双向互动，有效提升在突发电网负荷超载的情况下对电网末端小颗粒度负荷单元的精准管理能力，将因停电造成的经济损失和社会影响降至最低。

（3）TSN

TSN 是指面向应用中的时延敏感数据流，提供低时延、低抖动和零丢包率数据传输能力的网络。TSN 是由以太网音 / 视频桥接技术发展而来的，以太网音 / 视频桥接技术是在传统以太网的基础上，使用精准时钟同步，通过业务保障带宽来减小传输时延，提供高级别 QoS 以支持各种基于音 / 视频的媒体应用。

TSN 允许周期性与非周期性数据在同一网络中传输，即可将音 / 视频流数据和传统以太网控制信号一同传输，使得标准以太网能够提供确定性的传输能力。目前，TSN 正通过厂商独立的标准化进程，逐渐成为全球认可的新型工业通信技术。

（4）集成接入回传

集成接入回传（Integrated Access and Backhaul，IAB）是基于移动中继的多跳技术，利用多跳终端进行业务的接入和回传，可以大幅提高网络部署的灵活性，降低网络建设的成本。可以通过配置 IAB 节点的数量，提供灵活的范围扩展能力，主要的电力物联网应用场景有地下室等密闭场景覆盖、输电线路覆盖和盲区覆盖等。

4.3.3.3 中国电信物联网应用实践

4.3.3.3.1 应用现状

中国电信早于 2014 年就成立了物联网分公司，经营 2G、3G 物联网业务，并于 2017 年完成 4G 物联网 NB-IoT 全国覆盖。物联网分公司通过射频识别装置、红外感应器、全球定位系统、激光扫描器等信息传感装置采集信息并接入互联网，实现信息交换与操控，运营智能化识别、定位、跟踪、监控和管理等业务。

2019 年 2 月，为承担 5G 时代网络强国使命，中国电信在物联网领域打造了自有核心能力、研发运营一体化的物联网能力中心，成立了全资子公司——天翼物联科技有限公司（以下简称“天翼物联”）。天翼物联以 5G 引领万物“智”联新时代，全面立足于粤港澳大湾区、长三角经济带、京津冀地区，以及成渝经济带，依托中国电信的资源禀赋，将物联网与 5G、大数据、AI、边缘计算、区块链、视图云等新技术深度融合，打造了集约统一、能力开放、持续迭代的智能物联网中台——中国电信智能物联网开放平台（CTWing），为用户提供覆盖广泛、灵活多样、融合便捷、品质体验、安全可靠的物联网基础设施服务和高价值、高质量的“平台 + 应用”服务，全力打造科技安全型、生态平台型企业，致力于成为物联网安全连接的主力军、设备管理的主力军和智能数据服务的引领者，赋能数字经济，建设数字社会。

天翼物联在智慧城市、智慧应急、政法安防、智慧农业、智慧适老、智慧工业、智慧企业、交通物流、智慧教育等方面推行了 60 余项解决方案。同时，针对小微企业提出了绿色节能服务、企业组网及移动办公服务、中小企业安防无忧等一系列快速落地的小微 ICT 方案。经过多年的实践，天翼物联打造了“中共中央党校项目”“清华大学智慧校园项目”“南京江北新区研创园物联网示范区项目”“哈工大机器人集团通力电梯 5G 智慧园区项目”等标杆案例，具有重要的参考意义和推广价值。

面向数字经济新时代，中国电信携手合作伙伴共建“5G + AI + IoT”创新生态，加快推进物联网与实体经济的深度融合，赋能千行百业数字化转型升级，助力数字中国和网络强国建设。

4.3.3.3.2　*发展展望*

5G 主要解决高清视频清晰度、传输速率等问题，而 B5G 和未来网络将解决一些应用场景与技术的完善过程。中国电信与中兴通讯、华为等厂商共同研究未来物联网发展，将物联网应用愿景概括为 4 个关键词——“智慧连接”“深度连接”“全息连接”“泛在连接”，而这 4 个关键词共同构成“一念天地，万物随心”的总体愿景。

①“一念天地”中的“一念”强调实时性，指无处不在的低时延、大带宽的连接。

② “念”还体现了思维与思维通信的“深度连接”。

③ “天地”对应空、天、地、海无处不在的“泛在连接”。

④ “万物随心”所指的万物为智能对象，能够“随心”所想而智能响应，即“智慧连接”；呈现方式也将支持“随心”无处不在的沉浸式全息交互体验，即“全息连接”。

（1）智慧连接

智慧连接的特征可以表现为通信系统内在的全智能化：网元与网络架构的智能化、连接对象的智能化（终端设备智能化）、承载的信息支撑智能化业务。智慧连接将同时满足两个方面的需求：一方面，所有相关连接在网络的设备本身智能化，相关业务也已智能化；另一方面，复杂庞大的网络本身也需要以智能化方式管理。智慧连接将是支撑其他三大特性（“深度连接”“全息连接”和“泛在连接”）的基础特性。

（2）深度连接

人类生产和生活的空间不断扩大，信息交互需求的类型和场景越来越复杂。以5G为开端的万物互联将会促进物联网通信需求快速提升，并很可能在未来几年内爆发。相对于人员的通信需求，无论是物联网信息交互的空间范围还是信息交互类型，都将会有极大的扩展。预计，未来物联需求将会从以下4个方面快速发展。

① 连接对象活动空间的深度扩展。

② 更深入的感知交互。未来的通信设备及其连接对象将大部分智能化，从而需要更深度的感知以及更实时的反馈与响应。

③ 物理网络世界的深度数据挖掘。AI深度学习将会深度挖掘与利用未来通信网络的数据，同时还为支持深度学习而强化大数据通信的需求。

④ 深入神经的交互。脑机接口（Brain-Computer Interface，BCI）等技术的成熟，思维与思维的直接交互将成为可能，一定程度的“心灵感应”将可能变为现实。

（3）全息连接

未来，媒体交互形式将可能从以现在平面多媒体为主，发展为以高保真VR/AR交互为主，甚至全息信息交互，无线全息通信将成为现实。高保真VR/AR将普遍存在，全息通信及显示也可随时随地进行，人们可以在任意时间和地点都可享受完全沉浸式的全息交互体验，即实现“全息连接”的通信愿景。当然，若想基于无线通信网络实现全息通信、高保真VR/AR，将会面临诸多挑战，众多专家学者已经在研究采用AI技术来解决相关问题，即需要“智慧连接”的支撑。

“全息连接”特征可以概括为：全息通信、高保真VR/AR、随时随地无缝覆盖的VR/AR。

（4）泛在连接

传统的蜂窝网络也有随时随地的无线接入需求，但是从5G系统开始，物联网信息交互的空间范围和信息交互类型都会得到极大的扩展。

物联设备的活动范围将会极大扩展通信接入的地理空间，包括布置于深地/深海/深空的无人探测器、中高空有人/无人飞行器、深入恶劣环境的自主机器人，以及远程遥控的智能机器设备等。

随着航空航天、深海探测等领域的科学技术快速发展，人类在一些极端自然环境下的生存能力提升，人类的活动空间也在快速扩展。未来，也许会有更多人有机会进入外太空，则卫星与地面、卫星之间、卫星与航天器之间的通信需求将会更普遍，而不是现在仅仅局限于少数专业的科学探索领域的特殊通信需求；人类的活动踪迹也会更多地出现在极地、沙漠等地方；人类将进驻远洋、更多无人岛屿开展活动。

未来，通信系统将会在现有5G的基础上进一步发展增强，属于物联原生网络，中国电信将在物联领域持续开拓，真正实现信息突破时空限制、网络拉近万物距离，以及无缝融合的人与万物智慧互联，并最终达到“一念天地，万物随心”的总体愿景。

在未来，中国电信将提供一系列更加智慧、广泛的物联网应用，典型场景如下。

➢ 全域物联网应用。

目前，物联网通信主要依靠地面通信网络，很难保证通信连接不中断。例如，从海洋浮标收集信息或在海洋运输过程中收集集装箱信息时，可能会遇到地面通信网络覆盖盲区而引起的通信网络中断。未来，物联网设备能够随时随地连接网络、上报信息。物联网业务将延伸到偏远地区、海洋等地面网络未连接的区域。

偏远地区的蜂窝业务容量是有限的，对于海量物联网设备来说，资源显然不足。在南北极、沙漠等人烟稀少的地区，人们会部署物联网设备来收集信息，但这些区域没有地面通信网络覆盖，因此信息上传和收集受到限制。未来，网络或将融合地面通信网络与非地面通信网络，为物联网设备提供通信网络连接，方便人们采集企鹅或北极熊的状态信息、监测偏远农场的农作物生长情况等。

在海上作业场景中，需要在海洋里部署浮标来测量浪高、水温、风速等信息，这些信息可以帮助海员避开风浪大的海域，或采取必要的预防措施。此外，在远洋运输中，集装箱信息的上报也是很重要的，如果能够实时了解每个集装箱的信息，就可以在运输全程查看集装箱的温度、湿度、位置等信息。

➢ 智能工厂 PLUS。

利用未来网络的超大带宽、超低时延和超可靠等特性，可以实时采集工厂内车间、机床、零部件等运行数据，利用边缘计算和 AI 等技术，在终端侧直接进行数据监测，并且能够实时下达 / 执行命令。通过引入区块链技术，智能工厂所有终端之间可以直接进行数据交互，而不需要经过云中心，实现“去中心化”操作，提升生产效率。基于先进的智慧网络，工厂内任何需要联网的智能设备 / 终端均可灵活组网，智能设备的组合同样可根据生产线的需求进行灵活调整和快速部署，从而能够主动适应制造业个人化、定制化的大趋势。智能工厂 PLUS 将从需求端的用户个性化需求、行业的市场空间，到工厂交付能力、不同工厂间的协作，再到物流、供应链、产品及服务交付，形成端到端的全过程闭环。

➢ 联网机器人。

目前一些汽车技术研究人员正在研究智能网联汽车。自动驾驶汽车通过各种传感器来感知周围环境，例如激光雷达、GPS、声呐、里程计和惯性测量装置等。

未来网络不仅支持可靠的车与万物相连（Vehicle to X，V2X），以及车与服务器之间的连接，还支持无人机与地面控制器之间的通信。无人机在商业、科学、农业、娱乐、城市治理、物流、监视、航拍、抢险救灾等领域都有广阔的应用空间。此外，当蜂窝基站不存在或者不工作时，无人机可以作为高空平台站（HAPS）为该区域的用户提供广播和高速上网服务。

4.4 云智一体

4.4.1 概述

人工智能已成为继移动互联网技术之后最大的技术浪潮，产品形态和应用边界不断拓宽，覆盖经济、政治、社会、文化等领域，日益成为全球科技竞争的战略高地。自 2022 年 OpenAI 发布 ChatGPT 以来，全球掀起了以大模型和生成式人工智能（Artificial Intelligence Generated

Content，AIGC）为代表的通用人工智能科技浪潮，引发了科技巨头争相布局，掀起了创业热潮的链式反应，大模型成为人工智能领域的开发新范式。未来，通用人工智能将进入大规模商用阶段，提供更多的智能化应用场景，拓展更多的智能化服务，赋能千行百业，成为驱动产业转型升级的重要力量。

当前，中国人工智能产业整体规模位居全球第二，中国信息通信研究院测算，2030 年中国人工智能产业规模将达到 1 万亿元，前景广阔，规模巨大。

人工智能产业链主要由算力基础设施、平台框架、算法模型及产业应用组成。随着人工智能在各行各业的加速落地，复杂度高的大模型得到广泛应用，社会对智能算力的需求也急速增长。根据 OpenAI 的统计，自 2012 年以来，人工智能模型所需的计算量增长了 30 万倍。当前，以大模型、大数据、海量算力为基础的预训练模型进一步增加了智能算力的需求。在全球引起轰动的 ChatGPT 参数量达到 1750 亿，使用的 GPU 达到万卡，微软专门为 OpenAI 搭建了人工智能计算中心来支撑相关模型所需的算力。从技术原理上看，大模型普遍基于 Transformer 架构，具有数据量大、数据带宽要求高、算力要求高的计算特点，需要 GPU/NPU 等更高计算密度的算力芯片。同时，大模型训练所需算力与模型参数、训练数据量相关，当前已超出单服务器处理能力，要采用多机多卡的方式将任务拆分进行分布式计算，这又带来对高性能存储、超大规模低时延网络、液冷制冷等一系列新技术的需求。这些都对算力基础设施特别是智能算力基础设施提出了更高的要求。

而智能算力基础设施的投入巨大，除了以微软为代表的互联网头部公司，绝大多数企业无法承担人工智能计算中心的建设和运营费用。据 IDC 调研，74.5% 的企业期望采用具有公共基础设施意义的人工智能计算中心。那么，通过统一建设高性能、大规模的人工智能计算中心，并面向公众以服务形式提供算力，就成为智能算力时代电信运营商的重要发展机会和发展方向。

4.4.2　人工智能发展思路

通用人工智能是人类历史上第一次关于智能本身的革命，是一种覆盖全产业链的元技术革命。当前，我国在人工智能产业链的四大方面（算力基础设施、平台框架、算法模型和产业应用）均面临一定的挑战。

（1）算力基础设施方面

英伟达 GPU 在全球人工智能芯片领域占主导地位，谷歌、微软等头部企业建设了规模领先的智能算力基础设施，我国互联网企业、云服务企业及以电信运营商为代表的中央企业智能算力总规模仍然不足。

（2）平台框架方面

TensorFlow、PyTorch 等开源框架占市场主流，针对大模型加速的 DeepSpeed 框架业内领先，谷歌、微软等企业拥有领先的人工智能平台技术栈。

（3）算法模型方面

在基础理论和基础算法技术创新方面，我国处于跟随、追赶的态势；但是在经典深度学习模型研发上，我国已达到先进水平。

（4）产业应用方面

我国具有数据和场景应用优势，在信息类产业智能化应用充分，在传统行业智能化转型的深度和广度还较低。

总体而言，我国智能算力起步较晚，基础理论、高端芯片、核心框架算法等存在短板；人工智能的人才储备和创新机制不足；特别是智算资源总量有限，且分散在不同企业、科研机构和地方政府主导的 30 多个智算中心，缺少用于大模型训练的世界一流超大规模智算中心。

加快发展新一代人工智能是我国赢得全球科技竞争主动权的重要战略抓手，是推动我国科技跨越发展、产业优化升级、生产力整体跃升的重要战略资源。我国要从“可用”的国产算力底座、“好用”的软件及平台支撑、“愿用”的产业生态及“良好”的发展环境 4 个方面，加快布局人工智能产业。到 2030 年，我国要建成具有国际先进水平的自主可控的超大规模算力基础设施，赋能经济社会高质量发展。

4.4.3 中国电信人工智能实践

中国电信作为建设网络强国、数字中国、维护网信安全的国家队，必须加快人工智能产业布局发展，高质量推动智能算力的建设和发展工作。

4.4.3.1 中国电信智算资源池建设体系

中国电信智算资源池建设体系示意如图 4-21 所示。

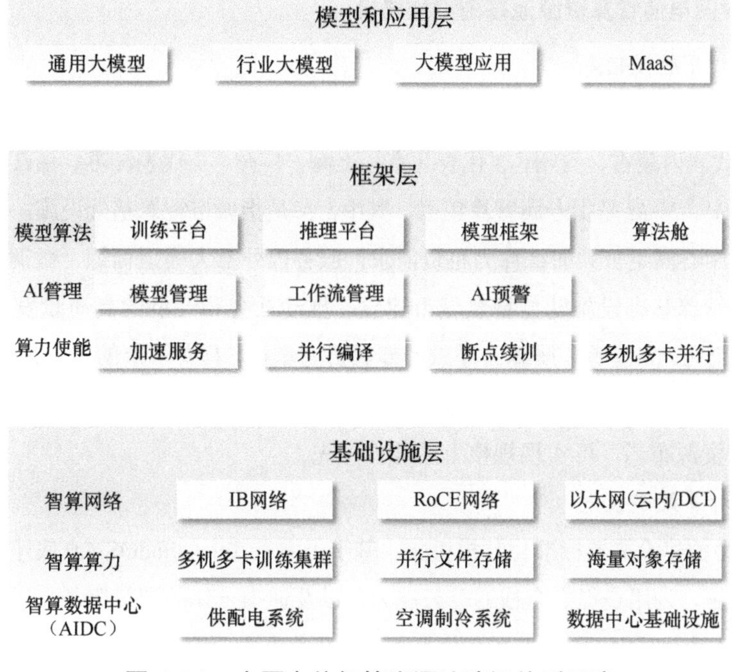

图 4-21　中国电信智算资源池建设体系示意

中国电信智算资源池建设要求如下。

① 机房配套：训练服务器功耗大（单机 8 卡 A800 功耗 7kW，单机 8 卡 H800 功耗 9kW），需要采用大功率机架及液冷方式。

② 互联网络：部署远程直接存储器访问（Remote Direct Memory Access，RDMA）无损网络（例如 IB 网络、RoCE[1] 网络等），支持参数面并行和业务面并行，满足大规模训练对高并发、大带宽、高通信效率的需求。

③ 高速 I/O 存储：部署高速 SSD 存储配合训练加速。

④ 大容量存储：部署大容量 HDD，接收存储用户的数据并进行预处理。

⑤ 多机多卡集群：部署高密度 GPU 服务器训练集群，GPU 卡间高速互联，满足大模型训练等大算力需求。

⑥ 算力使能：需要部署训练引擎、多机多卡、并行计算等能力，例如天翼云智算平台“云骁”。

⑦ 框架及模型：提供训练的框架及工程平台，例如 PyTorch 等。

注：1. RoCE（RDMA over Converged Ethernet，基于融合以太网的 RDMA）。

4.4.3.2 中国电信智算资源池基础设施建设

（1）实现智算规模领先

经过需求调研，中国电信明确了2+3+7+*N*+*M*智算资源规划建设布局：2+3+7是指公共智算中心，其中，2代表内蒙古、贵州，3代表北京、上海、广州，7代表江苏、浙江、安徽、湖北、重庆、宁夏、辽宁。*N*+*M*是指专属智算集群，其中，*N*是指城市智算基础设施，*M*是指行业智算集群。公共智算中心满足公共训练算力租赁需求，服务内外部大模型训练、微调、优化，由集团统筹建设；城市智算基础设施助力智慧城市建设，推动社会和经济的高质量发展；行业智算集群是满足政府、企业、高校等专属算力需求的专属资源集群，具有一定的定制性质，应按需启动。同时，各省（自治区、直辖市）还需要建设公共推理池，并按需下沉推理能力至边缘。通过加快建设以上智算资源布局，可实现规模上的业内领先。

（2）实现智算效率领先

① 单点算力的建设需要标准化、模板化。基于天翼云TeleCloudOS 4.0底座，建设云智一体化的算力基础设施，为用户提供全栈通算云能力，以及训推一体的智算服务。以标准化的智算模块为基础，积木式滚动扩容，同时兼顾在集群规模、设备选型、组网方案、配套方案上的逐步演进。通过设计方案及图纸的标准化，实现小母线、弹性方舱等设备参数和材料规格的标准化。采取机电设备集成一体化、生产预制化的新模式，例如，中压直供交直流通信电源、室外集装箱式油机等，到货后仅需简易安装，大幅提升了交付效率。打破项目制建设，实现全国规模化集采，压实建设成本。

② 建设高性能、高品质的智算网络。智算网络的带宽、时延、丢包率等关键能力会对GPU计算效能产生关键影响，从而进一步影响用户的感知和成本。打造高性能、高品质的智算网络是构建智算核心竞争力的关键之一，也是电信运营商的差异化优势所在。要统筹智算布局和时延、带宽等能力的要求，按照能力适配、布局最优、成本最低、扩展性强的原则，随算力部署同步标准化构建参数、存储、管理等相匹配的各类网络，打通智算与通算网络间的大带宽灵活连接，满足智算中心内大模型训练的高速通信需求，实现智算、通算、网络和数据的全面融通。在智算中心内，要以终局方案为目标，提前规划，采用服务器—交换机、交换机—交换机互联线路最短的整体布局，按需部署200Gbit/s或400Gbit/s大带宽能力，实现算力服务器主机间带宽达到8×200Gbit/s或8×400Gbit/s，存储服务器主机间互连带宽不小于2×100Gbit/s；数据中心间构建带宽随选、路径可调、智能调度的互联网络，打造东西向1ms/10ms/15ms时延圈，同步加快建设多AZ集群，支持云/智算数据和能力融通；面向用户访问智算服务，构建泛在

高速的智算中心接入能力，支持互联网 / 专线 /SD-WAN 多种方式入云入算，业务全光接入，打造南北向 1ms/5ms/20ms 时延圈。

4.4.3.3 中国电信智算资源池框架和模型建设

基于“超大规模算力集群、芯片统一、云边融合、大模型引擎”的四位一体管理，中国电信星河 AI 赋能平台是全球首款以云网融合为核心架构，以“全网、区域、边、端”四级算力为底座，拥有 31 个省级算力集群的人工智能产品和能力平台。

星河 AI 赋能平台统一赋能全网，包括统一建设面向全网的 AI 平台、统一管理全网算力、统一管理全网算法、统一管理全网 AI 数据集和统一管理全网 AI 平台安全。

星河 AI 赋能平台具备训练平台、推理平台、AI 工具的功能，也具备一定的 AI 框架和算力管理调度功能。星河 AI 赋能平台功能模块如图 4-22 所示。

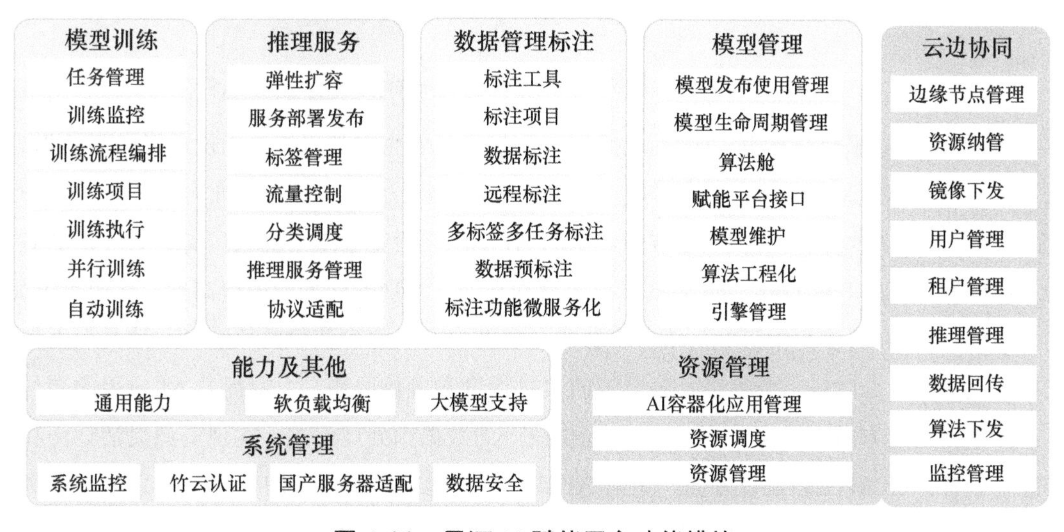

图 4-22 星河 AI 赋能平台功能模块

星河 AI 赋能平台采用多级部署架构，与四级算力一体化部署。星河 AI 赋能平台多级部署示意如图 4-23 所示。核心侧承载数据存储、数据标注、模型训练、模型工程化、能力部署等全链路基本服务功能，统一纳管全网算力，下发算法镜像资产；在省侧 / 边缘侧，调度模块实现算法部署、能力部署、数据采集、监控告警功能，赋能模块提供原子能力、视图接入、算法纳管、算法编排、AI 赋能全流程服务，同时部署 EOP 网关承接 AI 能力的开放，提供 AI 能力的接入和调用。

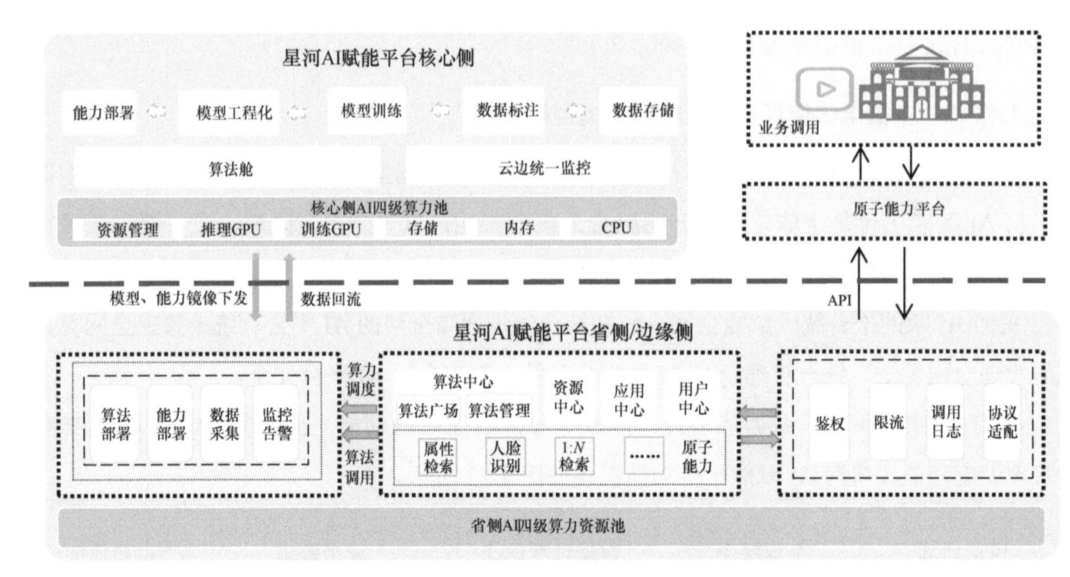

图 4-23　星河 AI 赋能平台多级部署示意

星河 AI 赋能平台在算力、PaaS、应用、数据处理和 AI 生态建设等方面展现了较强的能力。在算力方面，作为 AI-PaaS 中台资源底座，星河 AI 赋能平台的部署已遍布全国，支持统一调度的上万张 GPU 卡资源；在 PaaS 方面，星河 AI 赋能平台基于统一的 AI-PaaS 组件，能够自适应国内外主流的 8 款 GPU，提供统一前向推理框架，实现算法加载便捷高效；在应用方面，星河 AI 赋能平台将作为中国电信统一算法舱，支持自有及生态伙伴的算法“一站式”上架，支持算法编排及分时段、分等级、分区域的实时调度和参数调整，大幅提升 AI 应用的交付效率；在数据处理方面，星河 AI 赋能平台提供统一的数据预处理范式，实现资源灵活订阅和数据统一纳管；在 AI 生态建设方面，星河 AI 赋能平台建立了供应商硬件生态体系、应用集成商软件生态体系和渠道代理生态体系，促进上下游产业融会贯通，共同建设繁荣的 AI 产业生态。

4.4.3.4　中国电信智算资源池典型应用场景

（1）应用场景 1：大模型

① 用户需求：提供大模型训练的高性能算力集群，满足千亿级参数模型的快速训练要求；提供一体化的模型开发、训练环境。

② 场景实现的资源需求：训练数据快速接入，存储访问便捷，用户数据接入并统一上传到模型训练节点；大规模训练节点集中部署大规模、高速互联的高算力 GPU 集群，具备多机多卡支持、断点续训等能力，支持大模型训练，为开发者提供具备训练、开发、推理、调优能力的开发环境，可完成模型预训练和微调等全流程训练开发；推理集群可加载封装好的最终模型，并执行推理操作。

③ 中国电信解决方案：为开发者提供一体化大模型训练开发服务，开发完成后可直接下发到推理节点使用。

（2）应用场景 2：车辆自动驾驶训练

① 用户需求：无人驾驶车辆的车载摄像头和激光雷达等感知设备记录的数据在边缘节点清洗后上传至中心训练节点；中心训练节点对车企自动驾驶模型进行训练和迭代优化后，下发至边缘节点；边缘节点部署远程座舱系统，车辆终端接入边缘节点完成模型更新。

② 场景实现的资源需求：端侧节点的车载摄像头和激光雷达等感知设备记录数据上传至边缘节点，并接受边缘节点下发的模型进行推理；边缘节点部署小规模算力，自动清洗数据，上传样本数据到中心训练节点，转发更新模型至端侧，部署远程座舱系统；中心训练节点部署训练算力，满足模型更新迭代、场景变化调优等需求，实现模型训练和模型下发，做到云、边、端协同。

③ 中国电信解决方案：帮助车企 / 算法开发商实现自动驾驶模型的训练和推理，集中训练算力、边缘推理算力、云、网等多能力协同。

（3）应用场景 3：AI 工业检测

① 用户需求：实时检测生产环境中的产品缺陷和异常；根据成像环境和缺陷的轻微变化自动调整阈值和算法，实现高效检测。

② 场景实现的资源需求：边缘云对接工业智能相机、生产管理系统等，设置样本数和精度需求，配置采集，预处理后上传至中心训练节点；中心训练节点部署算力集群，提供训练服务，提供基础模型、数据标注、模型训练和模型管理等开发服务；边缘推理节点加载训练好的模型，根据现场采集数据提炼特征值进行推理，将结果回传至生产系统，有实时性的要求。

③ 中国电信解决方案：帮助智慧工厂检测流水线生产中的产品缺陷、仪表异常，实现预测性维护和智能运维；集中训练算力、边缘推理算力、云、网等多能力协同。

（4）应用场景4：数字人

① 用户需求：部署虚拟数字人在营业厅、商场和文旅景点等空间，代替人提供客服、导引、导游、助手、陪伴等服务，释放人力；交互体验需要有良好的体验感知，需要具备专业化、场景化的交互能力。

② 场景实现的资源需求：中心训练节点的训练算力集群支撑各行业用户使用行业数据 / 语料进行行业数据海量增量训练与快速迭代，平台能力支持行业数字人大模型训练模型即服务（Model as a Service，MaaS），提供行业数据注入、数据预处理、预训练数字人大模型、大模型微调、大模型部署等开发套件“一站式”服务；边缘推理节点提供推理算力，部署行业数字人后端，为前端提供推理后台。

③ 中国电信解决方案：通过高性能算力提升数字人的智能化水平，降低响应时延，提升用户的交互体验；重点在中心训练节点和边缘节点提供充裕的AI算力，预训练大模型，优化训练、推理的全套算力。

（5）应用场景5：政务智能化

① 用户需求：政府日常办公中需要及时感知并反馈各类民意信息，对多种类型的民意信息进行识别、鉴别、管理并记录在库、分拨到不同部门处理。

② 场景实现的资源需求：政务云多渠道收集业务信息，例如政府热线文本、视频监控信息、物联设备业务监控等，并将数据预处理后上传至中心训练节点；中心训练节点部署训练集群，集中数据资源，基于AI开发平台、数据处理平台进行算法训练，推送模型到推理节点；推理节点部署推理算力，加载模型，并以API方式与原业务系统结合，本地资源池收集案例，视频类采用省份AI推理资源池，知识图谱及文本类采用核心资源池，其他依据业务需求、时延、安全性选择本地或者核心资源池。

③ 中国电信解决方案：各地构建智慧城市，需要对整个城市跨部门业务协同，汇聚多源数据解决原先单领域垂直业务系统无法解决的问题，集中资源进行算法训练，靠近用户侧算法推理，与本地业务资源池融合调度，提升政务的智能化办公水平。

另外还有一些典型应用场景，例如：智慧城市中的明厨亮灶、交通治理、舆情分析、雪亮工程；智慧金融中的票据识别、数字人客服、金融风控、人脸识别；智能工厂中的工业质检、半导体封测、自动装车、园区物流；互联网中的VR/AR、智慧搜索、智能推荐、AIGC；车企中的自动驾驶、人车识别、远程座舱、车辆研发等。上述所有场景的实现都需要AI的训练和推理。

4.4.3.5 中国电信 AI 的训练和推理

中国电信积极打造云智一体、训推一体、云网边端协同的分布式算力基础设施。随着大模型及智算的高速发展，从传统云基础设施向云智一体、训推一体、云网边端协同的分布式算力基础设施演进是大势所趋。大模型训练阶段高度依赖集中的、大规模的智能算力，推理阶段由于其模型大小及应用场景不同，需要不同地域、不同规模、不同时延的分布式算力承载，以支撑企业高质量发展，因此，云计算基础设施与智算基础设施连接互通、一体化规划建设是企业数字化转型的必然需求。

中国电信的训练需求来自内部 AI 产品训练需求及外部训练算力租赁需求，具体包括：大颗粒、集群化训练算力，满足多样化模型训练的需求；在算力基础上需要配置 AI 框架及模型研发交付环境；部署多机多卡集群、大模型使能，满足大模型需求。训练需求的特点是算力密度大、时延要求低、可集约部署。训练体系的布局原则是：结合“东数西算”的布局要求，集约建设，发挥规模效应；充分考虑土地、电费等成本，设置不同的规模；循序渐进，以业务需求为导向，重点区域先行。训练体系的布局思路按照 2+3+7 执行。

中国电信的推理需求来自外部推理算力租赁需求与内部 AI 产品推理需求。推理体系的布局原则是：面向大模型推理需求，以“2+3”节点为主、“7”节点为辅进行集约化建设，构建云智一体、训推一体的大规模公共推理能力；面向具有时延要求、私域属性的视频、质检等中小模型推理需求，应用牵引，贴近客户，以省级层面为重点部署推理算力，按需下沉，统筹布局。推理体系的布局思路是：大模型推理节点与中心训练节点协同；对于中小模型推理，省级层面智算节点统筹部署一个集约化推理算力池，满足 AI 应用推理服务及推理算力租赁需求，在地市、区县、厂区等边缘节点或客户侧按需建设部署 GPU 集群或定制硬件集群，满足小规模算力租赁及低时延的 AI 应用服务资源承载需求，在端侧按需部署具有一定推理能力的智能设备，可从训练节点下载模型算法，并加载部署，提供超低时延推理能力。

中国电信推进通用算力和智能算力协同，构建云智一体、训推一体的算力体系布局，如图 4-24 所示。

基于泛在的算力、网络、通用人工智能技术，中国电信构建多样性算力、数据和网络统一调度能力，满足大规模训练和推理的智算需求，提供社会级智能化服务。

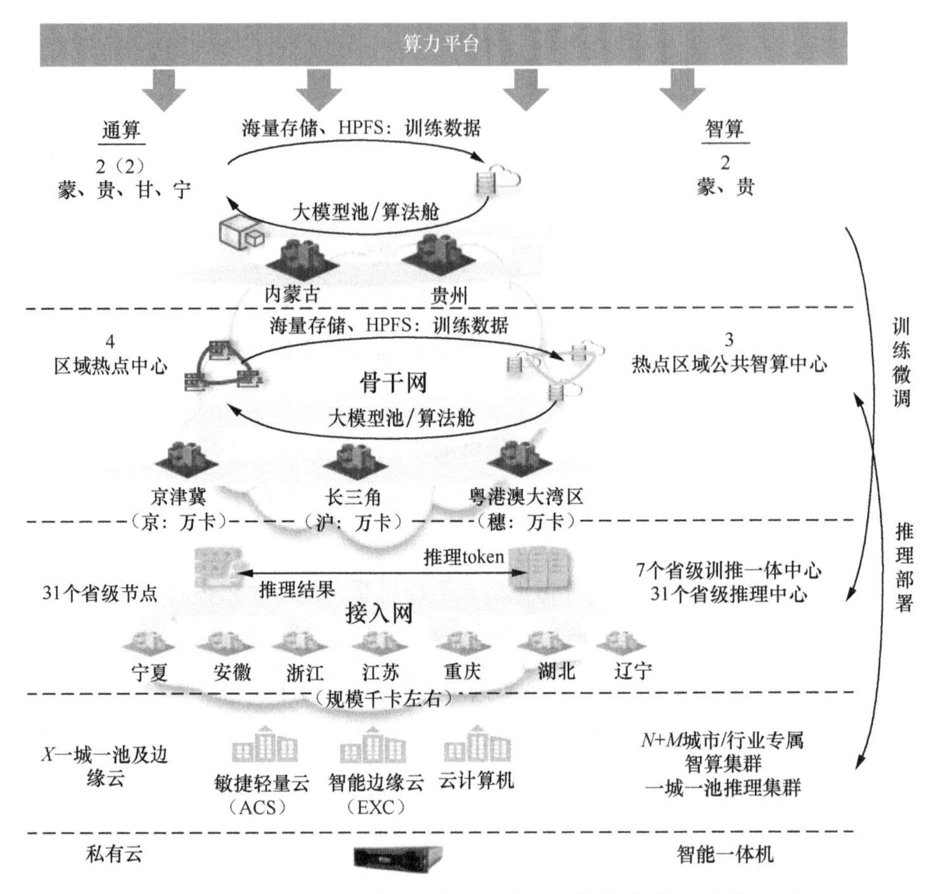

图 4-24　中国电信云智一体、训推一体的算力体系布局示意

4.5　安全内生

4.5.1　概述

数字经济作为我国把握新一轮科技革命和产业变革新机遇的战略选择，已成为驱动我国经济实现又好又快增长的新引擎。数字经济促使个人生活、产业发展及城市治理等多方面发生重大变革，成为推动社会经济快速发展的重要动力。值得关注的是，数字经济所催生的各种新业态在给人们带来诸多全新体验、享受前所未有之便利快捷的同时也潜藏着巨大的安全风险。当

一切都可以转换为数字，诸多社会经济活动都依赖数字和网络来开展时，数字基础设施自身的安全性及构建于其上的新业务新应用的安全性就显得尤为重要。

近年来，数字经济发展步伐加快，数字化、网络化、智能化趋势显著，但也暴露出安全风险更泛化、安全需求更细化、安全要求更强化等诸多问题，安全已经成为数字经济发展的关键，可谓牵一发而动全身，关系到民众生活、经济稳定和国家安全等诸多方面。维护数字经济安全，既是保障数字经济可持续健康发展的需要，也是确保经济安全和国家安全的重要举措。发展数字经济，应将安全贯穿于数字经济发展的全过程，打造更加完善的数字经济安全体系。

具体来看，数字经济安全风险主要来自以下3个方面：一是信息基础设施安全，二是敏感数据安全，三是数字应用安全。

4.5.1.1 信息基础设施安全

（1）关键信息基础设施供应链隐患

关键信息基础设施是指公共通信和信息服务、能源、金融、电子政务等重要行业和领域，以及其他一旦遭到破坏、丧失功能或数据泄露，可能严重危害国家安全、国计民生、公共利益的重要网络设施、信息系统等。一方面，当前信息基础设施产业链、供应链安全性和稳定性有待提升，存在数字科技基础研究和原始创新能力不足等问题；另一方面，利用信息基础设施供应链投放恶意代码、植入后门和窃取数据的事件近年来依然存在，严重威胁关键信息基础设施安全。

（2）关键信息系统及安全产品漏洞

近年来，在国家和各地方开展的网络安全保障专项行动中，重点单位信息系统中发现的中高危漏洞数量庞大，其中可导致系统被篡改、瘫痪、信息泄露等严重后果的典型漏洞数量占比较高，例如弱口令漏洞、SQL注入漏洞、代码执行漏洞等。在各类网络安全产品中发现的漏洞数量也相当多，这些安全产品在网络安全防护体系中发挥着重要作用，且部署使用范围很广，一些重要网络安全产品漏洞一旦被不法分子利用，诸多网络安全防护体系将失效，会严重威胁诸多关键信息基础设施的安全。

（3）境内外黑客组织攻击

当前，我国网络安全形势相当严峻，针对关键信息基础设施的网络攻击十分频繁，每年有大量的服务器主机被境外黑客组织远程攻击。

4.5.1.2 敏感数据安全

（1）数据违规收集使用

数据成为国家基础战略资源和关键生产要素，通过收集、存储、发掘和利用等一系列手段，能够激活数据作为关键生产要素的叠加倍增效应。随着“大数据＋”深度融合和数字经济快速发展，一些企业、机构和个人为了一己之利，随意收集、违法获取、过度使用、非法买卖数据，严重侵害国家利益和公民权利。

（2）跨境数据流动风险

在经济全球化的背景下，数据跨境流动不仅关系到各国的经济利益，而且影响到国家的主权安全。国家高度关注跨境数据安全，近年对诸多互联网企业开展的网络安全审查工作中，数据出境安全评估是重点之一。此外，生物数据跨境传输、医学影像数据跨境传输等事件频发。外向型经济在我国经济整体格局中占有重要地位，如何在维护国家安全的前提下，保障数据跨境流动的安全有序，是当前面临的一项重要课题。

（3）个人信息数据泄露

近年来，在国家相关部委联合开展的移动应用违法违规收集使用个人信息专项治理行动中，发现诸多应用软件存在违法违规收集使用个人信息或相关问题，其中不乏人们耳熟能详、日常使用率很高的知名 App。针对各类关键数据库的攻击、非法售卖个人信息等安全事件与风险隐患层出不穷，公众个人信息安全受到严重威胁。

4.5.1.3 数字应用安全

（1）政府数字化安全

云计算、大数据、人工智能和区块链等数字技术加速更新迭代，“让群众少跑腿、让数据多跑路”，推进政府治理的数字化转型，是坚持和完善中国特色社会主义行政体制、提升政府治理能力和服务水平的重要举措。目前，一些地方在政府数字化转型方面已进行了有益探索，但总体还存在政务数字基础设施分散化、流程再造迟滞化、便民服务碎片化等问题，尤其在确保政务数据的完整性、可用性和保密性等方面面临着诸多挑战。

（2）行业数字化安全

行业数字化通过促进数据流动而大幅提升行业的整体效率，但由此带来了一定的安全风险。以工业企业数字化为例，工业互联网是数字浪潮下工业体系和互联网体系深度融合的产物，赋能企业研发、生产、流通和服务的全过程。但随着网络环境日趋复杂，企业原有网络和系统边界逐渐泛化，网络攻击暴露面增大，尤其是核电、石油化工、生物制药、芯片制造等企业，一旦这些企业遭受网络攻击，极易引发强烈爆炸、环境污染、大规模停电等严重后果。另外，对于金融、交通、教育、医疗等跟公众生活密切相关的行业，其数字化转型也需要注意防范引入新的经济和社会风险，包括金融风险、结构性失业风险等。因此，在行业数字化的过程中需要警惕新技术新业务的安全隐患，规范数字金融有序创新，严防衍生业务风险。

（3）平台企业数据垄断

互联网平台是数字经济发展的引领力量之一，借助先发优势构建的互联网平台往往高度集中，某些大型互联网平台已汇聚有关国计民生的海量数据，在面向消费者和政企信息化等多个领域渐成垄断态势。数据垄断可能影响市场竞争秩序，损害公众权益，例如，部分互联网头部平台凭借先发优势构建数字壁垒，强迫用户“二选一”；而跨行业的数据资源整合形成的数据垄断，甚至会对经济安全、政治安全和国家安全构成严重威胁。

4.5.2 内生网络安全基础设施建设策略

针对上述数字经济安全风险，亟须构建面向数字经济安全的新一代内生网络安全基础设施。该网络安全基础设施一方面需要确保信息基础设施自身的安全可靠和稳定运行，另一方面需要为数据的收集处理等全生命周期提供完整性安全保障，此外需要为各类数字应用安全提供技术支撑。

4.5.2.1 信息基础设施自身安全

信息基础设施作为整个数字经济运行的基础，自身需要具备较完整的安全特性，网络安全基础设施需要与信息基础设施融合，使之具备较高的可用性、保密性和完整性，具体要求如下。

（1）可用性

数字经济所依赖的数据中心设施、基础软硬件、云计算平台、大数据平台、通信网络、关键零部件等自主可控，具有安全可靠的产业链和供应链。各类信息基础设施应设置相应的网络安全防护配套手段，能够通过纵深防御实时阻止绝大多数网络攻击行为，安全风险可控，确保重要信息系统“7×24”小时不间断稳定运行。

（2）保密性

信息基础设施应具有完善的数据保密机制，能够通过身份认证鉴权、精细化访问控制等方式对高价值数据和用户敏感信息进行全方位安全防护，防止非授权访问和敏感数据泄露。信息基础设施应符合国家商用密码安全管理的要求，内置密码安全相关技术手段，并支持国产密码算法。

（3）完整性

信息基础设施应具备完善的安全漏洞自我发现和修复机制、网络安全事件监测和响应机制等，一旦发生网络安全攻击事件，能够快速发现和处置，并及时恢复数据和业务系统，将网络安全事件的影响降至最低。

4.5.2.2 数据全生命周期安全保障

数据是数字经济的关键生产要素，如何确保数据在采集、存储、传输、分析、共享和销毁全生命周期中的安全是对新一代网络安全基础设施提出的重要要求。网络安全基础设施需要与大数据及人工智能设施融合，为数据处理全过程提供随需即用的安全保障。

（1）数据采集

数据采集阶段是指新数据产生或现有数据内容发生显著改变或更新的阶段。对于组织机构而言，数据的采集既包含在组织机构内部系统中生成的数据，也包含组织机构从外部采集的数据。网络安全基础设施需要支持数据源认证和数据准确性校验，并支持数据的分级分类标识工作。

（2）数据存储

数据存储阶段是指非动态数据以任何数字格式进行物理存储的阶段。网络安全基础设施需要采用加密技术或其他保护措施实现敏感信息的存储保密性，并提供有效的磁盘保护方法或数据碎片化存储等措施，保证即使磁盘被窃取，未授权者也无法从磁盘中获取有效的用户数据，且能够检验数据存储过程中的完整性，防止数据被篡改。

（3）数据传输

数据传输阶段是指数据在组织机构内部通过网络从一个实体流动到另一个实体的过程。网络安全基础设施需要支持关键业务数据和敏感数据传输的保密性，能够支持对数据在传输过程中完整性的检验，并能够对数据传输过程中的敏感字段进行脱敏处理。

（4）数据分析

数据分析阶段是指数据处理者针对数据进行的一系列处理和分析活动的组合。网络安全基础设施需要支持对数据的处理和分析等活动进行细粒度的按需授权和验证，并能够支持对个人隐私信息等重要敏感数据处理全过程的安全监测和管控。

（5）数据共享

数据共享阶段是指数据经由组织机构内部与外部组织机构及个人交互过程中提供数据的阶段。网络安全基础设施需要支持数据交互双方的认证和鉴权，能够对数据的共享范围进行细粒度访问控制，并监测敏感数据的共享和流动，尤其是跨境流动。

（6）数据销毁

数据销毁阶段是指通过对数据及数据的存储介质采取相应的操作，使数据彻底丢失且无法被恢复的过程。网络安全基础设施需要既能够支持对个人隐私数据等特定数据的彻底删除且不可恢复工作，又能够支持对财务数据、审计日志等关键数据的防篡改和防销毁工作。

4.5.2.3　数字应用安全支撑

数字经济浪潮下，各类数字应用百花齐放，深入千行百业，从电子政务、电子商务到智慧家庭、智能制造、智慧农业、智慧交通、智慧医疗等。中国电信作为云网基础设施运营商，其打造的网络安全基础设施需要向各类应用场景提供可靠的定制化安全服务，通过面向特定场景的网络安全基础设施的集约化建设和共享，在降低数字应用网络安全投入的同时，大幅提升数字应用自身的安全保障水平。这些面向场景的安全应用包括但不限于数字生活安全、物联网安全、云安全、支付安全、数据内容安全监测和安全态势感知分析。

（1）数字生活安全

面向个人及家庭数字化生活的安全场景，网络安全基础设施需提供用户身份标识及认证、个人信息保护、家庭网络及智能设备防护、攻击检测及响应等安全服务。

（2）物联网安全

面向工业、政府、个人等物联网应用场景，网络安全基础设施需提供终端接入安全、数据传输安全、物联网平台安全、物联网设备安全等安全服务。

（3）云安全

面向云计算场景，网络安全基础设施需提供对虚拟机、容器、存储等计算存储资源的安全防护、检测、隔离、阻断等全流程安全服务。

（4）支付安全

面向电子支付场景，网络安全基础设施需提供身份鉴别认证、数据安全保障、支付接口安全、个人信息保护等安全服务。

（5）数据内容安全监测

网络安全基础设施需要具备为各类数字应用提供“7×24”小时敏感数据和非法内容安全监测的能力。既能满足数字应用自身安全保障的需求，也能满足政府部门对各类数字应用安全监管的需求，为防范打击通信网络诈骗、非法网络交易、违法数据倒卖等提供技术支撑。

（6）安全态势感知分析

网络安全基础设施需要具备面向各类数字应用的安全态势感知分析能力，通过实时采集分析相关的网络流量数据、计算存储环境日志、网络安全设施日志等研判各数字应用的网络安全风险和威胁态势，为各数字应用提供安全告警和应急处置建议。

4.5.3 中国电信内生网络安全基础设施建设实践

针对上述数字经济安全对网络安全基础设施的要求，结合数字信息基础设施智能化、融合化发展的趋势，中国电信亟须打造云、网、安融合的新一代内生网络安全基础设施体系。按照加快建设“高速泛在、天地一体、云网融合、智能敏捷、绿色低碳、安全可控”的智能化综合性数字信息基础设施的要求，需要重构安全架构，统筹规划数据融通、能力聚合、架构统一、生态开放的云网端到端安全能力体系，构建端到端安全内生的防御体系，逐步实现安全数据集中化、安全分析智能化、安全运行编排化和安全能力服务化。

中国电信云、网、安融合的内生网络安全基础设施体系的特点是实现网络安全能力全方位融入云、网、边、端，使云网基础设施具备安全属性，上层应用和用户不必再为网络安全额外购入软硬件设备，且可以按需使用各类增强型安全服务。此外，云、网、安融合的内生网络安全基础设施体系还具备一定的网络安全免疫性和安全韧性，具有完善的安全漏洞自我发现和修复机制、网络安全事件监测和响应机制等，一旦发生网络安全攻击事件，能够快速发现和处置，并及时恢复数据和业务系统，将网络安全事件的影响降至最低。

中国电信内生网络安全体系如图4-25所示，从下至上可划分为4个层次。最底层是安全要素层，汇聚了边界防护、安全审计、流量清洗、数据加密等各类网络安全原子能力；之上是安全附着层，这一层将各类网络安全原子能力无缝融入云、网、边、端，打造全栈可信、安全可靠的云网基础设施；再之上是安全中台层，该层一方面提供智能感知、分析、处置的一体化安全主动防御能力，另一方面向上提供各类专业安全服务和安全产品；最上层是安全赋能层，该层利用云网的内生安全能力，为各类个人、家庭和政企应用提供安全赋能。

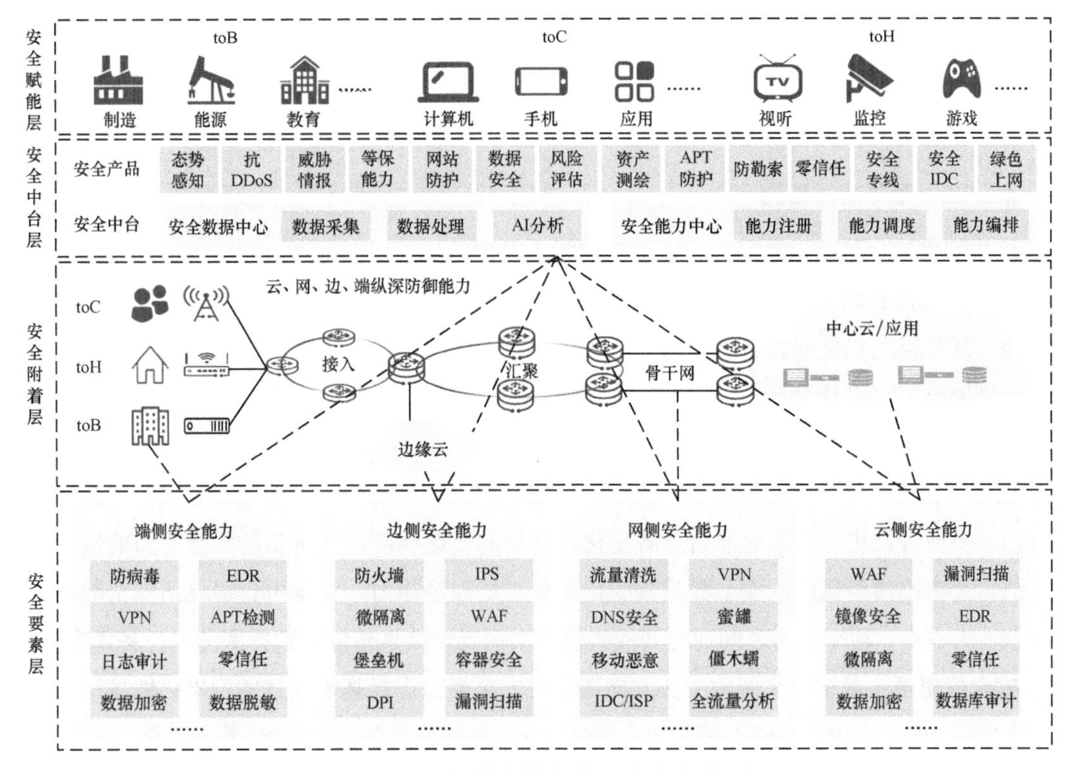

图 4-25　中国电信内生网络安全体系

4.5.3.1　总体建设思路

在云、网、安融合的背景下，中国电信通过数据融合共享、安全能力原子化、能力架构微服务化、安全融云、赋能用户，打造“大中台+小前端”的基于安全中台的网络安全基础设施体系，实现安全能力开放共享、安全业务按需敏捷交付、安全设施分布式就近部署。中国电信云、网、安融合的新一代内生网络安全基础设施建设的总体思路如下。

架构统一：统一架构、全网联动，形成云、网、边、端一体化的网络安全防御体系。

资源云化：网络安全能力云服务化，形成安全能力资源池，同时提供对信息基础设施和各类数字应用的安全防护。

数据融通：构建网络安全数据能力中心，打破“数据孤岛”，优化数据采集路径，构建安全大数据湖，实现安全数据的统一管理与融合共享。

能力聚合：基础安全能力原子化、服务化，融聚安全共性能力下沉至安全中台，个性化功能作为安全应用构建于安全中台上，轻量化按需部署，对共性安全能力统一编排调用、统一纳管、高效协同。

生态开放： 网络安全原子能力可按需灵活接入，安全中台架构微服务化，实现安全能力敏捷扩展，安全能力及服务以标准接口方式开放给各类数字应用。

4.5.3.2 整体功能架构

内生网络安全基础设施整体功能架构如图 4-26 所示。

基础设施层： 包含资产、网络流量、硬件安全设备、安全能力池等安全数据与能力基础设施资源，逐步推动安全能力云化、池化与原子化。通过制定安全组件接口标准规范，要求接入安全资源池的安全组件进行主动适配，推动安全中台对能力池异构安全能力的统一纳管。基础设施层产生的与安全相关的数据按需上报安全数据中心。

安全中台层： 基于标准的协议和流程，将安全数据和安全能力等专业服务按需开放共享给前台的各个业务应用，实现对前台业务变化及创新的快速响应，具备新的安全能力的快速集成与开放、按需编排与调度、安全数据集约化采集与处理等能力。安全中台层包括安全数据中心和安全能力中心，两个平台之间通过开放式接口实现安全数据传输、数据服务与任务调度。

安全应用层： 基于安全能力中心北向接口对安全能力进行基于场景的剧本化编排调用，提供安全应用，安全应用包括但不限于数字生活安全、物联网安全、云安全、数据安全、态势感知、支付安全和安全运营平台。

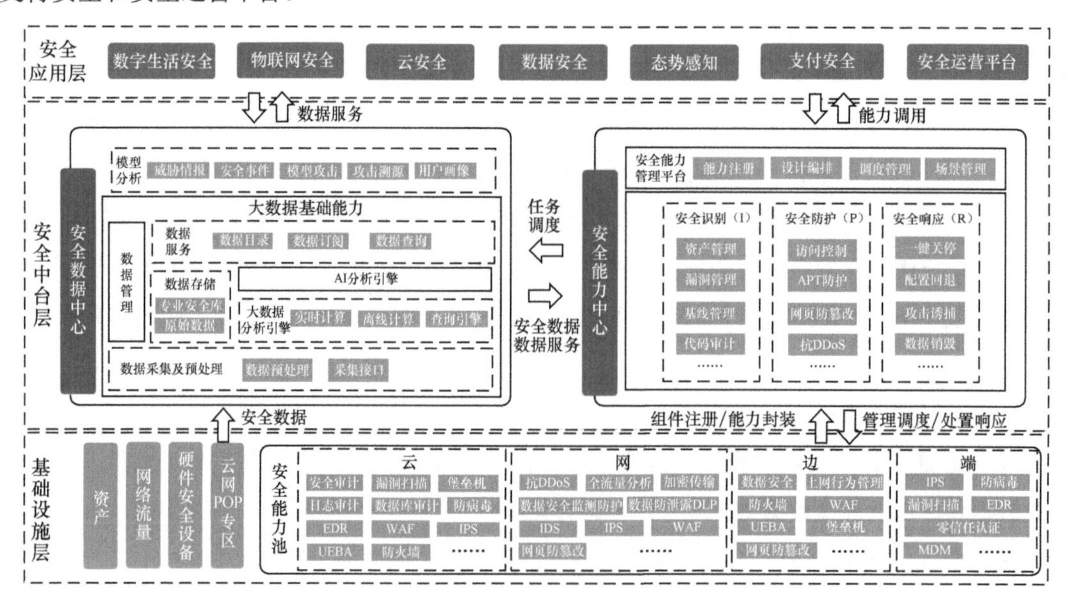

图 4-26 内生网络安全基础设施整体功能架构

4.5.3.3　安全数据中心

安全数据中心是安全中台的数据底座，其通过标准化的数据接口对基础设施层、安全能力中心的各类安全能力、组件、设备、引擎中的异构 / 异源安全数据提供集中化采集、数据标准化及数据关联补齐等能力，同时通过标准化的共享服务接口提供安全数据和安全分析结果的存储与检索服务。安全数据中心包括大数据分析引擎、AI 分析引擎、数据服务、数据管理等功能模块，并基于安全大数据资源及对应的大数据分析能力，实现全天候全方位的态势感知、差异化精准攻击溯源等功能。

在具体实现中，安全数据中心可作为中国电信信息基础设施统一大数据中心的子域，通过数据就近处理与数据共享订阅，减少数据重复存储与采集上传。

4.5.3.4　安全能力中心

安全能力中心将安全共性基础能力下沉，形成安全中台的能力中心，实现功能复用，节约建设投资，快速响应业务创新。在安全能力中心，通过异构组件接口对资源池安全原子能力进行统一纳管，底层原子能力注册到安全中台，形成标准、规范的安全服务目录，这些服务可通过标准接口被内外部应用调用；同时，现有的安全系统模块逐步解耦，可复用的基础能力下沉至安全能力中心；按照场景化剧本设计，对安全能力进行自动化组合、编排、调度；结合下沉到安全数据中心的安全检测分析能力，最终在安全中台形成涵盖安全识别、安全防护、安全响应等于一体的网络和信息安全服务能力体系。通过安全能力中心北向接口，以服务化的方式面向上层应用按需提供安全服务，可实现安全服务的统一开放共享。

安全识别能力：全面识别系统、资产、数据、用户的网络和信息安全风险，具备资产管理、漏洞管理、基线管理和代码审计等能力。

安全防护能力：从网络、应用、系统接口等各个层级提供访问控制能力，具备网络、系统与应用层攻击防护的能力；具备敏感数据的保护能力，以及针对网络设备、终端与服务器的补丁管理与安全加固的能力。

安全响应能力：通过一键关停、攻击诱捕等能力，实现对已经发现的攻击事件的抑制，提高响应攻击事件的能力；通过配置回退等能力，实现对遭到攻击破坏的系统快速恢复能力；通过 IP、DNS、URL 封堵等能力，实现对不良信息及涉诈网站的关停处置。

4.5.3.5　安全能力池

按照解耦、云化、池化、原子化融合的目标，中国电信正在加速推进各类安全设备软硬件解耦与上云，通过在全网统一规划、统一建设、部署物理分散、逻辑一体的安全能力池，形成涵盖云、网、边、端的全网统一的云化安全服务能力。

安全能力池中各厂商的安全组件基于识别（I）—防护（P）—检测（D）—响应（R）—恢复（R）模型抽象成原子能力，通过开放北向接口与安全能力管理平台互通，实现原子能力注册、接口授权、策略调度、配置与升级管理等功能。安全组件主要包括：安全识别接口、安全防护接口、安全检测接口、安全响应与恢复接口、管理接口等。

在安全能力池中部署的安全组件必须遵循安全组件接口规范的要求，将安全能力进行封装并开放给安全能力管理平台进行管理调度。安全原子能力对应的各类安全组件接口要符合相关服务注册和能力开放规范，满足安全能力集约注册、管理和开放使用要求。

安全能力管理平台下的安全能力部分采用集约化建设部署方式，按照潜在数字化转型客户需求及地域分布特点，统筹安全能力池的建设，就近部署，方便客户接入使用公共安全能力，提升客户感知。

（1）集中侧安全原子能力：集中化部署，构建统一的安全能力池

安全能力池中的大部分安全能力均可采用集中部署的方式建设，通过云平台提供的云主机方式在云内进行模块化部署，包括安全审计、漏洞扫描、堡垒机、日志审计、数据库审计、防病毒、终端检测与响应、网页防篡改等常用的安全能力。完成部署后，只需要打通安全能力与所防护的资产之间的网络，即可将安全能力池中的安全能力以服务化的方式提供给用户。

（2）近源侧安全原子能力：本地化近源部署

安全能力池中的网关型安全能力，例如 Web 应用防火墙、下一代防火墙、IPS 等，出于技术实现难度和产品性能考虑，需要在防护目标的近源侧进行本地化部署，旁挂在云 /IDC/ 城域网的出口设备上。通过策略路由等网络引流方式，用户的流量可被牵引至安全能力池内进行清洗，待清洗完流量再将正常的流量回注到原路径中，最终到达用户，从而实现安全防护的目的。

4.6 算为引擎

4.6.1 概述

数字经济进入新发展阶段，业务数字化、技术融合化和数据价值化等加速演进，开启了

数字经济引领高质量发展的新征程。在此发展过程中，算力作为数字时代核心资源的作用日益突出，以算力为核心的数字信息基础设施建设被提到前所未有的高度。我国相继出台一系列围绕算力基础设施的政策文件，并提出加快实施“新基建”“东数西算”等工程。加快以算力为核心的数字信息基础设施建设已成为提升企业、区域乃至国家整体竞争力的重要保障。与此同时，全球智能化发展大势及元宇宙产业化进程加速到来，以算力为核心的科技竞争成为当前大国竞争的战略焦点，把握算力发展的重大战略机遇期就是抢占发展的主动权和制高点，这也是当前国家走向科技自立自强的内在要求之一。在此背景下，人类社会向算力时代加速演进成为大势所趋，国内外及“产、学、研”各界对此也达成共识，围绕算力的研究和探讨已掀起新浪潮。

算力是数据中心的服务器通过对数据进行处理实现结果输出的一种能力，最常用的计量单位是每秒浮点运算次数（FLOPS）。现有相关算力规模大多数都基于单精度浮点数（FP32）来进行公布的。例如，2021 年 11 月，工业和信息化部发布的《“十四五”信息通信行业发展规划》提出，数据中心算力到 2025 年将增长到 300EFLOPS（1EFLOPS=10^{18}FLOPS）。

4.6.1.1　国内外总体情况

《中国算力白皮书》数据显示，截至 2021 年年底，全球算力总规模达到 521EFLOPS。其中，通用算力为 398EFLOPS，智能算力为 113EFLOPS，超级算力规模为 10EFLOPS。

美国与中国的算力能力位列前两名，美国算力总规模为 160EFLOPS，中国算力总规模为 140EFLOPS。算力份额前五名的国家是美国、中国、日本、德国和英国，分别占比 31%、27%、5%、4% 和 3%，共占据全世界算力 70% 的份额。各国算力份额占比如图 4-27 所示。

截至 2021 年年底，我国算力总规模为 140EFLOPS，算力规模排名全球第二。其中，通用算力规模为 109EFLOPS，智能算力规模为 29EFLOPS，超级算力规模为 2EFLOPS。江苏、上海、广东和河北的算力规模皆超过 10EFLOPS。北京、浙江、贵州、山东和内蒙古的算力规模皆超过 5EFLOPS。

我国算力行业应用主要有互联网、政企、金融和其他，分别占比 38%、26%、7% 和 29%。其中，互联网主要可细分为公有云、网站、视频、AI、电子商务和游戏等领域，分别占比 18%、4%、6%、2%、6% 和 2%。

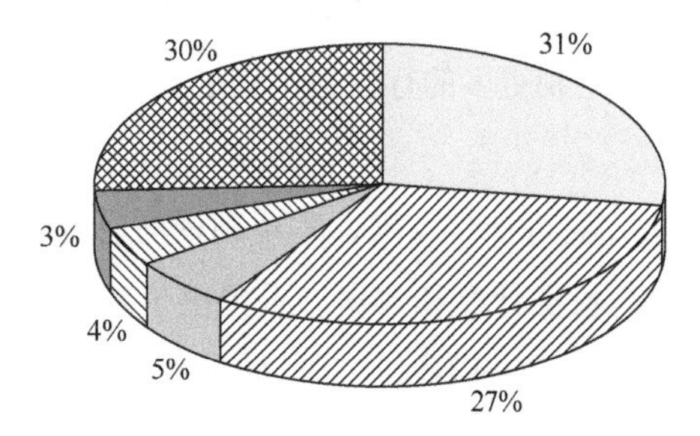

图 4-27　各国算力份额占比

应用分布占比如图 4-28 所示。

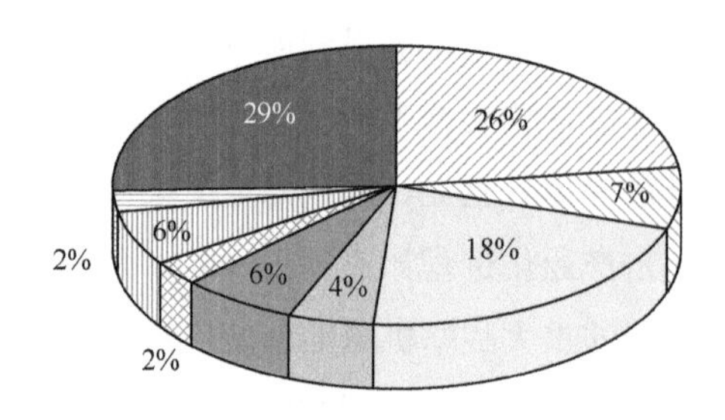

图 4-28　应用分布占比

4.6.1.2　算力的分类

随着数字经济时代的到来，算力的发展也迎来了高潮。算力分为通用算力、智能算力、超级算力和边缘算力 4 种，这 4 种算力无论是在市场规模方面还是在技术方面均有了较大的提升。其中，通用算力以 CPU 芯片输出的计算能力为主；智能算力以 GPU、FPGA、AI 芯片等输出的人工智能计算能力为主；超级算力以超级计算机输出的计算能力为主；而边缘算力以就近为用户提供的实时计算能力为主，是以上 3 种算力形式的组合。

在市场规模方面，通用算力、智能算力市场垄断效应明显，各厂商加快布局边缘算力。根据 IDC 数据，通用算力市场由 Intel 和 AMD 两家厂商占据市场近 95% 份额，CPU 出货量同比增长超过 10%。智能算力 GPU 市场份额几乎被英伟达垄断，占据 95% 以上的市场份额。GPU 市场收入超过 70 亿美元，FPGA 市场收入虽然不及 GPU 市场收入，但是 FPGA 的市场前景较好，未来 FPGA 市场收入会有更大的上升空间。超级算力市场几乎被中国、美国、日本所占据，随着高性能算力的发展，超级算力未来将成为各国竞争的新焦点。边缘算力作为新兴技术，将会应用到更多的行业中，满足各行业对低时延的需求。未来，边缘算力市场会有很大的发展空间。

技术方面进一步突破，芯片制程与芯片性能不断提高。随着数据爆发式的增长，各行业对数据存储、数据计算和数据分析提出了更高的要求。算力在技术层面不断突破技术壁垒。通用算力 CPU 芯片制程不断提升，处理器架构不断创新，实现高性能、低功耗。智能算力 GPU、FPGA 芯片性能不断提高，芯片内存进一步提升。超级算力性能不断创新，运算速度越来越快。边缘算力在低时延、大带宽等技术方面不断创新，满足不同应用场景的不同精度需求，实现云侧和边侧协同发展。

4.6.1.2.1 通用算力

通用算力主要以 CPU 为代表。指令集是存储在 CPU 内部的，对 CPU 运算进行指导和优化的硬程序，CPU 芯片运行和执行的就是指令集。按指令集架构而言，CPU 分为 x86 架构与非 x86 架构，主要有 x86、ARM、MIPS、Power、RISC-V 等。

CPU 芯片行业技术壁垒高，国内外仅有少量企业能够稳定提供产品。国外代表厂商有 Intel、AMD、IBM、安谋，国内代表厂商有 MIPS 架构的龙芯，ARM 架构的飞腾、海思、华芯通，RISC-V 架构的阿里巴巴、兆易创新、赛昉科技等。主要技术如下。

（1）x86

x86 架构 CPU 是由 Intel 首先开发并主导的，基于 x86 指令集的一系列处理器的统称。x86 架构软件生态好，市场占有率高，但创新动力不足、议价能力较弱。

（2）ARM

ARM 架构是一个 32 位精简指令集计算机（Reduced Instruction Set Computer，RISC）处理器架构，广泛应用在嵌入式系统设计中。基于 ARM 的处理器具有运行速度快、功耗低、成本低等优点，被广泛应用于通信、存储和安全系统等领域。

（3）MIPS

MIPS 架构是一种采取精简指令集的处理器架构，1981 年，由 MIPS 公司开发并授权，被广泛应用在电子产品、网络设备、个人娱乐装置与商业装置上。最早的 MIPS 架构是 32 位的，最新的版本已升级至 64 位。

MIPS 公司是全球第二大半导体设计 IP（知识产权）公司和全球第一大模拟 IP 公司。MIPS 是出现最早的商业 RISC 架构芯片之一，MIPS 公司只进行 CPU 设计，之后将设计方案授权给用户，使用户能够制造出高性能的 CPU。2007 年 8 月 16 日，MIPS 公司宣布，中国科学院计算技术研究所的龙芯中央处理器获得其处理器 IP 的全部专利、总线和指令集授权。

2021 年，龙芯推出全自主的指令系统 LoongArch。龙芯 3A5000/3B5000 是面向个人计算机、服务器等信息化领域的通用处理器，基于 LoongArch 的 LA464 微结构；龙芯 3B5000 在龙芯 3A5000 的基础上支持多路互连；龙芯 3C5000L 是专门面向服务器领域的通用处理器，基于龙芯 3A5000 处理器，芯片上共集成 16 个高性能 LA464 处理器核。

（4）Power

Power 架构是 IBM 开发的一种基于 RISC 指令系统的架构。Power 架构的处理器具有结构简单和效率高的特点。苹果公司早期的计算机使用 Power 架构，一部分 Power 系列微处理器应用在 IBM 服务器、超级计算机、小型计算机及工作站中，可作为主 CPU 使用。PowerPC 架构也是源自 Power，并应用在苹果计算机的麦金塔计算机、部分 IBM 的工作站，以及各式各样的嵌入式系统中。此外，IBM 还向其他开发者及制造商推广 Power 架构及其他派生产品。

（5）RISC-V

RISC-V 是基于精简指令集原则的开源指令集架构。该框架 2010 年由加州大学伯克利分校率先提出，2015 年 RISC-V 基金会成立。目前，参与支持 RISC-V 基金会的公司及机构包括阿里巴巴、华为、中国科学院、清华大学、加州大学伯克利分校、莱迪思半导体、迈伦科技和美高森美等。

RISC-V 指令集具有很强的灵活性，其设计使其适用于现代计算设备。RISC-V 指令集的设计考虑了小型、快速、低功耗的现实情况，具有众多软件的支持，解决了新指令集以往的弱点问题。

2021 年 5 月，阿里巴巴发布玄铁系列新款处理器玄铁 C907，该处理器对开源 RISC-V 架构进行优化设计，兼顾高性能及低功耗的特点，可应用于微处理器（MPU）、智能语音、导航定位和存储控制等领域。

4.6.1.2.2　智能算力

智能算力主要以 GPU、FPGA、AI 芯片等为代表。

主要技术如下。

（1）GPU

GPU 是一种专门在个人计算机、工作站、游戏机和一些移动设备（例如平板计算机、智能手机等）上进行图像和图形相关运算工作的微处理器。GPU 芯片按指令集架构划分，可分为 IMG A-Series 架构、PowerVR Rogue 架构等。GPU 的生产商主要有 NVIDIA、AMD 等。

（2）FPGA

FPGA 是在 PAL、GAL 等可编程器件的基础上进一步发展的产物。FPGA 作为专用集成电路（ASIC）领域中的一种半定制电路出现，可以克服定制电路不足、原有可编程器件门电路数有限的问题。与 ASIC 芯片相比，FPGA 的一项重要特点是其可编程特性，即用户可通过程序指定 FPGA 实现某一特定的数字电路。FPGA 芯片是小批量系统提高系统集成度、可靠性的最佳选择之一。

FPGA 芯片的行业技术壁垒高于 CPU，主要市场被 Xilinx（已被 AMD 收购）、Intel（于

2015 年收购 Altera）两家垄断。国内有能力自主研发 FPGA 的厂商有智多晶微电子、紫光同创、安路科技和京微齐力等。

（3）AI 芯片

从广义上讲，能运行 AI 算法的芯片都叫作 AI 芯片，目前通用的 CPU、GPU、FPGA 等都能执行 AI 算法，但是执行的效率差异较大。从狭义上讲，AI 芯片可以被定义为“专门针对 AI 算法做了特殊加速设计的芯片”。“十四五”规划明确提出聚焦高端芯片、人工智能算法等关键领域，加快布局神经芯片等前沿技术。国内华为、寒武纪、燧原科技等新兴 AI 芯片持续涌现。

4.6.1.2.3　超级算力

超级计算是计算科学的重要概念，是超级计算机及有效应用的总称。超级计算利用并行工作的多台计算机系统的集中式计算资源，并通过专用的操作系统来处理极端复杂或数据密集型的问题。

超级计算机又被称为巨型计算机，它是一个专门用于执行复杂和庞大计算任务的高性能计算机系统，它的主要特点就是计算速度极快，可以处理海量的数据和运算，而且通常由成千上万个处理器组成，具有非常强的并行计算能力。主要运用于尖端科研、国防军工等大科学、大工程、大系统中，是一个国家科研实力的体现，是国家科技发展水平和综合国力的重要标志。

超算核心系统的硬件架构由计算系统、存储系统、网络系统、管理系统和安全系统 5 个部分构成，方案应考虑采用 E 级高性能计算机原型系统的计算、存储、网络、管理及基础设施支撑的技术路线。

① 计算系统由 CPU 和异构加速卡计算节点共同组成。计算系统建议采用统一的硬件平台来更好地执行越来越多的高性能计算任务，以提升资源利用率和运营效率。同时，计算系统的硬件设计需要兼顾不同算力业务的诉求，能够提供多元化的算力支撑。在计算硬件选型方面，建议采用专用硬件加速器等先进的技术手段，并且使用液冷等散热技术来建设绿色、低碳、节能、环保的超级计算系统。

② 存储系统采用分布式存储，可提供 PB 级别以上的容量存储数据和算力。建议采用分布式融合存储系统，解决海量数据存储、读写速度缓慢等性能问题。

③ 网络系统分为存储网络、业务网络及监控网络等多个网络平面，为超算系统间各个硬件设备及子系统间的通信提供网络互联的能力。

④ 管理网络包括资源与业务监控、告警监控和可视化等功能：资源与业务监控建议实现对计算资源、应用与业务的全链路监控；告警监控建议实现故障信息以多种提醒方式快速响

应运维人员，以确保运维人员及时获取故障信息并响应处理；可视化建议实现基础环境、物理资源、服务和应用等各类资源数据的可视化展示，结合整体的运行监控，对故障等进行实时可视化告警。

⑤ 安全系统可由防火墙、负载均衡、堡垒机、抗 DDoS、日志审计、漏洞扫描、网络审计和 DNS 服务器等设备组成。建议针对高性能用户数据资产的机密性、完整性、可用性等方面进行安全防护，重点对数据采集、数据传输、数据存储、数据使用、数据加密和数据迁移等环节进行安全防护，形成边界、网络、计算和数据等多层防护体系，以抵御各种安全威胁，满足国家网络安全等级保护制度 2.0 标准要求。

近几年，行业的快速发展带来了强大的算力与数据流通、运算的需求，给高性能计算行业带来了新的挑战与机遇，国际上纷纷兴起了 E 级计算计划，例如美国在 2015 年提出的国家战略计算计划（NSCI），美国能源部的 ECP 计划。日本很早就开始适配 E 级计算机的 Post-K 芯片的研发。欧盟紧随其后，陆续发布其 E 级计算 EuroHPC 计划的研发路线图。我国基于自主研发的芯片与技术，打造属于自己的 E 级计算机。各国纷纷发力，企图占领高性能计算新领域的高地。

当前超级计算行业中，异构已成为大趋势，主要包括以下内容。

① 芯片内异构，异构众核（典型系统有神威 • 太湖之光）。

② 节点内异构，CPU + 加速器结构（典型系统有 Summit、天河二号）。

③ 系统分区异构。

4.6.1.2.4　边缘算力

作为一种新型的服务模型，边缘计算将数据或任务放在靠近数据源头的网络边缘侧执行处理。边缘可以是从数据源到云计算中心之间的任意功能实体，这些实体搭载着融合网络、计算、存储和应用核心能力的边缘计算平台，为终端用户提供实时、动态和智能的算力。

边缘算力的发展需要云边协同解决问题。边缘计算与云计算各有所长：云计算擅长把握整体，聚焦非实时、长周期数据的分析，能够在长周期维护、业务决策支撑等领域发挥优势；边缘计算则专注于局部，聚焦实时、短周期数据的分析，能够更好地支撑本地业务的实时智能化处理与执行。云边协同将放大边缘计算与云计算的应用价值，边缘计算既靠近执行单元，又是云端所需高价值数据的采集单元，可以更好地支撑云端应用的大数据分析；反之，云计算通过大数据分析优化输出的业务规则或模型可以下发到边缘侧，边缘计算基于新的业务规则进行业务执行的优化处理。

计算需要处理的数据种类日趋多样化，边缘设备既要处理结构化数据，又要处理非结构化数据。为此，边缘算力架构需要解决不同指令集和不同芯片组成的异构计算体系中各指令集和芯片高效协同工作的问题，在满足不同业务运用需求的同时，实现性能、成本、功耗和可移植性等多方面的优化均衡。对于边缘计算系统，处理器、算法和存储器是最关键的 3 个要素。

4.6.1.3 衡量体系

4.6.1.3.1 指标构建

ODCC 发布的《数据中心算力白皮书（2020 年）》中定义，数据中心算力是一个包含计算、存储、传输（网络）等多个内涵的综合概念，是衡量数据中心计算能力的一个综合指标。

《中国算力白皮书》将数据中心算力的内涵进一步扩展，融合计算、算效、存储、网络等综合概念，同时结合数据中心算力发展特点和重点影响因素，利用统计学相关方法构建衡量算力的指标体系，算力评估指标包含通用算力、智能算力、算效、网络和存储 5 个方面。数据中心算力评估指标构建如图 4-29 所示。

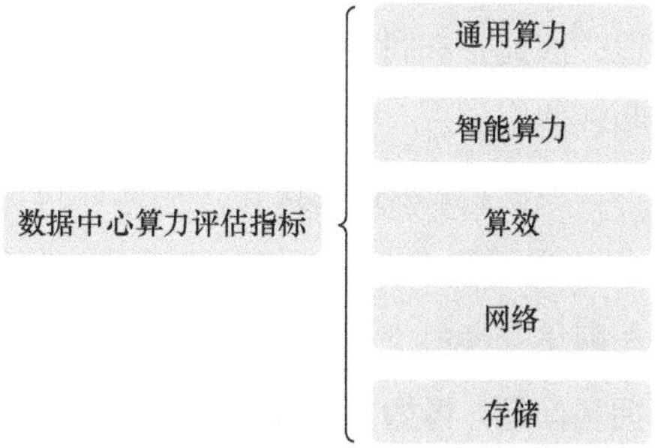

数据中心算力评估指标
- 通用算力
- 智能算力
- 算效
- 网络
- 存储

图 4-29 数据中心算力评估指标构建

4.6.1.3.2 通用算力

本书使用 ODCC《数据中心算力白皮书（2020 年）》中定义的 FLOPS 来评估数据中心的通用算力，通用算力主要是基于 CPU 的算力水平，一般用单精度浮点数（FP32）度量。

4.6.1.3.3 智能算力

算力和精度是密不可分的，必须在保证精度的前提下讨论智能算力。由于智能算力领域应用的多样性，通常无法使用单一精度来衡量算力的大小。智能算力领域的算力精度见表 4-3。

表 4-3 智能算力领域的算力精度

算力精度	说明
FP64	用于科学计算和高精度仿真模拟等
FP32	传统上用于深度学习训练以及图形渲染
FP16	深度学习训练和推理
TF32	新的数据格式，用于深度学习训练
BFloat16	用于深度学习训练
INT8	用于深度学习推理

本书使用 FLOPS 来评估数据中心的智能算力，为方便与通用算力比较，亦采用单精度浮点数（FP32）度量。

4.6.1.3.4　算效

将算力与功耗结合来看，单位功耗的算力是评价数据中心计算效果更准确的指标。在 ODCC《数据中心算力白皮书（2020 年）》中，将数据中心算效（CE）定义为数据中心算力（CP）与所有 IT 设备功耗的比值，是同时考虑数据中心计算性能与功耗的一种效率，即“数据中心 IT 设备每瓦功耗所产生的算力”（单位为 FLOPS/W）：$CE=CP/\sum$ IT 设备功耗。

4.6.1.3.5　网络

随着数据量的指数级增长，数据中心算力也呈爆发性增长趋势，除了保障单节点内的算力，网络性能对于算力的高效可扩展性，也发挥着重要的作用。当数据在网络中时，对数据进行处理和计算的最佳时间和地点就在网络中。所以，原来由网络交换机和路由器做的一部分工作，现在已经转至服务器内部；原来在服务器上做的一部分工作，现在放在网卡或者交换机上更合适。因此，在讨论算力时，也要结合未来数据中心网络发展的趋势，提供面向未来的网络功能和性能。

（1）基础设施操作

在网络中实现计算功能以及一些基础设施操作的卸载，也成为网络的一种技术走向。例如，在网络交换机上进行 All2All、Barrier 等集合操作计算，可以彻底消除这些集合通信导致的网络拥塞问题。再如，自适应路由（Adaptive Routing，AR）技术可以在网络中动态地选择最优路径，主动规避网络的拥塞；NVMe over Fabrics Target 卸载技术，可以在 CPU 零消耗的情况下达到很高的 IOPS；IPSec 和 TLS 的硬件卸载，实现了前所未有的全线速数据加密传输等。

（2）网卡处理能力

大小消息（Message）对于网络性能的关注重点不同。网卡是网络和业务的接口，它需要将应用的Message转变成网络可以传输的数据包，并对此进行封装、解封装，以及CRC的计算等操作。

对于大的 Message 而言，大带宽无疑是助其达到最佳性能的利器；对于小的 Message 而言，消息率（即网卡每秒可处理 Message 的数量）则更重要。这对于小数据包的传输而言是至关重要的，例如，典型的高性能计算（High Performance Computing，HPC）应用、数据库应用等都是采用小数据包的方式，可以直接从高的消息率中获益。

（3）交换机性能

在交换机性能方面，包转发率和转发方式至关重要。网络中的交换机需要对数据进行高速转发，由于交换机看不到 Message，只能看到每一个数据包（Packet），所以交换机的包转发率就成为决定交换机性能的关键因素。同时，在交换机上采用 Cut-Through 或者 Store/Forward 的转发方式对于交换机而言也是非常重要的，采用 Cut-Through 可以极大地减少对于交换机 Buffer 的占用和依赖性，而 Store/Forward 则要求交换机有更大的 Buffer 来缓存数据，更加容易因为 Buffer 的溢出而发生丢包。

（4）RDMA 技术应用

在 RDMA 技术应用方面，RDMA 技术已经成为支撑数据中心提供高性能算力的基础。应用 RDMA 技术，可以在几乎不消耗 CPU 资源的前提下实现网络的线速带宽。如何以最简单的方式在数据中心内部署 RDMA 技术，也是网络提供商需要考虑的事情之一。InfiniBand 网络的 RDMA 技术即插即用零配置是一大优势，RoCE 一键部署技术也可以降低使用 RDMA 的门槛。如何让大多数的数据中心用户能够轻松地用上 RDMA 技术，是一个值得关注的问题。

（5）网络带宽

网络带宽将进一步提升。目前，基于单端口 200Gbit/s 的端到端网络已经被数据中心和智算中心广泛应用，部分数据中心和智算中心还在使用多张 200Gbit/s 的网卡来提升网络带宽，我国 E 级计算机的设计需求就是要求单机网络带宽在 400Gbit/s 以上，在微软的 Azure HPC/AI 公有云的平台上，单机网络带宽已经达到 1600Gbit/s。更大的带宽意味着更大的通路，在单位时间内可以传输更多的数据。在进一步降低通信时延遇到物理极限瓶颈的前提下，以大带宽交换低时延就成为网络竞争的一个热点。目前，InfiniBand 网络已经达到了单端口 400Gbit/s 的端到端带宽，在 2023 年年底实现单端口 800Gbit/s 的端到端带宽。

（6）网络时延

时延决定计算效率。算力网络时延需要向总线级看齐，提供低时延传输能力，缩短计算任务完成时间，提升计算效率。在数据中心网络的相关性能测试中，往往从网络任务完成时间、网络跳数（组网架构时延）、动态时延等方面开展测试。

为保证链路传输的吞吐不受影响，接收端需要有更大的缓存。大缓存必然增大报文在设备中的传输时延。创新的长距无损算法，在小缓存设备上很好地解决了长距离无损传输的问题，既保证了接收端在小缓存的情况下不出现拥塞和时延增加的情况，又保证了传输链路的吞吐量。

总之，衡量网络的指标需要综合考虑各个层面，最终选择合适的网络，助力算力的性能提升。

4.6.1.3.6 存储

存储系统作为数据中心基础架构的组成部分，在算力准备、实现和交付的过程中起着重要的保障作用。

目前，数据中心存储系统的装机形态主要有服务器内置存储器、机柜内连接存储服务器、机房布置的专用存储服务器机柜。使用的存储介质装机量从以硬盘为主转向以SSD为主，介质接口从以SATA、SAS为主转向以NVMe/PCIe为主。传统的应用服务器，由于处理的本地化固定数据较多，因此数据容错处理大多采用RAID卡来管理本机内或者同一个机柜内的以SATA、SAS接口为主的硬盘和SSD。对带宽和IOPS要求较高的服务器而言，使用NVMe/PCIe接口的本机安装的SSD作为主要存储设备。

以算力为中心的存储系统，不同于传统的数据中心存储系统，对带宽、IOPS、时延、存储容量、可扩展性、高并发性、容错能力、权限管理和安全管理等有其特定的要求。因此，相对较慢的SATA、SAS接口的存储阵列会成为性能提升的瓶颈，而本机安装的NVMe/PCIe存储部件在功耗、散热上会出现问题，因此全闪存储阵列或者闪存储阵列和硬盘阵列的组合形态将成为主要的存储设备形态。

针对以算力为中心的基础架构，其存储系统应具备短项目提交时间和快速的项目部署能力，在计算项目结束后能够快速完成计算过程数据和结果数据的保存、迁移和归档，并能提供结果的高效查询、输出和校验。而动态调整存储容量、带宽、响应时间，以及对各层物理器件失效的容灾设计应当计入设计和考察的范畴。

在目前的数据中心存储器件中，NVMe SSD、SAS SSD、SATA SSD的带宽需要在高并发多队列状态中才能发挥出来，而HDD则需要在低并发的顺序操作状态才能达到。因此，存储系统的分级设计和读写过程的调度对整个算力系统的性能表现有着重要的影响。基于以上需求，提交、部署阶段的存储系统的考核指标为带宽，在项目计算阶段的存储系统的考核指标为IOPS和时延，计算结果保存、交付和查询阶段的考核指标为带宽，存储容量以及可扩展性和高并发性应作为以算力为中心的存储系统的衡量指标。

最后，在存储介质装机量的数量级达到万以上的数据中心中，存储单元出现故障会成为日常状况，因此，运营系统的故障自动侦测、故障预警及数据自动迁移、日常的存储装置健康报告生成和汇总也需要作为必要的衡量指标。

综上，对存储系统算力的度量需要体现在存储器件单体的带宽、IOPS、时延、容量、每日可写入量，也需要体现在系统的连接通道带宽和系统各存储层级之间连接的带宽配合程度。

4.6.2 算力发展趋势

4.6.2.1 算力结构优化，智能算力受高度重视

算力发展迎来高潮，我国算力规模特别是智能算力规模不断提升。截至 2022 年年底，我国算力总规模达到 180EFLOPS，其中通用算力规模占比约 76.7%，智能算力规模占比约 22.8%，智能算力规模与 2021 年相比增加 41.4%，智能算力增长迅速。随着 AI 大模型的快速发展，智能算力需求正呈现爆发性增长的态势。各地纷纷发布算力布局方案以匹配行业发展需求。北京发布了《北京市加快建设具有全球影响力的人工智能创新策源地实施方案（2023—2025 年）》《北京市促进通用人工智能创新发展的若干措施》，深圳发布了《深圳市加快推动人工智能高质量发展高水平应用行动方案（2023—2024 年）》，上海自贸区临港新片区发布《临港新片区加快构建算力产业生态行动方案》等。

4.6.2.2 存力规模扩大，先进存力建设稳步提速

我国数据存储行业高速发展，存储规模不断扩大。截至 2022 年年底，我国存力总规模超过 1000EB，与 2021 年相比增加了 25%，存储容量保持较高增速。以全闪存储技术为代表的先进存力快速发展，各省（自治区、直辖市）相继出台存力建设目标。上海市、山东省、宁夏回族自治区、天津市、广西壮族自治区、湖南省、湖北省、福建省、青海省、云南省等地纷纷发布存力相关指导文件。天津市发布了《关于做好算力网络建设发展工作的指导意见》，山东省发布了《山东省一体化算力网络建设行动方案（2022—2025 年）》，宁夏回族自治区发布了《宁夏回族自治区数据中心建设指南》，青海省发布了《绿色零碳算力网络建设行动计划（2023—2025 年）》等。

4.6.2.3 运力质量提升，算力网络加快布局

我国网络基础设施建设不断完善，为算力产业发展和网络强国建设提供有力保障。根据工业和信息化部数据，截至 2023 年年底，我国累计建成开通 5G 基站 337.7 万个，全国 110 个城市达到千兆城市建设标准。随着“东数西算”工程的持续推进，电信运营商针对算力网络的投入持续加大。中国电信持续优化“2+4+31+*X*+*O*”的算力布局，在京津冀、长三角、粤港澳大湾区、成渝等区域的中心节点，打造天翼云 4.0 自研多 AZ 能力。中国移动优化“4+*N*+31+*X*”集约化梯次布局，加强云、网、边协同发展。中国联通完善“5+4+31+*X*”多级架构，加强骨干网时延领先及多云联接优势，在 170 个城市实现“一城池”，MEC 节点超过 400 个。

4.6.3 “东数西算”算力布局实践

4.6.3.1 概述

2021 年 5 月，国家发展和改革委员会等四部委联合印发《全国一体化大数据中心协同创新体系算力枢纽实施方案》，明确了布局建设全国一体化大数据，提出了关于算力网络的国家枢纽节点，积极打通网络传输通道，从而提升跨区域之间的算力调度水平，对于云算力等进行深入探索实践。

2021 年 11 月，工业和信息化部印发《“十四五”信息通信行业发展规划》，提出到 2025 年，基本完成新型数字基础设施建设，即高速泛在、集成互联、智能绿色及安全可靠；同时围绕数据中心等布置了多项量化目标。

2021 年 12 月，中央网络安全和信息化委员会印发《“十四五”国家信息化规划》，提及构建云网融合的新型算力设施，加快构建全国一体化大数据中心协同创新体系。

2022 年 2 月 17 日，国家发展和改革委员会等部门复函同意在京津冀、长三角、粤港澳大湾区、成渝、内蒙古、贵州、甘肃及宁夏区域进行国家算力枢纽节点建设，同步规划国家数据中心集群，标志着“东数西算”工程进入全面实施阶段。至此，针对算力资源的跨区域统筹布局迈入了新篇章。

4.6.3.2 “东数西算”应用分析

4.6.3.2.1 资源优化配置

根据我国能源分布特点可知，秦岭—淮河以北区域的煤炭资源分布占比约 90%，西部以及中南部区域的水资源开发占比约 93%，中西部地区北纬 22° ～ 35° 是太阳能资源分布区域，内蒙古和甘肃北部则是我国的风能资源区。综上，我国能源资源的巨大潜力位于中西部，这些特点应用在数据经济领域，即“东数西算”布局。

“数”即数据，“算”即算力，处理数据的能力。“东数西算”简单来说，就是在西部建立数据中心，把东部的算力需求通过网络体系有序引导至西部的数据中心，依靠西部的算力资源对东部的数据运算提供支撑，从而赋能数字化发展。

随着数据中心能耗指标管控越来越严格，数据中心建设对能源、土地及气候资源的要求越来越高，东部地区出现算力需求量大、能耗指标紧张的困境，而西部地区则面临着清洁能源丰富、气候条件优越，但用户需求量小、跨区域数据传输能力有限、无法承接东部需求的瓶颈。“东数西算”工程本质上是为了解决东西部算力资源供需失衡问题。它从技术、能源、政策等多角度出发，基于国家“新基建”的大背景，与“南水北调”“西电东送”“西气东输”等全国性资源调配政策具有同等的重要意义。

八大国家算力枢纽节点即算力网络的骨干连接点，通过开展的数据中心集群，协同建设数据中心、网络、云计算及大数据等。同时基于八大国家算力枢纽节点的战略支点功能，使东部算力需求有序转移到西部，实现数据要素的跨域流动，造就全国算力一张网，有效缓解了东部能源的紧张问题，同时为西部提供了发展新路径，解决东西部算力供需失衡问题。

形成“东数西算”格局后，西部主要负责温、冷数据的处理，负责离线、存储、备份等对网络时延要求不高的业务，而东部则主要负责热数据处理工作，负责工业互联网、金融、医疗、直播、人工智能等对网络时延要求较高的业务。

4.6.3.2.2 发展路径

当前建设的数据中心在规划布局、能源消耗、技术应用水平，以及提供的算力算效等方面存在效率低下、能耗偏高、布局需求不均衡等问题，引导数据中心向绿色节能、安全可靠、算力高效的新型数据中心演变已迫在眉睫。聚焦更高技术、更高算力、更高能效及更高安全等特征，协同云网、云边及数网等要求，从而引导数据中心的高质量发展。

数据中心建设布局可归纳为以下 4 点。

（1）关于国家算力枢纽节点的建设

明确加快京津冀、长三角、粤港澳大湾区，以及成渝区域的规划建设，适当推进数据中心集群的规划建设，从而实现算力的大规模部署；重点提高贵州、内蒙古、甘肃和宁夏区域的算力服务品质和利用效率，针对非实时性算力，打造保障基地。

（2）各省（自治区、直辖市）新型数据中心的按需建设

针对存量的数据中心做好利用提升。根据本地区的业务需求，综合考虑能源资源现状、基础设施条件、网络条件等因素，匹配需求、适度建设，打造服务于本地的规模匹配的算力服务。

（3）边缘数据中心的灵活部署

城市内部边缘算力的供给不可忽略，应积极打造相应体系，用于支撑边缘数据的计算、存储和转发，满足极低时延的新型业务应用需求。引导城市边缘数据中心与变电站、基站、通信机房等城市基础设施协同部署，保障其所需的空间、电力等资源。

（4）“老旧小散”数据中心的优化升级

“老旧小散”数据中心是稀缺的宝贵资源，在数据中心应用体系中应重视其节能优化改造

的需求。“老旧”数据中心应加快更新其IT机柜、配电系统及空调系统，“小散”数据中心应迁移、整合其当前业务，改变“老旧小散”数据中心低能效和低算力的现状，从而更好地满足当地业务的应用需求。

4.6.3.2.3　优化布局

数据中心的建设主要考虑电力资源、带宽条件、交通情况、水资源分布、气候资源及人才储备等因素，而“东数西算”工程具有多方面的意义，它能够解决数据中心的功能型布局这一令人持续关注的问题。

在《全国一体化大数据中心协同创新体系算力枢纽实施方案》中，针对京津冀、长三角、粤港澳大湾区、成渝，以及内蒙古、贵州、甘肃、宁夏等地建设大数据中心国家枢纽节点提出了思路、原则和具体技术要求。

对于用户规模较大，且具有强烈应用需求的节点，例如，京津冀、长三角、粤港澳大湾区及成渝区域，主要处理工业互联网、金融证券、灾害预警、远程医疗、视频通话、人工智能推理等对网络要求较高的业务。

而对于清洁能源丰富、气候资源丰富、数据中心节能低碳发展潜力大的节点，例如，贵州、内蒙古、甘肃及宁夏区域，主要处理后台加工、离线分析、存储备份等对网络要求不高的业务。八大国家算力枢纽节点定位如图4-30所示。

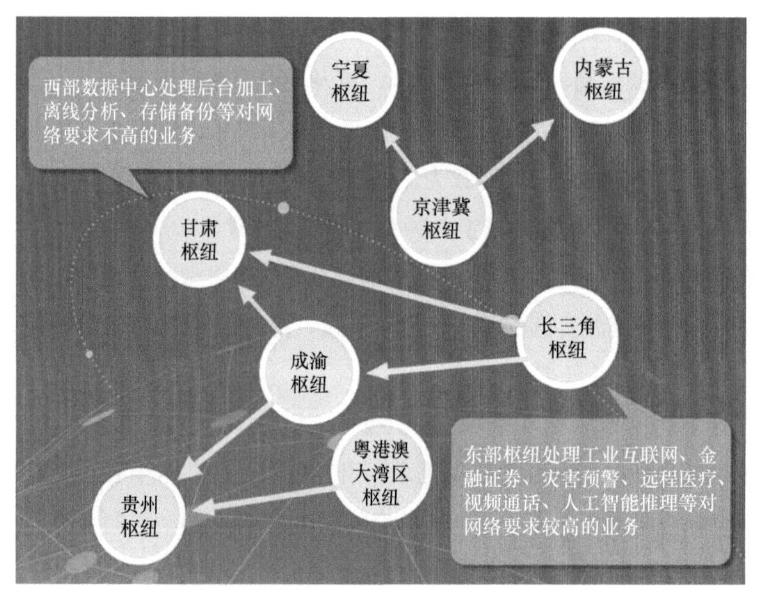

图4-30　八大国家算力枢纽节点定位

4.6.3.3 算力部署应用实践

4.6.3.3.1 总体意义

数据中心是算力、网络和应用的重要基础设施，是聚合云、网、数、智、安等多种数字要素的重要载体。八大枢纽节点十大数据中心集群的规划建设，便于集中进行政策引导和资源调配，致力于优化网络和能源等保障，更好地规范数据中心的集约化、规模化及绿色化发展，推动东西部的数据流通和价值传递，带动数据中心相关产业由东向西有效转移。

八大枢纽节点十大数据中心集群的规划布局，其行动意义如下。

① 算力水平得以提升：通过全国的建设布局，扩大算力基础设施的建设规模，提升其使用效率，从而实现全国算力的规模化和集约化发展。

② 绿色发展得以推动：加大在西部布局数据中心的规模，进而推动绿色能源使用率的大幅提升，就近消纳西部的清洁能源。

③ 有效投资得以扩大：数据中心上下游的产业链比较长，投资规模和带动效应都比较大，能够带动相关上下游的投资。

④ 协调发展得以保障：带动相关产业进行有效转移，推进东西部的数据流通和价值传递，延展东部的发展空间，推进西部大开发，从而形成新格局。

4.6.3.3.2 思路举措

（1）数据驱动，开展数据中心科学布局规划

① 东部4个热点区域：围绕枢纽节点起步区和核心城市，加快超大规模数据中心集群建设，组建多个可用区（AZ）。

② 西部4个枢纽节点：聚焦起步区布局，做大做强单点规模，承接“东数西算”工程，同时辐射周边区域。

③ 其他省份：规模集约化发展，业务大省按需部署多个省级数据中心，中小省份围绕省会城市布局。

（2）规划驱动，持续优化布局，扩大规模，保持领先优势

① 根据区域经济发展热力和自然资源供给条件的分布，中国电信在全国形成“2+4+31+*X*+*O*”的算力布局，已建资源规模行业领先，已建机楼超过6500栋，持续扩大数据中心规模。

② 八大枢纽节点区域起步区加大征地规模，支撑IDC规模建设。

③ 北京、上海、广州、深圳等热点城市，积极利用社会资源，获取土地、能耗指标。

（3）业务驱动，打造通智一体的算力基础设施，满足内外部智算需求

① 随着ChatGPT、AIGC等技术的推广，对AI算力等高功率应用场景的需求也日益普及，高密度、高算力机柜功率的提升，以液冷机柜为单位，推动液冷技术的研究和应用。

② 多元化智算应用场景带动智能算力需求，智能算力市场参与主体多元。

③ 根据市场空间，充分考虑土地、电费等成本因素，按照集约化、规模化原则布局，进行智能算力中心建设，对外提供公共训练算力租赁服务，对内满足内部智能服务应用的训练需求。

4.7 绿色低碳

4.7.1 网络绿色低碳

4.7.1.1 概述

绿色低碳是当前国际社会的热点话题，也是各行各业共同的挑战和目标。在ICT行业，随着万物互联时代的到来，联接已无处不在，构建绿色网络已成为行业共识。绿色网络有4个主要特征，即全光、极简、智能和复用。“全光”即网络全部采用光纤传输，速率更快、带宽更大，不管是材料生产还是使用场景，全方面降低碳排放；“极简”是指通过全融合路由器、OTN改造老旧SDH、Massive MIMO、全融合核心网等实现对网络的技术升级和简化；“智能”是指通过对网络引入智能性能，实现网络闲时功耗降低；“复用”是指在生产、制造、运输等非网络运行态环节走向循环经济，进而减少对生态资源的依赖。

4.7.1.2 中国电信网络绿色低碳发展思路

2021年8月，中国电信发布“双碳”行动计划，把推动网络节能作为重要方向。中国电信坚持“网是基础”和绿色节能，针对网络架构、设备、运营均明确多项重点举措。在网络架构方面，以全IP、扁平化、开放共享为主要特征的网络演进可以促进全网的节能减排。一方面，中国电信加快建设IP综合承载网络和全光网络，构建满足云网融合趋势下以云为核心、云网一体的新型网络架构。另一方面，中国电信和中国联通加快4G/5G共建共享，提高资源效率，促进绿色低碳运营。在网络设备方面，中国电信通过腾退低效设备，减少资源浪费。此外，中国电信引

入 10G-PON 建设，采用端口管理、单板机电管理、ONU 节能控制及智能低功耗芯片等多种节能措施，有效降低网络整体功耗。在网络运营方面，中国电信将依托自身优质智算资源和 AI、大数据分析、数字孪生等技术创新，赋能网络智慧运营能力。AI 的介入将极大促进网络节能减排，例如，依托自研的 5G AI 节能大脑，中国电信与中国联通共建共享 4G/5G 网络，将百万级基站纳入自智节能的大局，年化节电 6 亿千瓦时，年化降碳近 40 万吨。中国电信推进网络绿色的重点举措和主要成效如图 4-31 所示。

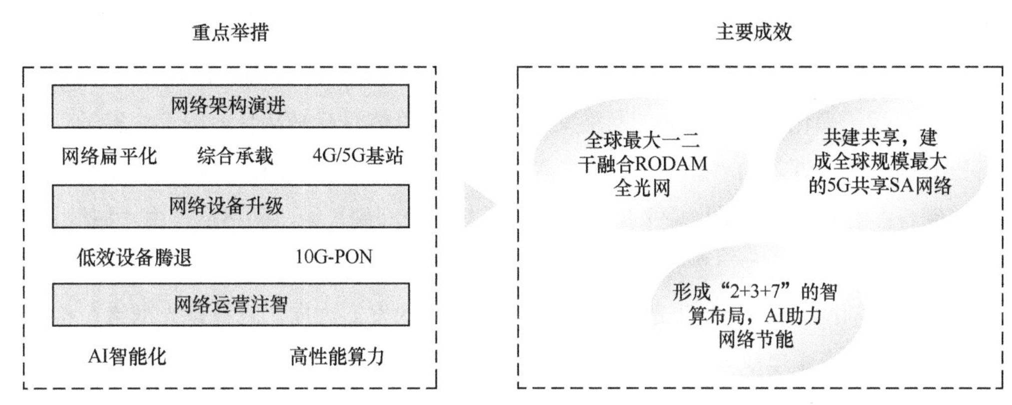

图 4-31　中国电信推进网络绿色的重点举措和主要成效

4.7.1.3　中国电信网络绿色低碳实践

4.7.1.3.1　“全光网 2.0”助力网络绿色低碳实践与思考

全光网是光网络技术发展到一定阶段的产物，我们在 4.3 节中具体介绍了其技术特征。光网络技术从全光传输起步，从最早的多模光纤 850nm 波长短距传输，到单模光纤 1310nm/1550nm 波长中长距传输，再发展到引入掺铒光纤放大器（Erbium Doped Fiber Amplifier，EDFA）的波分复用系统几百到上千千米的无电中继传输，最后是相干光通信技术将无电中继传输距离扩展到几千甚至上万千米，全光传输技术的容量和距离不断提升。

2011 年 2 月，中国电信正式启动“宽带中国 • 光网城市”行动，2017 年实现 FTTH 和百兆入户的比例超过 90%，标志着“全光网 1.0”的实现。“全光网 2.0”概念是中国电信于 2017 年在中国光网络研讨会（OptiNet China）上首次提出的，指出当传输和接入都实现光纤化，交换层也引入 ROADM 等全光交换技术后才能构成严格意义上的全光网。同年，中国电信建成长江中下游区域 ROADM 骨干网络，标志着“全光网 2.0”新时代的开启。到 2021 年，中国电信已建成一张覆盖全国（除港澳台）所有省级行政区的一二干融合的基于 ROADM 技术的骨干全光交换网络，覆盖了近200个城市和多数大型数据中心，包括440多个ROADM节点和1600多个光放大节点，标志着“全光网2.0”在骨干网层面进入稳步发展阶段。目前，随着5G和云网融合的深入发展，“全光网2.0”的概念逐渐从骨干网向城域网延伸。

“全光网2.0”的发展目标是打造一张泛在全覆盖的扁平化绿色全光网络，通过全光传输、全光交换、全光接入等全光技术创新，持续为信息通信基础设施夯实带宽基础，通过自主可控的数字化智慧运营能力，帮助中国电信实现云网基础设施能力优势向商业生产力优势的转化。具体而言，中国电信“全光网2.0”的发展愿景可以概括为以下“三化”。

① 网络架构扁平化：网络架构扁平化是“全光网2.0”架构的核心，有利于实现全光直达、降低时延和功耗、简化电层复杂度。网络架构扁平化的总体目标是从目前国干、省干、城域、接入等三到四层架构逐步向“骨干+城域”两层架构演进；在骨干网，架构扁平化的具体体现是一二干融合；在城域网，架构扁平化的具体体现是全光网到边缘，网络层次由“城域+接入”向一张全覆盖的单层架构城域全光网演进。

② 网络全光化：网络全光化是“全光网2.0”技术的发展方向，目标是光网络在传输、接入全光化的基础上，实现交换路由全光化。“全光网1.0”时代，已经实现了传输和接入网络介质的全光纤化；“全光网2.0”时代，传输、接入、交换路由都尽可能在光域端到端实现。未来，全光网技术和应用范围还将进一步延伸和发展，例如，设备内部板卡甚至芯片间的全光互连、星间/星地全光互连等。

③ 运营智慧化：运营智慧化是“全光网2.0”自主可控的关键，目标是自主掌控全光网端到端的自动化和智能化运营能力，支撑云网业务的高质量发展。引入SDN等新技术，定义能力开放接口和统一信息模型；探索开放解耦光网络新架构的应用，实现对网元设备的统一管理和业务调度；引入遥测、大数据和人工智能，提高数据的采集和分析能力，从而有效地提升光网络智慧运营水平。

全光网发展到2.0阶段，并没有达到最终状态，网络还将持续演进。未来，随着网络流量的进一步增长和流向变化、绿色节能战略的深入推进，全光传输的容量会进一步增加，全光交换将向更高维度、更低成本、更快恢复的方向发展，全光接入会进一步提高带宽、增加覆盖范围、扩展应用场景，更多节能、低成本技术有望在接入场景展开应用。

未来，中国电信将坚持绿色发展模式，以“全光网2.0”为抓手，扎实推进数字信息基础设施的低碳转型。通过简化网络架构，规模建设全光网络，同步推进低集成度、小容量、高能耗的老旧设备逐步退网，推动网络能耗强度持续下降，助力实现“双碳”目标。

4.7.1.3.2 5G 共建共享绿色低碳实践

5G 作为全球新一轮产业革命的引擎，已上升为国家战略，成为全球大国科技竞争的制高点。5G 的到来为拉动投资、扩大内需、引领科技创新、推动产业数字化升级和高质量发展带来源动力。为此，我国迫切需要建设出全球领先的 5G 基础设施，促进和保证 5G 的持续创新，为我国数字化转型升级提供重要支撑，为垂直行业赋能。

围绕国家科技创新战略需要，在极其复杂的国际科技竞争环境下，《工业和信息化部关于推动 5G 加快发展的通知》（工信部通信〔2020〕49 号）发布，提出全力推进 5G 网络建设、应用推广、技术发展和安全保障。

按照传统方式，电信运营商单独建设 5G 网络，面临投资大、能耗高、资源利用率差等众多问题。传统网络共建共享，只是铁塔配套设施共享，可以减少站址数量、降低配套资源重复建设，但是无法实现网络系统和设备的共享，不能从根本上减少网络基站设备的数量，没有全面实现降低能耗、节省成本。为此，我国迫切需要通过 5G 网络系统设备共享，解决 5G 高质量发展的问题。

中国电信和中国联通充分发挥双方资源禀赋，全面深化战略合作，开启 5G 全生命周期共建共享，全力推进 5G 网络建设、应用推广、技术发展和安全保障，充分发挥 5G 新型基础设施的规模效应和带动作用，支撑经济高质量发展。

中国电信和中国联通在建设过程中，攻关网络节能技术，构建智能运维平台，建设绿色低碳网络。因为 5G 采用高频段、大带宽、多通道组网方式，所以 5G 基站能耗增加，已有基站由于多网共用电源容量紧张，需进行市电引入改造，实施周期长，影响建设进度。中国电信和中国联通基于 5G 基站 AI 智慧节能平台、浸没式液冷技术、BBU 创新部署方式等技术手段，降低整体网络能耗基准水平和运营成本，并申请“5G 低能耗技术和标准示范工程”，于 2022 年获得国家发展和改革委员会批复，是业内唯一 5G 节能减排示范工程。

（1）智能的节能管理平台，响应国家“双碳”政策

中国电信和中国联通针对基站能耗大、节能维护工作量巨大、操作风险高，影响网络 KPI 和客户感知等难题，构建全国性 AI 基站节能技术体系，按照统一标准、统一架构，建设全国基站智慧节能系统。中国电信和中国联通在各自 5G 承建省份分别实施部署，打造全网统一的基站 AI 智慧节能平台。

中国电信基于 AI 和大数据技术，构建覆盖全国的基站智慧节能系统，云边协同实现全网基站 AI 节能。AI 智慧节能平台一级为全国云端集中部署的智能分析决策引擎（节能“大脑”），依靠节能场景与 VIP 场景识别、多周期的潮汐分析、节能效果精准评估等关键能力，实现多维

度的扇区画像及智能预测等功能。平台二级为各省部署的基于边缘计算的节能控制引擎（节能“小脑”），实现了基于低时延数据的在线感知、基于退服告警或预测的智能刹车、基于4G/5G协同的智能唤醒、跨厂家多模式、多种节能指令的自动生成、能耗自动测评等功能。AI智能节能平台如图4-32所示。

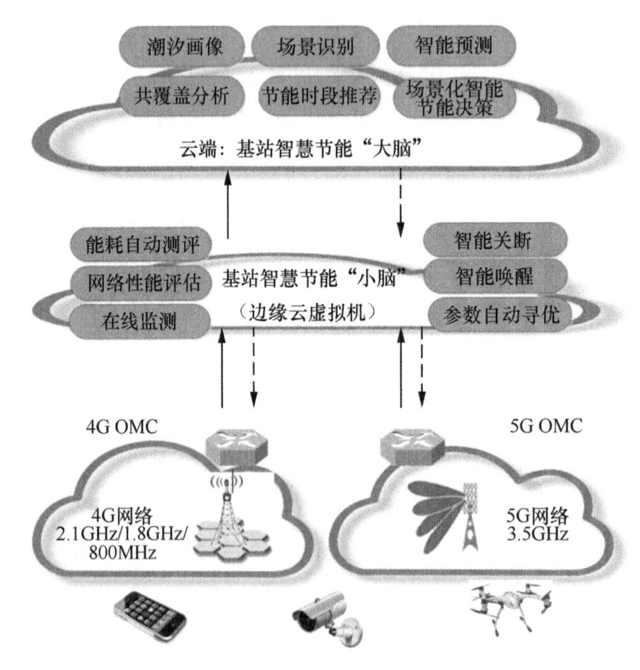

图4-32　AI智慧节能平台

中国赛宝实验室对中国电信基站AI智慧节能平台“天翼蓝能”的功能型、可靠性、信息安全性进行了测试，所有测试项均通过，系统性能行业先进，具有显著的社会经济效益。中国电信通过部署5G基站AI智慧节能平台，使5G基站的日综合节能效率达到15%以上。

（2）先进的绿色节能设备，提升能源利用率

浸没式液冷技术，利用绝缘液在服务器内部流动，带走发热元器件的热量，采用循环泵将受热液体输送到热交换器，液体在热交换器中被冷却并经过循环回到液池中。相比于传统通信机房采用工业空调降温等风冷技术，液冷技术在散热效率、能源利用率等方面具备显著优势，解决了空调设备自身的高能耗导致电能利用效率（Power Usage Effectiveness，PUE）值普遍较高等问题。理论上，PUE值可降至1.1以下，直接运行成本降低32.5%以上（风冷数据中心PUE值按1.6估算）。浸没式液冷机柜如图4-33所示。

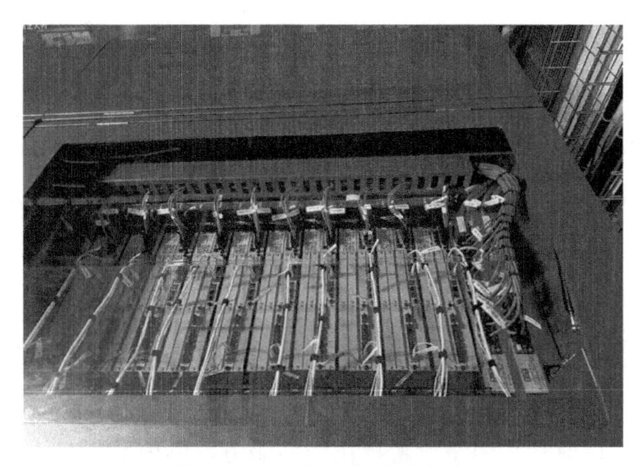

图 4-33　浸没式液冷机柜

（3）创新的设备部署方式，提高散热效率

中国电信和中国联通国内首次采用 BBU 竖装插框设计，通过合理顺畅的气流组织和集中低阻的冷热风通道，克服柜门开孔气流的阻滞，使竖装插框的通风制冷效果远远优于横装堆叠形式，解决了横装堆叠形式无法形成有效气流组织、严重影响散热效率的问题。根据数据测算，以半配 BBU（3 块基带板）为例，在采用常规机柜且机房空调正常的情况下，每台 BBU 年均节电 500 千瓦时（取华为和中兴平均值，PUE 值按 1.6 计），年节电费 400 元（按 0.80 元 / 千瓦时计）。BBU 竖装插框部署如图 4-34 所示。

另外，中国电信和中国联通采用 BBU 集中部署方式，根据相应片区集中度不同，分为“大集中”或“小集中”方式，通过大容量 BBU 板卡，集约 BBU 算力，降低整体功耗。

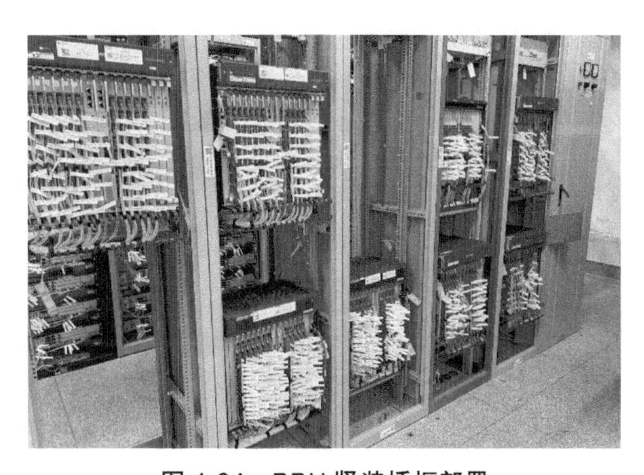

图 4-34　BBU 竖装插框部署

通过5G共建共享，一方面在短时间内高效实现了5G网络高质量规模化覆盖，为经济社会加快转型升级进而实现高质量发展、满足人民群众日益增长的充分享受综合信息服务的美好生活需要等提供了坚实的网络能力保障；另一方面有效避免了大量重复建设移动基站，促进了企业绿色运营和社会减排降碳，开创了企业协同发展的新路径，为全球大型企业实现合作共赢贡献了中国方案和中国智慧。

4.7.1.3.3　AI助力网络节能

“能效管理、绿色发展”是未来网络发展的目标之一，端到端AI节能手段的应用能够有效缓解网络的能耗压力，促进网络的可持续发展。

以5G网络为例，5G时代为海量设备提供网络服务，以满足泛在的连接及海量数据的传输需求。为应对全球能源短缺和环境保护面临的挑战，5G系统的节能技术成为当前学术界和电信运营商研究的重点。

随着AI技术的蓬勃发展，基于AI的智能化节能方案成为新的技术研究热点，通过网络预测、策略调整优化、实时KPI监测，基于AI设计闭环省电解决方案，在省电和网络性能之间找到平衡点。

中国电信携手产业界对5G节能展开了一系列的探索实践，利用AI技术学习网络历史数据，构建业务模型，同时引入实时数据不断训练修正模型，实现对业务场景的精准预测，进而在当前环境下进行节能场景的识别、负荷的智能预测、节能策略的智能推荐，提高节能触发的灵活性，达到智慧节能的效果。

（1）AI助力5G核心网节能

5G核心网作为“管理中枢”，负责管理数据，对数据进行处理和路由交换。由于数据密集型应用程序不断普及，连接到互联网的设备数量不断增加，互联网流量呈指数级增长趋势。

随着SDN和NFV的出现，5G核心网网元的功能实现可以通过NFV技术进行部署，多个网元功能应用程序同时在统一的硬件平台上运行承载，可以节省额外部署专用硬件和软件组件的成本。虚拟网元在不工作时休眠，并根据工作负载随时激活，可以有效降低能耗。

5G核心网应用AI技术，根据网络流量的变化趋势，调节虚拟网元资源占用情况，在不影响网络KPI指标的前提下，降低网络能耗，提高网络能量效率，从而达到节能目的。

针对5G核心网控制面和用户面的资源使用和流量变化趋势调整资源分配，需要采集相关数据，包括但不限于：各网元实例的业务量、最大服务用户数、能耗数据、资源使用数据、NF

级性能测量数据和网络级 KPI 数据等。

基于网络流量的历史数据，需要对网络流量的变化趋势进行预测。网元实例流量的精准预测可以推动网络节能决策，然而网络流量在时间和空间上具有不均匀性、用户在一天的不同时刻和不同地方有不同的 QoS 要求，以及用户的移动性等因素使网络流量预测面临挑战，所以模型算法需要根据监测数据不断更新迭代。

基于网络流量的预测数据，可以智能地调整 VNF 的资源分配，例如根据 VNF 实例上的负载统计及预测情况，将资源利用率低的 VNF 实例上的负载迁移到特定的少数专用 VNF 实例上，从而产生更多空负载的 VNF 实例，针对这些 VNF 实例占用的资源进行重分配（或回收），能够提高 5G 核心网的能量效率 KPI。

以节能为目的，同时考虑用户的 QoS 或者体验质量（Quality of Experience，QoE）需求，在满足用户需求的前提下，降低 VNF 的资源占用，从而在节能和网络需求层面达到均衡。

（2）AI 助力 5G 基站节能

5G 基站提供无线覆盖功能，实现有线通信网络与无线终端之间的无线信号传输。基站的架构、形态直接影响 5G 网络的部署。由于频率越高，信号传播过程中的衰减也越大，与 4G 网络相比，5G 网络需要更高的基站数量和密度，随着覆盖范围、容量和站点数量的增加，基站的功耗占移动网络的一半以上，5G 基站的节能需求更加迫切。

在 5G 网络中，灵活的参考信号设计使基站的睡眠模式更加高效。通过设计灵活的参考信号，在不需要基站组件时将其关闭，从而降低能耗。AI 技术可以使基站节能技术更加智能化，实现全网运行效率最优、综合节能效率最优的节能目标。通过数据预测和实时监控，基于 AI 的基站节能包括基于时间的节能、基于阈值的节能、基于 KPI 的节能 3 个方向。AI 使能的基站节能方案需要采集无线端负载、感知数据等，使用 AI 技术识别业务场景，例如商业区、居民区、高铁线路等。基于历史业务负荷数据训练预测模型，在预测的节能小区和节能时段触发，将该小区的负荷转移到其邻区，负荷转移完成后立即触发该小区的节能模式。业务流量预测模型主要根据小区历史信息以及环境因素的特征，利用神经网络找到这些特征值和模型的对应关系，确定权重矩阵和梯度后构造。根据预测结果进行最优节能策略选择、实时调整、自动更新和执行，实行差异化的阈值调整门限，满足预设的 KPI 和节能目标。多基站协同节能的方法是将相邻基站的历史信息加入上述模型进行联合模型的预测，使预测结果更精确，同时也可以自动识别多层覆盖小区、基础覆盖小区和补热小区，热点覆盖小区可根据业务量变化、多网覆盖状态等进入节能模式，实现节能效果。

4.7.2 数据中心绿色低碳

4.7.2.1 概述

4.7.2.1.1 数据中心建设需求持续增长

随着国家新型基础设施建设的大力开展，特别是5G基础网络建设、大数据算力广泛应用、工业互联网领域平台建设及人工智能领域生态化发展，带来数据流量的大幅增加。

另外，“居家生活”新模式和“线上办公”常态化使移动互联网的应用需求大幅增长，在线消费、微视频及直播等新型场景的大流量应用，推动数据流量迅猛增长。

数据中心作为基础设施建设的重要组成部分和上述数据运算和存储的载体，其建设需求持续增长。中国信息通信研究院发布《数据中心白皮书》，提到我国数据中心行业2017年的收入约为512.8亿元，2022年已增长至1900.7亿元，平均复合增长率达30%。我国数据中心市场规模如图4-35所示。

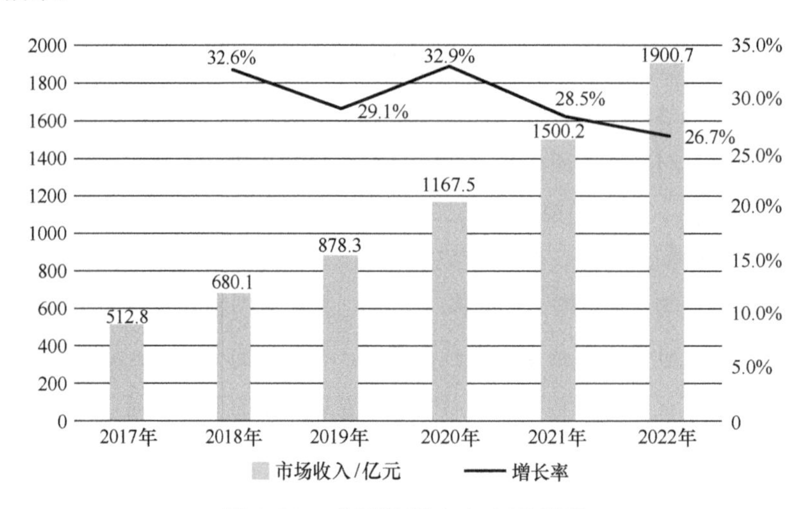

图4-35 我国数据中心市场规模

4.7.2.1.2 数据中心绿色低碳发展要求

随着数据中心的快速发展，其激增的用电量现象越来越引发关注。根据生态环境部公布的数据报告可知，2021 年全国社会用电量当中，数据中心整体耗电量占比已经达到了 2.6%，碳排放量则占全国碳排放量的 1.14%。同时根据预测，社会对算力的需求将以每年大于 20% 的速度增长，数据中心行业对电力的需求也将持续提升。2018—2025 年数据中心耗电量及增速预测如图 4-36 所示。2018—2025 年数据中心耗电量占全社会用电量比值预测如图 4-37 所示。

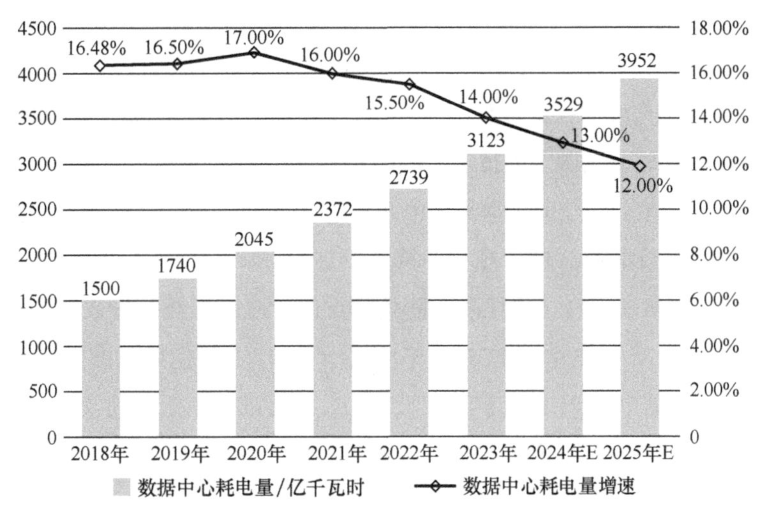

图 4-36 2018—2025 年数据中心耗电量及增速预测

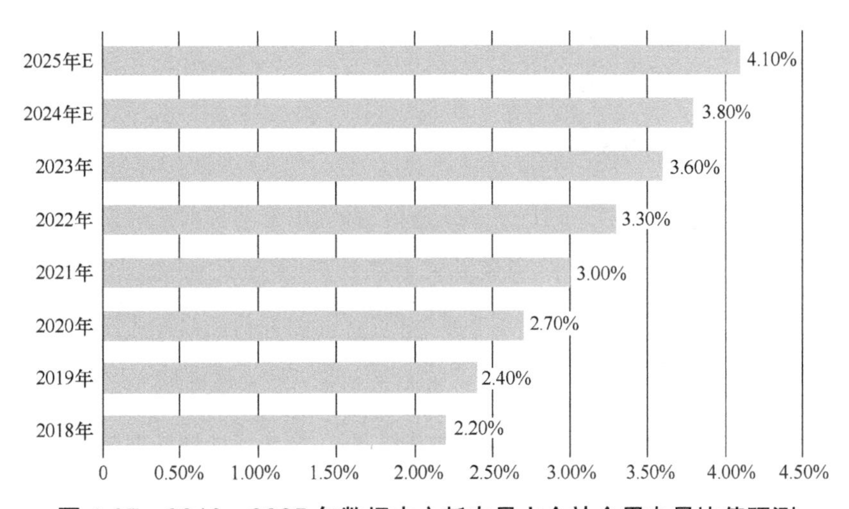

图 4-37 2018—2025 年数据中心耗电量占全社会用电量比值预测

针对数据中心行业，国家各级政府高度重视并在产业政策上给予了重点支持，出台了一系列政策，鼓励数据中心行业绿色发展及应用创新。

2021 年 10 月，国家发展和改革委员会、工业和信息化部针对数据中心节能降碳提到，到 2025 年 PUE 值低于 1.5。同年 12 月，国家发展和改革委员会印发了相关文件，指出到 2025 年，数据中心运行 PUE 值和可再生能源应用占比明显提升，针对新建的大型和超大型数据中心的平均 PUE 值低于 1.3，而对于国家枢纽节点机楼 PUE 值则是低至 1.25 以下，同时，数据中心的绿色低碳等级则需要满足 4A 级以上要求。

在工业和信息化部印发的《新型数据中心发展三年行动计划（2021—2023 年）》中，针对数据中心的规模阶梯布局、低碳节能技术、PUE 指标，以及上下游产业链布局做了进一步细化要求，提出至 2023 年年底，新建的大型数据中心和超大型数据中心的 PUE 值需要降至 1.3 以下，严寒地区和寒冷地区的数据中心 PUE 值力争降至 1.25 以下。

国家标准 GB 40879—2021《数据中心能效限定值及能效等级》将数据中心能效等级分为 3 级，1 级表示能效最高，数据中心 PUE 值不应大于 1.20，2 级能效数据中心的 PUE 值不应大于 1.30，3 级能效的数据中心 PUE 值不应大于 1.50。该标准适用于新建及改扩建的数据中心进行能耗计量、能耗计算考核，规定了数据中心的能效等级与技术要求、统计范围、测试与计算方法。

针对国家出台的相关政策及指导意见要求，同时兼顾高投入的建设成本以及高能耗的运营支出，尤其是电费支出，也是数据中心全生命周期建设的重点关注之一，如何实现数据中心低碳转型、绿色发展，正是数据中心行业亟待解决的难题。

4.7.2.2 数据中心低碳发展路径

4.7.2.2.1 科技创新技术应用

“双碳”目标的实现离不开科技创新应用。从短期阶段来看，处理好经济复苏、转型发展与碳减排的矛盾亟须科技创新支撑；从中期阶段来看，促进经济低碳和脱碳发展最终仍需要依靠科技创新；从长期阶段来看，提升国际低碳市场的核心竞争力也在于科技创新。

国际能源署发布的《中国能源体系碳中和路线图》，指出了能源转型带来的挑战和机遇。化石能源比重逐步下降、光伏风电等清洁能源应用大幅提升，推动能源机构转型，助力绿色低碳发展。

数字技术与风光储、液冷、能源梯级利用、碳捕捉与封存等绿色低碳技术加快融合，催生数字能源、碳足迹仿真等，赋能数据中心节能降碳。数据中心节能降碳路径如图 4-38 所示。

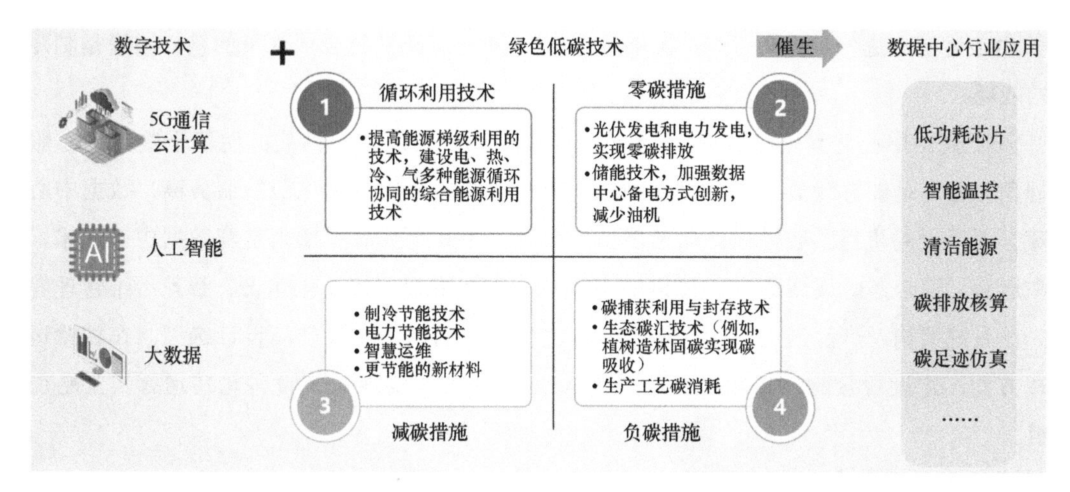

图 4-38　数据中心节能降碳路径

依托于数据中心节能降碳路径，根据“减碳—零碳—负碳”的技术路线，实现减碳、脱碳发展，达成“双碳”愿景。

4.7.2.2.2　数据中心能耗控制 PUE

当前多数存续的老旧数据中心，由于其自身的业务需求属性，多以碎片化、粗放式建设为主，其基础设施建设内容多为一次性建设，低出柜率、低上架率常态化，“大马拉小车”现象普遍，能耗居高不下。

通过 CDCC 发布的中国数据中心市场报告可知，数据中心的能耗主要来自 IT 设备及基础设施的电力消耗，其中，基础设施（供配电、制冷系统、建筑照明等）占比约为 44%。在非 IT 设备的能耗中，制冷系统的能耗占比约 42%，其次是供配电损耗。数据中心能耗占比如图 4-39 所示。非 IT 设备的能耗占比如图 4-40 所示。

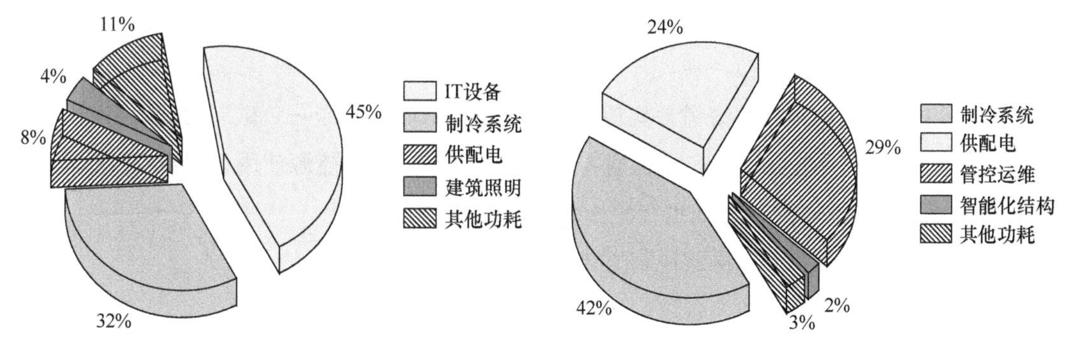

图 4-39　数据中心能耗占比　　　　图 4-40　非 IT 设备的能耗占比

由上述信息进一步分析可知，影响数据中心PUE值降低至合理水平的核心因素是制冷系统的能耗。

基于数据中心建设单位视角，让PUE值持续下降是巨大的挑战；而基于数据中心服务商视角，特别是能够为数据中心提供全栈式节能解决方案的一体化节能服务商，数据中心行业蕴含着巨大的机遇。通过一体化节能技术服务，在其全生命周期内贯穿数据中心技术、建设和运营，综合考虑规划选址、低PUE值指标、节能机柜、模块化建设、智慧运维管理等因素。在系统架构及产品选型方面，综合考虑优化系统架构、优化产品设计选型。在智慧运维管理方面，建设智慧能耗管控平台，通过AI系统调优，实现系统设备轮转运行，策略加减机组。

4.7.2.2.3　*数据中心碳排放控制碳使用效率*

碳排放控制将是未来能源领域指标考核的重要手段，其控制的是碳排放总量与碳排放强度两部分内容。在“双碳”背景下，碳排放控制更加聚焦降碳导向，区别于当前的能耗控制，引入了可再生能源的贡献，能耗控制转向碳排放控制将提高绿电使用比例，能够有效解决部分用电的难题。

碳排放控制可通过碳利用效率（Carbon Usage Effectiveness，CUE），即数据中心总的碳排放量与IT设备总能耗之比来衡量。

$$\text{CUE}=E_{\text{数据中心总的碳排放量}}/P_{\text{IT 设备总能耗}}$$

$E_{\text{数据中心总的碳排放量}}$为数据中心各种源头的能源排放量，例如市电电能、柴油、天然气等，基于其排放因子、燃烧排放等计算获取。涉及可再生能源应用的情况，可再生能源利用率（Renewable Energy Ratio，RER）可用于抵消电能的碳排放量。

$P_{\text{IT 设备总能耗}}$为数据中心IT设备相关的负载能耗值。

另外，针对数据中心低碳水平的一些可量化的指标还有碳排放强度（CI）、碳减排量比例（CER）、水利用效率（WUE）。

从数据中心全生命周期系统考量能耗指标，根据“减碳—零碳—负碳”的技术路线，可从基础设施规划建设、系统架构、产品选型、智慧运维管理、清洁能源使用、碳封存、碳汇等增加碳吸收技术及碳抵消的措施方面进行整体统筹考量。

如何做好从能耗控制向碳排放控制的转向？

一是碳排放核算体系的有效建立。科学核算碳排放可以用于解决碳排放数据质量不可靠、核算方法不统一和统计标准不规范等多重问题。

二是差异化举措，稳步推进能耗控制转向碳排放控制。统筹考虑不同区域机房的基础资源环境的差异性，在碳“双控”方面，紧密结合实际需求特征。

4.7.2.2.4 数据中心节能低碳策略

绿色低碳是数据中心发展的必然趋势，加速能效水平和管理能力双提升，加快能源结构和产品赋能双转型，推进数据中心绿色低碳实施。主要分为以下 3 个维度。

一是数据中心建设、设计要绿色低碳：数据中心的建设面临更高的能效指标要求，基于国家及行业政策、业务属性、IT 设备部署等方面，需对数据中心的建设和设计全面统筹。综合考虑气候条件、能源分布，绿色选址；充分考虑模块化、预制化设计，IT 机柜、空调、配电系统等设备的能源效率及优化，绿色机电设计及设施，全方位打造极致节能的数据中心。

二是能源结构上要绿色低碳：加快提升可再生清洁能源的利用。引导新型数据中心能源供给侧结构调整，促进新能源的应用，优化用能结构；试点屋顶光伏、风能，逐步提高可再生能源利用率，满足绿色需求。同时结合储能技术，平衡可再生能源的波动性，确保数据中心的稳定供电。积极应用余热回收，提升能源综合利用率。

三是强化数字孪生和 AI 技术应用，实现数据中心全域可视和全局调优：随着以数字孪生、AI 等技术为代表的数字技术融合发展，数据中心的管理已经逐步从数字阶段迈向智慧阶段。通过利用“数字孪生 + 物联网”等技术搭建数据中心综合管理平台，可实现从设备到系统、从平面到三维立体的全面动态可知、全域实时可观。同时基于 AI 技术的全方位、多维度的数据分析，通过数据中心全局式智能寻优、全栈式智能调度、全量式智能感知等手段推动数据中心精细化管理和节能降耗，实现可持续化的数据中心全生命周期能效管理，助力数据中心绿色发展。

数据中心节能可分为主设备节能，即提高算力，包括定制化服务器、一体化机柜服务器；运维管理节能，即建立智慧运维管理系统；建筑节能，即预制化、装配式建筑；空调系统节能，即风侧自然冷源应用、水侧自然冷源应用、高效制冷设备、就近送回风等；配电系统节能，即市电直供、智能小母线、巴拿马电源、分布式电源等。其中，空调系统 / 配电系统节能，尤其是空调系统节能，是降低数据中心 PUE 值的关键所在。

（1）空调系统节能技术

① 蒸发冷却式冷水机组。

蒸发冷却式冷水机组以水和空气作为冷却介质，工作时，冷却水由水泵送至上部喷嘴，喷淋在冷凝排管外表面，形成水膜；高温气态制冷剂由冷凝排管组进入，被冷却水吸收热量后从下部流出，吸收热量后的水一部分蒸发，其余落在集水盘内。蒸发冷却式冷水机组系统原理如图 4-41 所示。

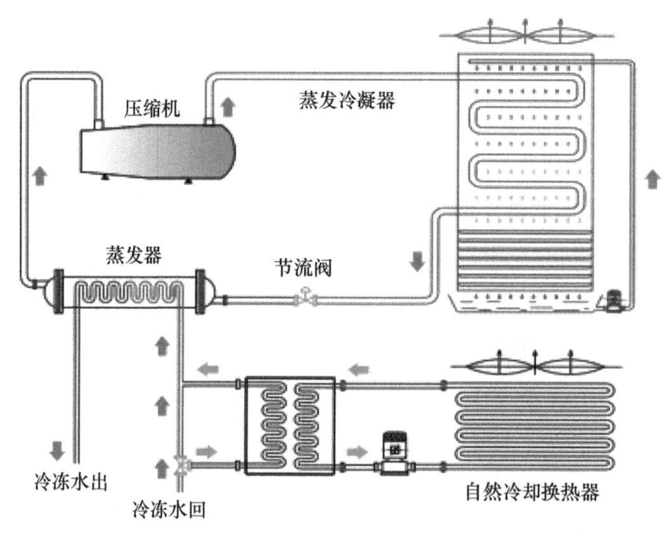

图 4-41　蒸发冷却式冷水机组系统原理

蒸发冷却式冷水机组为一体化机组，系统简单，建设周期较短，放置于室外，减少室内占地面积。在非夏热冬暖且水资源匮乏地区，可试点应用蒸发冷却式冷水机组，积累建设和维护经验。

② 磁悬浮变频离心式冷水机组。

磁悬浮变频离心式冷水机组能够利用磁场，使转子悬浮，从而使旋转时不会产生机械接触摩擦，避免能量损失，克服了传统机械轴承式离心机能效受限、噪声大、启动电流大、维护费用高等一系列弊端，机组效率无衰减，始终保持高效运行。磁悬浮变频离心式冷水机组如图 4-42 所示。

与常规离心式冷水机组相比，磁悬浮变频离心式冷水机组体积较小，在水资源充足的中型数据中心，可试点应用磁悬浮变频离心式冷水机组，积累建设和维护经验。

③ 带自然冷却的风冷冷水机组。

在夏季运营期间，带自然冷却的风冷冷水机组完全依靠压缩机制冷。在春、秋过渡季节，自然冷源盘管对冷冻水进行预冷，压缩机降载运行。在冬季，关闭压缩机，达到大幅节能的目的。相比于常规风冷冷水机组，带自然冷却的风冷冷水机组尺寸较大，占用更大的屋面面积。但其能通过自然冷源盘管利用室外自然冷源，可节能约 32%，年运行电费明显减少。带自然冷却的风冷冷水机组如图 4-43 所示。

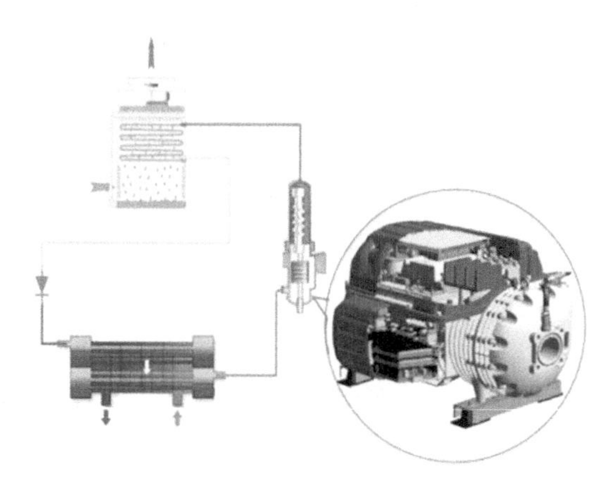

图 4-42　磁悬浮变频离心式冷水机组

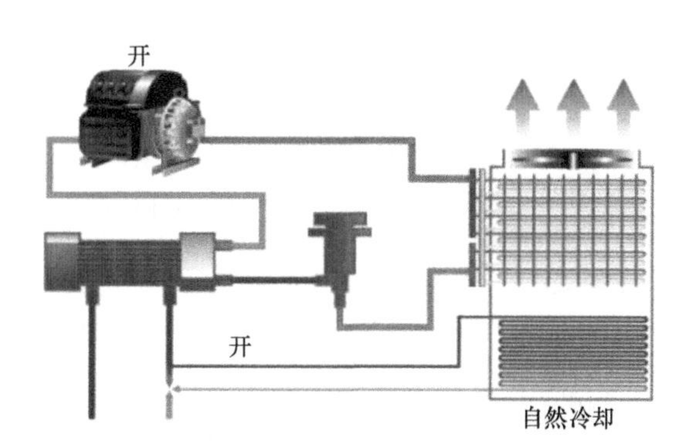

图 4-43　带自然冷却的风冷冷水机组

④ 间接蒸发冷却机组。

间接蒸发冷却机组通过非直接接触式换热器将直接蒸发冷却得到的湿空气的冷量传递给待处理空气。水耗更低，且节能效果显著。

采用间接蒸发冷却塔代替传统水冷空调系统中的冷却塔，利用空气的干湿球温度差，输出高温的冷却水，进一步延长室外自然冷源的利用。

在水资源缺乏、气候干燥的地区，可试点应用间接蒸发冷却机组；在水资源充沛、气候干燥的地区，可试点应用间接蒸发冷却塔。间接蒸发冷却系统原理如图 4-44 所示。

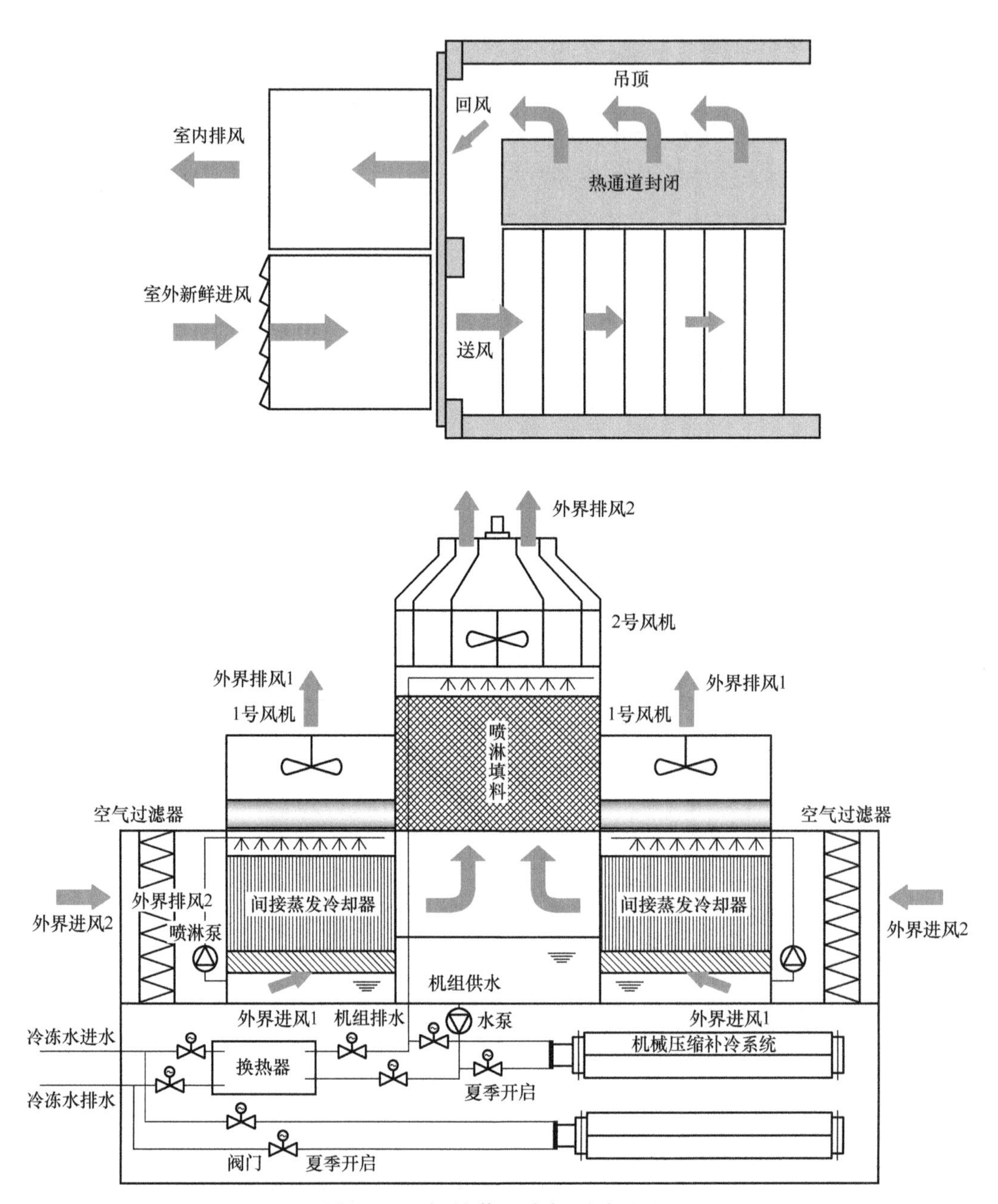

图 4-44　间接蒸发冷却系统原理

⑤ 模块热管多联系统。

模块热管多联系统为双循环系统，包括热管系统和压缩制冷系统，这两套系统相互独立（非切换模式），热管系统优先运行，压缩制冷系统作为补充和备份。

在室内、室外温差达到 5℃的前提下，热管系统循环模式即可自启动运行。机械压缩制冷模式根据热管系统循环运行情况变频制冷运行。在水资源缺乏的中小型数据中心，可试点应用模块热管多联系统。模块热管多联系统原理如图 4-45 所示。

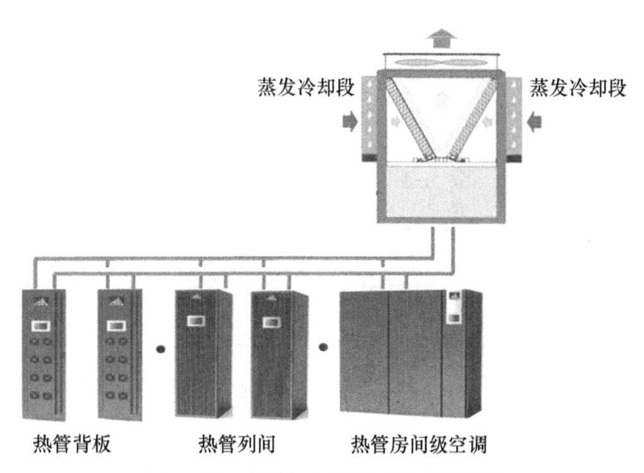

图 4-45　模块热管多联系统原理

（2）配电系统节能技术

① 市电直供（一路市电＋一路不间断电源）。

市电直供模式是一路市电经过不间断电源系统（UPS 或 HVDC）给 IT 设备供电，另一路市电不经过任何换流设备直接给 IT 设备供电。此模式可降低投资及损耗，提升运行效率，节省电力区域面积。

综合市电可靠性和客户需求两个因素，市电直供方式已被互联网头部公司广泛应用。市电直供系统示意如图 4-46 所示。

② 采用锂电池备电的分布式电源系统。

分布式电源系统（DPS）是一种高密度一体化的电源设备，集成电源模块、锂电储能模块、检测模块、监控模块，为机架负载提供了一体化供电综合解决方案。

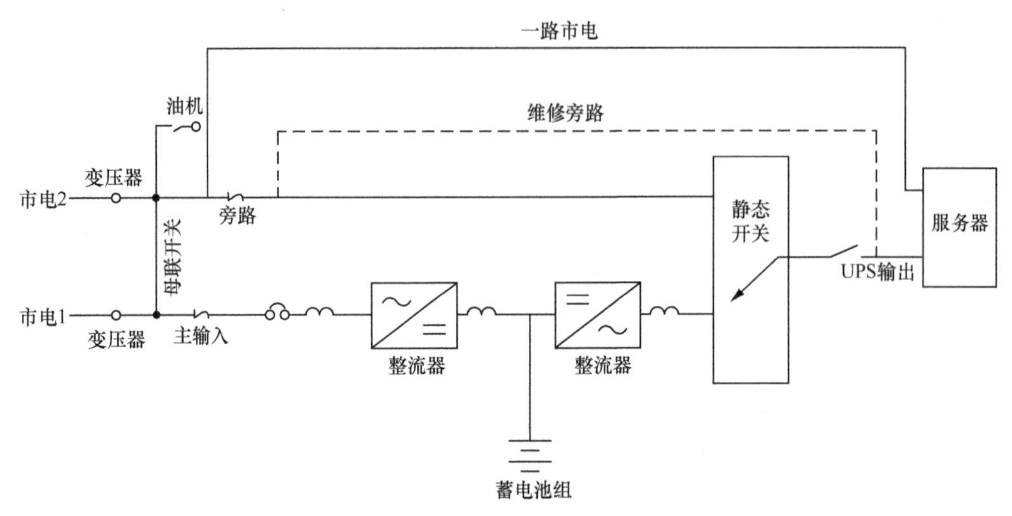

图 4-46　市电直供系统示意

该方式具有大幅减少电力机房占用面积、提升机柜产出率、简化配电系统结构、利于快速部署等优势。因此，在大型、中型数据中心的局部区域，以及小型、微型数据中心机房中，应积极探索和试点应用分布式电源系统。分布式电源系统示意如图 4-47 所示。

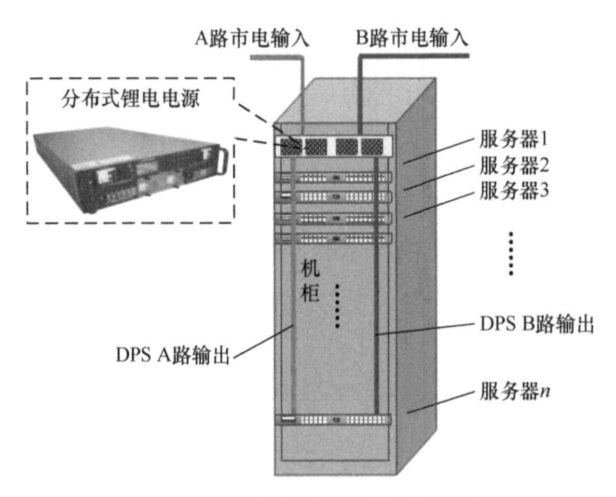

图 4-47　分布式电源系统示意

③ 智能小母线。

智能小母线配电系统采用树干式供配电方式，从总配电柜至各机柜直接采用铜母线，中间不需要配置列头柜。

相较于传统列头柜 + 电缆的配电方式，智能小母线系统可以节省列头柜投资及架顶安装空间，增加 IT 机架数量，且便于提前预制和现场安装，以及后续的机房维护和灵活扩容改造。

（3）节能技术应用场景汇总

我国地域辽阔，气候差异性显著，数据中心建设应因地制宜，充分结合当地的气候和水资源条件，采用相应的节能技术。节能技术应用场景见表 4-4。

表 4-4 节能技术应用场景

序号	名称	适用范围	应用场景	主要节能减排目标
1	蒸发冷却式冷水机组	新建数据中心 在用数据中心改造	非夏热冬暖且水资源匮乏地区	PUE 值降低约 0.05，节省电量约 15%
2	磁悬浮变频离心式冷水机组	新建数据中心	水资源充足的中型数据中心	PUE 值降低约 0.03，节省电量约 10%
3	带自然冷却的风冷冷水机组	新建数据中心 在用数据中心改造	非夏热冬暖且水资源匮乏地区	PUE 值降低约 0.20，节省电量约 32%
4	氟泵自然冷却技术	新建数据中心 在用数据中心改造	水资源缺乏的小型数据中心	PUE 值降低约 0.27，节省电量约 43%
5	间接蒸发冷却机组	新建数据中心	水资源缺乏、气候干燥的地区	PUE 值降低约 0.10，节省电量约 30%
6	间接蒸发冷却塔	新建数据中心	水资源充沛、气候干燥的地区	PUE 值降低约 0.05，节省电量约 15%
7	直接蒸发冷却技术	新建数据中心	水资源缺乏、气候干燥且空气质量优良的地区	PUE 值降低约 0.12，节省电量约 36%
8	模块化集成冷源站	新建数据中心	快速部署需求，中小型数据中心	PUE 值降低约 0.06，节省电量约 18%
9	模块热管多联系统	新建数据中心 在用数据中心改造	水资源缺乏的中小型数据中心	PUE 值降低约 0.35，节省电量约 56%
10	浸没式液冷技术	新建数据中心 在用数据中心改造	高功耗自有机房	PUE 值降低约 0.14，节省电量约 42%
11	冷板式液冷技术	新建数据中心 在用数据中心改造	高功耗自有机房	PUE 值降低约 0.12，节省电量约 36%

续表

序号	名称	适用范围	应用场景	主要节能减排目标
12	市电直供	新建数据中心 在用数据中心改造	市电可靠、客户接受的数据中心	PUE 值降低约 0.007，降低供电损耗约 8%
13	巴拿马电源	新建数据中心	大规模、高功耗数据中心	PUE 值降低约 0.004，降低供电损耗约 4%
14	分布式电源系统（DPS）	新建数据中心 在用数据中心改造	快速部署、电力机房空间和承重有限的改扩建和新建数据中心	PUE 值降低约 0.003，降低供电损耗约 3%
15	智能小母线	新建数据中心 在用数据中心改造	高功耗、高灵活性数据中心	PUE 值降低约 0.007，降低供电损耗约 8%

4.7.2.2.5 “两弹一优”数据中心创新发展模式

数据中心是支撑算力、网络和应用的重要基础设施，赋能数字经济发展的战略基础资源。

智算时代，客户算力需求呈现多样化的特点，未来智能算力在数据中心将无处不在，通算与智算并存是未来发展的重要趋势，传统数据中心将难以适应客户机柜宽幅功率变化需求，并且，作为数据中心承载的客户流动是常态，这又带来了能耗、制冷模式及制冷量的不确定性。因此，新一代数据中心建设应考虑“灵活”“弹性”，以适应客户的不确定性，并全面推行标准化、预制化。

“两弹一优”规范数据中心灵活、弹性部署，通过能源池化、灵活调配，实现同一供电和制冷方案，满足不同功率机柜的需求。其重要举措指的是供电资源弹性适配、制冷技术弹性兼容及气流组织全面优化。

（1）供电资源弹性适配

针对机架、机房、楼层、楼宇之间提出的供电互联网概念，小母线弹性边界及跨区域供电调度，实现机房级供电能源池最大化。

（2）制冷技术弹性兼容

制冷系统冷源绿色低碳化，末端弹性方舱空调设备“即插即用”，可弹性适应高功率机柜制冷模式及冷量需求变化。

（3）气流组织全面优化

在机房规划、设计时，应考虑气流组织优化，进行计算流体力学（Computational Fluid

Dynamics，CFD）模拟，提升冷量利用效率。

4.7.2.2.6　数据中心节能改造实施路径

节能改造实施痛点分析：一是运行能耗高、效率低下，理论PUE值与实际PUE值差异较大；二是扩容困难、弹性空间不足，无法进行IT设备及辅助配套机电设备扩容；三是手动运维模式安全风险大。

针对上述现象，数据中心节能改造实施需要考虑以下三大要素。

一是节能降碳，实现低PUE值目标，聚焦最优节能技术产品化应用，搭建场景化节能改造应用模式，保证可复制、可推广。

二是整体规划、平稳实施，满足设备在线业务需求，保障业务正常运行，匹配业务需求，实现按需输出，减少浪费，弹性扩容，按需实施，合理利用现有物理空间解决现有问题。

三是经济效益最大化，分批实施、模块化匹配，构建颗粒度模型，适时前瞻性判断，避免一定周期内二次改造、落入设备迭代模式，总效益优先。

基于上述分析，一体化节能服务解决方案应运而生，它通过能耗监测、改造评估、方案设计、工程实施及节能后评估等全过程专业手段，为客户提供一揽子解决方案和节能服务，主要特点如下。

（1）目标导向，权责清晰

通过设定PUE值、节电量等关键考核指标作为项目结算条件，最大化保障客户权益，避免常规节能改造项目（设计＋施工招标）重实施、轻评估的弊端。

（2）解决方案中性化、节能导向

以一体化节能服务解决方案的节能性、性价比为导向，筛选最合适项目的技术方案，无偏向性。将常规的“产品找项目”优化为“项目选方案”模式，保障提供商与客户利益一体化，最大程度实现节能。

（3）弹性灵活，需求定制

一体化节能服务解决方案跳出单一专业、单一产品框架，可为客户的不同需求定制不同的方案，例如空调节能的同时开展综合管控措施等，灵活满足不同项目的各项定制化需求。

4.7.2.3　中国电信数据中心绿色低碳建设实践

4.7.2.3.1　数据中心绿色低碳实践

数据中心绿色低碳建设，即从全局出发进行数据中心绿色变革，尤其是针对数据基础设施建设，从选址规划、系统搭建到智慧运维，全生命周期布局，以自然冷源利用、高效设备更新、精确工艺布局、智慧运维4个维度为方向，具体包括节能技术产品化、工程预制模块化、算力集约高密化、运行维护智慧化等措施，重构数据中心基础设施建设，全栈布局，践行绿色低碳理念。

（1）节能技术产品化

数据中心发展趋势为绿色低碳，国务院《“十四五”节能减排综合工作方案》中提及对于实施节能减排的重点工程和重点行业，在其绿色升级工程中，强调了新型基础应用设施类的能效提升以及绿色低碳数据中心的建设。

随着绿色减碳的发展，数据中心的建设与发展面临节能低碳的挑战，如何有效降低新旧数据中心的能耗、提高能效成为行业最关心的重点。那么，在“双碳”目标下，数据中心到底有哪些“绿色”新需求？这些难题该如何解决呢？

① 建立数据中心节能低碳技术产品化应用智库。

关于数据中心的节能技术类型众多，包括整体系统架构、IT机柜、变配电系统、制冷系统及余热回收等。

去空调压缩机化，充分利用自然冷却技术，采用高效空调设备和精确气流组织等，最大程度降低空调能耗或者尽量减少空调的使用，是最优化的节能措施之一；另外，供配电优化可采用高压直流设备、高效供电架构及配电系统优化；在工艺规划方面，涵盖了标准化、模块化布局，优化系统架构，合理规划功能应用等。

由ICTresearch、CDCC发布中国数据中心市场报告可知，节能技术应用类型主要可分为自然冷却技术、变频技术、群控技术、磁悬浮技术及热回收技术等，其中按照技术关注度占比分析，依次为智能管控、间接蒸发冷却、预制化、AI技术、新型电池方案、风冷侧自然冷却等。节能技术类型分析如图4-48所示，技术关注度占比如图4-49所示。

当前，数据中心行业节能降耗的各研究主体之间交叉较少，理论和实际应用联系不够紧密，缺乏行之有效的节能措施。尤其是针对老旧数据中心机楼的节能改造场景，更是缺少数据分析和实施应用案例。因此，归纳整理节能技术应用类型、建立产品化应用智库是必不可少的。

② 打造数据中心分区域低碳技术解决方案应用场景化。

中国地域辽阔，气候差异性显著，根据气候特点（严寒、寒冷、夏热冬冷、温和、夏热冬暖）

和水资源状况（缺水、过渡、丰水），可划分为五大区域。

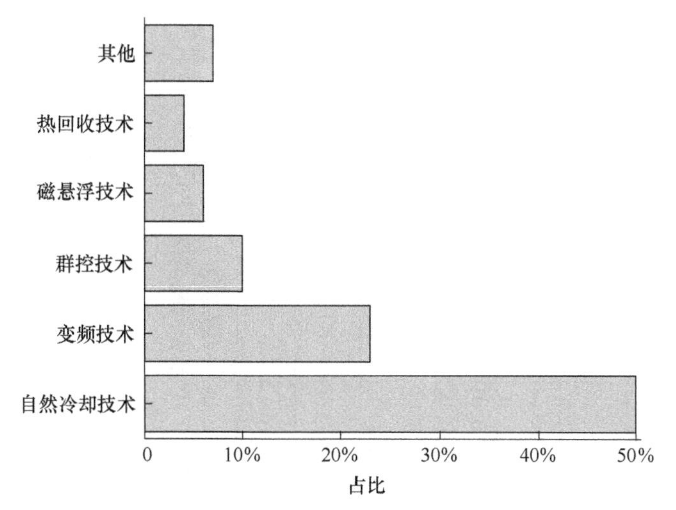

图 4-48　节能技术类型分析

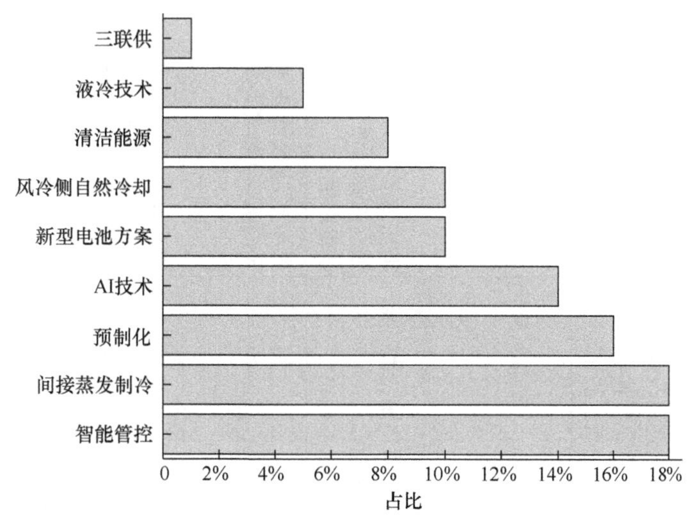

图 4-49　技术关注度占比

根据不同的气候资源区域，建立数据中心分区域技术应用场景，尤其是制冷系统，与气候及水资源密切相关，打造产品化应用场景。

不同气候区域节能技术场景化应用见表 4-5。

表 4-5　不同气候区域节能技术场景化应用

序号	气候区域	地区	节能技术应用			
			空调系统	液冷散热系统	末端形式	气流组织
1	严寒地区（干燥） 寒冷地区（干燥、半干燥区域）	华北、东北、西北地区 黑吉辽蒙新藏青陕甘宁京津晋冀鲁豫，以及川西、苏北地区	集中冷冻水系统＋风冷氟泵 / 热管系统（预冷，适量配置） 寒冷地区优选水冷系统，严寒地区可采用风冷系统 AHU（风侧间接蒸发）	可共用冷却水系统，也可独立配置干冷器散热	方舱 + 列间空调 + 封闭通道 水 / 氟双盘管末端（房间级、列间）	弥漫式送风 + 封闭热通道 封闭通道（背板除外）
2	夏热冬冷地区（湿润） 温和地区（湿润）	华东、华中、西南地区 苏沪浙赣皖闽湘鄂云贵川渝、豫陕南、粤桂北	集中水冷冷冻水系统 + 风冷氟泵 / 热管系统（预冷 / 适量配置） AHU（风侧间接蒸发） 集中水冷冷冻水系统 + 独立冷却水系统（预冷 / 适量配置）	液冷系统可共用冷却水系统，也可独立配置干冷器或冷却塔散热	方舱 + 列间空调 + 封闭通道 水 / 氟双盘管末端（房间级、列间）	封闭通道（背板除外）
3	夏热冬暖地区（潮湿）	岭南地区 粤桂琼台、闽南	集中水冷冷冻水系统 + 风冷氟泵 / 热管系统（预冷） 集中水冷冷冻水系统 + 冷却塔系统（预冷）	液冷系统可共用冷却水系统，也可独立配置干冷器或冷却塔散热	水 / 氟或水 / 水双盘管列间空调	封闭通道（背板除外）

注：

严寒地区主要指标为，累年最冷月平均温度≤ −10℃或日平均≤ 5℃的天数在 145 天以上的地区。

寒冷地区主要指标为，最冷月平均温度 0 ～ 10℃；辅助指标为，日平均温度≤ 5℃的天数为 90 ～ 145 天。

夏热冬冷地区是指累年日平均温度稳定≤ 5℃的日数为 60 ～ 89 天，以及累年日平均温度稳定≤ 5℃的日数不足 60 天，但累年日平均温度稳定≤ 8℃的日数≥ 75 天的地区。

温和地区是指我国最冷月平均温度满足 0 ～ 13℃，最热月平均温度满足 18 ～ 25℃，日平均温度≤ 5℃的天数为 0 ～ 90 天的地区。

夏热冬暖地区是指我国最冷月平均温度＞ 10℃，最热月平均温度满足 25 ～ 29℃，日平均温度≥ 25℃的天数为 100 ～ 200 天的地区。

（2）建设预制模块化

当前，数据中心建设尤其是土建模式，面临着建设周期长、实施组织管理困难、建设工序复杂、系统能耗高、运行维护难等问题，且传统的数据中心是一次性规划建设，整体资金占用多、初期机房空置率高、经济回收周期长。另外，针对业务升级，当前大部分数据中心无法满足平滑扩容，在进行设备升级功率密度时需要采取断电、断冷等措施，无法实现在线扩容。为解决上述弊端，数据中心应能够实现快速部署、弹性扩容，以及在未来极致节能 PUE 应用中向标准化产品、模块化架构、工厂预制化方向演进，做到快速交付。

数据中心全模块化架构应能将其暖通空调系统、供配电单元及 IT 机柜等设备进行预制模块化设计，达到数据中心的模块化组建，从而优化各系统设备的安装与调试，并且能够按照业务需求进行灵活部署和在线升级。

以小的颗粒单元 DC 舱微模块为例，其包含框架支撑组件以及配电系统、制冷系统、监控系统等功能单元，均能满足工厂预制。IT 机柜布局分为两列安装，通过通道端门、天窗、盲板、假墙等结构组件实现微模块冷 / 热通道封闭，微模块相关设备可灵活放置在设备底座上。DC 舱微模块如图 4-50 所示。

微模块为框架结构，可分为两种形式，其一本身可不配备 IT 机柜，待微模块建设完毕后，根据用户业务需求，灵活添加 IT 机柜；其二也可由微模块供应商自带 IT 机柜，整体安装交付。

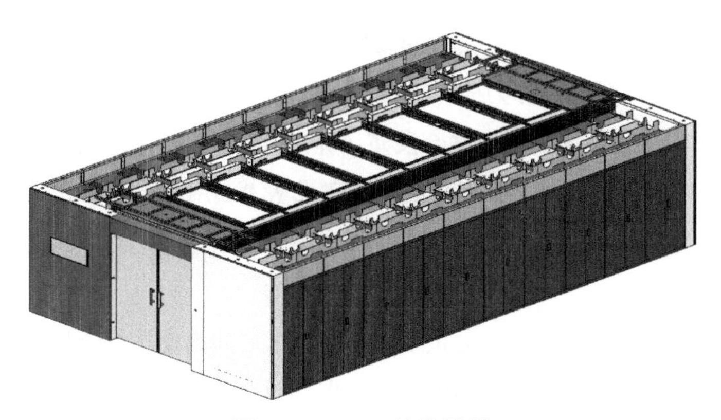

图 4-50　DC 舱微模块

模块化建设基于标准化建设模型，在物理呈现上细分颗粒度，包含小颗粒度的 DC 舱、中颗粒度的机房、大颗粒度的机楼、超大颗粒度的园区。若干小颗粒度级别的 DC 舱构建成一组模块，若干中颗粒度级别的机房构建成一栋机楼，若干大颗粒度级别的机楼构建成一个园区，有效形成数据中心方案标准化模型。T-Block 模块如图 4-51 所示。

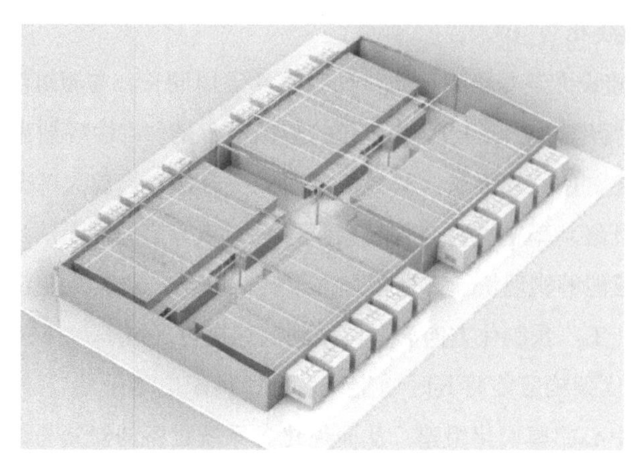

图 4-51　T-Block 模块

基于数据中心建设，针对二层、四层、六层等不同类型的建筑，打造了一二模型、二四模型、三六模型的标准化建设模式，综合“两弹一优”高标准预留机电需求空间，可推动预制模块化建设。

（3）算力集约高密化

工业和信息化部《新型数据中心发展三年行动计划（2021—2023 年）》中的相关重点任务提到了优化布局新型数据中心的建设、提升网络的质量和算力、绿色低碳发展等内容。针对算力算效水平方面，明确了快速提升的要求；关于新型数据中心的建设方向，概括为向集约化、高密化及智能化方向推动引导；对于数据中心的建设规模和 IT 机柜设备功率，提出了稳步提高的要求；在 CPU 等异构算力方面，提出了算力提升的要求，推进数据中心建设迈向算力供应多元化。

另外，工业和信息化部等 6 部门联合发布《算力基础设施高质量发展行动计划》，旨在推动我国算力基础设施高质量发展。数字基础设施建设从“通用算力集中部署”向“多样性算力按需供给”加快转变，ChatGPT、AIGC 等技术的推广，使对 AI 算力等高功率应用场景的需求也日益普及。

当前，我国面临着比较明显的算力供给和算力需求之间的结构性矛盾，东部地区的业务需求活跃且算力需求大，受限于地方政府 PUE 值要求、能耗指标及土地资源供应因素等诸多影响，数据中心供需能力不平衡现象凸显。而作为对比，在当前中西部地区快速发展的阶段，虽然其处于持续上升期，但是其机柜设备的上架率普遍低于 40%，甚至有些地区的上架率只有 30%，远低于东部地区平均 60% 的上架率。

基于区域发展对算力的实际需求和环境的承载能力，推动国家枢纽节点城市和其他地区算力互补、形成合力，促进当地老旧的数据中心及通信机楼节能改造升级、小散的机楼进行业务迁移和腾退，有利于进一步优化我国算力空间布局。

数据中心集约高密化发展，有利于平衡效率和成本，并在产业的数字化转型方面和一些工业等重要领域提供强力支撑。聚焦当前数据中心的容量承载能力，业务算力需求进一步增长，提升 IT 机柜功率和高密化部署，是有效的解决途径，进而导致数据中心冷却方式面临着前所未有的散热挑战，传统的风冷方式受到了一定程度的限制，液冷系统的引入有助于数据中心实现更高的能效和可持续发展。

根据液冷冷却方式的不同，可分为与服务器间接接触的间接冷却和与服务器直接接触的直接冷却，间接冷却即冷板式液冷；直接冷却有浸没式液冷和喷淋式液冷。液冷技术应用分类如图 4-52 所示。

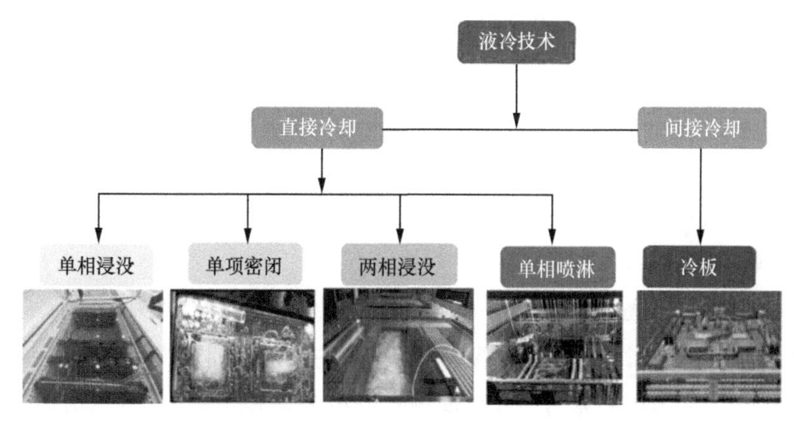

图 4-52　液冷技术应用分类

液冷技术除了满足 IT 机柜功耗高密度、系统运行低能耗的要求，由于其散热方式较传统冷却方式不同，还将带来数据中心产品体系的创新，从而推动一场数据中心供应链体系上中下游的革新优化。

（4）运行维护智慧化

数据中心是一套设备子系统众多的集成类功能单元，包含了 IT 机柜系统、输配电系统、暖通空调系统、消防安防监控等系统，因此运行维护工作需要面临效率低下、维护操作难度大、系统及设备故障定位时间长等现象，挑战极大。

传统运维过程中会遇到以下痛点。

① 管理手段粗放，风险难以监管，不受控。

② 数字化程度落后，无效纸质文档堆满机房，记录数据利用率低。

③ 人管人、事、物，过度依赖代维组长的经验能力和运维团队的责任心。

④ 设备资产管理依靠 Excel，工作量大，难以及时获知资产状况。

⑤ 日常巡检随意性大，缺乏管控手段。

⑥ 无法及时了解日、月、季、年维护进度情况。

⑦ 大量的、重复的、低效的、简单的工作占用过多的人力资源。

⑧ 工作人员不适合巡检部分封闭或有害场景。

⑨ 传统预防性、预测性维护频率低，无法及早发现隐患。

当前，数据中心 IT 机柜负荷逐步加大趋势明显，运行维护成本在数据中心全生命周期中的比重不断提升，并且对专业运维人员的需求日趋迫切，因此，为实现智能化运维的管理目标，促进数据中心运行维护效率提升，降低运行维护费用，应优化资源管理，建设集中化、一体化、智能化、流程化的智慧运维管理系统。

通过数字化、智能化建设，打造主动预测运维、可持续运营、安全、绿色的智慧运维管理系统，其基于动环监控系统、智能电力系统、冷源及末端的 BA 系统、视频监控、安防、消防等众多系统的数据采集，进行系统联动分析，从而实现数据中心运行维护的智能化。

4.7.2.3.2 新一代智算数据中心建设

随着我国数字经济的蓬勃发展及生成式 AI 等新业态的爆发，相关应用加速落地，带动算力需求爆炸式增长。作为算力的关键承载底座，数据中心加速向算力中心演进。中国电信紧跟算力快速发展步伐，深入研究算力多样化演进趋势和多业态需求，认真总结 20 多年的数据中心规划建设经验，通过技术创新和设计研发，推出了智算数据中心（Artificial Intelligence Data Center，AIDC）基础设施技术方案，在当前高算力规模、高功率密度、高弹性需求、高速度部署等背景下，同时向前兼容通用算力，向后承载超级算力、智能算力，解决传统数据中心的确定性建设模式无法应对市场不确定性的问题。

（1）新理念，擘画 AIDC 新蓝图

中国电信为应对新型数据中心革命性变化，采用颠覆性新思维，提出 AIDC 发展新理念：创新、绿色、弹性、敏捷、开放。新理念解决了传统数据中心发展难题，是数据中心高质量发展的必由之路。

针对智算设备导致机柜功率、制冷模式宽幅变化，客户流动常态化引起的建设方案差异化，中国电信通过技术创新和设计研发，破局传统数据中心建设模式，提出了 AIDC 基础设施解决方案总体框架：围绕打造面向智算的新一代灵活、弹性、绿色数据中心，并聚焦于土建、机房

布局和机电配套的目标，梳理“纯智算、云智一体、普智一体”的 3 类未来客户算力业务形态，提出“全风冷、风液混合、全液冷”的 3 种机房布局，重点推出“能源弹性、制冷弹性、气流优化”3 项关键技术。中国电信 AIDC 解决方案——1333 模型如图 4-53 所示。

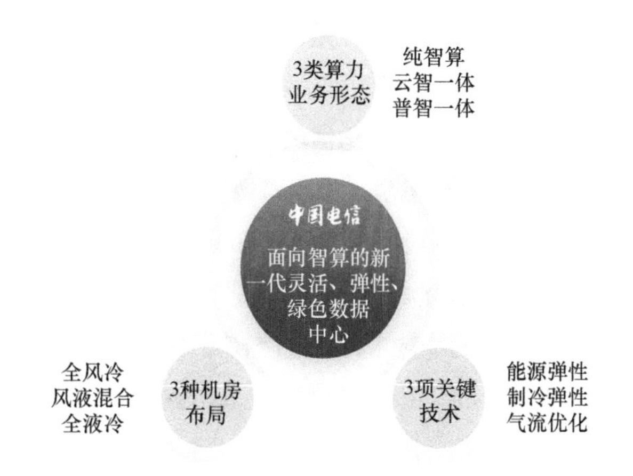

图 4-53　中国电信 AIDC 解决方案——1333 模型

该方案中提出的弹性方舱，结合土建大荷载预留，实现了数据中心弹性部署、快速交付，解决了客户流动性、不确定性较大的问题。3 种不同弹性方舱布局间可按需切换，灵活应对客户流动和机柜功率宽幅变化，通过即插即用、准零改造，一舱兼容 3 种弹性方舱布局。3 种弹性方舱单元按需切换示意如图 4-54 所示。

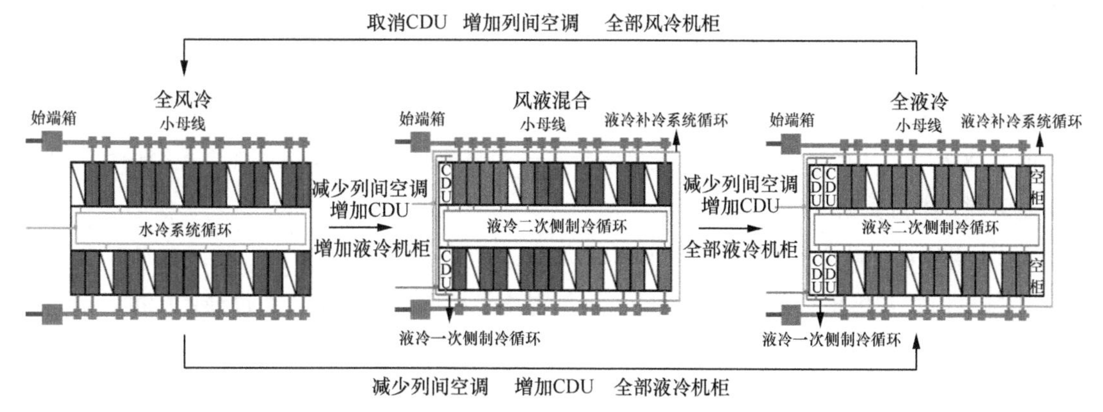

图 4-54　3 种弹性方舱单元按需切换示意

（2）新技术，引领未来创新方向

中国电信已经形成机房级 AIDC 相关标准；未来，系统级 AIDC 通过构建数据中心整体数字机理模型，实现供电、制冷柔性控制，推进数据中心智能制造、智慧运营，让数据中心走向绿色化、智慧化、集约化。系统级 AIDC 的关键技术重点围绕供电、制冷和数字化 3 个方向开展研究。

① 供电技术。

未来，供电技术以绿色能源、能源池化、制式统一为创新研究方向。

绿色能源：将风、光、水、电等可再生能源与电力系统、负荷及储能系统相结合，通过源网联动和荷储协同的方式，实现能源的高效利用和灵活调度，提高能源的可靠性和稳定性。

能源池化：集约化供电，尝试通过大容量中压直供等技术，实现供电能源池化；通过大母线将电量输送至机房，实现跨楼层、跨机房弹性供电。通过在线增减电源主机、母线或者热插拔功率模块等手段，实现能源在线扩缩容，即插即用，进一步提高能源池调度的灵活性。

② 制冷技术。

未来，制冷技术将以液冷、集成化、冷源池化、绿色高效作为创新研究方向。

液冷：通过标准化接口、快速接头等，推动冷液分配单元（Cooling Dispensing Unit，CDU）、液冷柜、服务器等液冷技术全面解耦；积极开发环境友好、经济适用的新型浸没冷却工质。

集成化：通过预制化及模块化技术，积极推动空调产品标准化和集成化，实现业务快速交付。

冷源池化：集约化供冷，尝试通过供冷资源池化、高精度电动阀，满足混插混用，实现跨楼层、跨机房冷量柔性化动态调节。

绿色高效：推进高效产品和节能技术的应用研究，深挖各类气候区域自然冷源利用潜力，提升空调系统整体能效，降低PUE值。

③ 数字化技术。

基于AI数字模型全局调优，通过数字仿真叠加控制策略，建立机理模型，对数据中心进行全面柔性调控，具有快速、高频、准确等特点，实现智能感知、精准管控、无级调优、最大化节能降耗，推进数据中心智能运营。

（3）新绿色，助力国家“双碳”目标达成

中国电信在积极推行各类绿色供电、绿色制冷新技术的基础上，通过绿色标准、绿色布局、绿色平台“三支撑”，打造全要素、全周期、全产业的“三全”绿色架构体系，助力实现低PUE、低WUE、低CUE的“三低”新一代AIDC。

① “标准、布局、平台”是AIDC绿色发展的三大支撑。

“绿色标准”：中国电信在现有数据中心政策和规范标准的基础上，进一步组织和参与AIDC基础设施的绿色建设、绿色运营和绿色评价的各层级规范、标准和白皮书的编制和推广。探索建立包含能效、地效、水效、碳效、算效的多元化绿色评价体系，完善相关绿色节能技术和产品的要求、测试方法等，充分发挥绿色标准对AIDC绿色发展的引领和推动作用。

“绿色布局”：中国电信积极响应国家“东数西算”战略，按照全国一体化算力网络国家枢纽节点开展总体规划，并且结合全国各地区域规划、气候条件、绿色能源禀赋、算力需求匹配程度进行 AIDC 的多层次布局，加强 AIDC 与国土空间、城乡建设、电力设施等规划有效衔接。

“绿色平台”：中国电信重点推行 AIDC 基础设施管理平台的落地，植入 BIM、数字孪生、CFD 等技术要素，能够在设计和运营阶段根据实际的资源使用情况开展气流组织和液流组织的动态模拟和动态优化。参考业界权威方法学和计量模型对 AIDC 的资源消耗和碳排放进行实时统计、计算、监控和优化，通过 AI 赋能 AIDC 的绿色安全高效运行。

② “全要素、全生命周期、全产业链”是 AIDC 绿色化的三大内涵。

“全要素”的绿色化构建绿色能源、绿色低碳园区、绿色低碳建筑、绿色低碳机电配套、绿色低碳算网、绿色低碳算力应用的全要素的绿色 AIDC 产品体系，通过数字化打通不同要素之间的专业壁垒，通过 AI 智慧化实现不同层次要素之间的动态匹配，从而实现完整可信的全栈绿色 AIDC。

“全生命周期”的绿色化在算力中心规划选址、设计、建设、采购、运营、改造、回收等全生命周期的各个阶段落实绿色理念的植入和评价，要坚持“以终为始”的目标导向，实现“量化可见”的全程监控。

“全产业链”的绿色化充分发挥 AIDC 在行业的核心引导力，建立对 AIDC 产品的软硬件设备以及配套服务进行碳足迹计算和评价的体系，带动 AIDC 全产业链和全供应链的绿色提升，形成全产业链的绿色生态圈。

此外，打造绿色 AIDC 基础设施还包括提升可再生能源使用比例，实现“源网荷储”联动，采取机楼级（土建）、系统级（机电）、设备级（DC 舱）预制化，在实现极致能效的基础上补充碳交易手段等。

4.8 链通数据

4.8.1 概述

2020 年，中国人民银行在《区块链技术金融应用评估规则》中将区块链定义为：一种由多方共同维护，使用密码学保证传输和访问安全，能够实现数据一致性、防篡改、防抵赖的技术。由上述定义不难看出，区块链本质上是一个分布式公共账本，是包括非对称加密技术、时间戳、共识算法等一系列信息技术的集成和组合创新。

广义上，区块链是利用块链式数据结构验证与存储数据、利用分布式节点共识算法生成和更新数据、利用密码学方式保证数据传输和访问安全、利用由自动化脚本代码组成的智能合约编程和操作数据的一种全新的分布式基础架构与计算范式。狭义上，区块链是按照时间顺序将数据区块依次连接形成的一种链式数据结构，是以密码学方法保证数据块不易篡改和不可伪造的分布式账本。

区块链提供了一套安全、稳定、透明、可审计且高效的交易数据记录和信息交互的架构，是未来社会发展中解决信任危机的一种革命性技术。与传统的中心化数据库相比，区块链对分布式数据存储、对等网络（Peer to Peer，P2P）传输、共识机制、加密算法和智能合约等传统技术的应用，使区块链技术具有以下技术特点。

（1）“去中心化”和集体维护

区块链是由大量节点共同组成的一个对等网络，不存在中心化的硬件或管理机构，任一节点的权利和义务都是均等的。区块链中的数据块由整条链中所有具有维护功能的节点共同维护，且任一节点的损坏或者失去都不会影响整条区块链的运作。区块链“去中心化”的特点使每个节点都有权共享交易信息，并对信息的正确性进行验证。

（2）共识机制和匿名性

区块链运用一套基于共识的数学算法，在机器之间建立“信任”网络，从而通过技术背书而非中心化信用机构来进行信用创造。参与整个系统的每个节点之间进行数据交换时，不需要建立信任过程，交易双方没有必要了解对方，交易在匿名的情况下进行。区块链共识机制可以使没有联系的节点直接依靠共识机制来达成一致性协议。

（3）数据不易篡改和安全性

区块链利用成熟的密码学来保障交易数据的不易篡改性，每个节点都存储着完整的数据库。一旦信息经过验证并添加至区块链，就会被永久地存储起来，除非能够同时控制区块链中超过51%的节点，否则在单个节点上修改数据库是无效的，因此区块链的数据稳定性、安全性和可靠性极高。区块链基于哈希算法来保证交易信息不易被更改。

（4）信息公开透明

区块链开放性的特点是每个节点在任何时间都可以加入或者退出。区块链的数据对所有人公开，任何人都可以通过公开的接口查询区块链数据和开发相关应用，区块链的信息高度透明。

通常，按照区块链节点的分布情况，区块链被分为公有链和许可链，许可链又分为完全封闭的私有链和半公开状态的组织内部使用的联盟链，区块链的分类见表4-6。

表 4-6　区块链的分类

	公有链	私有链	联盟链
节点权限	任意节点可自由加入	授权节点加入	授权节点加入
中心化程度	低	高	较低
交易效率	低	高	高
优势	公开、透明、自运行	效率高、内部可控	效率高、可控
适用模式	完全开放、任何人都可参与	组织机构内部部署的区块链系统	多个组织机构之间

① 公有链。公有链是指交易信息向公众公开，所有人均享有竞争记账权，并不需要经过许可的区块链。公有链的各个节点可以自由加入或退出区块链网络，并参加链上数据的读写，运行时以扁平化的拓扑结构互联互通，区块链网络中不存在任何中心化的服务端节点。节点不需要任何身份验证机制，只需要遵守同样的协议，即可获取区块链上的全部数据，并且参与区块链的共识机制。公有链被某个节点控制的难度是最大的。

② 私有链。私有链是完全被某个组织机构控制并使用的区块链系统。各个节点的写入权限收归组织机构内部控制，只有被许可的人才可以参与记账、成为节点并查看数据。私有链具备区块链多节点运行的通用结构，适用于特定组织机构的内部数据管理与审计。这种区块链系统已经非常接近传统的中心化系统。

③ 联盟链。联盟链是对特定的某些组织机构开放的区块链系统。各个节点通常有与之对应的实体机构组织，通过授权后才能加入或退出区块链网络。各个组织机构组成利益相关的联盟，共同维护区块链的健康运转。显然，由于只允许某些特定的节点连接到联盟链，这种许可机制就给区块链带来了一个潜在的中心，联盟链被某个主体控制的难度显然低于公有链。

与公有链不同，在企业级应用中，公众更关注区块链的管控、监管合规、性能、安全等因素。因此，联盟链和私有链这种强管理的区块链部署模式，更适合企业在应用落地中使用，是企业级应用的主流技术方向。

从功能层次角度来看，区块链的技术体系分为五层架构，区块链架构如图 4-55 所示。

① 数据层。

区块链中的“块”和“链”都是用来描述其数据结构特征的词汇，可见数据层是区块链技术体系的核心。区块链的数据层定义了各节点中数据的联系和组织方式，利用多种算法和机制保证数据的强关联性和验证的高效性，从而使区块链具备实用的数据防篡改特性。另外，区块链网络中每个节点存储完整数据的行为增加了信息泄露的风险，隐私保护便成为迫切需求，而数据层通过非对称加密等密码学原理实现了承载应用信息的匿名保护，促进区块链应用普及和生态构建。

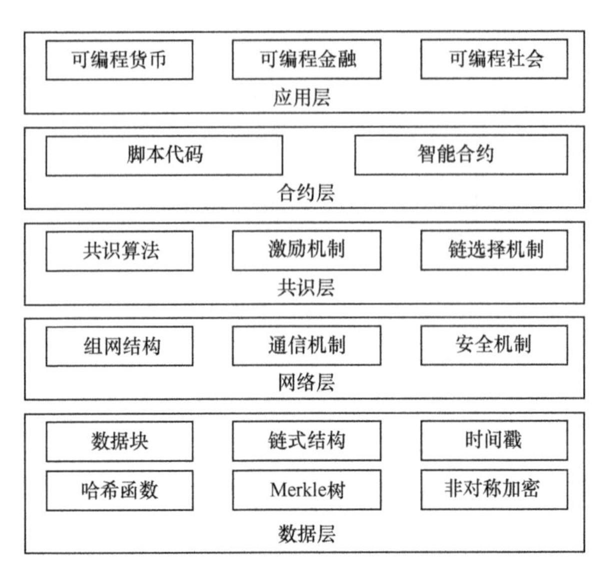

图 4-55　区块链架构

数据层位于整个区块链体系结构的最底层，负责将一段时间内接收的交易数据存入正在创建的数据区块中，再通过特定的哈希函数和 Merkle 树数据结构将区块中存入的交易数据进行封装，并在上层协议的帮助下，生成一个符合算法约定的带有时间戳的新区块，再通过相应的共识机制链接到主链上。在此过程中，数据层主要涉及数据结构、数据模型和数据存储等与分布式数据库相关的内容，主要包括数据块、哈希函数、链式结构、Merkle 树、时间戳、非对称加密等技术要素，确保区块链分布式账本中数据的可靠性和稳定性。

② 网络层。

网络层关注区块链网络的基础通信方式——P2P。P2P 是区别于“用户端 / 服务器”服务模式的计算机通信与存储架构，区块链网络中的每个节点既是数据的提供者也是数据的使用者，节点间通过直接交换可实现计算机资源与信息的共享，因此，每个节点地位均等。区块链网络层由组网结构、通信机制、安全机制组成。其中，组网结构描述节点间的路由和拓扑关系，通信机制用于实现节点间的信息交互，安全机制涵盖对端安全和传输安全。

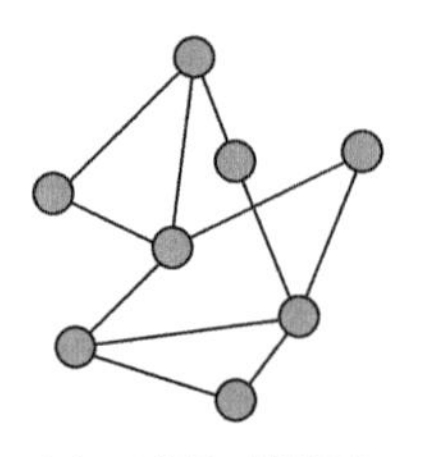

（a）无结构对等网络

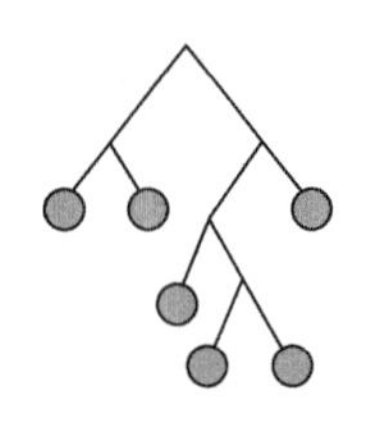

（b）结构化对等网络（以Kademlia为例）

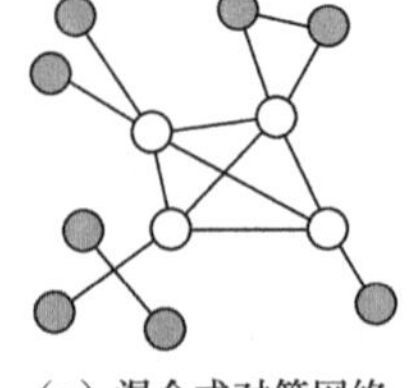

（c）混合式对等网络

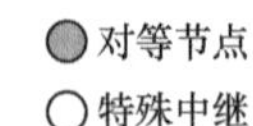

图 4-56　区块链的组网结构

➤ 组网结构。

对等网络的体系架构可分为无结构对等网络、结构化对等网络和混合式对等网络，根据节点的逻辑拓扑关系，区块链网络的组网结构也可以划分为上述 3 种。区块链的组网结构如图 4-56 所示。

➢ 通信机制。

通信机制是指区块链网络中各节点间的对等通信协议，建立在 TCP/UDP 之上，位于计算机网络协议栈的应用层。该机制承载对等网络的具体交互逻辑，例如节点握手、心跳检测、交易和区块传播等。

➢ 安全机制。

安全是每个系统必须具备的要素，以比特币为代表的非许可链利用其数据层和共识层的机制，依靠消耗算力的方式保证数据的一致性和有效性，没有考虑到数据传输过程的安全性，反而将其建立在不可信的透明 P2P 上。

许可链对成员的可信程度有更高的要求，在网络层采取适当的安全机制，主要包括身份安全和传输安全两个方面。身份安全是许可链的主要安全需求，保证端到端的可信，一般采用数字签名技术实现，对节点的全生命周期（例如，节点交互、投票、同步等）进行签名，从而实现许可链的准入许可。传输安全防止数据在传输过程中遭到篡改或监听，经常采用基于 TLS 的点对点传输和基于 Hash 算法的数据验证技术。

③ 共识层。

共识层借助相关的共识机制，在一个由高度分散的节点参与的“去中心化”系统中就交易和数据的有效性快速达成共识，确保整个区块链系统所有节点记账的一致性和有效性。其中，一致性是指所有节点中保存的区块与主链中已确认的区块完全相同，而有效性是指每个节点发送的交易数据都能够被存放在新的区块中，同时，节点新生成的区块数据也能够被连接到区块链上。在早期的比特币系统中，设计者采用了高度依赖于节点算力竞争的工作量证明（Proof of Work，PoW）机制，随着区块链应用的发展，研究者又提出了一些符合不同区块链应用要求的共识机制，例如，应用于点点币（PPCoin）的权益证明（Proof of Stake，PoS）机制，应用于比特股（BitShares）的委托权益证明（DPoS）机制等。

激励机制包括激励与惩罚策略。其中，激励策略是为了弥补节点算力消耗、平衡协议运行收益比所采取的措施，当节点能够在共识过程中获得收益时才会争夺记账权，因此激励策略利用经济效益驱动各共识协议可持续运行。激励策略一般基于价值均衡理论设计，具有代表性的机制包括根据过去的 N 个股份来支付收益（Pay Per Last N Shares，PPLNS）、每股支付（Pay Per Share，PPS）等。为了实现收益最大化，节点可能采用不诚实的运行策略（例如，扣块攻击、自私挖矿等），损害了诚实节点的利益，惩罚策略基于博弈论等理论对不端节点进行惩罚，从而纠正不端节点的行为，维护共识的可持续性。

④ 合约层。

智能合约是部署在区块链上的用计算机程序来实现日常合同条款的内容及执行过程的协议。由于比特币中采用的是一种非图灵完备、不具备复杂循环和流程控制、功能简单的脚本语言，其实质是嵌入比特币交易中的一组指令，因此，比特币中的脚本只能算作智能合约的雏形。在以太坊中内置了一套图灵完备的编程语言，用户可以根据需要在以太坊平台上编写复杂的智能合约，实现各类“去中心化”的应用。智能合约的应用，使区块链技术不再局限于比特币应用，而成为一项具有普适性的底层技术框架。

⑤ 应用层。

区块链技术在公有链中的应用最为成熟，其中，在比特币中的应用主要是实现“去中心化”的数字加密货币系统，而在以太坊中除了继承数字加密货币（以太币）的功能，区块链技术还针对目前“一切皆 Web”的现状，借助智能合约的强大功能，开始支持各类“去中心化”应用（Decentralized Application，DApp）。DApp 最常见的应用情景是一个常规的 Web 前端应用与一个或多个智能合约进行交互。

4.8.2 区块链基础设施发展路径

区块链通过运用基于共识的数学算法，在机器之间建立“信任”网络，通过技术背书来进行全新的信用创造，在新兴领域业务场景和网络核心架构变革中发挥重要作用。区块链起源于加密数字货币应用，但其价值不仅仅局限于该领域，其应用范围正在逐步拓展至金融业、制造业、服务业等领域，随着区块链技术与实体经济深度融合，区块链基础设施形态逐渐形成。我国政策高度重视以区块链为代表的新型基础设施在新的技术革新和产业变革中的重要作用，积极推进区块链技术与产业创新、经济社会融合的高速发展。2020 年 4 月 20 日，国家发展和改革委员会首次提出“新基建”范围，明确区块链属于新型基础设施中的新技术类基础设施，区块链经过多年发展，已经成为支撑“数字中国”战略的重要基础设施。2021 年 3 月，区块链被写入《中华人民共和国国民经济和社会发展第十四个五年规划和 2035 年远景目标纲要》，规划提出培育壮大区块链等新兴数字产业。2021 年 6 月，工业和信息化部、中央网络安全和信息化委员会办公室发布《关于加快推动区块链技术应用和产业发展的指导意见》，提出构建基于标识解析的区块链基础设施，打造基于区块链技术的工业互联网新模式、新业态。

随着数字经济的蓬勃发展，区块链在构建大范围、深层次可信价值网络中的支撑作用不断凸显，社会各界对于区块链的认知和理解也在不断深化，产业开始从狭义的区块链技术应用向广义的可信协作网络构建发展。区块链基础设施基于共识机制构建的智算网络，形成经济社会运行的信任模型，通过智能合约定义业务参与方承诺执行的协议，将物理世界的无序业务规则化。两者结合形成的大规模的协作网络，将重新构建数字经济时代秩序、规则和信任机制，直接影响社会的组织方式、商业秩序，颠覆数字经济时代的生产关系，创新商业模式，实现市场智能化运作。

区块链基础设施具备基础性、公共性、强外部性等属性，为社会运转提供基础性的信任管理能力、面向公众提供公共普惠性的价值传递能力、与其他信息技术配合为各行各业赋能增效。区块链基础设施通过分布式账本技术为社会经济活动提供了信任的基础属性，通过开放共享机制，为个人、企业、组织等实体提供公共服务，同时可作为一种管理型技术与实体业务强关联，通过与物联网、云计算、大数据、人工智能等其他信息通信技术的配合使用，优化业务流程，创新商业运行模式。

目前，规模化的全球性区块链基础设施尚处于起步阶段，不同组织机构、企业选择了不同的切入点，发挥自身优势去构建规模性区块链基础设施。从服务深度和服务广度两个维度分析，区块链基础设施呈现 4 种发展路径，即以社区驱动的区块链开放生态路径、分域建设的区块链节点网络路径、聚焦行业应用打造的区块链业务系统路径，以及从公共服务角度出发建设的区块链跨链平台路径。区块链基础设施发展路径如图 4-57 所示。

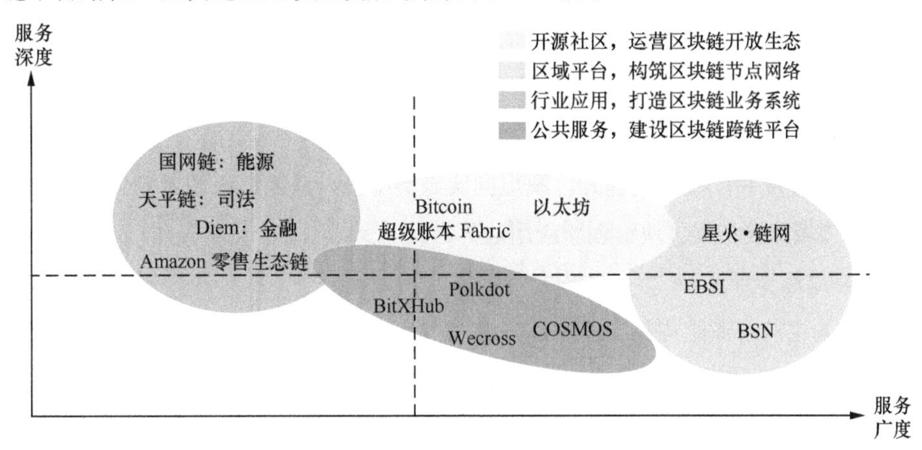

图 4-57 区块链基础设施发展路径

（1）开源社区，运营区块链开放生态

区块链最初发起于开源社区，以技术为驱动，以全民参与的开放生态为理念，旨在构筑数字世界的可信账本。这种以技术理念为切入点建设的区块链基础设施公共服务平台，专门为大、中、小型生态网络提供公开、透明、可审计的底层运行逻辑，其生态组成包括区块链协议开发者、上层应用开发者、算力节点及用户。

（2）区域平台，构筑区块链节点网络

以区域为切入点建设的区块链基础设施公共服务平台，旨在推动区域协同发展，以地理区域为划分，专门为某个区县、市、省等区域提供特定的服务，服务主要包括政府数据管理、区域数字身份、票务管理、公共资源交易服务等。

（3）行业应用，打造区块链业务系统

区块链业务系统是从业务需求的角度出发，通过构建一套行业治理范式，解决该领域长期存在的问题，一般由行业代表、企业代表、联盟代表合力建设，多聚焦于金融、供应链、政务等领域。

（4）公共服务，建设区块链跨链平台

以跨链服务为目的切入的区块链基础设施公共服务平台，专注于不同区块链或者“去中心化”应用间的跨链信息传递服务，一般由区块链企业、大型解决方案供应商或者区块链开源社区建设，存在较高的技术门槛和技术限制。

区块链经过10年的发展，技术和产品逐步成熟，各方纷纷布局构建区块链系统，区块链基础设施处于规模化部署和演进发展阶段，未来，区块链的技术应用和产业发展呈现良好的前景和机遇。

① 工程技术优化迭代。

面向业务场景需求，区块链核心技术优化、扩展技术融合和跨链技术突破正成为技术演化的重点方向，以实现“高效、安全、便捷”的发展目标。

② 行业应用加速融合。

区块链应用深度和广度持续提升，脱虚向实趋势明显，联盟链在智慧农业、司法存证、数字政府等关键领域持续拓展区块链创新应用边界。

③ 产业格局逐步形成。

以联盟链为主的产业结构趋于稳定，产业主体向平台服务和产业应用集中，区域级、行业级区块链网络和基础设施公共服务平台建设成为产业发展趋势。

4.8.3 中国电信区块链应用实践

中国电信的区块链战略可以总结为“1+*M*+*N*”。“1”是指中国电信研发的自主可控的底层链CTchain。CTchain具有高可靠、高性能、高安全、隐私保护、数据共享及软硬协同等特性，用来构建中国电信基于区块链的云网基础设施。“*M*”是指重点的应用场景、典型应用，包括基于区块链的电子招投标、基于区块链的业务清结算、基于区块链的可信财税，以及基于区块链的 5G 共建共享等。“*N*”是指面向网信安全、降本增效、共建共享共治等重点领域。中国电信区块链应用场景一体化技术方案示意如图 4-58 所示。

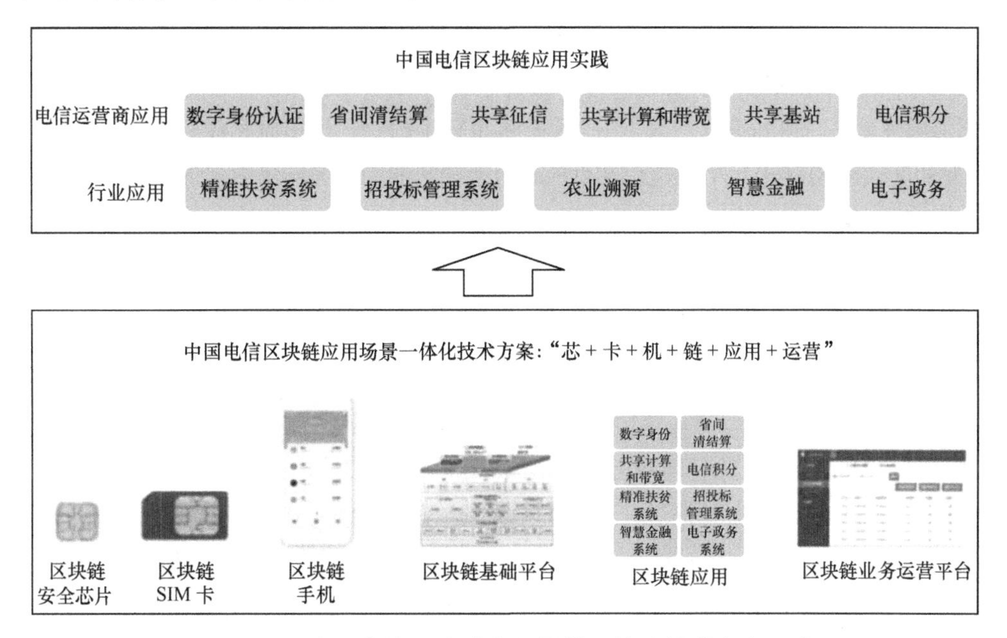

图 4-58　中国电信区块链应用场景一体化技术方案示意

“芯”是指安全芯片。在芯片里集成了与区块链技术相关的基础算法和协议，例如，ECC 椭圆曲线、哈希算法、承载独立协议。

“卡”是指区块链 SIM 卡。在 SIM 卡内开发了 Applet 应用实现区块链功能，包括种子生成、公私钥衍生、加密存储管理、数字签名、找回私钥等，并对 SIM 卡的底层 COS 的性能、安全、功能等进行了升级。

“机”是指区块链手机。用户在电信营业厅办理区块链 SIM 卡，安装到手机上后下载区块链 App，操作 App 在区块链 SIM 卡内进行数字签名，并到区块链上确认。如果手机丢失，用户可到电信营业厅补办区块链 SIM 卡，从而找回私钥。

“链”是指 CTchain。链支持分区共识、国密算法，以及智能合约的可视化编译与部署、区块链节点的可视化一键部署，还有物理、业务指标的实时监控。

“应用”是指区块链应用。包括电信运营商应用（数字身份认证、省间清结算、共享征信、共享计算和带宽、共享基站、电信积分）、行业应用（精准扶贫系统、招投标管理系统、农业溯源、智慧金融、电子政务)。值得一提的是，基于区块链的一线佣金清结算系统荣获“2019年度工业和信息化部可信区块链高价值案例”，是全国15个案例中唯一上榜的电信行业案例。

“运营”是指区块链业务运营平台。该平台能实现开卡、发卡、补卡、消卡全流程的运营功能;备份存储种子（电信运营商密码、用户支付密码双重加解密），以方便找回私钥（私钥即资产);支持与外部系统对接API。

在区块链上，“得私钥者得天下”，区块链SIM卡的一大作用就是保护用户的私钥。基于自主研发的区块链SIM卡，中国电信在供应链金融和智能手机等场景中实现了应用。

以供应链金融为例，供应链成员组成联盟链，中国电信通过天翼链对金票（供应链数字资产）进行可信存证，利用区块链SIM卡提高安全性，实现签名不出卡、金票可控管理。以智能手机为例，区块链手机中的个人数据均可成为数字资产，包括电信积分、运动轨迹、医疗记录、航空里程、京东礼券等。

当前，区块链基础功能架构已趋于稳定，区块链技术持续创新和融合拓展，精确匹配复杂的联盟链场景要求，融合云计算、物联网、隐私计算等新型信息技术的“区块链+”成为业界共识。区块链技术应用和产业生态加速演进，开始步入以“信任链”“协作链”为导向的新发展阶段。区块链技术基于“去中心化”、多方共识、不易篡改、透明可追溯等特征，能够助力构建数字经济信任基础设施，逐步形成跨主体、跨领域的可信协作网络，推动数字经济实现更加强劲、绿色、健康的发展。

电信运营商应结合区块链技术发展和应用场景需求，推进基于联盟链的区块链公共基础设施网络建设，打造可信协作、灵活高效、适用于多场景的区块链基础设施，充分发挥支撑数字经济传递信任和管理价值的作用。

（1）持续创新区块链核心技术

围绕联盟链场景行业的实际需求，优化改进对等网络、共识机制、智能合约等核心技术，匹配节点管控、监管合规、性能、安全等方面的业务需求。

（2）推进“区块链+”融合应用

布局区块链即服务（Blockchain as a Service，BaaS）云平台，提供云化部署的通用型和专用型区块链公共服务能力，为开发者提供统一的区块链运行环境和底层技术服务。

（3）构建分布式区块链基础设施

构建基于分布式标识的区块链可信协作节点网络，利用跨链技术实现不同区块链平台之间的互操作，从多个层次实现区块链互联互通，实现多领域数据可信流转。

融合创新

在数字经济时代，用户数字化需求呈现跨地域、跨网络、跨云、追求全方位安全等特点，对云网数智安全栈产品、平台化服务及调度能力提出了更高的要求，要求网络高速泛在、高度敏捷、智能协同，安全能力从使能网络逐步融入综合解决方案。针对传统产品和服务模式无法满足产业数字化发展的需求，中国电信推出了融合创新的理念。

融合创新的核心思想是立足行业本质特征，突破简单的数字要素堆砌，基于升级的DC、云、数智、绿色、算力、网络、安全等数字要素，调度、编排和集成各要素的原子能力，提前构建网络化布局、平台化共享的通用云网能力，为toB、toC和toH等各类用户提供通用融合创新解决方案，推动不同行业数字化转型、网络化部署、智能化变革，赋能产业数字化发展。融合创新示意如图5-1所示。

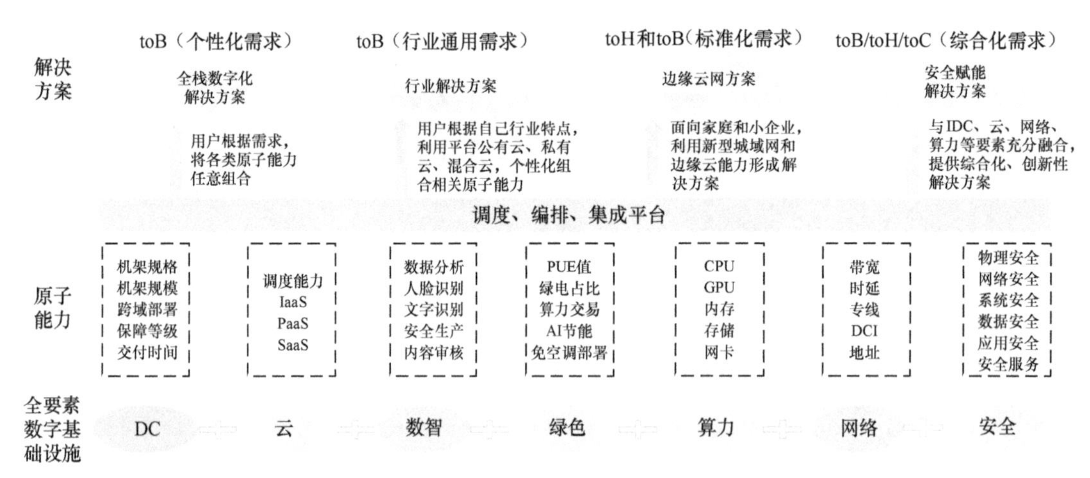

图5-1 融合创新示意

中国电信在融合边缘、视联网、数链网等领域的创新实践，突破了简单的数字要素堆砌，通过融合创新对多数字要素进行智能编排调度，形成丰富多样的行业解决方案，满足了千行百业数字化转型需求，本章介绍中国电信面向未来的相关探索。

（1）融合边缘

面向规模庞大的小微企业数字化转型细分场景，可充分发挥云网融合能力，形成差异化业务优势的新型技术形态。通过新型城域网、算力、云存储、安全等云网要素能力的融合创新，为用户提供一种不同于传统公有云、近源/实时/安全/自助化的基于虚拟局域网的云网服务。

（2）视联网

中国电信已构建面向家庭的天翼高清、面向移动端的天翼视讯，以及面向行业的天翼视联等集约平台，加快开拓互联网市场空间，向网络化、视频化、媒体化、互动化方向发展。在此基础上建设大视频融合应用与能力开放平台，完善云、边、端大视频算力协同部署体系，打造全场景视频算力网络。

（3）数链网

以区块链为依托的云资源、网络、算力、数据相融合，实现云网数据资源合规共享一体化服务能力，构建数链网等基础设施，提供大带宽、确定性时延和无损传输服务，将其作为支撑数据贯通的“筋骨”和“血脉”，最终形成安全、高效、领先、自主掌控的国家级数据流通基础设施。

（4）人工智能物联网

人工智能物联网（Artificial Intelligence & Internet of Things，AIoT）实现“人机物”3 类异构主体的连接共生和深度融合，其构建基于云、边、端融合的 AIoT 体系架构，推动云、网、数、智、安、DC、算力等多要素集成，从而促进 AIoT 在智能制造、智慧安防、智能家居、智慧农业、智慧城市、智慧交通、智慧医疗等领域的应用发展。

（5）5G 定制网

5G 专网端到端解决方案综合了云、网、数、智、安、DC、绿色等要素，结合不同行业对 5G 专网的差异化能力需求，通过融 AI、融云、融安全能力，提升 5G toB 网络差异化能力供给，形成适配各行业数字化转型需求的端到端 5G 定制网集成方案。

（6）元宇宙

元宇宙为构建超越现实的虚拟宇宙提供支撑，促进教育、工作、生活、医疗、制造、旅行、健身、娱乐等各个场景的应用。

以下将介绍中国电信几个典型的融合创新案例，探索多要素融合调度、编排和集成，从而形成创新形态解决方案，思考数字经济时代智能化综合信息基础设施建设方式。

5.1 融合边缘

5.1.1 概述

数字经济以数据资源为关键要素，以现代信息网络为主要载体，以信息通信技术融合应用、全要素数字化转型为重要推动力，促进公平与效率更加统一的新经济形态。数字化服务是满足人民美好生活需要的重要途径，数字化方式正在有效打破时空阻隔，提高有限资源的普惠化水平，满足多样化、个性化需要。当前，数字经济发展正在让广大人民群众享受到看得见、摸得着的实惠。面向 toH、toB 细分市场，以及 5.7 亿家庭宽带用户、4800 万家中小微企业、数以亿计的个体工商户，需要简单的、标准化的创新形态解决方案，帮助客户快速完成数字化转型。

中国电信融合边缘是指通过融合新型城域网、云算力、云存储、云安全等能力构建的新型云网技术形态，可以为用户提供一种基于虚拟局域网的就近 / 实时 / 安全 / 自助化的云网服务，全方位满足小微企业、家庭客户的数字化转型所涉及的生活、工作、娱乐、安全的数字化需求，这类客户的数字化转型不同于大中型企业，后者主要特点是以管理和生产运营为主，计算、存储设备多，层次丰富，通常采用三层网络能够满足需求，前者必须采用二层网络，否则部分相关的数字化功能无法有效实现。

5.1.2 典型业务场景

融合边缘面向 toH/toB 提供了多媒体服务、协同办公、多门店 / 多家庭组网等丰富的创新服务，现阶段典型业务场景如下所述。

5.1.2.1 单住宅服务场景

单住宅服务场景通过融合边缘替代原有家庭算力 / 存储能力，通过千兆光网与新型城域网相结合的方式可以实现内网高速互联。基于云 NAS 核心存储能力提供照片 / 视频备份共享、家庭影音娱乐等应用，利用云 NAS 存储能力为视频监控等应用提供存储能力，并支持各类文件的共享。同时，提供网络安全、绿色上网、智能分流等差异化网络能力。单住宅服务场景示意如图 5-2 所示。

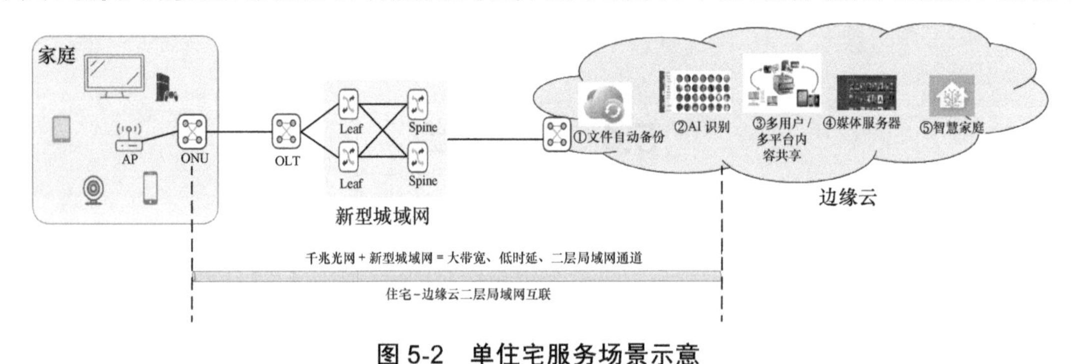

图 5-2 单住宅服务场景示意

5.1.2.2 多住宅组网与能力共享

在单住宅的基础上，增加同城不同物理地点组建统一虚拟局域网服务，在相同局域网下的用户可以共享云端的资源和应用。多住宅组网与能力共享示意如图 5-3 所示。

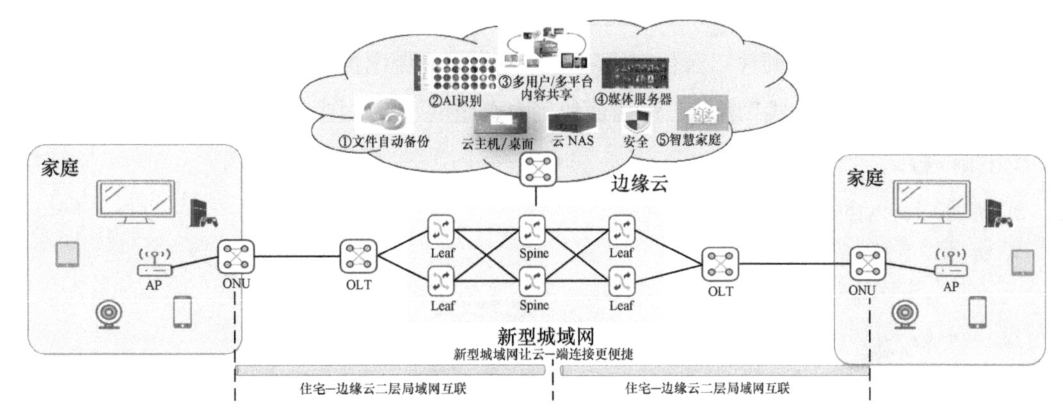

图 5-3 多住宅组网与能力共享示意

5.1.2.3 家、商多点组网

与家庭多点组网类似，家、商多点组网可以将家庭和使用融合边缘家庭宽带业务的商铺 / 仓库与家庭共同组建虚拟局域网，实现家庭与商铺 / 仓库的资源和应用共享。例如，商铺 / 仓库的摄像头采集内容可直接存储于共享云 NAS，商铺 / 仓库申请的云计算机和其中的应用数据可以直接在家中访问，家、商之间的终端也可以拉通交互，例如商铺 / 仓库的设备直接使用家庭的打印机打印等。家、商多点组网示意如图 5-4 所示。

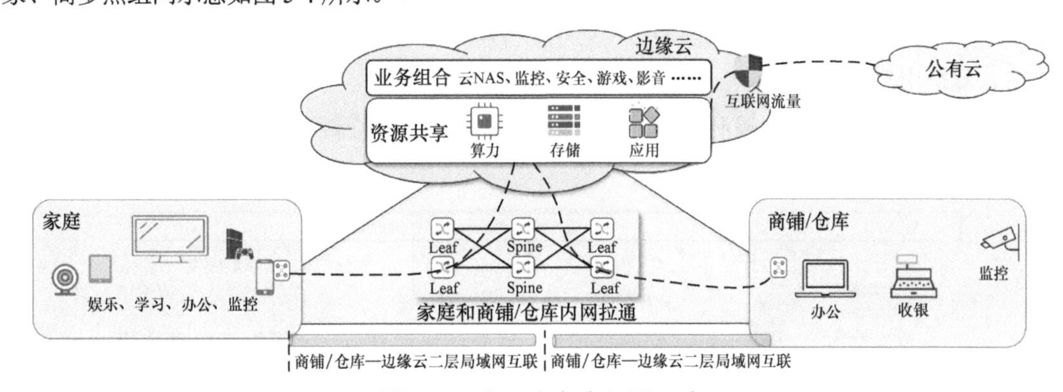

图 5-4 家、商多点组网示意

5.1.2.4 多店面协同办公

面向采用多店面连锁运营的企业用户，通过二层局域网互联的方式打通各门店节点，实现门店内网互联，流量仅在内网流转，可与公网隔离（根据用户安全要求配置是否隔离）。各门店

以使用云化应用为主，例如云桌面、云 OA、云会议等标品，企业数据在内网中通过云 NAS 或轻量化数据库开放给各门店使用，数据完全在企业内网之内，可保证数据安全。本场景不需要用户集成和购买大量终端硬件，云化应用随选，免集成、免维护，资源共享。新开门店直接订购云化应用，实现“一站式”开店。多店面协同办公组网示意如图 5-5 所示。

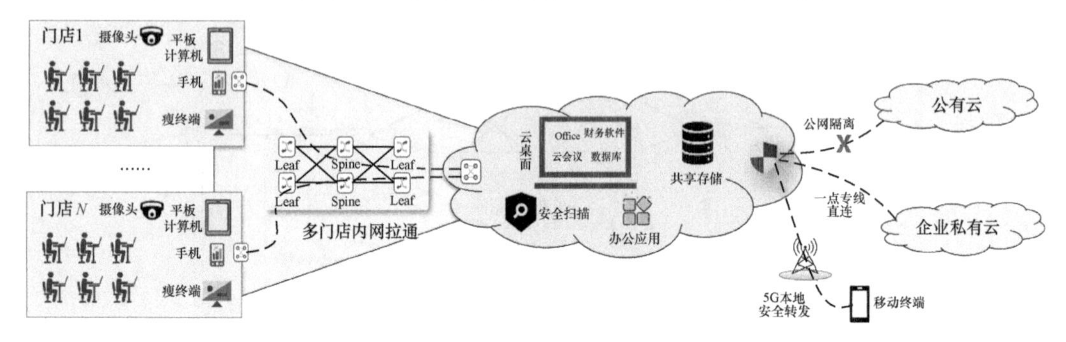

图 5-5　多店面协同办公组网示意

5.1.2.5　安全服务

通过安全中台及下沉到边缘的安全能力，为家庭及中小微企业提供企业级端到端安全防护服务，主要包含以下内容。

① 上网流量防护：提供恶意网址访问识别、诈骗网站识别、病毒检测等，并进行提醒或阻断，保护用户上网安全。

② 上网行为管理：按需对访问的网站、App 等进行管理和过滤，可管控上网时长、分析上网行为，守护用户健康上网。

③ 内网扫描：提供终端漏洞检测、弱口令检测、开放端口检测等功能，进而保障终端安全。

安全服务示意如图 5-6 所示。

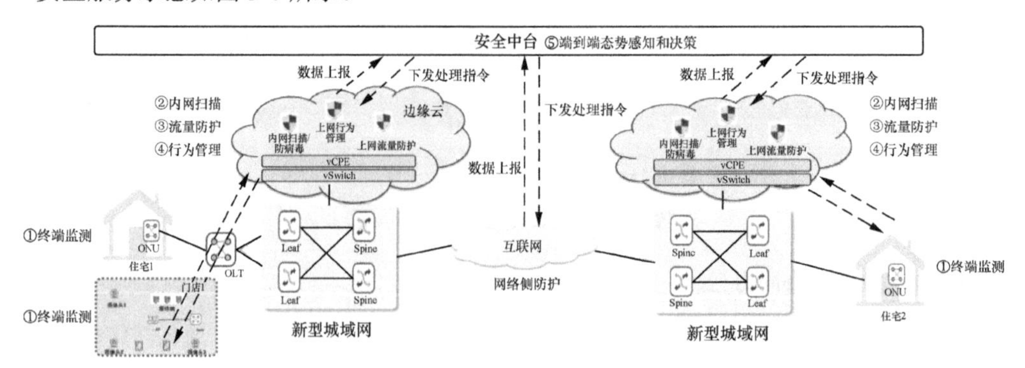

图 5-6　安全服务示意

5.1.3　总体技术方案

5.1.3.1　组网架构

融合边缘是一种发挥中国电信云网融合优势的新型技术形态，通过将家庭局域网延伸到边缘云，将算力、存储、安全等能力部署在边缘云，打造面向家庭和中小企业的融合边缘差异化解决方案。

融合边缘总体架构如图 5-7 所示，主要由用户局域网、新型城域网、边缘云网关、边缘云、安全及应用生态等组成。

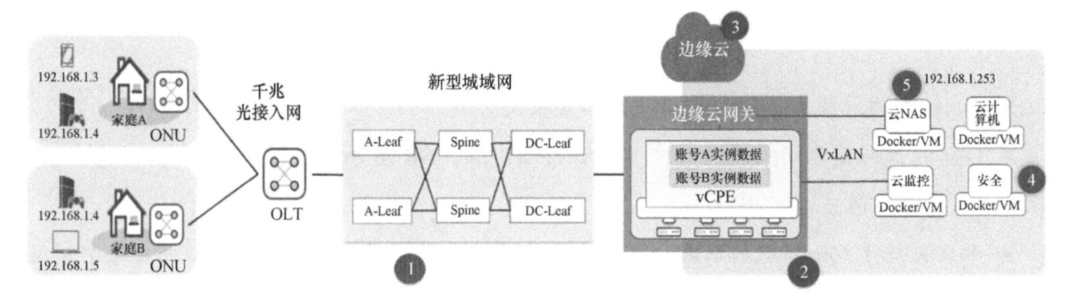

图 5-7　融合边缘总体架构

其中，关键构成要素如下所述。

① 新型城域网：利用新型城域网 SRv6 技术打通用户到边缘云的二层连接，提供边缘云的灵活接入。

② 边缘云网关：将用户传统物理网关的部分功能云化，通过新型城域网二层入云，支持用户家庭网络与云端应用的内网组网。

③ 边缘云：利用边缘云综合承载边缘虚拟化网元和应用，承接用户算力、数据上云。

④ 安全能力：利用大内网优势提供与公有云模式差异化的端到端安全服务。

⑤ 应用生态：开放融合边缘能力，聚焦具有边缘特征的应用，例如云 NAS、云计算机等。

5.1.3.2　业务承载方案

（1）toH 业务承载方案

云网融合边缘面向 toH 用户提供标准化云服务，在云网融合边缘场景下，业务实现流程包含互联网访问和边缘云业务访问两种。

① 互联网访问承载方案。用户上网实现流程如图 5-8 所示。

云网融合边缘组网中，用户终端通过大二层网络透明传输至边缘云网关，用户互联网访问通过云网关发起用户 PPPoE/IPoE 拨号，具体业务承载方案如下。

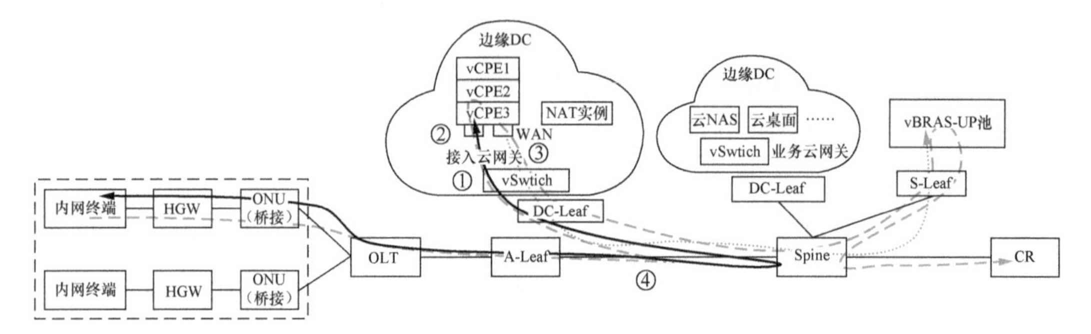

图 5-8　用户上网实现流程

➢ ONU 为桥接模式，透明传输用户二层报文。

➢ Leaf 到云网关之间采用 EVPN VPLS/VPWS over SRv6 承载，对应多个云网关实例，用户二层接入边缘云网关（vCPE）。

➢ 云网关基于 QinQ 识别家庭，选择云网关实例分配给对应的家庭，云网关为每个家庭内终端分配内部私网地址。

➢ 云网关识别到该用户流量为上网流量后发起 PPPoE/IPoE 拨号，拨号报文通过 EVPN over SRv6 隧道发送至 vBRAS，获取用户上网 WAN 口地址。

➢ 拨号成功后，用户上网流量基于云网关转发至 vBRAS，即可实现互联网访问。

② 边缘云业务访问承载方案。边缘云业务访问实现流程如图 5-9 所示。

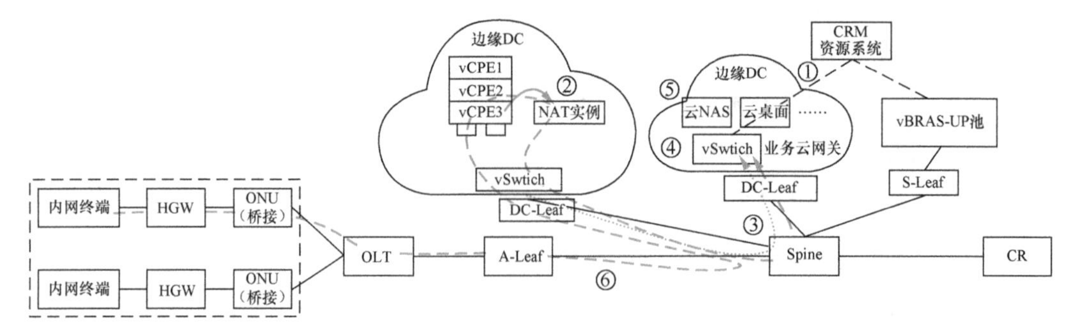

图 5-9　边缘云业务访问实现流程

边缘云业务要求用户终端与云内应用端到端打通，由云网关识别并向业务云网关转发流量，业务承载方案如下。

➢ 基于CRM资源系统开通用户云业务服务（例如云NAS），并同步至业务云网关。

➢ 用户接入云网关的流程与访问互联网相同，云网关为家庭内终端分配私网地址。

➢ 云网关识别用户流量为入云流量后，经过NAT进行私网IP地址转换，防止不同家庭终端IP地址冲突。

➢ 对于入云业务，从接入云网关起EVPN VPLS/VPWS over SRv6隧道至业务云网关，所有业务共用一个EVPN即可。

➢ 业务云网关负责对用户的云业务访问进行鉴权，若鉴权成功，则访问对应的云服务，否则返回失败消息。

（2）toB业务承载方案

云网融合边缘针对toB用户业务场景，主要包括云NAS、云桌面、视频监控、安全防护等。

toB业务主要面向小微企业，对于小型单门店的用户来说，业务承载方案与toH家庭组网业务承载方案类似，对于拥有多家门店或者希望门店与家庭共同组建虚拟局域网的场景，具有明显的多点组网共享边缘云服务需求。

toB用户的互联网访问场景与toH用户类似，要求用户二层接入vCPE，再由vCPE向vBRAS拨号；入云访问场景也与toH用户类似，由vCPE将入云流量引至业务云网关，并由业务云网关实现用户鉴权与云业务流量疏导。在toB用户场景下，业务承载方案主要面向多住宅/多分支节点跨新型城域网POD构建大局域网，共享边缘云服务（例如云NAS、云桌面、安全等），实现边缘应用多点可见。

5.1.4 发展展望

根据电信管理论坛（TMF）的观察，通信行业聚焦点正从关注效率（带宽）转向填充网络内容、提升网络价值、关注产业链合作。中国电信融合边缘的总体目标是为用户提供就近、实时、安全、自助化的一种标准化的基于虚拟局域网的云网服务，用户可以自主组合各类云网及软件产品，形成个性化的数字解决方案。其中，开放的业务生态和灵活的商业模式是融合边缘发展的重要保障。

融合边缘的内涵将进一步扩展，将成为融合了网络、云计算、业务和应用核心能力的智能的、安全的融合平台。

融合边缘具有以下五大融合趋势。

① 新型城域网与边缘接入的融合。

② 云与网在网络边缘的融合。

③ 云网基础设施与业务和应用的融合。

④ 云网业务与维护运营体系的融合。

⑤ CT、IT、DT、AI 的技术融合。

5.2 视联网

当前，以视频作为信息展现和交互形式的富媒体呈现无处不在的数字化生产和视频共享形态，已成为拉动电信运营商营收增长的新业务引擎。电信运营商应从平台、网络和生态角度分析大视频能力建设需求，构建端到端视频能力融合创新体系，依托云网融合基础设施的要素升级和融合创新，推进全网端到端全栈视频能力建设，面向个人、家庭、企业和政府提供通用视频业务和场景化行业解决方案，以技术创新、业务创新、产品创新、模式创新、业态创新等赋能经济社会的数字化转型升级。

5.2.1 概述

（1）国家宏观政策环境

近年来，大视频行业逐渐受到各级政府的高度重视和国家产业政策的重点支持。我国陆续发布“十四五”相关规划和行动计划，加快部署和推动我国大视频产业发展，为企业提供了良好的生产经营环境。

2021 年，国务院在“十四五”规划中多次聚焦大视频产业。“十四五”规划提出要实施文化数字化战略，加快发展新型文化企业、文化业态、文化消费模式，壮大数字创意、网络视听、数字出版、数字娱乐、线上演播等产业。加快提升超高清电视节目制播能力，推进电视频道高清改造，推进沉浸式视频、云转播等应用。2021 年 12 月，中央网络安全和信息化委员会印发《“十四五”国家信息化规划》，强调加快基于 5G 网络音 / 视频的传输能力建设，丰富教育、体育、传媒、娱乐等领域的 4K/8K、虚拟现实 / 增强现实（VR/AR）等新型多媒体内容资源。2022 年 1 月，国务院印发《“十四五”数字经济发展规划》，强调加强超高清电视普及应用，发展互动视频、沉浸式视频、云游戏等新业态。创新发展“云生活”服务，深化人工智能、虚拟现实、8K 高清视频等技术的融合，拓展社交、购物、娱乐、展览等领域的应用，促进生活消费品质升级。

2021 年 3 月，工业和信息化部在《“双千兆”网络协同发展行动计划（2021—2023 年）》中提出，将 VR/AR、超高清视频等大带宽应用进一步融入生产生活，推动典型行业千兆应用模式形成示范。2021 年 7 月，工业和信息化部等十部门联合印发《5G 应用“扬帆”行动计划（2021—2023 年）》，建议突破数字内容关键共性技术，推进超高清、视频编解码、端云协同渲染、三维重建等关键技术研发，开发适配 5G 网络的 VR/AR 沉浸式内容、4K/8K 视频等应用。2021 年 11 月，工业和信息化部在《“十四五”信息通信行业发展规划》中提出，支持传统线下文化、娱乐业态向线上拓展，丰富超高清视频、VR/AR 等新型多媒体内容源。开展 5G 新空口（NR）+ 广播电视试点示范，推进 5G + 广播电视业务产业链发展。

（2）国内外发展现状

近年来，国际电信运营商积极加速视频产业布局，大力发展视频业务，通过加强内容服务、信息服务和媒体服务，改变收入构成，助力 5G 发展。美国电信运营商 AT&T 早在 2015 年开始布局视频生态圈，先后收购卫星电视服务提供商 DirecTV、互联网视频流媒体服务提供商 QuickPlay 和跨国媒体时代华纳，提高视频内容、渠道分发和客户资源的核心竞争力，实现 IPTV、卫星电视、OTT 视频的增值业务收入占比超过 40%。西班牙电信运营商 Telefonica 采用“自建 + 收购、原创 + 聚合”发展策略提供视频内容和服务，实现视频业务收入持续增长，并占全部创新业务收入的 70%。一方面，Telefonica 自建 IPTV 和收购卫星电视运营商，通过电信和视频业务融合提高 ARPU（每用户平均收入）；另一方面，以投资高端和独家节目、制作原创内容和聚合生态内容等多种渠道获得丰富优质的内容资源。韩国电信运营商 SKT、KT 和 LGU+ 纷纷在 5G 用户端主打内容业务，以 5G + 文体娱乐为突破口，在高清视频、流媒体、云游戏和 VR/AR 等视频业务领域争相布局。

目前，国内电信运营商也已充分认识到视频业务的发展前景，创建视频业务运营的专业公司，以互联网业务、新型 ICT 业务为战略重点，借助内容运营，努力避免管道化，培育和发展自己的视频业务和应用。中国电信构建面向家庭用户的天翼高清、面向个人移动端的天翼视讯，以及面向行业应用的天翼视联等集约平台，加快开拓互联网市场空间，向网络化、视频化、媒体化、互动化方向发展。中国移动的咪咕公司以市场独立经营的形态统一提供咪咕视频业务，同时具备手机、智能电视、魔百网络机顶盒等用户端的全终端覆盖，并通过生态合作不断深化内容自运营，利用版权优势反哺大屏幕电视，形成 toH/toC 视频业务的双轮驱动。

中国联通从传统固网IPTV业务向OTT业务领域拓展，通过开放能力平台，以流量释放为引领，与腾讯、爱奇艺、优酷等视频服务提供商共建视频产业生态。

当前，国际互联网视频服务商由于拥有良好的版权环境和用户付费习惯，普遍通过提供更优质的内容和会员服务变现，已形成3种比较成熟的商业模式：一是以Netflix（网飞）为代表，实行“优质内容+无广告+会员制”模式；二是以Hulu为代表，实行“优质内容+广告+免费”模式；三是以YouTube为代表，实行“UGC/PGC+广告”模式。国内互联网视频服务商的商业模式也在逐步与国际互联网视频服务商接轨，国内互联网企业加快构建“以视频内容为核心、以衍生产品为辅助的生态布局”，主要以视频服务作为流量入口，采用“会员+广告+衍生品”实现综合变现。

5.2.2 业务类型和发展趋势

（1）大视频业务分类

从电信运营商的视角来看，大视频业务可划分为娱乐视频、通信视频和行业视频三大类。电信运营商大视频业务分类如图5-10所示。娱乐视频主要面向个人和家庭，包括IPTV、OTT TV、5G视频、云游戏、云VR等。通信视频主要面向个人、政府和企业，包括长期演进语音承载（Voice over Long Term Evolution，VoLTE）、5G新空口承载语音（Voice over New Radio，VoNR）等方式。行业视频主要面向政府和企业，包括视频会议、互动直播和视频监控等业务。

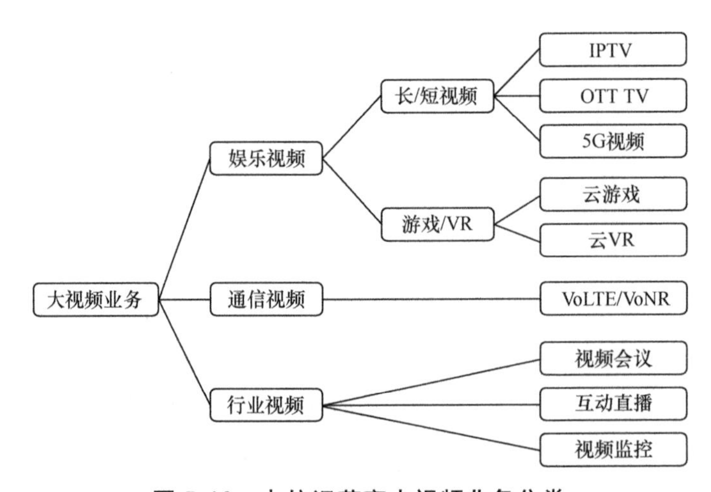

图5-10 电信运营商大视频业务分类

在娱乐视频领域，电信运营商注重内容质量、用户体验、变现能力等方面。面向个人用户，加强用户、场景和产品三者间的精准匹配，培养用户使用云游戏、超高清视频、VR/AR 习惯；面向家庭用户，坚守 IPTV 阵地，强化 OTT 内容填充，通过桌面电视满足家庭移动场景需求，通过 XR 产品培养 5G 时代用户新需求。

在通信视频领域，电信运营商推出基于 5G VoNR 的新通话业务，利用高速网络来传递声音和视频数据，支持超高清视频通话，以及通话过程中共享手机屏幕，满足屏幕多样化、形式多样化、连接多样化的视频通话需求。

在行业视频领域，电信运营商采用平台集成的策略，利用音 / 视频连接、存储和回传等通用视频能力优势，以“自主应用 + 生态合作”打造行业解决方案，构建大平台、大 AI，强化精细运营和标杆应用，将行业视频应用覆盖各行各业，不断丰富视频产业生态。

（2）大视频发展趋势

当前，在技术变革和应用创新发展的趋势下，超高清、低时延、大容量的视频传输和分发对电信运营商的网络带宽、时延、抖动等确定性质量的要求越来越高。同时，互联网、金融、能源、交通、制造、医疗、教育等行业场景的大视频应用正在推动电信运营商加快构建云管端通用和行业视频能力共建共享的生态体系，为千行百业的视频应用场景提供数字化、平台化、一体化的行业解决方案。随着视频与新技术、新业务的深度融合，电信运营商的视频业务将呈现固移融合、5G + 高新视频、业务融合、能力开放和生态合作的发展趋势。

① 固移融合：在 IPTV 用户规模化发展的基础上，行业视频与 IPTV、OTT 融合对接，通过多终端跨屏互动创新固移融合视频业务的新场景、新业态、新模式，提升用户对创新视频的内容体验感。

② 5G + 高新视频：在大带宽、低时延和高可靠的 5G 网络承载环境下，融合 4K/8K、3D、VR/AR、高帧率、高动态范围、广色域等高新技术的视频实现“更高技术格式、更新应用场景、更美视听体验”。

③ 业务融合：在三网融合和 5G 规模应用的发展背景下，电信运营商基于统一运营管理平台实现 IPTV + OTT 融合视频和多种电信增值业务的灵活组合及集约化运营。

④ 能力开放：利用数字化平台聚合多种行业应用和视频能力，以“特色业务 + 开放能力”双引擎驱动，提供多业务场景下大视频应用和能力一体化的解决方案。

⑤ 生态合作：通过基础业务 + 生态权益 + 大视频应用，构建多元化的内容生态体系，实现线上线下多渠道分发，以及全智能、全 IP、全屏幕、全网络的广泛覆盖。

5.2.3 视联网关键支撑技术

当前，大视频领域已形成比较完整的技术体系，可实现对视频业务全流程、全方位的支撑，大视频关键支撑技术体系如图 5-11 所示。在生产环节，智能媒体资源可以快速找出相关创作素材，从而提升后期创作效率；在处理环节，超清转码和窄带高清大幅提升视频画质；在传输环节，CDN 向边缘云发展，云边协同降低视频时延、节省带宽成本；在消费环节，视频特效丰富视频体验，智能推荐算法实现精准营销。

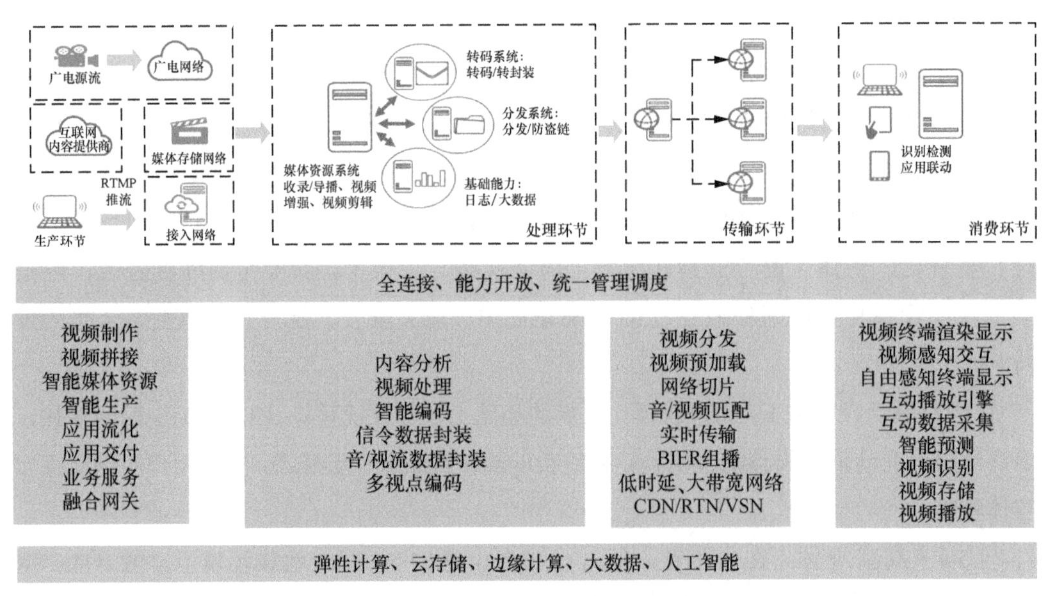

图 5-11 大视频关键支撑技术体系

在生产环节中，视频生产基于视觉与深度学习技术，在采集素材后提供视频内容的识别、编辑、生成、增强与摘要等能力。视频生产可广泛应用于互联网媒体、短视频、娱乐直播、在线教育、广电传媒等行业应用。当前，智能媒体资源系统可使用多模态搜索、智能拆条、智能审核等 AI 处理技术对来自各类采集源的视频素材进行处理，形成素材库，提升后期创作效率。生产环节的大视频支撑技术如图 5-12 所示。

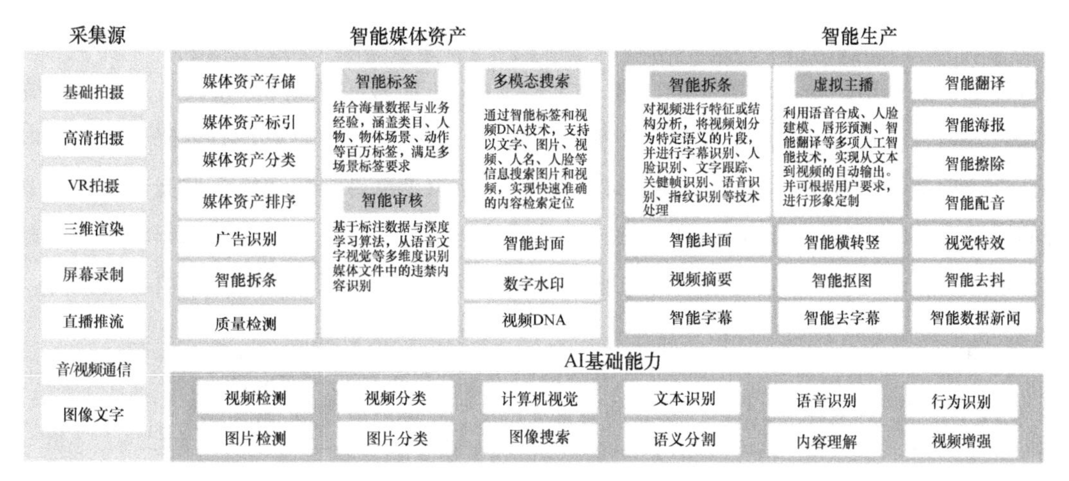

图 5-12　生产环节的大视频支撑技术

在处理环节中，视频编码对视频像素进行数据压缩，从而降低视频的数据量。高效率的视频编码在同等的码率下，可以获得更佳的视频质量。转码处理主要针对海量媒体资源提供高效、智能的服务，包括普通转码、倍速转码、多码率转码、超清转码、窄带高清转码等。其中，窄带高清技术在编码前先对内容进行分析，在不降低甚至增强源视频画质的基础上，对视频分辨率、流畅度、码率、帧率等进行算法优化，大幅提升画面的清晰度和转码速度，同时节省带宽和存储成本。处理环节的大视频支撑技术如图 5-13 所示。

图 5-13　处理环节的大视频支撑技术

在传输环节中，其核心技术是内容分发网络（CDN），将视频内容发布到最接近用户的网络边缘，提高用户访问时的响应速度。CDN 已由 2.0 阶段过渡到 3.0 阶段，从单纯以缓存边缘内容为目标转向以运用机器学习实现智能调度、智能分发为目标，有效降低运营成本、提升传输质量。随着 5G 和边缘计算技术的逐步成熟，CDN 开始向边缘云发展，通过将中心云的视频服务能力下沉到边缘，在边缘云上进行转码、分发，进一步降低视频时延、节省带宽成本，以满足大规模、实时互动的需求。传输环节的大视频支撑技术如图 5-14 所示。

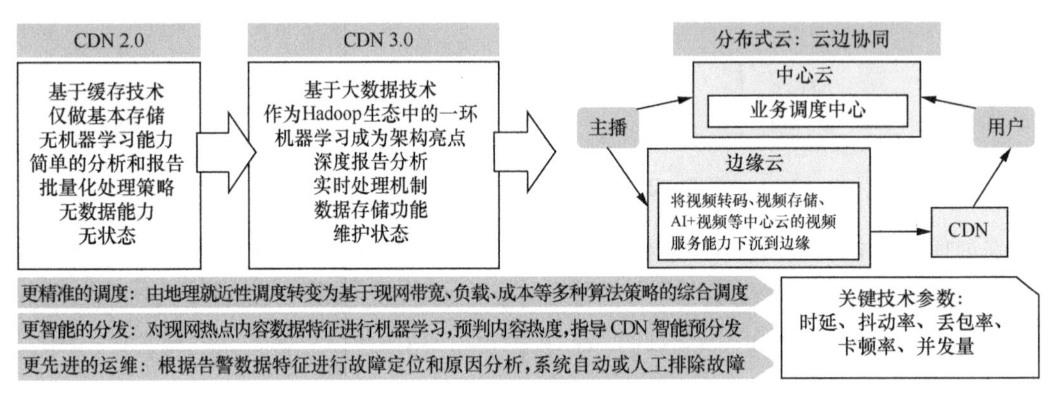

图 5-14　传输环节的大视频支撑技术

视频消费环节可基于视觉特征、音频特征、文本特征进行视频内容理解，并与用户特征和交互特征结合建模，用于用户在视频数据集的消费预测，也可提供美颜特效、美声变声特效、沉浸式交互等多样化玩法，以丰富终端用户的使用体验。消费环节的大视频支撑技术如图 5-15 所示。

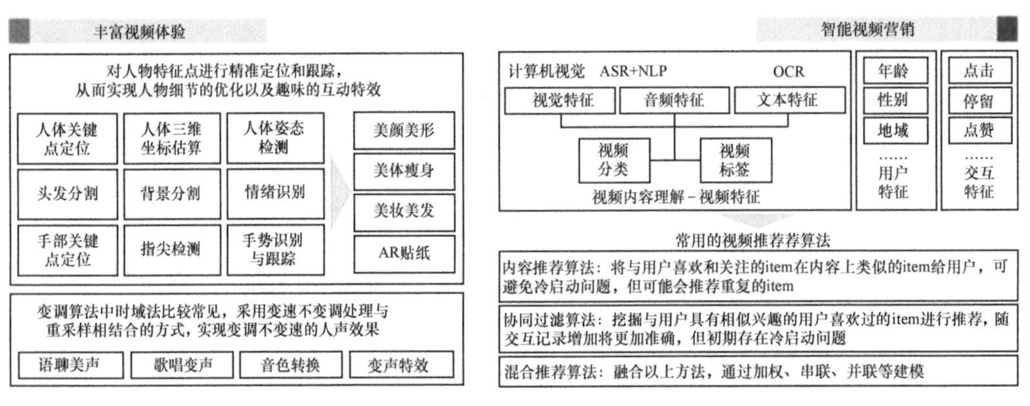

图 5-15　消费环节的大视频支撑技术

5.2.4　电信运营商视频能力需求

电信运营商在大视频领域扮演多种角色：一是资源提供者，电信运营商向互联网视频服务商出租互联网数据中心、云、CDN 等资源和服务；二是变现渠道，互联网视频内容通过电信运营商的视频平台进行销售和分发；三是竞争对手，互联网视频对电信运营商视频用户分流作用明显。大视频业务的发展对于电信运营商拓展新业务增长点和提升数字化供给能力具有重要意义。一方面，5G＋大视频的发展可以满足用户对美好视听的需求，基于 5G 网络下的大视频应用前景广阔，提升 5G 网络服务质量和能力，拓展大视频业务 5G 应用场景，将为电信运营商带来新业务收入的增长点。另一方面，电信运营商充分利用云平台和基础网络优势，在大视频生产、处理、传输和消费环节持续提升视频技术、承载网络和数字平台能力，可提供大视频业务"云、网、边、端"的一体化解决方案。

从大视频业务关键支撑技术体系来看，基于自身的业务和资源优势，电信运营商的大视频核心能力建设应聚焦视频处理、传输和消费环节，重点构建云化的大视频能力平台，融合 IPTV/OTT、视频会议、视频监控、视频直播等能力，提供通用视频业务和场景化行业解决方案。在云、边、端集成视频编解码、实时音 / 视频、流媒体分发、视频 AI 分析处理、视频渲染等视频算力服务能力，基于云网协同和视频算力感知，提供路径优化切换、资源动态调整和差异化服务的视频网络服务能力。电信运营商的大视频能力建设需求主要体现在以下 5 个方面。

（1）视频算力调度

实时感知终端、边缘云、中心云的视频算力，根据感知的网络和算力状态，在边缘云和中心云分级实现训练、推理、渲染任务的全局编排调度。

（2）视频能力开放

构建实时音 / 视频、流媒体、视频播放、视频存储、视频识别及分析等原子能力，实现大视频业务能力的集约管理、灵活部署和开放共享。

（3）智能路径调度

智能调度中心感知网络带宽、丢包率、时延、抖动率等指标，根据不同业务对网络特性的要求，实现视频传输最优路径规划，在边缘节点提供终端就近、就闲接入媒体服务。

（4）视频传输加速

基于算网感知利用编码端算力产生不同码率的码流，根据解码端算力以及全程链路的状况，传输最合适的码流，提升传输性能，降低传输时延。

（5）视频分类存储

流媒体兼容多种视频流接入协议，灵活扩展私有协议，实现会议、监控、直播等视频流的统一存储，支持流媒体与存储解耦、国密加密传输和存储、多级视频数据高可靠存储。

5.2.5 端到端全栈能力建设

1. 端到端视频能力融合创新体系

电信运营商大视频业务的发展目标应聚焦高新视频和行业视频的新业态、新场景、新应用，构建支撑大视频业务发展的新一代信息基础设施，成为大视频产业生态的聚合者、内容应用的运营者、行业方案的提供者。toC/toH 方面，持续增强视频内容质量，提升个人 / 家庭用户业务体验；toG/toB 方面，积极探索和拓展重点行业视频应用场景及解决方案。面向产业生态合作，统筹产业生态布局，赋能大视频技术、业务和模式创新。

电信运营商大视频业务的发展需要推进 5G、云、基础网络、算力、AI、大数据关键能力要素与大视频业务的深度融合，为行业数字化转型提供内容、管道、平台、产品的综合智能视频服务。在内容运营方面，实现“内容版权 + IPTV/OTT/ 移动终端”全覆盖；在流量入口方面，采用“会员 + 广告 + 游戏 + 电子商务 + 文学 + 漫画 + N”的模式；在平台生态方面，推进行业“应用 + 视频”能力开放，为行业提供视频解决方案；在智能分发方面，为第三方视频内容提供销售平台和分发渠道。

在碎片化消费模式、高新实时视频业态、创新视频应用场景中，电信运营商应基于数字信息基础设施要素升级和融合创新，构建大视频业务端到端能力体系架构，面向大视频全业务场景提供算网一体化服务，推动大视频业务实现“能力服务化、服务平台化、平台生态化”。大视频业务端到端能力体系架构如图 5-16 所示，主要包括基础设施层、调度编排层、平台能力层和应用场景层。

基础设施层基于算力基础设施和网络基础设施为大视频业务提供数字底座。调度编排层通过对云网能力的编排调度和服务化封装，为大视频业务提供异构算力、算网一体、数据智能、安全可信的服务和能力。平台能力层基于新型算力网络信息基础设施，构建业务融合、能力开放、生态合作的大视频融合应用与能力开放平台。应用场景层面向政府、个人、家庭、企业等提供标准视频业务和场景化解决方案。

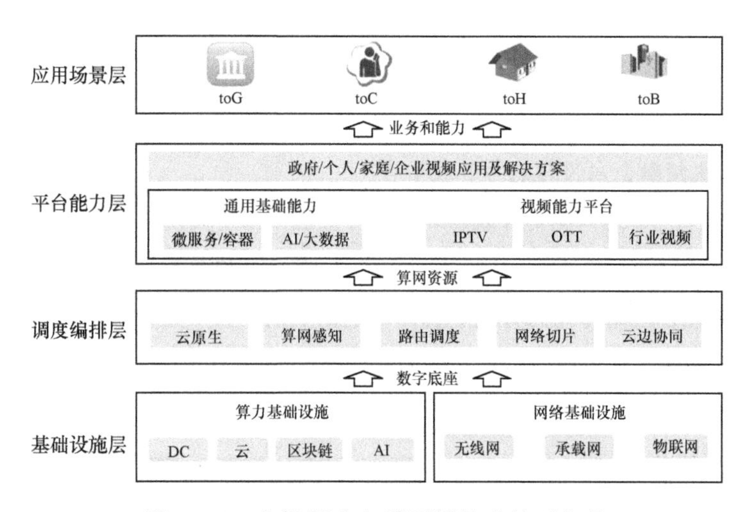

图 5-16　大视频业务端到端能力体系架构

基于大视频业务端到端能力体系架构，电信运营商需要从以下 6 个方面加快推进全网端到端全栈视频能力建设，充分发挥云网融合的新一代信息基础设施核心能力，构建固移融合、高清多屏、实时交互、社交娱乐、行业应用等视频业务承载能力。

① 视频能力平台。融合云原生、大数据、AI 等数字技术，搭建能力开放的大视频融合应用平台，提供原子化和复合视频能力，根据不同场景将视频能力分类，按需下沉部署。

② 异构视频算力。以分布式一体化架构布局异构和泛在算力的视频云，满足音 / 视频编解转码、图像渲染、大数据、AI 视频分析等多样化应用场景的算力需求。

③ 云边协同能力。在云边协同部署编解码、存储、渲染、AI、视场角转码等视频处理能力，全局化管理端到端视频算力，扩展和提升边缘算力应用范围及能力。

④ 视频加速能力。优化布局全国中心—二级缓存—边缘 CDN 节点，引入 RTC，提供推流和播放能力，并基于算网感知实现智能调度和智能分发，满足大规模、低时延、无卡顿的实时互动业务需求。

⑤ 视频承载专网。引入切片、SRv6、BIERv6 组播、确定性 IP、随流检测等关键技术，为视频业务提供差异化 SLA、网络可编程、可视、高安全等网络能力，并逐步向基于 IPv6 的视频算力网络演进，实现高度自治网络、应用感知网络、应用驱动网络编程、网络逐流 SLA 保证。

⑥ 5G 移动网络。跟踪 5G 网络标准演进，适时引入和部署网络切片、上行增强、MEC + 行业专网、uRLLC 等，充分利用 5G 网络大带宽、低时延、广连接、高可靠的等特性，推动构建

5G视频新业态。

2. 视频能力要素升级关键举措

（1）建设大视频融合应用与能力开放平台

以“统一技术架构、统一能力开放、统一运营管理”构建大视频融合应用与能力开放平台，按照大视频能力云边协同和按需下沉的部署原则，实现大视频业务能力的集约管理、灵活部署、开放共享，大视频融合应用与能力开放平台体系架构如图5-17所示。大视频融合应用与能力开放平台可以根据实际情况选择以下两种不同的建设模式。

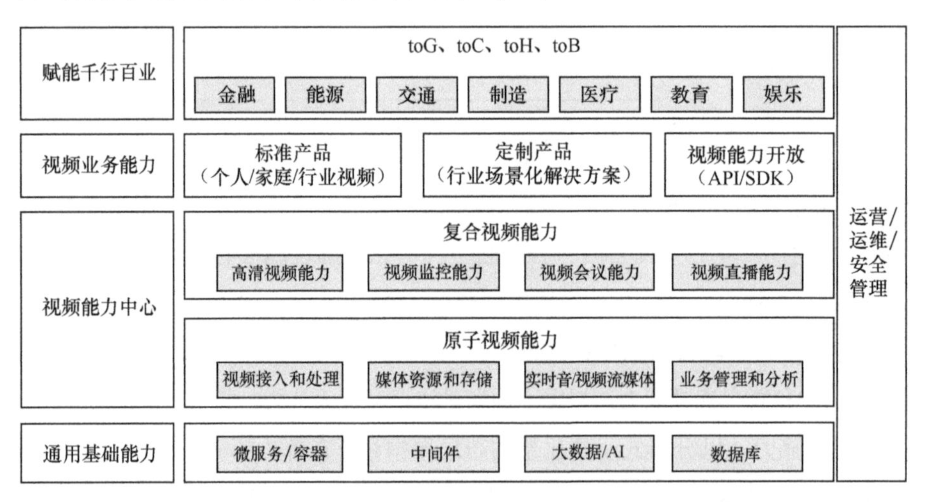

图5-17 大视频融合应用与能力开放平台体系架构

① 按照“1+*N*”架构规划建设全国大视频融合应用与能力开放平台，将现有IPTV、OTT等业务及平台能力纳入管理，对外实现视频业务和能力的统一运营和开放。其中，“1”是指全国集中的大视频融合应用与能力开放平台，“*N*”是指高清视频、视频监控、视频会议、视频直播等业务平台。

② 按照“1+31+*X*”架构规划建设面向行业应用和能力开放的平台，在逻辑上与现有IPTV、OTT等平台共同形成大视频融合应用与能力开放平台，分别提供IPTV、OTT、行业视频的综合业务应用和服务能力。其中，“1”是指全国集中的行业应用和能力开放的平台，“31”是指各省（自治区、直辖市）的行业视频业务平台，“*X*”是指按需下沉的边缘节点。

（2）完善云、边、端大视频算力协同部署体系

边缘云承担视频本地存储、分发、智能分析、渲染处理任务，以降低时延，减少骨干网压力。

中心 / 大区云主要承担 AI 模型训练、跨业务的综合分析和处理等业务，并与边缘节点进行算力的统一调度。云、边、端大视频算力协同部署体系如图 5-18 所示。

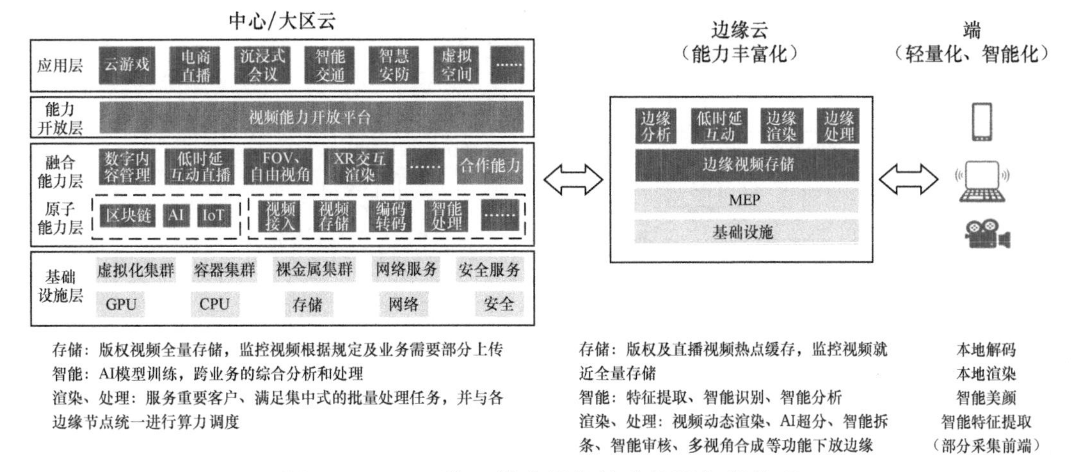

图 5-18　云、边、端大视频算力协同部署体系

（3）增强 CDN 新型视频业务承载能力

应对各种用户的互动视频、自由视角、子弹时间、超高清 VR 及视频 AI 处理等新兴业务场景，打造“CDN +”，逐步实现与原有 CDN 的融合。“CDN +”建设思路可从以下几个方面考虑：充分发挥电信运营商 CDN 资源丰富、下沉性能好的优势；满足“CDN +”支撑各类新型视频场景需求，形成差异化竞争优势；基于云原生架构，发挥微服务架构资源敏捷灵活供给的特性；初期“CDN +”与传统 CDN 节点同址共存，后续全面向“CDN +”演进。新型视频业务承载能力部署架构如图 5-19 所示。

（4）打造全场景视频算力网络

① 基于 OTN、新型城域网 /STN 和 CN2-DCI 网络，运用灵活以太网（Flexible Ethernet，FlexE）、SRv6 + 下一代虚拟专用网络（Ethernet Virtual Private Network，EVPN）、BIERv6 组播、确定性 IP、随流检测等技术，发挥电信运营商网络优势，集成视频网络和算力服务，打造城域—骨干—云的智能化、服务化、差异化的端到端承载体系，提升视频服务质量和算网资源利用效率。

② 升级基础网络能力。建设 CN2-DCI 精品云骨干网 + 新型城域网和“全覆盖 + 超高速 + 低时延”的政企 OTN 精品网；全面升级支持“SRv6+EVPN”端到端统一承载，支持部署 FlexE、BIERv6 组播、确定性 IP、随流检测技术，提升视频业务的差异化服务能力；打造实时视频分发网络，满足特定业务 / 场景的承载需求。

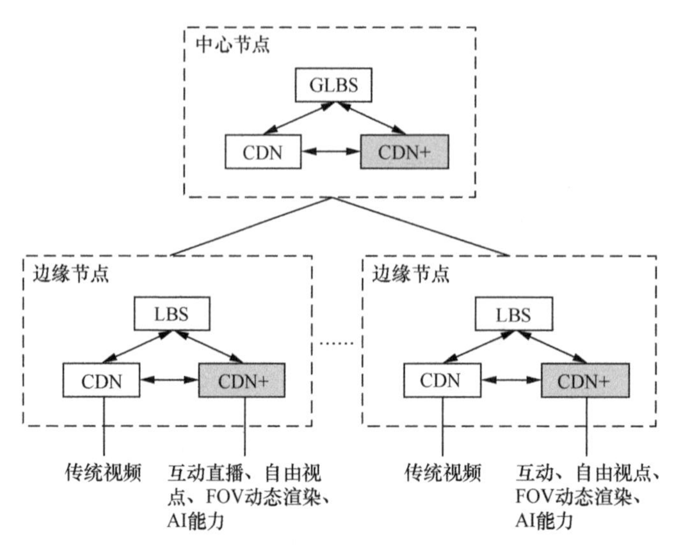

图 5-19　新型视频业务承载能力部署架构

③ 提高智能化、服务化水平。依托新一代云网运营系统，实现视频算力和网络的统一编排；先骨干网、后城域网 /IDC 分级部署网络 SDN 集中控制器，跨厂家统一纳管，视频业务接入带宽灵活调整，时延按需调整；引入 AI 技术，基于网络精确感知能力，实现高度网络自治，流量智能调度，支撑业务随选和灵活计费。

④ 构建大视频算力网络。通过构建算力服务层、算网编排管理层、算力路由层和算网资源层，实现泛在计算和服务感知、互联和协同调度。全场景视频算力网络如图 5-20 所示。

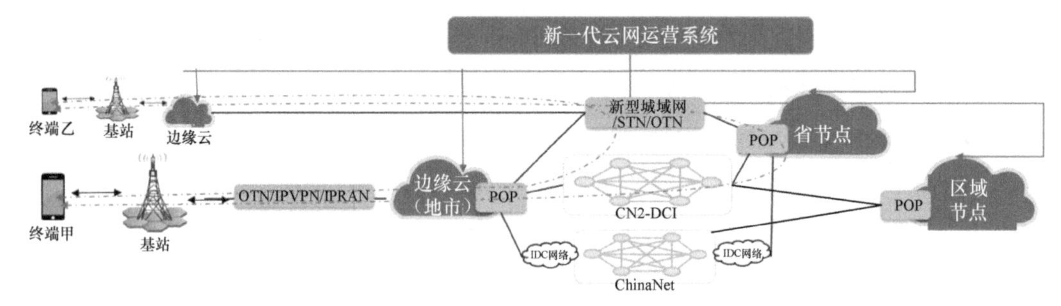

图 5-20　全场景视频算力网络

（5）提升视频业务 5G 无线接入能力

推进 5G 共建共享向广度和深度发展，推广 5G 定制网应用，完善打底网建设和推进网络提质，支持大视频应用发展，引入载波聚合（CA）/ 上行增强、R16、毫米波等新技术提升新型视频端到端业务体验。一方面，提升 5G 公网覆盖的广度和深度，夯实大视频应用 toC 业务承载能力。持续扩大 5G 覆盖范围，加快 5G 公网覆盖向农村延伸；提升 5G 深度覆盖水平，核心视频业务场景发挥 CA、300M 大带宽优势；重点关注 R16 超低时延、高可靠、高隔离、高精准等技术，开始部署 uRLLC，适时引入 MIMO 增强、移动性增强，为远程医疗、远程控制、实时互动、XR 游戏等视频业务提供支持。另一方面，打造云网边安一体化的 5G 定制网，差异化满足 toB 大视频业务需求。面向 toB 大视频应用业务，按需下沉部署 UPF、MEC、定制基站等网元，提供共享 / 独享 / 专享等模式，建设差异化、多样化 5G 定制网；当产业链和技术基本成熟时，按需部署超级上行、5G 毫米波等新技术，为 8K VR 现场直播、全息数字医疗、全息视频互动等高速视频业务提供支持。5G 定制网部署模式如图 5-21 所示。

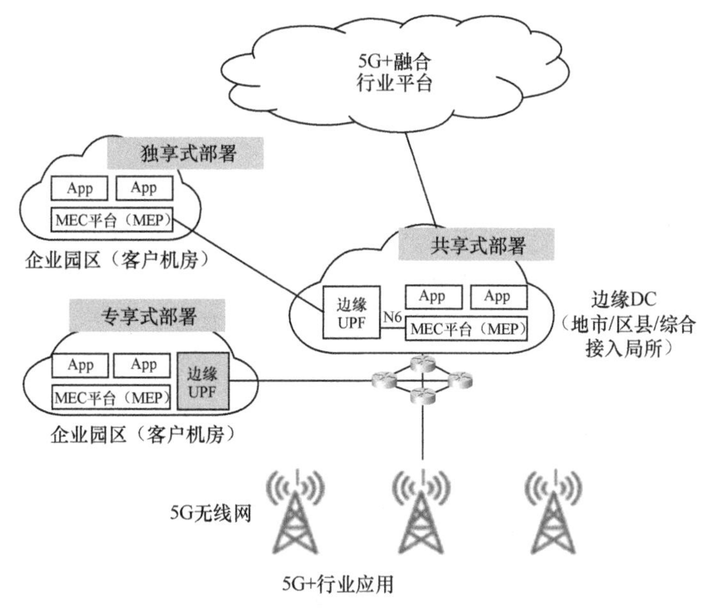

图 5-21 5G 定制网部署模式

（6）推进 5GC 网元和切片精准建设

结合视频业务的具体需求，5GC 网络开展精准建设。在 UPF/MEC 部署方面，对于普通视频业务，若省集中 UPF 及 MEC 无法满足需求，可开展论证 UPF 下沉到地市的可行性，对于专用类大带宽、低时延类视频业务，UPF/MEC 下沉到用户侧部署。在新技术应用方面，适时引入 5G LAN、双连接冗余传输等技术，提升对强交互、低时延、高可靠性视频业务的支撑能力。在 5G 切片部署方面，从视频业务类型、用户等维度，定制 5GC、承载网、无线端到端切片策略。5GC 网元切片部署方案如图 5-22 所示。

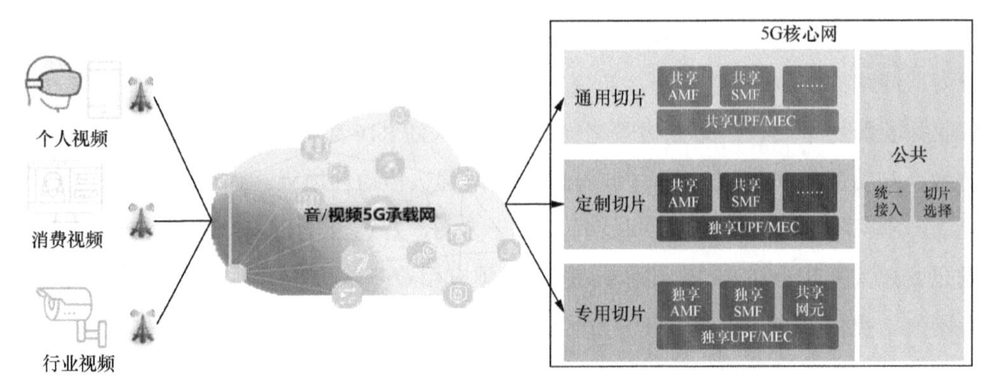

图 5-22　5GC 网元切片部署方案

5.3　数链网

数字经济进入数据资源驱动新时期，发展安全高效的数据流通技术，保障数据交易流通是经济社会数字化转型的必然要求。电信运营商应从网络、平台、管理等角度分析数据流通基础设施建设需求，依托要素升级和融合创新，培养合规、安全、高效的数据流通能力，并对外提供解决方案，促进各行业数据生产要素化，助力企业数字化转型。

5.3.1　概述

随着信息时代不断发展，数据已经成为国家重要战略性资源，数据规模呈现爆发式增长、海量式集聚态势。为适应数字经济发展，市场积极推动数据要素交易平台建设。虽然数字经济发展如火如荼，数据要素市场建设成本投入颇高，数据交易却显得较为冷清。数字经济发展和数据要素市场发展呈现“冰火两重天”的现象，原因来自多个方面，例如，数据权属界定的场景复杂、数据估值定价缺乏依据、数据要素市场流通规则尚不完善、数据流通技术仍不成熟等。

数据融合和数据流通是实现数据要素产生到价值释放的“枢纽”，是要素产业化的重要环节。为构建全国要素统一市场，实现数据在各市场主体间高效有序自由流通，产业界各方应积极研究建设“数联”基础设施，实现数据的跨域互联互通。数链网发展定位如图 5-23 所示。

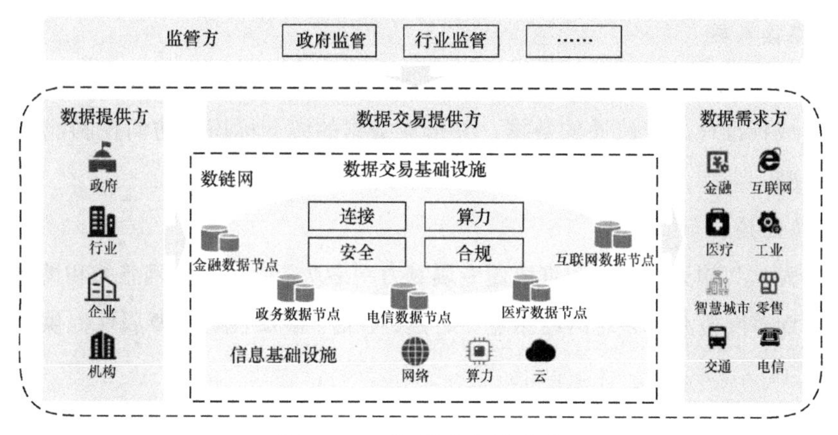

图 5-23　数链网发展定位

5.3.2　网络架构

5.3.2.1　功能架构

数链网总体功能架构可分为 7 层，涉及接入、网络、流通、业务、运营、安全、合规的端到端服务体系。数链网功能架构如图 5-24 所示。

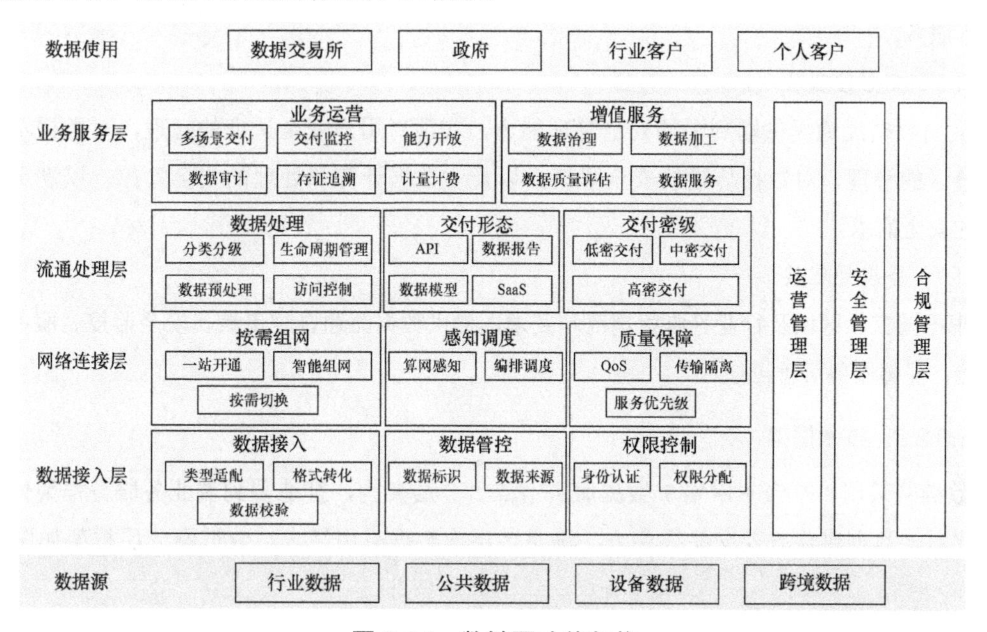

图 5-24　数链网功能架构

（1）数据接入层

面向跨行业数据接入需求，提供数据接入、数据管控、权限控制等功能，支持业界主流数据接入，形成标准化、可流通的数据，并形成数据的统一标识及访问控制能力，从而降低数据的接入门槛。

（2）网络连接层

提供“一站式”申请、开通数据流通专属算力网络功能，通过算网感知和编排调度能力，动态调配和规划算网资源，并对网络带宽、时延、QoS、隔离性等重要属性提供保障，确保数据流通的可靠性。

（3）流通处理层

针对用户多层次数据流通的需求，提供面向数据的多维度处理功能，并实现多形态、多密级、按需组合的数据交付功能，以及丰富的数据流通交付服务。

（4）业务服务层

面向用户提供多场景交付、交付监控、能力开放、数据审计、存证追溯、计量计费等业务服务，以及数据治理、数据加工、数据质量评估、数据服务等增值服务功能。

（5）运营管理层

面向用户提供数据流通业务全流程运营服务，包括业务进度及状态跟踪、日志查看、资源管理等服务。

（6）安全管理层

面向数据流通提供端到端的安全管理能力，实现对用户安全认证的管理，对数据及代码安全分区的管理，对数据传输的安全隔离，以及对数据计算和处理的安全管控，以满足不同层次的安全需求。

（7）合规管理层

根据国家、区域及行业等监管规范和要求，提供数据流通合规审核、安全监控、服务监管等功能，保障服务可管可控。

5.3.2.2 技术框架

数链网采用“平台 + 网络 + 数据服务节点”分层架构，打造端到端业务服务框架体系，标准化对接数据供需方及交易提供方，满足多层次数据应用需求。数链网分层框架如图 5-25 所示。

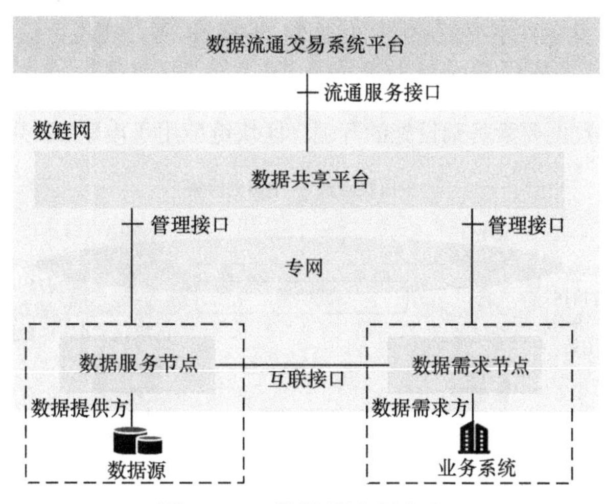

图 5-25　数链网分层框架

数据共享平台，提供数据接入管理、数据可信交付、专网调度、可靠传输、安全管控、开放监管等服务。

数链网专网，基于现有网络设施构建的数据共享虚拟专用网络，保证数据传输的安全性和服务质量。

数据服务节点，部署于数据提供方，实现数据源对接、数链网专网接入、数据安全计算等核心功能。

数据需求节点，部署于数据需求方，实现业务系统对接、数链网专网接入、可视化开发、数据安全计算等核心功能。

5.3.3　应用实践

数据是电信运营商的核心资产之一，如何盘活数据资源，赋能数字经济和实体产业，是电信运营商全面推进数字化转型，占领市场先机的关键因素之一。中国电信数链网是其推出的一种基于区块链技术的新型通信网络，它采用了“去中心化”、分布式的架构，可以实现数据的安全传输和存储，并确保数据的真实性和不易篡改性。同时，数链网还具有高效性、低成本、可扩展等特点，为企业和个人提供了更加安全可靠的通信服务，现已有多项实践成果。

5.3.3.1　电联 5G 共建共享

中国电信与中国联通于 2021 年完成电联 5G 共建共享业务调度平台，共建一条链、一个

BaaS 平台，为电联 5G 共建共享提供底层可信区块链基础服务，实现可信 5G 业务调度。电联 5G 共建共享是一次跨电信运营商的服务实践，推进中国电信“云网”与“链”深度融合，是构建新一代以“数”为核心的数据要素基础设施的开端。区块链应用于电联 5G 共建共享如图 5-26 所示。

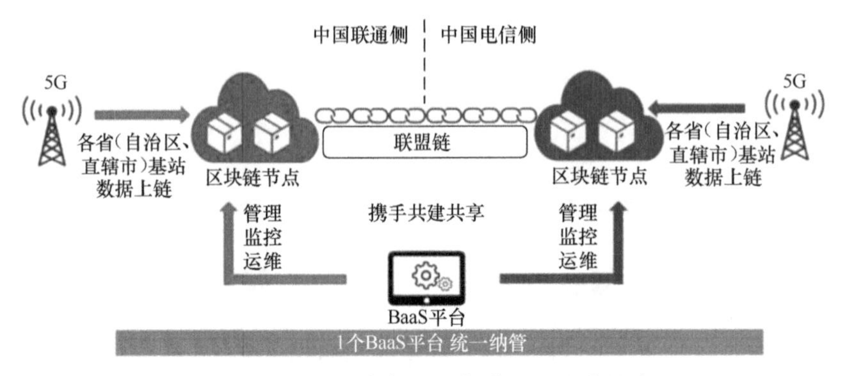

图 5-26　区块链应用于电联 5G 共建共享

2022 年，中国电信联合中国联通、中国铁塔三方组建区块链网络，构建可信结算环境，采用基于数据要素基础设施的标准化结算流程进行建设，依据电信运营商优质“云、网、算、数”资源打造安全、高效的数链网等数据要素基础设施，其他参与方可以采用标准化流程接入，实现结算高效对接和快速复制推广。基于数链网的电联 5G 共建共享数据融通如图 5-27 所示。

5.3.3.2　数信链网

为响应“东数西算”工程，中国电信联合隐私计算和可信硬件领域的企业合作建设面向电信运营商的数据融合与 AI 开放，打造数信链网产品。数信链网对于数据要素产业相关技术进行了持续关注和深入研究，专注于解决数据要素流通链条中的一系列核心问题，包括数据资产确权、数据隐私和安全、数据定价和交易、数据价值深度挖掘、基础设施自主可控等。三方以中国电信“云、网、算、数”一体化框架为基础，以数链网为承载，共同推进数据确权流通和隐私计算平台的建设。电信运营商数据交易流通系统架构如图 5-28 所示。数信

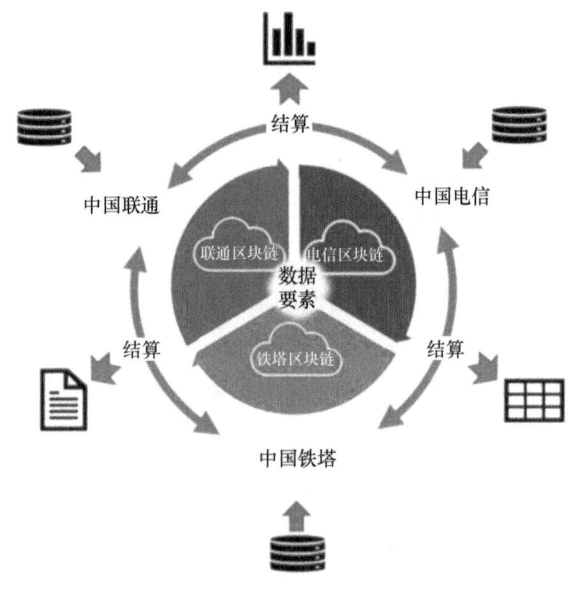

图 5-27　基于数链网的电联 5G 共建共享数据融通

链网平台架构如图 5-29 所示。

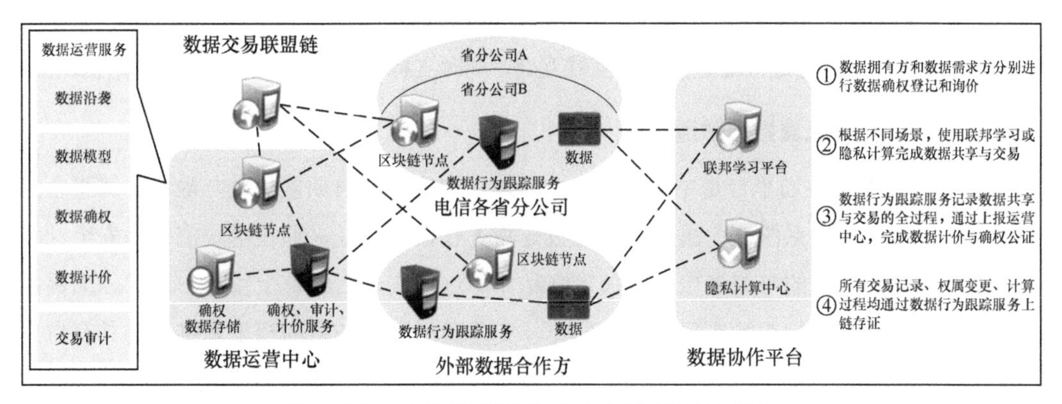

图 5-28　电信运营商数据交易流通系统架构

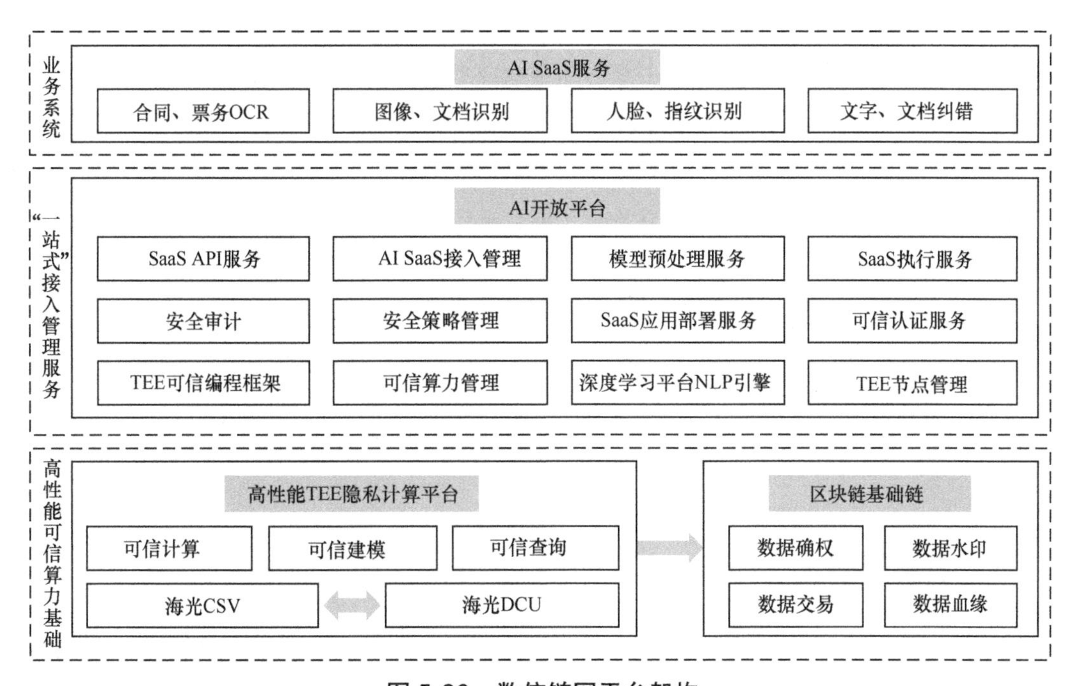

图 5-29　数信链网平台架构

在技术层面，数信链网融合了丰富的数据需求资源，构建了包含硬件、云平台、中间件、业务平台在内的完整合作伙伴生态，全面赋能电信运营商建设国家一体化大数据中心，具备了区块链结合隐私计算能力，无缝集成电信运营商区块链基础设施。落地了数据确权、存证、定价技术，可支撑数据资产运营。

在业务层面，中国电信建立集团内部各分公司之间的数据共享平台，已经在多个分公司实践。促进了各分公司之间的信息共享和协作，将数据共享模式从原本存在泄露风险的一事一议，优化为数据任务审批制，并通过数信链网实现互联互通，同时支持中国电信省分公司的数据输出业务。

5.3.3.3 大禹—天翼数据融通平台

大禹—天翼数据融通平台是中国电信自主研发的深度融合自研区块链与隐私计算平台的双引擎大型商用数据流通系统。大禹系统依托数链网进行数据交互，通过区块链驱动安全计算，使用智能合约实现服务的可信调度，对关键隐私计算过程实现指纹链上留存。同时，大禹系统可以对隐私计算节点执行逻辑实现智能合约化，实现多类应用场景的模型降维。其具有自主掌控、权威认证、安全合规、种类齐全、性能优异、平台互通的特点，主要服务于数据驱动的金融、互联网领域，以及拥有大量数据源和数据流通需求的政务领域。

中国电信基于大禹系统自研的“区块链 + 隐私计算”核心技术体系，以数链网作为数据融通承载，与苏州公安、多家银行联合开展苏州金融反诈平台系统研究。该项目充分利用平台多方安全计算和联邦学习算法，开发了多源数据联合反欺诈解决方案，构建数据可信、隐私保护、合法合规的底层数据合规融通平台，实现了黑灰名单同名核查、一人多卡、公安精准阻诈等各类金融防诈场景，解决反诈工作中存在数据不通、响应时间慢等问题，为银行、公安提供实时且高效的金融监管能力。

大禹—天翼数据融通平台是中国电信针对数据安全信任、数据跨域流通、数据隐私保护等痛点，以“隐私计算 + 区块链”双引擎为底层基座，依据“数据可用不可见”的原则，构建的安全隐私、高效通用、“去中心化”的数据流通合作基础设施。目前，该平台已在精准营销、多方安全数据分析、联合分析等场景下落地应用。

5.3.4 发展愿景

数字经济发展是推手，数据流通是刚需。当前数据要素价值潜力巨大，数据要素流通需求被大量激发，我国对数字技术和产业加强布局，推进数字化应用，推动数字政府、智慧城市、数字产业的建设，强化数据安全流通治理，抢抓数字经济发展机遇。电信运营商作为数字化转型的重要力量，应积极承担与深度参与大数据战略的落地与实践，其大数据的价值释放将极大促进我国大数据产业的发展。中国电信数链网的发展愿景是以云网融合为底座、区块链为信任基石、隐私计算为合规桥梁，基于“开放化、可信化、合规化、标准化”的原则，以“数据可用不可见、数据不动价值动”的方式打造结合云、网、数据资源的一体化服务能力，最终实现数据资源资产化、数据资产服务化、数据服务价值化。

5.4 AIoT

通过建设 AIoT，可以带动泛在智联的数字基础设施快速发展；通过建设 AIoT，可以赋能产业转型升级，推动经济社会高质量发展。数字基础设施的建设水平，正成为衡量国家核心竞争力的重要标志。

5.4.1 概述

在 2017 年 11 月 28 日举办的“万物智能•新纪元 AIoT 未来峰会”上，AIoT 这一概念首次被公开提出。AIoT 可以看作 AI 和 IoT 两种技术相互融合的产物，IoT 是异构、海量数据的来源，而 AI 用于大数据分析，其最终目标是实现万物数据化、万物智联化。在技术层面，AI 使 IoT 获取感知与识别能力、IoT 为 AI 提供训练算法的依据；在商业层面，二者共同作用于实体经济，促进产业升级、体验优化。

与以人为中心的互联网不同，AIoT 是把电子、通信、计算机、人工智能四大领域的技术融合的新型网络。AIoT 在互联网连接的基础上进一步拓展，实现人与人、人与物、物与物，以及人与环境的广泛互联，从而将传统“互联网”和“物联网”的连接范围和连接方式提升为“人机物”3 类异构主体的连接共生和深度融合。

要实现“人机物”3 类异构主体的连接共生和深度融合，需要构建基于云、边、端融合的 AIoT 体系架构，推动网络、算力、云、AI、安全等多要素集成，从而促进 AIoT 在智能制造、智慧安防、智能家居、智慧农业、智慧城市、智慧交通、智慧医疗等领域的应用发展。

5.4.2 发展历程

对于物联网未来的发展方向和目标，业界提出了“万物智联”这一愿景。但是就目前阶段来看，物联网仅仅实现了物物联网，而要实现真正的“万物智联”，还需要赋予物联网一个“大脑”——AI。利用 AI 技术，物联网通过对历史数据和实时数据的深度学习，能够更准确地判断用户习惯，使设备做出符合用户预期的行为，从而提升用户体验。另外，需要分析处理物联网产生的庞杂数据，而 AI 技术恰恰是信息有效处理的最佳选择，它可以使智能设备更理解用户意图。同时，IoT 提供的海量数据可以让 AI 快速地获取知识。与 AI 技术的融合，能够为物联网带来更广阔的市场前景。

回顾物联网的发展历程，其发展经历了从机器联网到物物联网，再到人、流程、数据的万物联网。展望未来 AIoT 技术发展历程可以分为单机智能、互联智能、主动智能 3 个阶段。

（1）单机智能阶段

在单机智能阶段，设备与设备之间没有联系，智能设备需要等待用户发起交互需求。在这种情境下，智能单机需要精确感知、识别、理解用户的各类指令，例如语音、手势等，并正确决策、执行和反馈。

无法互联互通的智能单机，只能是一个个数据和服务的“孤岛”，远远满足不了人们智能化使用需求。要使智能化场景的体验不断升级、优化，先要打破智能单机的“孤岛”效应。

（2）互联智能阶段

互联智能场景本质上是指一个互联互通的设备矩阵，采用“一个大脑（云或者中控），多个终端（感知器）”的模式。

以实际生活为例，当用户在卧室里对空调说“关闭客厅的窗帘”时，由于卧室的空调和客厅的智能音箱的中控系统是相连的，因此它们之间可以互相协商和决策，进而由客厅的智能音箱发出控制指令，客厅窗帘关闭；又或者当用户晚上在卧室对着空调说出“睡眠模式”时，不仅空调可以自动调节到适宜睡眠的温度，客厅的电视、音箱，以及窗帘、灯等设备都会关闭。在互联智能阶段，智能设备之间相互连接，任何智能设备都可以帮助用户执行相应的指令。

（3）主动智能阶段

在主动智能阶段，智能设备可以根据用户的行为偏好、用户画像、环境等信息，随时待命，其具有自学习、自适应、自提高能力，能够主动提供适用于用户的服务，而不用等待用户提出需求。与互联智能阶段相比，主动智能阶段真正实现了 AIoT 的智能化和自动化，能够极大地改变人们的生活。

5.4.3 应用场景

（1）工业场景

在大规模工业生产过程中，工业物联网作为工业领域推动自动化与信息化建设的重要突破口，可以通过物联网感知终端实时采集大量、复杂的机器数据，并基于数据提升对设备的监控管理以及后续服务，提高设备的自适应和主动智能能力，还可以有效提升生产质量和生产效率，为定制化、柔性生产、生产线数字化转型奠定基础。

目前，AIoT在工业场景中多以单点应用的形式出现，可以实现与机器预测、数据处理相关的功能，以及智能工业机器人、工业视觉检测、感知识别与定位等应用。

具体来看，AIoT在工业场景的应用主要体现在以下5个方面。

① 数字化排产：在数字工厂中，AIoT可以监测、采集工厂生产中的物料数据、生产时间数据等，借助数字孪生技术对工厂的生产流程进行建模、仿真与分析，然后生成最优的排产计划。

② 供应链优化：AIoT可以使原材料采购、销售具有可预测性，能够优化供应链选品、库存管理、调拨、补货的决策。

③ 设备管理：AIoT可以提供强大、高效、可视化的批量管理设备功能，管理的设备范围涉及传感器、微控制器、路由设备、通信网关等。

④ 预测性维护：AIoT可以通过安装在实体工业设备上的传感器采集数据，然后通过仿真手段预测工业设备未来的运行情况，从而采取预防性维护，降低宕机风险，缩短停机时间。

⑤ 工业视觉：AIoT可以基于机器视觉和AI技术，对设备的关键运行参数进行建模，从而实现工业视觉的检测、识别、定位。

（2）智慧安防

AIoT助力的智慧安防在居家保全、消防、独居老人安全或宠物照料等方面具有更大的价值。除了加强音控功能，AIoT还可以整合影音同步，升级安防设备。在智慧防灾领域，AIoT也有非常大的用武之地，近年来政府力推智慧防灾，广泛推广智慧应用，建设中控平台及无线传输与存储等设施，智慧安防结合AIoT技术可监看河川、水坝及桥梁，或者预警泥石流。

就目前的安防领域来看，视频监控是AIoT应用的主场，以人脸识别技术为主的AI技术发挥了较大作用，可以大幅提升识别的准确率。由于各大厂商致力于将AI与IoT技术进行结合，人脸识别布控系统可以通过关键场所布置联网的人脸识别监控前端，采集视频与人脸数据，与不同的人脸信息库实时对比，锁定在逃、涉案、黑名单人员，帮助公安部门布控嫌疑人。此外，多个地区搜集的人脸信息可以用于绘制嫌疑人的人脸轨迹，从而分析、预测其动向。除了人脸信息，该项技术还可以用于收集与分析人体数据、车辆数据、环境数据。

（3）智能家居

智能家居将家中的各种设备通过物联网技术连接到一起，并提供多种控制功能和监测手段。与普通家居相比，智能家居不仅具有传统的居住功能，并且兼具网络通信、信息家电、设备自动化等功能，提供全方位的信息交互，甚至可以节省一部分能源费用。

目前的智能家居是通过局域网将家庭内部的智能设备连接起来的，实现一些自动化控制功能。AIoT 将赋予智能家居真正的智能，加快设备创新速度。在未来，智能家居行业将会出现以下变化。

① 设备追求实用性：随着 AIoT 在家居领域的逐渐落地成熟，消费者会更加追求设备的实用性。

② 智能设备种类增多：在未来，智能音箱、智能面板、智能锁等控制载体，可以具备入口、平台、终端属性。

③ 向全场景智能发展：经过几年的市场落地推广，我国智能家居消费者对于全屋智能的接受度逐步提升。

智能家居可以通过温度感知、视觉识别等技术进行数据采集，基于大量设备 AIoT 化，底层与云端实现互联，并在用户数据大量沉淀的基础上，开展大数据分析，构建人物画像，最终实现主动智能。

（4）其他领域

① 智慧农业。AI 用于创建智能系统，可以根据天气条件、用水量、温度和农作物 / 土壤条件调整参数，对来自传感器的数据进行分析，在农作物选择、施肥、灌溉和害虫防治方面做出最佳决策。辅以 AI 的计算机视觉将被用于监控农作物，识别问题区域并在必要时发出警报。

② 智慧城市。AIoT 通过收集和分析来自传感器和物联网设备的大量数据，并提取用于实时调整的信息，可以维护城市基础设施并改善社区公共服务，创造城市精细化新模式。AIoT 依托智能传感器、通信模组、数据处理平台等，以云平台、智能硬件和移动应用等为核心产品，将庞杂的城市管理系统降维成多个垂直模块，为人与城市基础设施、城市服务管理等建立起紧密联系。借助 AIoT 的强大能力，真正赋予城市智能。智慧城市将对现有的政务服务、智慧警务、智慧医疗、智慧教育、智慧交通等采取统一的智慧化管理，让这些细分领域融入智慧城市的系统中。

③ 智慧交通。AIoT 通过视频图像分析交通的拥堵状态以及车流量、人流量等，在数据分

析的基础上叠加红绿灯等实际手段，优化城市交通路径，改善交通拥堵状况。此外，通过车 / 路 / 边的配合，AIoT 有望融入无人驾驶系统。

④ 智慧营销。人工智能和预测性分析可以收集和分析大量数据，零售商可以使用这些信息进行预测，并做出准确的、基于数据的业务决策。AIoT 可以使用消费者信息、人口统计数据和行为分析，为消费者提供个性化推荐，并改善商店运营、产品放置策略、消费者服务和整体消费者体验。

⑤ 智慧医疗。医疗保健中的 AIoT 可用于多种应用，例如通过分析成像数据来检测和诊断疾病、通过传感器远程监控患者情况并在发现异常时拨打急救电话、通过分析电子病历来预测患者的疾病风险和药物效果。此外，机器人手术系统可以执行或协助完成非常复杂和高精度的手术。

⑥ 智慧物流。AIoT 可应用于监控物流车队，提供预测性维护。AIoT 还可以通过实时导航帮助物流车队运营商降低燃料成本、关注车辆维护并识别驾驶员的危险行为。

⑦ 智慧园区。AIoT 能够智能化管理社区档案、安全防控、轨迹定位、智慧物业和出入控制等。

5.4.4　体系架构

AIoT 体系架构不仅需要考虑传统物联网的技术模型，还需要解决融入 AI 后如何及时处理海量数据，进行语义理解、人机交互和智能控制等问题，将催生新的从边缘到云的混合计算服务。

基于云的海量处理能力，人工智能适合放在云端处理，但可能会增加时延。因此，为了适配不同应用对实时性和精确性的需求，同时平衡 AI 在各级网络层的部署，AIoT 可以采用基于云、边、端融合的体系架构。在云、边、端融合的 AIoT 体系架构中，当实时响应和低时延是关键因素时，主要依靠更靠近用户的边缘计算架构；当计算决策的精确性是关键因素时，主要依靠云服务器。通过 AI 在混合计算架构中的逐层布局，可以解决云计算所带来的规模经济与在边缘引入 AI 处理能力的性能需求之间的矛盾。

基于云、边、端融合的 AIoT 体系架构，通常包括物理感知层（端）、网络连接层（管）、边缘计算层（边）、云化平台层（云）和集成应用层（用），AIoT 体系架构示意如图 5-30 所示。

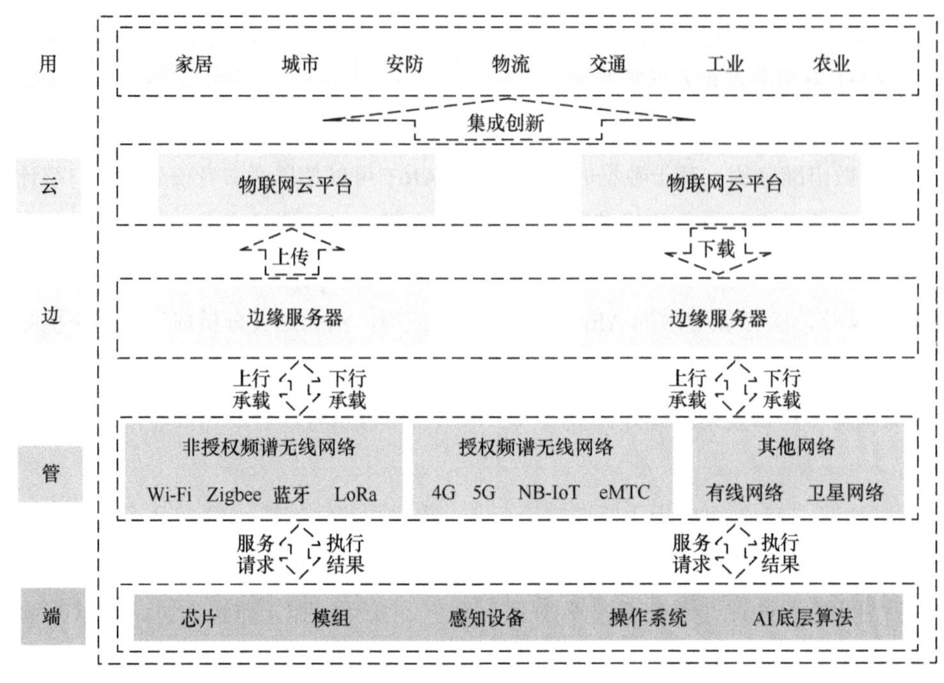

图 5-30　AIoT 体系架构示意

（1）物理感知层（端）

“端”是指物联网终端，主要包括芯片、模组、感知设备、操作系统、AI 底层算法等。“端”是整个 AIoT 体系架构中的“神经末梢”，承担着底层数据采集、信息传输，以及提供基础算力、算法等能力。

（2）网络连接层（管）

“管”主要指AIoT产业链中负责连接的网络，承担着将终端设备、边缘、云端连接起来的职责。随着 AIoT 产业发展，物联网设备数量快速增加，设备种类、设备应用场景日益丰富，更灵活的无线网络连接能力将是市场的必然选择。大物联时代带来庞大的连接数量和复杂设备现场环境，使有线连接“捉襟见肘”，因此在 AIoT 应用场景中，网络连接将逐步以无线连接方式为主。

（3）边缘计算层（边）

“边”是相对于“中心”的概念，是指贴近数据源头的区域。边缘智能是指将智能处理能力下沉至更贴近数据源头的网络边缘侧，就近提供智能化服务，从而满足当前市场对实时性、隐私性、节省带宽等方面的需求。

边缘计算层是 IoT 和云平台的中间件，用以扩展终端的计算和存储能力，其主要功能包括

数据 / 服务缓存、分布式数据处理和协同、分布式 AI 算法部署和计算、智能决策支持、负载均衡、安全和隐私保护等。

面对分散的、碎片化的物联网场景，云计算服务能力的短板逐渐显现，更靠近数据源的边缘计算不仅能提供低时延、高可靠服务，还能保证数据安全、处理实时性。伴随 AI 赋能物联网领域应用的发展，边缘计算也在不断下沉到业务场景、物联网设备周边，AI 与边缘计算的结合使每个边缘计算的节点都具备计算和决策的能力，这让边缘计算更加智能，更注重与产业应用结合的边缘智能应运而生，并成为 AIoT 的重要一环，有效地缩短了边缘设备与云端之间的距离，但边缘智能作用的发挥离不开边缘智能硬件与边缘智能软件的支持。

（4）云化平台层（云）

“云”主要指物联网相关的云化能力平台，包括物联网平台、AI 平台和以大数据、网络安全、区块链为代表的其他能力平台，具有对海量数据的计算、存储和带宽能力，能够辅助 IoT 和边缘智能进行海量数据存储、深度学习、复杂计算、集中控制和决策等，是挖掘 AIoT 数据价值、创造增值服务的核心模块。

物联网云平台是一种用于构建和管理物联网解决方案的数字平台，是连接感知层和应用层的中间层，向下从设备侧汇集数据，向上对各个应用领域赋能。物联网云平台的延展性很强，上下延伸到 IaaS 和 SaaS 两个应用领域。物联网平台与云计算结合，形成更具柔性的服务能力，可以渗透到更广泛的市场环境中，满足更多场景的需求。

（5）集成应用层（用）

“用”指的是 AIoT 产业应用行业。从核心驱动要素来看，可分为消费驱动型、政府驱动型和产业驱动型行业。

5.4.5 应用方案

（1）建筑人居领域

在人居场景应用中，AIoT 更多是实现系统自动学习人的习惯，适应人的喜好调整其工作和居住环境。该场景下的逻辑框架主要分为感知层、平台层与智能系统层。通过在室内和室外环境中配备智能设备，并配以智能系统，以人与设备、设备与平台、平台与人的交互方式实现从环境感知、用户行为分析、场景辅助决策到自主联动场景的状态。场景的最终联动不能依靠单个智能系统或割裂的智能设备来完成，因此系统与解决方案将发挥重要作用，通过打包智能单品与系统面向 toB 与 toC 布控，最终帮助用户改善环境，提升居住体验。AIoT 在建筑人居领域应用逻辑框架如图 5-31 所示。

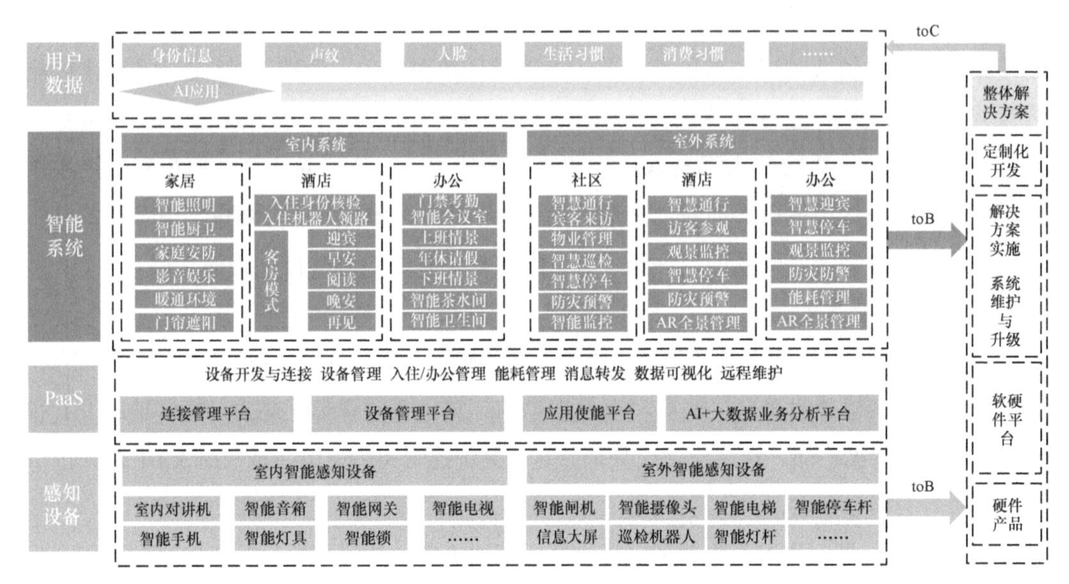

图 5-31　AIoT 在建筑人居领域应用逻辑框架

（2）工业物联网领域

工业领域物端包括即时采集数据的传感器，还包括执行指令的机器人等执行器。工业物联网操作系统与应用层工业软件和 SaaS 应用，被认为是工业制造的“大脑”和“神经”，既承担分析决策任务，还需要控制物端自动化设备，其核心能力有两点，一是与多样性的连接协议、应用系统互通，实现协同；二是开放扩展的服务架构，通过模块化应用增强灵活性和定制功能。AIoT 通过工业物联网平台整体输出会带来更明显的智能体验，包括对工业物联网的传感器感知赋能、优化 OS 与软件层分析决策能力，以及为自动化设备的执行提供控制能力。AIoT 在工业物联网领域应用逻辑框架如图 5-32 所示。

（3）智慧城市领域

AIoT 为智慧城市增添了智能终端感知和分析能力，将城市中数量众多、种类多样的公共设施和设备转化为信息采集、分析处理、优化控制的终端，为多部门系统的城市级中台系统提供应用落地和控制管理途径，提升城市精细化管理的效率。AIoT 在智慧城市领域应用逻辑框架如图 5-33 所示。

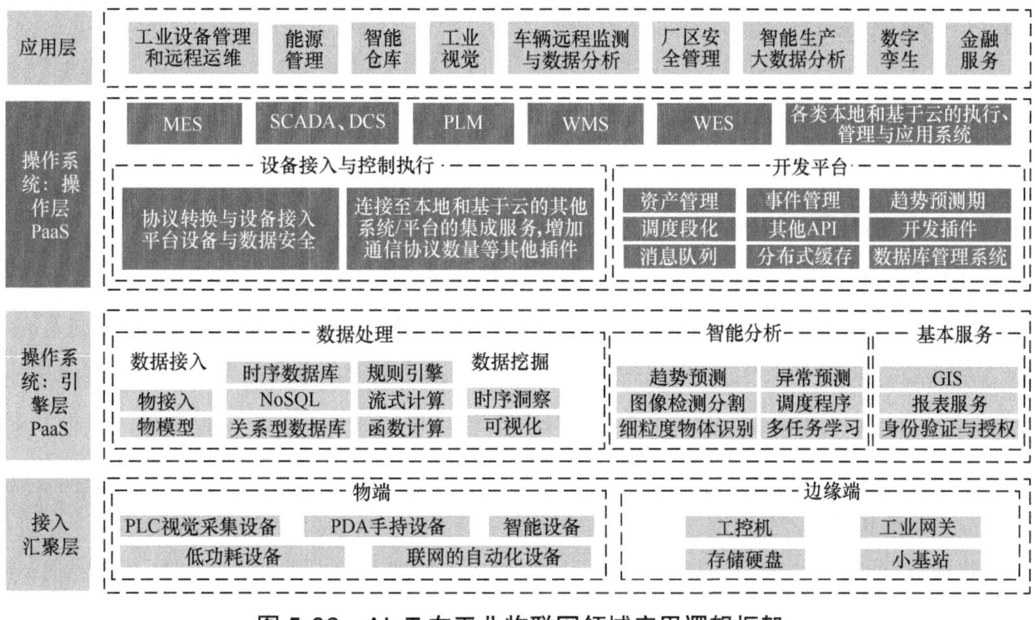

图 5-32　AIoT 在工业物联网领域应用逻辑框架

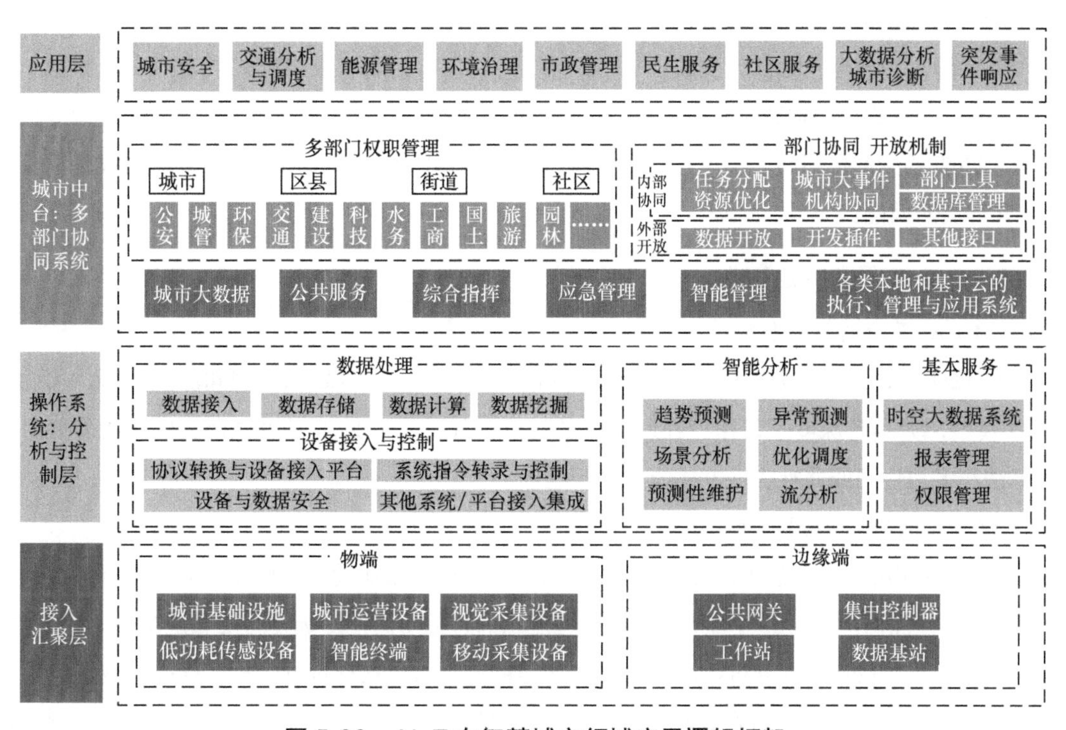

图 5-33　AIoT 在智慧城市领域应用逻辑框架

5.4.6 发展展望

整体来看，AIoT 相关研究目前尚处于起步阶段，存在大量的开放性问题，有待进一步研究和探索。

5.4.6.1 体系架构和标准化

（1）云、边、端融合 AIoT 架构

云、边、端融合 AIoT 架构能够兼顾传统 IoT 的泛在感知和处理特性，也能解决加入 AI 之后对存储与算力的要求。然而，如何实现基于内容的动态部署；如何改进现有的计算框架使之更好地处理异构和关系稀疏型 AIoT 任务，实现弹性可伸缩管理；如何确保数据一致性、降低新架构带来的额外管理能耗；如何实现成本分摊和利益均衡等，是需要重点关注的问题。

（2）标准化建设

统一的行业标准、统一的规范和协议是推动技术发展和应用落地的关键环节。然而 AIoT 的两大核心技术 AI 和 IoT 本身的标准化工作仍不十分完善。作为融合产物，AIoT 的标准化工作面临诸多问题和挑战。

需要解决的问题包括：如何统一 AIoT 涉及的概念、内涵和应用模式；如何实现数据和应用的跨平台互操作；如何建立评估 AIoT 解决方案的分类标准；如何正确评价 AIoT 的智能化水准等。AIoT 的标准化问题，不单是技术问题，还涉及伦理道德和法律法规等，这些都是需要逐步研究解决的问题。

5.4.6.2 部署和实施策略

（1）AI 算法的拆解和集成

AI 算法需要大量算力支撑，构建基于 AI 的智能终端、实施数据处理和深度分析，需要研究 AI 模型，尤其是深度学习模型在边缘侧的拆解和简化。若采用云边混合架构，还需要研究 AI 算法在多边协同或并行实现方式的集成问题。

（2）AI 技术与应用场景的适配

AIoT 可应用于智慧工业、智慧农业、城市、人居等不同场景，由 AI 帮助实现智能控制、学习和交互。然而，不同应用场景、不同问题追求的目标不同，应选择与之相匹配的 AI 技术。

偏好学习、用户黏性分析、业务行为预测等需要对历史数据进行分析和挖掘的场景，适合使用机器学习算法；自然语言处理需要大规模前期训练，适合强化学习或深度学习，例如，卷积神经网络、递归神经网络或基于神经网络的深度学习算法等；身份识别和认证适合使用生物认证方式，在智能终端上搭载生物识别模块。未来，不仅需要关注 AI 技术本身的发展，也需要依据 AIoT 应用场景的需求、目标和技术框架特点选择合适的 AI 算法。

（3）复杂事件处理与协同

AIoT 构建的网络信息系统，一方面，其泛在性和复杂性已远远超过传统互联网，大规模异质网元接入、异构网络的动态不稳定性、底层资源受限、海量数据交换、无集中式中心控制结构等问题极大增加了事件处理的难度；另一方面，多层次异质网元之间存在连接和交互需求，异源数据也存在聚合和整体分析需求，使得 AIoT 事件处理还需要关注资源和服务协同问题。

（4）高效跨域资源调度策略

引入 AI 方法设计动态资源管理策略，可提高 IoT 系统的工作效率，降低资源成本和能耗，但同时也增加了算法设计的复杂性并需要提供智能负载平衡，以及分布式和自组织操作。大多数现有资源调度方案不适用于 AIoT 系统，因此，提出针对 AIoT 特点的高性能跨域跨层统一资源调度策略是 AIoT 系统高效运作的关键。

（5）原型和应用系统开发

目前，AIoT 模型和平台还比较匮乏。为了更好地检测 AIoT 模型和策略的有效性，从而最终实现大规模应用，需要研究原型和开发应用系统。

5.4.6.3 安全和隐私保护

（1）AIoT 安全模型

一方面，随着物联网的普及，少量未经严格认证、存在安全隐患的设备加入网络，这威胁到其他联网设备的安全。安全和可靠性认证是限制 IoT 发挥优势的两大问题，也是 IoT 领域需长期关注的重点问题。同时，AIoT 在传统 IoT 中融入了 AI 技术，使得数据聚合和语义理解成为可能，这些经过加工处理后凸显价值的数据如果被非法使用，将对安全和隐私带来巨大威胁。

另一方面，AIoT 属于异构多层次融合的多元复杂体系，不同结构层面的安全性需相互拟合，互相促进，使得 AIoT 中的有效安全防护及可靠性认证工作比传统 IoT 更加复杂。因此，亟须研究如何升级传统安全模型以适应 AIoT 应用，研究 AIoT 从感知层到应用层的各级安全防护机制，构建统一的安全体系架构。

（2）跨域信任认证和管理

AIoT 的底层架构在泛在感知的物联网环境上，其高度分散、随机加入 / 退出的特性和分布式环境导致传统集中式信任认证很难实现。因此，需研究分布式“去中心”信任管理以提升 AIoT 交互的可靠性，同时研究如何进行跨域和跨组织认证以提高云边和多边协同的安全性。

5.4.6.4 高层次应用

（1）异构网络融合和数据聚合

AIoT 系统整合了不同类型的网络（无线传感器网络、边缘服务器、雾服务器和集中式云服务器等），而不同类型的网络存在不同的特点和约束（数据传输速率、能量消费、服务质量等），需要研究有效的异网融合方案，以保证当任务卸载及跨网、跨层协作时的质量稳定。此外，由于 AIoT 在不同应用场景中落地，不同层面的感知设备必然产生异源异构数据，亟须研究如何提取和准确理解这些异源异构数据语义，进一步实现数据聚合，以挖掘数据价值，实现 AIoT 高层次应用。

（2）智能数据采集、清洗、处理和挖掘

目前，大数据处理技术的研究主要面向应用层数据，而物联网中绝大部分数据产生于边缘网络，这些来自终端或边缘网络的数据往往呈现异构粗糙、噪声多、数据联系稀疏等特点，使得数据的加工处理异常困难。与此同时，终端应用通常对数据处理的实时性要求又比较高，导致现有技术很难满足 AIoT 应用的数据处理要求。因此应将 AIoT 数据处理研究的重心放在底层数据处理技术上（例如感知层的数据处理技术），从而保障 IoT 信息感知、采集、分析和处理的及时、准确和高效。

（3）智能决策的可解释性

AI 扩大了 IoT 的领域，提升了 IoT 的应用层次。然而基于 AI 的智慧决策，需要向用户证明其有效性和合理性。在 AI 与 IoT 融合之后，AIoT 在具体应用落地时，更需要结合实际应用场景，有针对性地向目标用户解释决策的合理性。

（4）数据和服务增值

基于 AI 的数据处理和挖掘，AIoT 将赋能实际应用，并产生附加价值，例如获得服务偏好、个性化行为特点、领域的发展趋势等，帮助服务提供商开发出新的增值业务。

（5）AIoT 新应用领域

AIoT 目前已在多个领域实现落地，包括工业、农业、交通和智慧城市等，未来将进一步渗透到社会生活的其他领域。研究者可关注 AIoT 的新应用领域，并解决落地时的技术问题。

AIoT 涉及信息处理、人工智能、物联网、雾计算、边缘计算、云计算等诸多技术，是多学科交叉融合的产物，目前已广泛应用在智慧城市、智能家居、智慧医疗、智能交通、智慧制造等多个场景，是 IT 领域极富应用前景的新兴领域。然而，AIoT 的发展仍处于初级阶段，面临诸多问题和挑战，例如，体系架构、安全和信任管理、异构数据融合处理、异构网络融合、复杂事件处理协同等。然而，随着来自工业界和学术界的广泛关注、参与和支持，相信在不远的将来，AIoT 领域必将诞生具有较强创新性和影响力的标志性成果、创新性应用模式和相关技术解决方案等，推动 AIoT 不断走向成熟。

5.5 5G 定制网

5G 万物智联时代，各行各业数字化转型升级持续加速。行业间的业务场景信息化需求具有明显的差异化特征，亟需 5G 定制网来满足安全隔离、低时延、云网融合等不同层面的行业数字化转型的信息基础设施需求。5G 专网（中国电信称之为 5G 定制网）不仅是一张通信网络，更是一种融合云、网、数、智、安、DC、绿色、算力、区块链等多要素的全面定制的综合解决方案，通过推动多要素协同布局与融合创新，为各行各业数字化转型升级赋能。

5.5.1 概述

（1）5G 规模部署构筑 5G 定制网能力

2020 年以来，全球多国抢占 5G 制高点，加速推进基础设施建设，我国在 5G 建设方面已经走到世界前列。工业和信息化部统计数据显示，我国 5G 基站以每周 1 万多个的数量在增长。目前，我国已建成全球最大的 5G 网络，独立组网模式的 5G 网络已覆盖全国所有地市。

我国 5G 基础设施逐步完善，5G 网络能力快速提升，各行各业都在深度挖掘 5G 红利，推进 5G 行业应用创新方案落地，为 5G 定制网的建设和发展奠定了基础，助力各行各业数字化转型进程。

（2）行业应用需求助推5G定制网发展

垂直行业是5G的应用主场。从目前情况来看，我国垂直行业的5G应用已经开始快速起跑。虽然目前5G行业应用多为示范项目，但应用场景正在不断丰富，随着远程办公、智慧医疗、智慧教育、4K直播等应用上线，为5G在垂直行业中的应用积累了宝贵经验。5G应用在医疗、防控、应急、物流等领域的重要性被充分验证，也为相关应用的大规模普及拉开了序幕。

行业应用不同于个人应用，具有多样性和差异性，不同行业不同应用的业务模型对可靠性及安全性要求往往差异巨大，电信运营商需要真正适合行业需求的5G定制网为各行各业提供服务，才能实现5G赋能行业变革。

（3）政策驱动为5G定制网发展保驾护航

国际上，以德国、日本为代表的部分国家积极推广“5G专频专网”，政府已为垂直行业应用分配了5G专用频率，主要集中在Sub-6G的3～4GHz、毫米波的24～30GHz频段。德国选择优先发展“5G专频专网”，其建设方案优先级主要是：独立部署>与公网部分共享>与公网完全共享。

我国提出加快新型基础设施建设，加强战略布局，加快建设高速泛在、天地一体、云网融合、智能敏捷、绿色低碳、安全可控的智能化综合性数字信息基础设施，打通经济社会发展的信息“大动脉”。近年来，国务院、工业和信息化部、国家发展和改革委员会等部委陆续发布ICT行业“十四五”相关规划和行动计划，绝大部分文件提到了5G定制网。其中，《新型信息基础设施强基赋能工程实施方案》明确提出：到2023年，打造100个千兆行业虚拟专网标杆工程，建成超过3000个5G行业虚拟专网；《“十四五”信息通信行业发展规划》明确提出：截至2025年年底，打造一批“5G＋工业互联网”标杆，5G虚拟专网数达到5000个。

5.5.2 发展历程

（1）无线专网进入5G时代

无线专网技术的发展历经模拟集群、窄带数字集群、宽带集群等阶段，纵观无线专网几十年的发展历程，模拟集群阶段主要诞生了北美APCO16和欧洲MPT-1327，窄带数字集群阶段的 APCO25、iDEN、TETRA、DMR、GoTa 和 GT800 等多家竞争，宽带集群阶段 MCPTT 和 B-TrunC 引领市场主流。自 3GPP 2020 年发布 R16 以来，无线专网技术正式进入 5G 定制网时代。无线专网技术体制的发展如图 5-34 所示。

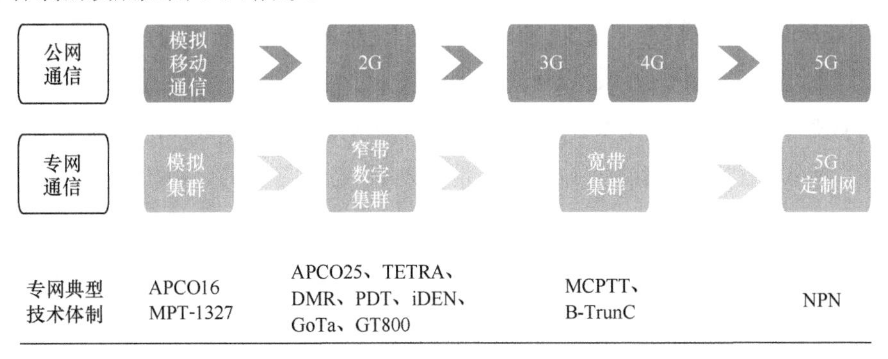

图 5-34　无线专网技术体制的发展

5G 定制网提供 eMBB、uRLLC 和 mMTC 等更丰富的场景，端到端网络切片支持垂直行业差异化服务，可实现灵活编排的业务定制能力，结合边缘计算、5G LAN、TSN 等先进技术构筑连接、控制、融合的智慧社会基础。

（2）5G 定制网标准化进程

5G 标准化是从 3GPP R15 开始的。R15 阶段，3GPP 定义的蜂窝网络技术规范主要针对公众网络，在 R16 阶段，重点对垂直行业应用的标准化开展研究。3GPP TS 23.501 V16 等系列规范及研究报告首次在 5G 系统架构上定义了非公共网络架构，即 5G 定制网，系统分析了垂直行业的通信业务需求、安全增强等关键问题。

5G NPN 通过 SNPN 和 PNI-NPN 两种部署模式为垂直行业提供与 PLMN 隔离的 5G 基础网络，并通过与 PLMN 的互相访问，构建了在一张专网上满足多种应用网络需求的基础网络。

5G NPN 可以单独部署，也可以与 5G LAN、5G TSN 组合应用，在园区类场景下，以一张网络满足不同应用的组网和性能要求，实现网络和业务的融合，结合网络切片、MEC，将能够进一步满足垂直行业应用对云网融合的需求。

目前，3GPP 对 5G 定制网的标准化还处于初期阶段，对 5G 定制网的安全增强、信道建模、SNPN 与 PLMN 互通等部分内容将在 R17 和后续版本中进一步规范。

5.5.3 网络架构

5.5.3.1 5G 定制网架构

5G NPN就是基于3GPP 5G系统架构的专用网络，它将5G扩展到传统的公共移动网络之外，对于垂直行业数字化转型至关重要。5G NPN 主要有 SNPN 和 PNI-NPN 两种部署模式，其中，SNPN 与 5G 公网独立部署，由电信运营商、企业或相关组织等运营，PNI-NPN 是在 5G 公网支持下部署的非公共网络，由电信运营商运营和维护。

在 5G MOCN 共享架构中，NPN 和 5G 公网可以共享 NG-RAN，即 NG-RAN 可以由 5G 公网、PNI-NPN 和 SNPN 的任意组合共享，其中要求 PNI-NPN 部署 CAG 网关。5G MOCN 共享架构如图 5-35 所示。

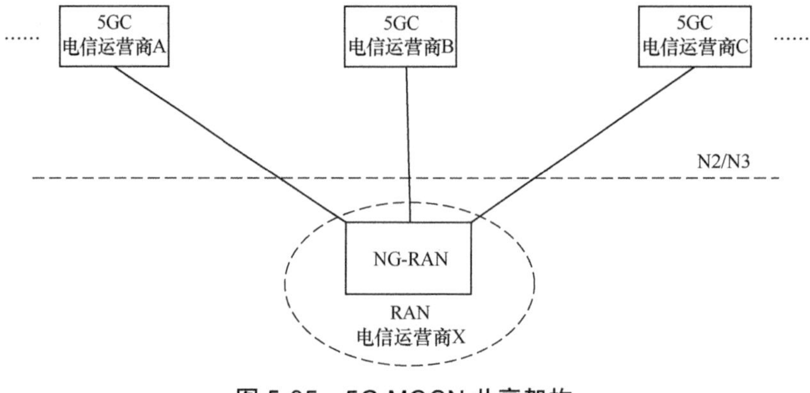

图 5-35　5G MOCN 共享架构

（1）SNPN

SNPN 模式采用 5GS 架构，在该模式下，垂直行业独立部署从无线网、核心网到云平台的整个 5G 端到端网络。SNPN 由 PLMN ID 和 NID 唯一确定，签约了某一 SNPN 业务的用户会配置相应信息，存储在终端和核心网侧。在网络侧，基站广播网络支持NID和相应的PLMN ID信息，核心网根据用户的签约信息对用户的身份进行认证；在终端侧，签约用户需要配置 SNPN 接入模式，根据自己的签约信息选择可接入的 SNPN 小区，未配置为 SNPN 接入模式的用户只能接入 5G 公网。

SNPN 不支持与 EPS 互通，不支持 SNPN 之间的漫游和 SNPN 之间、SNPN 与公网或 PNI-NPN 之间的切换。用户可以基于 N3IWF（非 3GPP 互通功能），通过 SNPN 接入 5G 公网业务或通过 5G 公网接入 NPN 业务。SNPN 采用 5GS 架构如图 5-36 所示。

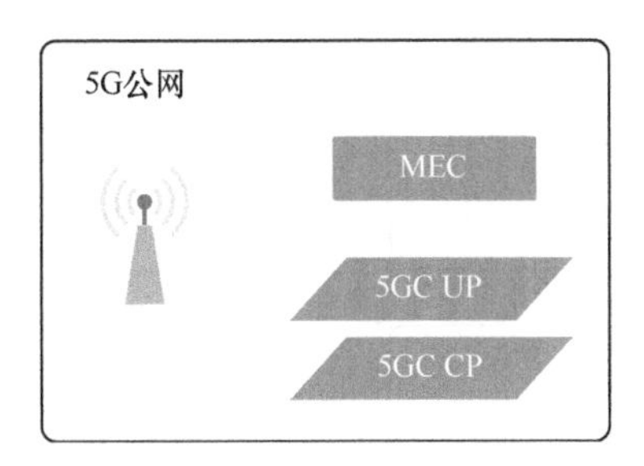

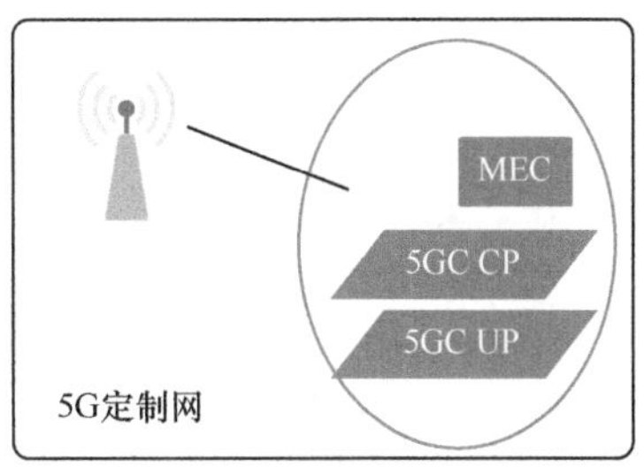

图 5-36 SNPN 采用 5GS 架构

SNPN 组网与 5G 公网相互物理隔离，工厂或园区内的设备信息、控制面信令流量、用户面数据流量等都不会出园区，可满足工业领域严格的数据安全、低时延和高可靠需求。当然，对于园区内的语音、互联网等非生产型业务，也可以通过防火墙与 5G 公网互联。

（2）PNI-NPN

PNI-NPN 集成在 5G 公网中，由 5G 公网为垂直行业提供定制网功能，并由 5G 公网运营商进行控制和维护。PNI-NPN 通过 5G 公网网络切片或 5G 公网提供的定制网服务来实现。

在 PNI-NPN 下，UE 同样签约 PLMN，由于网络切片不能限制终端在其未授权的网络切片区域中尝试接入网络，需开启 CAG 用于接入控制，其中，CAG 代表一组可以接入一个或多个 CAG 小区的签约用户组。由于 PNI-NPN 依赖 PLMN 功能，对于未配置只允许接入 PNI-NPN 的 CAG 相关信息的用户，支持 PNI-NPN 和 PLMN 之间的切换。

为适应行业应用场景多样化的需求，根据 PNI-NPN 与 5G 公网的共享关系，可将 PNI-NPN 主要分为 3 种具体方案：端到端共享方案、共享无线网和控制面方案、共享无线网方案。PNI-NPN 的 3 种典型方案架构对比如图 5-37 所示。

① 端到端共享。

在端到端共享方案中，PNI-NPN 是在 5G 公网中定义的端到端网络切片，用于给行业用户提供 5G 定制网服务，定制网和公网共享逻辑上分离的 gNB、UPF、5GC、MEC、UDM 等网元，这些网元中，只有 gNB 在用户侧，UPF 和 MEC 可根据需要部署在电信运营商边缘云或核心云中。对于企业私有 5G 设备及接入企业自有云的局域网设备等之间没有本地流量路径的情况，流量必须到达电信运营商边缘云中的 UPF，然后通过专线回到企业内部，与局域网设备进行通信。

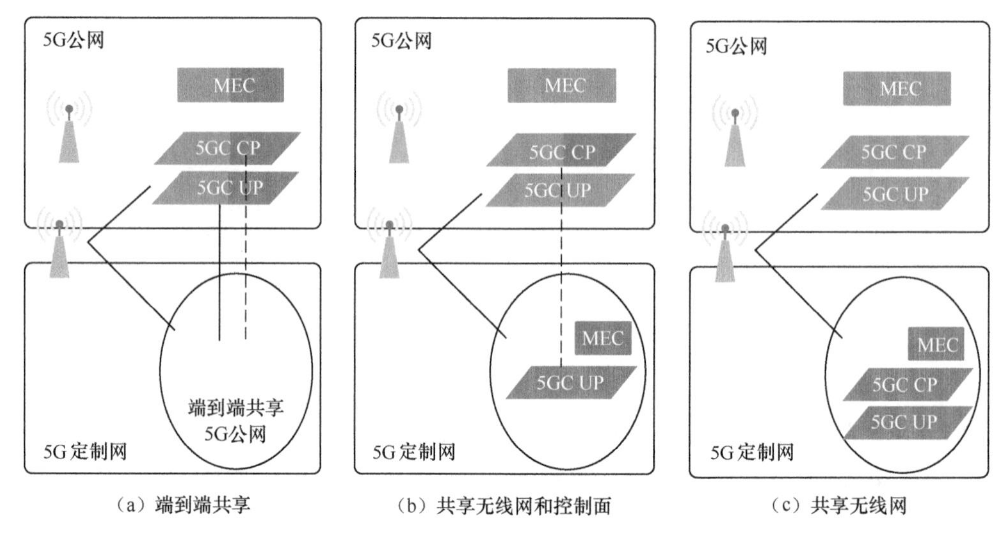

图 5-37　PNI-NPN 的 3 种典型方案架构对比

该方案部署简单，成本最低。但需要重点关注两个问题：其一是网络的端到端时延，时延大小取决于企业和电信运营商边缘云（UPF、MEC）之间的距离；其二是控制信令和流量经过电信运营商公网，很多企业数据存储在电信运营商网络上，存在安全隐患。因此，该方案一般只适用于 eMBB 类大视频、VR/AR 等应用场景。

② 共享无线网和控制面。

在共享无线网和控制面方案中，5G 定制网和 5G 公网共享逻辑上分离的 gNB、5GC CP、UDM 等网元，UPF、MEC 部署在企业，在物理上与公网的 UPF、MEC 完全分开。这些网元中，gNB、UPF、MEC 都设置在用户侧。

该方案下，5G 定制网设备的数据流量被传送到企业专用 UPF，公网设备的数据流量被传送到电信运营商边缘 UPF，因此，内部设备之间的数据、视频等定制网流量仅保留在企业内，而语音和互联网之类的公网流量则被传送到电信运营商公网，企业内部数据流量的安全性比较高。由于定制网和公网共享控制面，用户的身份验证和移动性、gNB 和专用 UPF 与公网互通等控制面功能由公网 5GC CP 和 UDM 执行。

由于专用 UPF、MEC 下沉到企业，能够有效降低网络时延，特别适用于 uRLLC 应用场景。

③ 共享无线网。

在共享无线网方案中，5G 定制网和 5G 公网共享逻辑上分离的 gNB，其他网元 UPF、5GC CP、UDM 和 MEC 部署在企业，由企业专用，在物理上与公网完全分开。这些网元中，

gNB、UPF、5GC CP、UDM、MEC 都设置在用户侧。

该方案下，5G 定制网设备的数据流量被传送到企业专用 UPF，公网设备的数据流量被传送到电信运营商边缘 UPF。因此，内部设备之间的数据、视频等定制网流量仅保留在企业内部，而像语音和互联网这种公网流量则被传送到电信运营商公网。由于定制网和公网控制面也相互隔离，用户的身份验证和移动性等控制面功能由定制网 5GC CP 和 UDM 执行。共享无线网方案保证了定制网数据和控制信令都在企业内部，尽管 gNB 在逻辑上是分离的，但是在 RAN 级别的定制网中收集数据信息几乎不可能，因此，这一方案的安全保障级别很高。

由于定制网网元除了 gNB，全部物理隔离并下沉到企业，其安全性、可靠性都有保障，特别适合用于自动驾驶、无人机控制、实时机器人等 uRLLC 应用场景。

④ PNI-NPN 部署模式对比。

因与 5G 公网共享深度或层次的不同，PNI-NPN 的 3 类共享方案在安全性、端到端时延、工程实施、适用场景上有一定的差异。各垂直行业用户可以根据本行业通信业务的需求，灵活定制相应的 5G 定制网方案。PNI-NPN 3 种典型方案对比见表 5-1。

表 5-1　PNI-NPN 3 种典型方案对比

项目		PNI-NPN 典型方案		
		端到端共享	共享无线网和控制面	共享无线网
网元	独立网元	无	UPF、MEC	UPF、5GC CP、MEC、UDM 等
	共享网元	gNB、UPF、5GC、MEC、UDM 等	gNB、5GC CP、UDM 等	gNB
	用户侧网元	gNB	gNB、UPF、MEC	gNB、UPF、5GC CP、MEC、UDM
性能	安全性	数据和信令出园，存在安全问题	数据不出园，信令出园，安全性相对较高。但身份验证、移动性、与公网互通功能等由公网网元执行	数据和信令都不出园，除了 gNB，其他网元全部物理隔离，安全性高
	端到端时延	取决于企业和电信运营商 UPF/MEC 间的距离，时延不可控	专用 UPF、MEC 下沉到企业，能够有效降低数据传输时延	全部定制网网元下沉到园区，低时延
工程实施		全部共享公网资源，部署简单，成本最低	需独立部署 UPF、MEC 网元，部署较简单，成本较低	需独立部署除 gNB 之外的所有定制网网元，部署较复杂，成本高
适用场景		eMBB 类大视频、AR/VR 等应用场景	uRLLC 应用场景	自动驾驶、无人机控制、实时机器人等 uRLLC 应用场景

5.5.3.2 5G 定制网架构特点

（1）技术体制归一

从技术体制上看，无线专网不管是模拟集群、窄带数字集群还是宽带集群，各个阶段都存在多个全球应用或区域应用的技术体制，多个技术体制之间不兼容、不互通。但这种不兼容性在宽带集群阶段有一定的改变，宽带集群主要有 3GPP 的 MCPTT 和中国的 B-TrunC，B-TrunC 标准在兼容 LTE 数据业务的基础上，增强了宽带集群业务能力。B-TrunC 的 R1/R2 与 3GPP R9 完全兼容，R3 与 3GPP 的 R13/R14 兼容。此外，在多个行业应用中，还涌现出了一些其他专网技术体制，例如铁路行业的 GSM-R、公安的 PDT 和电力行业的 LTE-G/IoT-G 等。总体来看，在 5G 定制网之前的各个技术发展阶段，技术体制“各派林立”，部署和维护成本高昂。如今，5G 定制网实现了技术体制的统一，为各垂直行业提供统一的标准化解决方案，从而帮助企业降低部署、升级和运维成本。

（2）与 5G 公网融合

MCPTT 和 B-TrunC 都是基于 LTE 技术标准进行优化，以满足特定行业的网络需求，并采用独立部署模式。因为 4G 网络主要面向 toC 服务，所以这种设计思路并不能很好地适用于工业互联网、车联网、智能电网等对可靠性、安全性要求极高的垂直行业。

5G 是为万物互联和行业应用而设计的，可面向 toC 和 toB，为各行各业提供多样化、确定性的网络能力。在 SNPN 部署模式下，企业独立部署一张包括无线网、核心网、承载网、MEC 等在内的完整网络，这种模式本质上与 4G 专网部署模式一样，但 SNPN 增加了与 PLMN 互通的功能，解决了双方核心网之间不能相互操作的问题。更重要的是，5G 定制网新增了与公网共享的 PNI-NPN 部署模式，强调了定制网与公网融合，可通过共享公网的方式为不同行业按需部署定制网。

（3）强调面向服务

4G 及之前的所有专网主要是为了解决连接问题，但 5G 定制网在设计初期就十分强调“面向服务”。

从 5G 定制网架构可知，5G 核心网基于云化设计，UPF 可灵活下沉，与 MEC 分布式部署于各个位置，从而灵活、按需满足不同行业、不同应用对网络低时延、可靠性和数据安全性的需求。

5.5.3.3 电信运营商 5G 定制网部署模式

2020 年以来，各电信运营商相继发布了各自的 5G 行业专网白皮书，中国电信采用“致远”“比邻”“如翼”3 种模式；中国移动采用“优享”“专享”“尊享”3 种模式；中国联通采用“虚拟专网”“混合专网”“独立专网”3 种模式。综合来看，各电信运营商的 5G 定制网部署模式组合大致保持一致，都采用端到端共享、共享无线网和控制面、SNPN，主要的差异就在于核心网控制面网元部署的专用化节奏略有不同，电信运营商 5G 定制网部署模式对比见表 5-2。

表 5-2　电信运营商 5G 定制网部署模式对比

电信运营商	模式	主要网元部署情况	近似对应 NPN 架构
中国电信	致远模式	通过 QoS、DNN 定制、切片等技术，提供端到端差异化保障的网络连接	PNI-NPN（端到端共享）
	比邻模式	园区 UPF 及 MEC 平台部署于临近企业园区的电信运营商机房内或企业园区的机房内，可以选择独享 UPF 或与其他企业共享 UPF	PNI-NPN（共享无线网和控制面）
	如翼模式	按需定制专用基站、专用频率、专用 MEC 和专用园区级 UPF 等设备，逐步按需独立 5GC 网元	例如定制 5GC，是 SNPN
中国移动	优享模式	共用基站、共用频率，基于 5G 公网端到端网络切片为用户部署虚拟专网	PNI-NPN（端到端共享）
	专享模式	共用基站、专用频率，MEC、UPF 下沉	PNI-NPN（共享无线网和控制面）
	尊享模式	专用基站、专用频率和专用核心网	SNPN
中国联通	虚拟专网	通过 QoS、切片等技术，端到端共用 5G 公网资源，提供具有特定 SLA 保障的逻辑专网	PNI-NPN（端到端共享）
	混合专网	UPF 私有化部署，无线基站、核心网控制面网元根据用户需求灵活部署	PNI-NPN（共享无线网和控制面）
	独立专网	专用基站和核心网一体化设备	SNPN

5.5.4　多要素融合创新解决方案架构

5G 定制网端到端解决方案综合了多要素，通过推动多要素升级与融合创新，建设重点行业的通用能力平台；结合不同行业对 5G 定制网差异化能力的需求，通过融 AI、融云、融安全能力，提升 5G toB 差异化能力供给，形成适配各行业数字化转型需求的端到端 5G 定制网集成方案能力。多要素融合创新解决方案如图 5-38 所示。

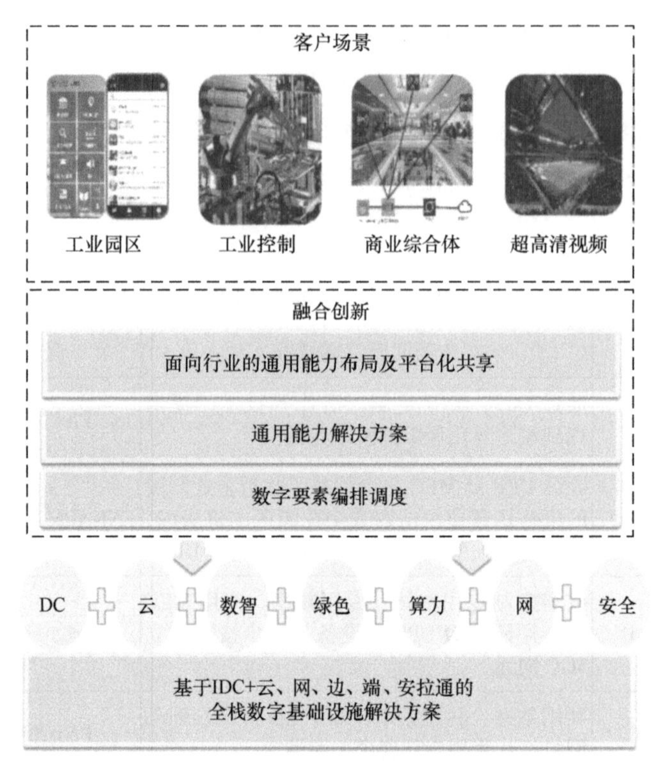

图 5-38　多要素融合创新解决方案

5.5.5　融合创新典型应用

经过近几年的发展，5G 定制网已经在很多垂直行业得到了较好的应用，下面以钢铁行业为例阐述 5G 定制网的应用方案。

5.5.5.1　需求分析

钢铁行业是复杂流程工业的典型代表，钢铁企业的生产环境存在着高温、粉尘、腐蚀和电磁干扰等复杂、恶劣的情况，对设备、人员均有特殊要求。

大型钢铁企业的厂区范围一般较大，人员车辆多且杂，不同种类的专业设备、大型设备的操作规程和安全防护千差万别，因而高可靠性、大带宽、广连接、低时延的 5G 在钢铁行业中的应用大有可为，具体应用一般包括人车物管理的通用应用、各类专业设备和堆场的监控、设备环境信息的采集分析、复杂高危设施的无人化操作等。5G 业务需求分析见表 5-3。

表 5-3　5G 业务需求分析

序号	应用场景	上行大带宽	下行大带宽	低时延	高可靠性	多连接	边缘计算	中心云
1	通勤车考勤系统					是		是
2	厂区防疫数字哨兵					是		是
3	自动消杀机器人					是		是
4	物流车辆管理系统				是	是		是
5	厂区周界无人机巡逻	是						是
6	人员精准定位	是						是
7	原料大棚监控	是						是
8	原料堆场自动盘库	是			是		是	
9	高危检修安全管理	是			是		是	
10	高压电气、电缆隧道机器人巡检	是			是		是	
11	安全环境管理	是			是		是	
12	原料皮带机器人巡检	是			是		是	
13	远程技术支撑系统	是			是			
14	废钢识别管理	是		是	是		是	
15	产品质量机器视觉检测	是		是	是		是	
16	自动转钢	是		是	是		是	
17	能耗监控系统					是		是
18	环保排放监测					是		是
19	电气室温 / 湿度远程监控				是	是		是
20	炉窑设备温度红外监测				是	是	是	
21	发电设备在线监测				是	是	是	
22	炼钢厂风机在线监测				是	是	是	
23	预测性维护				是	是	是	
24	特种车辆行驶保障	是		是	是		是	
25	炼铁厂原料堆取料机无人化	是		是	是		是	
26	智慧天车无人化	是		是	是		是	

续表

序号	应用场景	上行大带宽	下行大带宽	低时延	高可靠性	多连接	边缘计算	中心云
27	起重机 / 天车远程控制	是			是			
28	加渣机械臂远程控制	是			是			
29	机械手远程操作	是			是			
30	电子安全销				是	是	是	
31	冷轧硅钢机组移动操检	是			是			
32	热轧车间集中管控	是			是			
33	高炉炉前智能化系统	是			是			
34	远程装配	是	是		是		是	
35	冷轧、热轧板形测量	是					是	
36	自动点焊机器人	是		是	是		是	
37	活套跑偏值守	是			是		是	
38	带钢卡钢识别	是			是		是	
39	钢卷上卷对中识别	是			是		是	
40	卸卷抽芯检测	是			是		是	
41	带头钳口位置识别	是			是		是	
42	字符识别	是			是		是	
43	厚板双边剪视觉引导对中系统	是			是		是	
44	焊管焊缝退火线跟踪	是			是		是	
45	焊管内壁、外壁缺陷检测	是			是		是	
46	钢筋智能计数	是			是		是	
47	检修数字挂牌	是			是		是	
48	钢卷端面质量检测系统	是			是		是	

智慧钢铁通过5G+MEC技术构建全连接的5G定制网，对重点监控地区要素实现全面感知，从而实现设备（天车、加渣机械臂等）远程控制、AR运维辅助、机器视觉（钢表质检、转钢自动化、废钢等级监测、冷板表面油斑识别等）、工业设备数据采集、高清视频监控等主要业务应用，并满足数据不出厂等业务需求。MEC平台部署在靠近业务区域的网络边缘

位置，采用核心网 UPF 下沉方式，在网络能力上提供可保障的低时延特性，并在此基础上部署视频监控自动化分析、车辆自动化调度、安全防护等智能控制等低时延应用，显著提升用户体验和数据安全性。经分析，钢铁行业 5G 定制网的应用水平能力清单见表 5-4。

表 5-4　钢铁行业 5G 定制网的应用水平能力清单

方案	主要的水平和能力				
	上行大带宽	低时延	高可靠性	切片	安全
方案一：低时延、高可靠类应用（无人天车、远控天车、加渣机械臂）		• 空口预调度 • 转发面下沉园区	• 空口增强 • 终端双发选收 • 异频双站 • 核心网冗余备份	• 核心网切片：控制面共享，用户面独享 • 无线网切片：定制网资源专用	• 终端安全接入 • 数据传输安全 • MEC 企业应用安全 • 企业网边界安全
方案二：上行大带宽类应用（超密高清视频、钢表检测、自动转钢）	• 载波聚合 • 超级上行 • 1D3U	• 转发面下沉园区	• 终端双发选收 • 核心网冗余备份	• 核心网切片：控制面和用户面网元全共享；控制面共享，用户面独享 • 无线网切片：定制网资源专用	• 终端安全接入 • 数据传输安全 • MEC 企业应用安全 • 企业网边界安全

5.5.5.2　无线网

针对钢铁行业的远控天车、无人天车、加渣机械臂、超密高清视频、钢表检测和自动转钢等典型应用，一般可归类为远程控制和视频回传两大类场景的应用。

远程控制场景对端到端时延、网络可靠性要求高，需要提供 50ms 的时延能力和 99%的可靠度，因此需要采用高可靠的组网方案和优化手段。上行回传的速率要求最高为 360Mbit/s，该上行速率要求已经远高于常规网络规划的指标。因此在进行网络规划时，要根据业务需求设定高于大网的边缘速率指标，通过载波聚合、超级上行等技术手段提升网络上行承载能力，以满足视频上传场景的业务需求。综上所述，在制定钢铁行业定制网建设方案时，除了常规方案，还需要重点关注远程控制场景和上行回传场景的需求。

5.5.5.3　承载网

5G 定制网采用 STN 承载，STN 总体网络架构由接入层、汇聚层、城域核心层、5GC CE 组成，5GC CE 用于 5GC 的接入与汇聚，ASBR 用于 5G 定制网业务流量在 UPF N6 接口的落地，同时用于承载固定接入的跨域政企 VPN 业务流量。云 ASBR 用于入云业务和云间互联业务在云资源池侧的落地。5GC CE、ASBR 和云 ASBR 均纳入承载网范畴。同省及本地网内的 5GC 网元，通过本省 STN 实现互通，通过 CN2 实现跨省互通。

对于部署在城域核心的共享型 UPF/MEC，考虑直接接入城域 5GC CE/ASBR；对于部署在城域边缘场景的 UPF/MEC，就近接入 STN-B 设备；对于部署在厂区内场景的独享型设备，首选 UPF/MEC 就近接入 STN-B 设备，若客户明确有数据不出厂区的要求，可接入新建 STN-A 设备。STN 承载架构如图 5-39 所示。

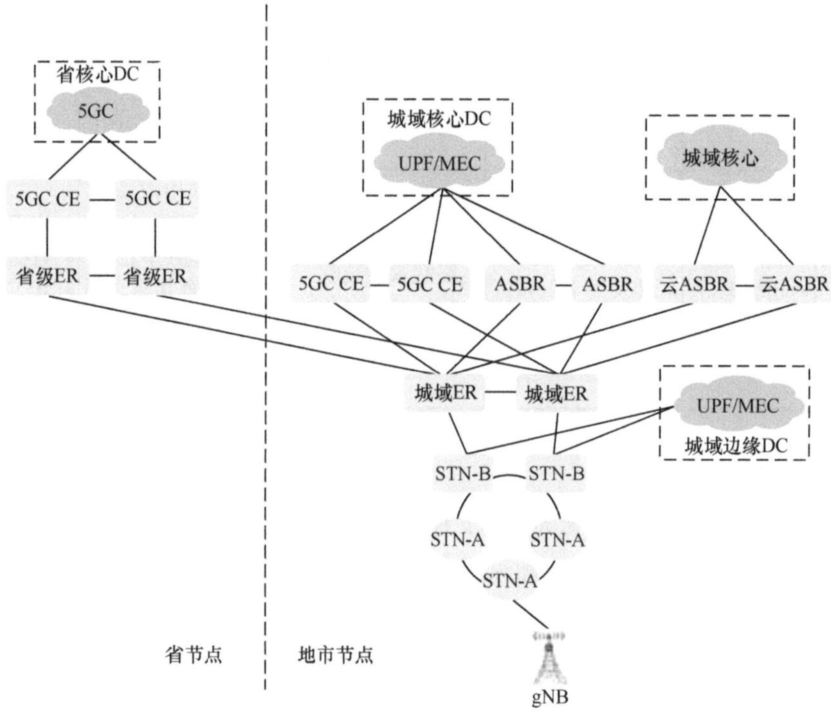

图 5-39　STN 承载架构

5.5.5.4　核心网

为满足钢铁行业在智能制造生产过程中不同场景下多样化和差异化的需求，快速、高效、灵活地为钢铁行业提供服务，5G 定制网 UPF 需要下沉到本地。其组网方案主要包括以下两个方面。

（1）5G 定制网下沉 UPF 部署位置

钢铁行业上述视频回传和远程控制两大业务场景，对 5G 定制网提出了低时延、大带宽、高可靠性的网络性能要求，为此，5G 定制网下沉 UPF 需要采用“比邻”方式进行建设，即 UPF 部署在钢铁企业园区内部或者部署在尽量靠近钢铁企业的地市（区县）。

对于大型钢铁企业，其资金充裕，业务应用场景较多，又有敏感信息不出园区的数据安全性要求，可以在企业园区内部署独享型 UPF。UPF 部署在园区内部，能够进一步降低端到端环回时延，充分满足智慧天车和远程监控等业务场景的时延要求。同时，UPF 部署在园区内部，避免传输设备和网络设备的拥塞，有效保证网络带宽和可靠性。

而小型钢铁企业对投资比较敏感，业务应用场景较少，也没有数据不出园区的要求，可以在地市（区县）部署共享型 UPF，此 UPF 可以同时为其他企业提供服务。

（2）5G 定制网下沉 UPF 网络互通

当在企业园区内部署独享型 5G 定制网下沉 UPF 时，在企业园区内新建一对 STN-A 设备，园区内部新建 gNB 上联 STN-A，实现和园区级 UPF 互通。园区级 UPF 通过 DC-GW 上联 STN-A 设备，最终通过承载网实现与 5GC 控制面和省级 UPF 互通。STN-A 设备上联园区内部网络，实现园区级 UPF 和园区内部网络互通。园区级 UPF 采用区分应用场景分配不同 DNN 的方式，实现上行分流和下行聚合。无人天车、远控天车、安全环境管理、自动转钢等应用场景的工业互联网应用数据被园区级 UPF 分流到企业内部网络中的应用服务器进行分析处理，实现天车远程控制和生产环境远程监控。当政府部门或者第三方监测机构的环境监测系统部署在公有云时，环保排放监测数据被园区级 UPF 分流到省级 UPF，再由省级 UPF 将数据传送到部署在公有云上的环境云服务器，由环境云服务器进行分析处理，实现污染物排放的远程监控。

5.5.5.5 MEC

以钢铁行业 AI 视觉质检场景为例，在线检测对于图像数据上传的实时性和带宽要求较高，采用 5G + MEC 解决方案将智能表检系统及算法部署在 MEC 服务器上，通过 5G 网络将视觉检测的图像数据传送到 MEC，实现图像数据实时处理和资源共享。将缺陷样本数据上传到中心云，在云端训练生成模型并自动推算到 MEC，实现算法的迭代优化。5G+MEC 视觉质检场景方案示意如图 5-40 所示。

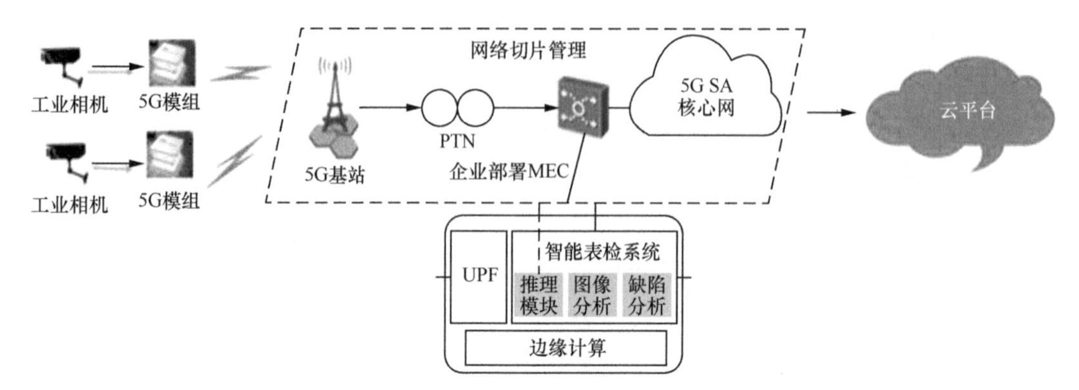

图 5-40　5G + MEC 视觉质检场景方案示意

5.5.6　技术演进

根据 2022 年 3 月中国通信学会发布的《5G 专网前沿报告（2021 年）》，结合 5G 技术能力的成熟度和与行业应用结合的深入度，5G 定制网的技术演进可大致分为 3 个阶段。

（1）当前阶段，即 5G 融入阶段

主要提供基于大带宽的基本接入服务，具备业务承载、质量保证和业务隔离的能力；当前尚处于 5G 定制网和垂直行业融合的初级阶段，5G 定制网通过提供资源预留、QoS 增强、上行增强、MEC、端到端切片、专属网元等技术和功能，为行业客户解决 5G 网络承载数据业务最基本的问题。随着 5G 行业应用示范和商用服务的开展，5G 定制网已经实现了在千行百业的初步融入。

（2）中期发展，即 5G 使能阶段

随着 5G 定制网技术的不断成熟，5G 定制网与垂直行业将进入深度融合和相互促进的阶段。一方面，随着逐渐深入了解行业需求，5G 定制网将重点着力于网络指标多样化（调度机制优化、TSN、高精度定位等）、网络能力定制化（NPN、5G LAN 等局域网场景按需优化和定制）、安全管控灵活化（接入控制、二次鉴权等）、网络服务自主化（SLA 等）4 个方面，以提升 5G 定制网在行业应用的深度和广度，更加全面地体现 5G 的价值；另一方面，行业对于 5G 定制网的逐步了解和认可，也将加快围绕 5G 技术的产业升级，5G 将使能垂直行业创新出新型生产技术和生产方式。

（3）远期演进，即极智 5G 阶段

5G 定制网历经中期的蓬勃发展，价值已经得到充分展现，5G 带动产业的数字化转型已经取得阶段性成效，5G 新技术的红利将进入一个平台期。在此阶段，5G 定制网将聚焦在“极”“智”化的要求，通过引入去激活态 uRLLC、灵活全双工、RedCap、无源物联网、内生安全防护等技术手段实现网络指标的极致化，引入数据分析和管理功能、业务感知功能、数字孪生功能等实现网络服务的智能化，为一些高端应用提供进阶的品质服务。5G 定制网的远期能力将在 R18 及以后版本的标准中逐步完善，预计将在 2025 年开始逐步实现商用。

5.6 元宇宙

5.6.1 概述

元宇宙时代，我们的工作和生活方式会焕然一新，典型场景如下。

（1）教学场景

学习将以一种全新的方式呈现。传统教学场景的核心架构由教师、学生、学习环境组成，而元宇宙教学场景不再是单一的听课读书，而是采用数字孪生或全景视频拍摄技术，开展虚实融合的感官同步的线上教学。虚拟世界呈现方式的多样化丰富了教学内容，学生选择学科后即可进入时空隧道。例如，化学实验课上，学生可以通过 AR 眼镜近距离地观察化学反应变化；外语学习中，学生可以“面对面”体验与母语使用者的互动对话；历史课上，汉武帝亲自讲述他的文韬武略；地理课上，学生在虚拟世界中可突破真实世界的空间限制，以瞬移方式前往地球的任意地点，完成地理实景考察；天体物理课上，太阳系的八大行星都可以投射到学生面前，学生可以触摸它们，详细地听语音讲解。元宇宙教学不再依赖于时空条件和真实设备，教育资源匮乏和不均衡的问题得到改善，让所有学生能够最大化地享受到最优质的教育资源。元宇宙教学让学生在玩中学、学中玩，寓教于乐，全面激发学生的好奇心、创造力，将学习变成一种有趣、高效、互动、个性化的教育方式。

（2）工作场景

人们戴上一个头盔设备，工作中不再需要办公室这一物理概念，所有的工作都可以通过虚拟环境完成。在虚拟世界中，我们有工位，有更加高端与多样性的显示设备，有高度定制化的工作环境。所有会议都可以通过线上的方式完成，不需要再有耗时耗力的线下通勤，仅需一个会议邀请就可以与客户、同事创建“面对面”沟通的机会。

（3）生活场景

业余、课余生活中VR可以带来的功能更加丰富多彩，虚拟世界构建的社交环境可以让人们随时随地和朋友举办派对，与远在他乡的亲人进行亲切交谈，游戏影视作品也将极大地增强互动性与表现力。未来，XR不仅可以大幅降低电视机、游戏机、计算机、电子书等设备的购置与换新成本，而且可以整合所有的社交平台、娱乐资源、资讯信息，让人们可以方便地获取任何需要的内容。

（4）医疗场景

XR在医疗领域将有广泛且深入的应用场景。未来的医疗手术将更大程度上依赖AR技术，虚拟影像和真实手术场景叠加，提供实时诊疗的最佳方案推送和操作支持，显著减少病情诊断时间，优化诊疗效果；未来的医疗培训场景里，AR全息影像则可能成为培训的主角，大幅提高医生之间的交流效率，实现医疗资源的有效复制。

（5）制造场景

智能制造将在“虚拟工厂”的助力下进一步升级，将现实工业环境中研发设计、生产制造、营销销售、售后服务等环节和场景在虚拟世界实现全面部署，帮助企业建立“虚拟工厂”，实现虚拟世界中的测试和分析，然后通过虚拟制造对生产流程进行验证和优化，确保真实的生产顺利进行，形成全新的制造和服务体系。在“虚拟工厂”的搭建中，数字孪生的重要性不言而喻，对关键设备仿真、建模、分析，再部署传感器实现虚实交融，实时反馈设备信息，不仅数据可追溯、故障点可精确定位，同时也可以远程操控、诊断恢复，达到降低成本、提高生产效率、高效协同的效果，实现智能制造的高质量发展。

（6）旅行场景

传统的旅行，是在特定时空下的文化与感官体验，游客只有单一的标签体验，即“游览者”。而元宇宙中的旅行，游客只需要戴上VR眼镜，不需要行动，便可以来一场“说走就走”的沉浸式旅行。在人们更加注重个性和个人兴趣的背景下，基于元宇宙的旅行可以帮助游客找到自我兴趣度极高且细分的领域和同伴，共同探索和互动，极大地拓展社交圈。每个个体的身份是有别于现实世界而独立存在、可以自由设定的，通过交互乃至多线性、多重叙事的体验，每位游客可以享受到迥异的场景、故事情节、角色身份。基于元宇宙的旅行，以虚实结合的方式，将色、声、味、嗅、触等多重感官深度融合，全方位交互，帮助游客产生强烈的自我代入感，获得超越现实旅行的更有品质的文旅体验。

（7）健身场景

当前的运动健身产业增长快、潜能大，归根结底在于健康是人类永恒的追求。健身不再是一件需要“努力”而坚持的事情，而是成为一种享受、一种习惯，健康的生活方式也将拓展到所有人的生活场景中。在不久的将来，每个人都可以打破运动场地的限制，享受全场景运动的体验，随时随地利用碎片化时间进行运动健身，通过体感设备接受健身教练“面对面”指导，加入虚拟社群进行健身交流、团体运动乃至竞技，通过安全模式有效避免运动伤害，并且有机会发现自己的某一项运动天赋。

（8）娱乐场景

每个人可以根据自己的喜好创造自己的娱乐空间和社交空间，建立自己的虚拟身份和职业，和朋友聚会、跳舞，参观时装秀、游乐场、加密艺术展、博览会，享受另一种人生。娱乐场景中的游戏、电影和演唱会最具代表性。

① 游戏以虚拟电子形式存在，与元宇宙这一概念天然具有非常强的互吸引力。元宇宙将现实生活的真实感带入游戏中，玩家能够在游戏中随意构建自己的空间，甚至能够改变游戏的模式和未来的走向。

② 与传统电影院不同，VR 电影院中摆满了转椅，每个转椅都配备了 VR 眼镜和耳机，观众能够沉浸式地感受到天气变化、速度与激情。震动、坠落、喷水、挠痒等特技会随着电影出现，烟雾、气泡、风、雨、光、电等效果也增强了沉浸式体验感。观众不再是被动消费电影内容，而是成为参与者，扮演其中的角色，真正的身临其境。

③ 传统演唱会中，观众的观看视觉有限，与歌手的互动方式单一。虚拟演唱会则突破物理限制，歌手的服装道具、舞台效果千变万化。观众能够以虚拟分身的方式参与，并与歌手亲密互动，NFT 化的演出门票、虚拟道具、数字周边产品等也能够满足观众的想象。

5.6.2 元宇宙概念

元宇宙首次提出是在 1992 年，出自美国科幻作家尼尔 • 斯蒂芬森的小说《雪崩》。该书讲述了现实人通过VR设备与虚拟人共同生活在一个虚拟世界的故事，这个虚拟世界就是“元宇宙”。它脱胎于现实世界，并且平行于现实世界，栩栩如生，让人沉浸其中。随后，游戏《罗布乐思》《我的世界》《堡垒之夜》，以及加州大学伯克利分校云毕业典礼、中国传媒大学云毕业典礼、电影《头号玩家》等陆续以元宇宙的元素进入人们的视野和生活中。

元宇宙的英文是Metaverse，Metaverse=Meta（超越）+ Universe（宇宙），即超越现实的虚拟宇宙。

元宇宙是整合多种新技术生成的，与现实世界映射并且平行交互的虚拟世界，是通过科技手段进行创造与连接的具备新型社会体系的数字生活空间，是众多新技术的集大成者。

本书梳理了元宇宙的六大技术全景，包括：区块链（Blockchain）、人机交互（Interactivity）、电子游戏（Game）、人工智能（Artificial intelligence）、网络及运算（Network）、数字孪生（Digital twin），简称“BIGANT”（大蚂蚁）。元宇宙六大技术全景如图5-41所示。

图5-41　元宇宙六大技术全景

元宇宙基于区块链技术搭建经济体系，基于人机交互技术实现更高维度发展，基于电子游戏技术提供沉浸式体验，基于人工智能技术进行多场景深度学习，基于网络及运算技术打造“泛在连接”“全息连接”“深度连接”“智慧连接”与“算力即服务”的基础设施，基于数字孪生技术生成物理世界的镜像，赋能用户进行个性化内容生产和多元化世界编辑，构建虚实融合的数字生活空间。

5.6.3 元宇宙技术全景

5.6.3.1 区块链

区块链的英文是 Blockchain，Blockchain=Block（区块）+ Chain（链）。狭义来讲，区块链是按照时间顺序将数据区块依次连接形成的一种链式数据结构，是以密码学方法保证数据块的不易篡改和不可伪造的分布式账本。广义来讲，区块链是利用块链式数据结构验证与存储数据、利用分布式节点共识算法生成和更新数据、利用密码学方式访问和传输数据、利用智能合约编程和操作数据的一种全新的分布式计算和存储范式。

区块链有五大关键技术：构建区块的哈希算法、加密区块的数字签名、传输区块的 P2P 网络、可信区块的共识机制、处理区块的智能合约。

元宇宙拥有属于自己的经济系统和数字资产，其构建需要区块链技术。“去中心化”金融（Decentralized Finance，DeFi）具有“去中心化”、规则透明、高效、可靠、开放、公平、安全的特点，可以在元宇宙构建“去中心化”金融体系。非同质化通证（NFT）把现实世界中的各类资产与数字世界进行连接，丰富元宇宙的生态种类，拓展元宇宙的想象边界。

5.6.3.2 人机交互

人机交互的关键技术主要包括 XR、全息影像、BCI 等。

XR 是 VR、AR、MR 等多种技术的统称。XR 通过机器将现实与虚拟相结合，打造一个可人机交互的虚拟环境，为体验者带来沉浸感。

全息影像技术是计算机技术、全息技术和电子成像技术结合的产物，一般利用相干性较好的激光完成。“全息”即“全部信息”，是指用投影的方法记录并且再现被拍物体发出的光的全部信息。由于全息影像再现的光波信息保留了原物体光波的全部振幅与相位信息，因而再现的影像立体感强，与原物体有着与 3D 电影完全相同的三维特性。人们观看全息影像时不需要佩戴立体眼镜或其他任何辅助设备就可以裸眼观看影像，从不同的角度可以看到物体的不同侧面，会得到与观看原物体时完全相同的视觉效果。

BCI 是指在生命体的脑或神经系统与机器之间实现信息交换及控制的接口。根据人类现在对脑科学知识的认知，大脑意识的物理本质是电活动，生命体的所有体验和感觉都可以归结为神经元电信号的传导。BCI 的本质，就是感知大脑里神经元的电活动，并将其翻译、转换成对外部机器的控制；或者接收外部事件转换成的电信号让生命体感知。BCI 是一门融合神经科学、神经工程、认知科学、材料科学、人工智能等多个领域的交叉学科，需要多领域的协同进步，被科学技术界认为是一项颠覆性技术，对科技创新的发展具有深远的影响。

如果说未来社会的终极形态是元宇宙，那么人机交互技术无疑是元宇宙实现升维的关键技术之一。全息影像技术在立体电影、电视、展览、军事侦察、历史文物艺术品保存等方面获得广泛应用。脑机接口有望实现意念控制机器。例如，在 2022 北京冬奥会开幕式中，AR 引擎所渲染的画面和现场表演完美地融为一体，让全球观众观赏到虚拟世界与现实世界相结合的美轮美奂的视觉效果。

5.6.3.3 电子游戏

电子游戏的关键技术主要包括游戏引擎、实时渲染、3D 建模、建筑信息模型（Building Information Model，BIM）等。

游戏引擎是为运行某一类电子游戏而编写的程序代码集合，为游戏设计师提供编写游戏所需的各种工具，包括渲染引擎、物理系统、碰撞探测系统、光影、动画、粒子特效、音效、脚本引擎、插件、场景管理、编辑工具等。它像一个发动机，控制着游戏的运行，按照游戏设计要求的顺序调用游戏资源（动画、声音、图像等）。

渲染通过计算机视觉把 3D 模型转换为 2D 图像，就像现实生活中的拍照或录像。实时渲染的本质就是一边快速计算图形数据，一边实时输出逼真效果。对于实时渲染来说，高度真实和可编程是未来技术发展的两大特征。

3D 建模是计算机图形学中的一种技术，用于生成任何对象或曲面的三维数字表示，这些 3D 对象可以通过变形网格或其他方式自动生成或操纵顶点。对物理世界的全尺度 3D 建模可以得到与物理世界完全一致的数字孪生世界，这是实现元宇宙的重要基础。未来，3D 建模技术发展也会逐渐融入大数据、云计算、人工智能等技术，实现自动化建模，为元宇宙的实现提供数字底板。

BIM 技术基于三维可视化场景，通过计算机协同工作，将建筑工程项目全生命周期中产生的相关信息和数据添加在三维模型中，对设计、施工、运维过程进行控制和管理，并根据项目在各阶段的完成情况，不断对已有数据库进行更新，最终建立多维数据模型。当前，数字孪生技术应用已逐步向建筑、医疗、城市管理等领域渗透，依托 BIM 完成建筑物的龙骨、结构及风水电等模型，实现建筑物资源优化配置、应急方案预演，构建城市规划布局、管网，以及气象的高保真模型，提升城市的智慧化水平。

游戏是元宇宙的切入点。元宇宙是一个虚拟现实游戏社区，电子游戏技术可以为元宇宙提供无与伦比的沉浸感和表现力，助力元宇宙更加生动、充满想象力。

5.6.3.4　人工智能

人工智能，简单地说就是对人类智慧进行模仿和超越的技术科学。人类智慧指的是自然人的智慧，包括记忆力、思考力、判断力、想象力、意识、认知、分析、联想、预测、创造、直觉、幻想、审美、本能、潜意识、幽默感、好奇心、爱等，人工智能指的是机器人、计算机、服务器，甚至是超强服务器集群等机器的智能。AI 是一门融合计算机科学、自动化、数理逻辑、信息论、控制论、仿生学、心理学和哲学等领域的交叉学科。

人工智能的能力维度从下到上可以分为 3 层：最底层是运算智能——机器“能存会算”的能力，例如，存储和计算技术；中间层是感知智能——机器“能看会认、能听会说”的能力，例如，图像识别、语音识别、语音合成等技术；最高层是认知智能——机器“能懂会想”的能力，例如，机器翻译、网络 AI 等技术。

人工智能的关键技术是深度学习，深度学习包括三大步骤：构建网络、设定目标、开始学习。简单地说，深度学习就是一个函数集，我们输入一堆数值，整个网络就输出一堆数值，从中找出最好的结果，也就是机器运算出来的最佳解。这个过程，就是所谓的“学习”，经过大量的训练过程，机器最终找到一个最佳函数，得出最佳解。就像规划中的曲线拟合，给了多组（x，y）数据之后，那条计算机拟合的曲线就是最佳函数 $f(x)$。然后，人类要做的事情就是给它“规则”跟海量的学习数据，告诉机器什么答案是对的，中间的过程完全不需要操心。日益强大的计算能力和大数据、超大数据、海量数据的力量，让深度学习有如神助。深度学习就像是火箭研发，火箭需要巨大的引擎，也需要燃料。引擎就是超强的计算能力，燃料就是大数据。二者结合，火箭才能越飞越远。

在元宇宙的各个层面、各种应用、各个场景下，人工智能无处不在。

① 区块链中的智能合约。

② 人机交互中的脑机接口。

③ 电子游戏中的代码、人物、物品乃至情节的自动生成。

④ 元宇宙中的虚拟人物的语音识别与语音合成、不同语言之间的机器翻译。

⑤ 网络及运算中的 AIoT、5G/ 算力网络中的网络 AI。

⑥ 数字孪生中的全生命周期管理。

人工智能渗透到方方面面，助力元宇宙构建虚实融合的数字生活空间。

5.6.3.5 网络及运算

IoT 是指通过信息传感器、射频识别技术、红外感应器、激光扫描器、全球定位系统等各种装置与技术，实时采集任何需要监控、连接、互动的物体或过程，采集其声、光、热、电、力学、化学、生物、位置等各种需要的信息，通过网络接入，实现物与物、物与人的泛在连接，实现对物品和过程的智能化感知、识别、定位、跟踪、监控和管理。物联网即“万物相连的互联网”，是互联网的延伸，将各种传感器相互连接，进行信息交互，实现任何时间、任何地点、任何人、任何物、任何机器的互联互通。

而算力，顾名思义就是计算能力。数字化智慧社会的 3 个要素是数据、算力、算法。数据是基础，海量数据来自于各行各业的人和物；算力是智慧应用的基础平台，大数据的处理需要算力；算法是构建平台的核心，需要科学技术人员研究实现。计算的形态正在发生着变化，云负责大体量的复杂计算，边缘负责简单的实时计算，终端负责感知交互和执行，计算正由以云计算为代表的“中心计算”向“云—边—端”统一协同的泛在计算发展。算力网络是一种在云、网、边、端之间调度算力资源、算法资源、网络资源、存储资源以满足业务需求的新型基础设施。算力网络的典型案例就是“东数西算”工程。

算力网络将向泛在计算与泛在连接紧密结合的方向演进，推动计算与网络的深度融合，为元宇宙提供智能、泛在、柔性、协同、至简、安全的“算力即服务”。物联网为元宇宙收集海量数据，未来的空、天、地、海一体化网络为元宇宙提供“泛在连接、全息连接、深度连接、智慧连接”，助力用户实现“一念天地、万物随心”的元宇宙式沉浸体验。

5.6.3.6 数字孪生

当前世界正朝着数字化的方向发展，物理空间（物理世界）和与之对应的赛博空间（数字世界）正在形成两大体系平行发展，相互作用。数字孪生通过对物理空间进行描述、诊断、预测、决策，实现物理空间和赛博空间的交互映射。数字孪生是数字化转型的一项关键技术。对于数字孪生而言，数据是基础，模型是核心，软件是载体（模型算法化、算法代码化、代码软件化）。物理世界与数字世界的映射如图 5-42 所示。

数字孪生体系架构从下到上分为物理层、数据层、模型层、功能层、能力层，分别与数字孪生的 5 个要素——物理对象、对象数据、动态模型、功能模块、应用能力一一对应。

数字孪生的关键技术包括：建模和仿真、数字线程、系统工程与基于模型的系统工程、全生命周期数据管理、高性能计算等。

数字孪生在虚拟空间构建与物理世界一致的高保真模型，通过与物理世界不间断的闭环信息交互与数据融合，能够模拟物理世界的行为，监控物理世界的变化，反映物理世界的运行，评估物理世界的状态，诊断物理世界的问题，预测物理世界的未来，甚至优化和改变物理世界。

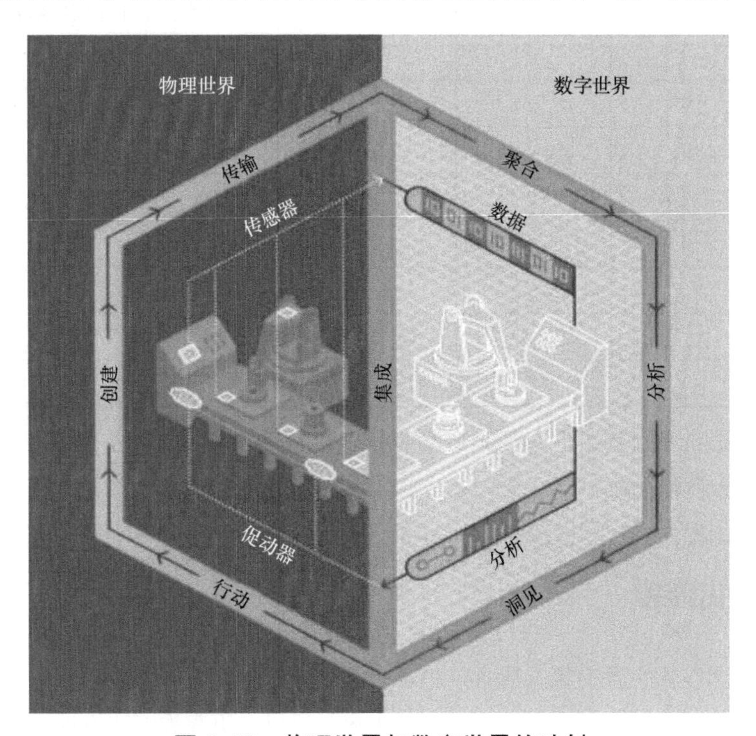

图 5-42 物理世界与数字世界的映射

数字孪生是元宇宙的基石。数字孪生可以构建模拟甚至超越物理世界的元宇宙。

5.6.4 元宇宙的融合创新

元宇宙是一个虚拟的数字生活空间，通过云、网、数、智、安、DC、算力、绿色等多种要素的融合，赋能经济转型。其中，云计算提供了强大的计算能力和存储空间；网络技术为元宇宙中的信息传输提供了数据通道；大数据、AI 技术为元宇宙中的智能化应用提供了支撑；安全技术为元宇宙中的数据安全和隐私保护提供了保障；DC 为元宇宙中的数据中心提供了基础设施；算力为元宇宙中的计算需求提供了强大的支持；绿色则是元宇宙发展的重要原则。

元宇宙的 8 个典型场景的实现，需要元宇宙不同技术的集成。经过分析，8 个典型场景需要的元宇宙技术种类见表 5-5。其中，“√”表示必需的技术，其余表示可选的技术。

表 5-5 8 个典型场景需要的元宇宙技术种类

场景名称	区块链	人机交互	电子游戏	人工智能	网络及运算	数字孪生
教学场景	√	√		√	√	√
工作场景	√	√		√	√	
生活场景	√	√	√	√	√	
医疗场景	√	√		√	√	√
制造场景	√	√		√	√	√
旅行场景		√		√	√	√
健身场景		√		√	√	
娱乐场景		√	√	√	√	

电信网络具备的数字能力，包括云、网、数、智、安、DC、算力、绿色 8 种要素，8 个典型场景都需要这 8 种要素的支撑。

5.6.5 元宇宙展望

元宇宙是六大技术全景的集大成者，也是科技、艺术、哲学的完美结合。

元宇宙让你我穿越时空，遇见历史，遇见未来，可以在更高维度诗意地生活。

第6章 CHAPTER 6

展望

世界已经全面进入数字经济时代，5G、人工智能等新技术、新业态、新平台蓬勃兴起，催生了许多新产业、新业态和新模式，深刻影响全球科技创新、产业结构调整、经济社会发展。数字经济发展速度之快、辐射范围之广、影响程度之深前所未有，正在成为重组全球要素资源、重塑全球经济结构、改变全球竞争格局的关键力量。把握数字经济发展趋势和规律，推动数字经济健康发展，有利于推动构建新发展格局、建设现代化经济体系、构筑国家竞争新优势。

作为数字经济两大组成部分，数字产业化是内核，起到先导作用；产业数字化是外延，提供继发动力。数字产业化为产业数字化提供了内在驱动力，两者关系紧密，共同促进经济的持续健康发展。人工智能、云计算等技术要素构筑起数字化底座，进而支撑软件和信息技术服务业等数字经济先导产业，推动数字产业化总体规模稳步增长。产业数字化则推动数字经济和实体经济融合发展，把握数字化、网络化、智能化方向，利用互联网新技术对传统产业进行全方位、全链条的改造，提高全要素生产率，发挥数字技术对经济发展的放大、叠加、倍增作用。

数字经济时代，信息行业面临着时代赋予的重大责任与机遇，在加快建设以5G网络、全国一体化数据中心体系、国家产业互联网等为抓手的高速泛在、天地一体、云网融合、智能敏捷、绿色低碳、安全可控的新一代信息基础设施进程中，发挥主导作用，推进数字经济做强做优做大。

建设新一代信息基础设施，本质就是多要素融合创新，目的在于赋能数字经济高质量发展，打通经济社会发展的信息“大动脉”。聚焦云、网、数、智、安、DC、算力、绿色、区块链等多要素协同布局与创新，加快新一代信息基础设施建设，信息行业需要增强资源配置和整合能力，全面推进多数字要素升级与融合创新，构筑数字化底座，这是满足产业数字化、各行各业数字化转型的现实要求。

要素升级，是DC + 网 + 算力 + 云 + 大数据 /AI + 安全 + 绿色 + 区块链等各类数字要素扩大布局和能力升级。融合创新，是突破简单的数字要素堆砌，通过集成和融合创新对多数字要素进行智能编排调度，形成丰富多样的行业解决方案，满足千行百业数字化转型需求。多要素融合创新，提供数字化、网络化、智能化、安全可控的综合解决方案，对传统产业进行全方位、全角度、全链条的改造和赋能，提高全要素生产率，推动“质量变革、效率变革、动力变革”，推动产业数字化。要素升级与融合创新结合，形成场景化解决方案，推进上云、用数、赋智，赋能数字经济加速发展。

应当看到，网络流量正在发生深刻的变化，东西向流量快速增长，DCI成为关键基础设施。国家“东数西算”工程建设牵引东西向流量快速增长，边缘算力下沉则进一步催生本地东西向流量疏导需求，而传统网络以南北向流量汇聚建网，对复杂的东西向流量适应不足，无法有效调度东西向流量。随着多要素算力基础设施的广泛布局，对网络连接提出了新的要求，需要思考建设支撑东西流量的网络。

在数字经济时代，全球算力规模高速增长，算力多样化形态日益凸显，智能算力异军突起，算力越来越成为科技进步、经济社会发展的底座。但目前智能算力占比还比较低，算力资源按需被动建设，长远布局不足。多要素算力缺乏统筹规划，云、大数据、AI、安全等多要素缺少有效协同，数据驱动、市场驱动不够。面向未来的算力时代，信息行业纷纷提出了新一代云网融合、算网融合的发展方向。新一代信息基础设施的建设实施，将展现不同于传统网络建设的鲜明特征。传统按需建设的算力模式，不能满足用户数字化转型随时随地获取算力资源的需求，亟须改变传统算力建设模式，统筹规划，提前布局，形成泛在统一的算力基础设施，灵活满足各类上层业务对算力的多样化需求。面向未来的泛在算力基础设施将是以云、智、安、DC为核心的算力基础设施，以泛在算力全网布局为核心，以网络连接为基础，为数字化转型提供云、智、安、DC一体化解决方案的算力服务。

新一代信息基础设施多要素融合的建设，对电信运营商的云网运营系统提出了更高的要求，云网运营系统是信息基础设施的“大脑”，是多要素智能敏捷调度、弹性灵活集成、全面提升数字化供给能力的关键。总体来看，未来基于新一代信息基础设施的云网运营系统，是CT、IT、DT、OT、AI的融合创新系统，应该具备对云、网、数、智、安等多要素基础设施的统一运营管理、服务化、平台化、生态化、智能化、数字孪生、敏捷编排、敏捷开发、敏捷运营等一系列新能力，全面满足客户数字化转型的数字化、网络化、智能化、绿色化对基础设施智能敏捷的要求。

安全也成为新一代信息基础设施的必备要素。网络安全成为国家安全的前沿阵地，重要性进一步凸显，数字经济发展推动安全向端到端、场景化、SaaS化转型，需要进一步加强安全能力布局，实现对云、网、边、端全覆盖，提升自动化、智能化水平。

面向未来的新一代信息基础设施，涵盖了网络基础设施、算力基础设施、安全绿色基础设施、融合创新基础设施等多个方面。数字信息基础设施应该如何建设，是信息行业当前亟须思考的关键问题。

本书立足于未来数字经济发展的需求，从云、网、数、智、安、DC、算力、绿色、区块链等多要素建设分析入手，思考新时代网络各要素的建设思路，并从推动多要素协同布局与融合创新角度出发，力图梳理行业发展对信息基础设施需求的一般性规律，寻找新一代信息基础设施建设的特征，更好地赋能经济社会数字化转型。

紧紧抓住数字经济发展的战略机遇，以改革创新为根本动力，加快建成新一代信息基础设施，加强与实体经济的深度融合，支撑千行百业数字化转型，为数字经济健康发展做出更大的贡献，是信息行业当前的社会责任与历史使命。